# JOURNAL
# D'UN VOYAGE
### DANS L'INDE ANGLAISE
A JAVA, DANS L'ARCHIPEL DES MOLUQUES,
SUR LES COTES MÉRIDIONALES DE LA CHINE,
### ET A CEYLAN

Tome I

Paris. — Typ. de Ad. Lainé et J. Havard, rue des Saints-Pères, 19.

## LE TAJ-MAHAL A AGRA,
### du côté de la Jumna.

# JOURNAL
# D'UN VOYAGE

## DANS L'INDE ANGLAISE

A JAVA, DANS L'ARCHIPEL DES MOLUQUES,

SUR LES CÔTES MÉRIDIONALES DE LA CHINE,

## A CEYLAN

(1864)

PAR Fr. DEVAY

TOME PREMIER

---

PARIS

LIBRAIRIE DE FIRMIN DIDOT FRÈRES, FILS ET Cⁱᵉ

IMPRIMEURS DE L'INSTITUT, RUE JACOB, 56

1867

# PRÉFACE.

## I.

J'ai recueilli les notes qui forment ce journal pendant un voyage de onze mois, de décembre 1863 à novembre 1864. A mon retour, j'étais entré, depuis deux mois, dans ma soixante-cinquième année. Mes amis, auxquels je destine principalement ces souvenirs, voudront bien se rappeler cette fâcheuse circonstance, que je tiens également à faire connaître au petit nombre d'autres lecteurs bénévoles, qui pourraient être tentés de feuilleter ce livre. C'est assez clairement annoncer, aux uns et aux autres, qu'ils n'y trouveront, ni grandes émotions, ni aventures d'aucune sorte, rien de romanesque et de difficile à croire; mais le récit, un peu terre à terre et fort prosaïque, d'un voyage, accompli dans les conditions de prudence et de sobriété, en tous genres, bien naturelles chez un touriste ayant, depuis longtemps, dépassé la soixantaine.

La forme de journal, que j'ai laissée à ces notes prises au crayon, chaque soir ou chaque lendemain, est, sans doute, monotone, sujette à des répétitions et au retour fatigant du pronom personnel; mais, n'ayant aucun droit, ni aucune prétention à me poser en littérateur, en savant ou en artiste, et dans l'impuissance de donner à ces esquisses une forme attrayante ou scientifique, j'ai voulu, du moins, leur conserver leur sincérité originelle. Ce sont, pour ainsi dire, des photographies, prises sur nature, et sans retouche, que j'offre dans ce journal.

En plaidant ainsi, auprès de mes lecteurs, la circonstance atténuante de l'âge, je dois, en même temps, leur expliquer les raisons qui m'ont conduit à affronter, si tard dans ma vie, la publicité, même fort restreinte, que j'ambitionne.

Je ne suis pas complétement un novice, en fait de voyages. Depuis plus de quarante ans, j'ai parcouru l'Europe dans tous les sens, et, quelque peu, aussi, sa banlieue, en Asie et en Afrique. Il n'est pas une seule des contrées de l'Europe, une seule de ses capitales que je ne connaisse, et quelques-unes par des séjours, quatre et six fois répétés. Ces longues et différentes excursions, je les ai accomplies dans des conditions de loisir et d'indépendance, favorables à l'observation; non pas en spécialiste, voyageant pour l'archéologie, les beaux arts, le commerce, les femmes, l'histoire, la politique, la religion, etc., etc., mais, en amateur, poussé par la curiosité, un peu éparpillée sur ces *articles* différents.

J'aurais donc pu, comme tant d'autres, et depuis longtemps, à l'aide des notes recueillies dans bien des circonstances intéressantes, faire au public mes confidences. Mais les théâtres de mes anciennes excursions, l'Europe entière, la Syrie, l'Égypte, Tunis, l'Algérie, ont été tant de fois parcourus et décrits, depuis trente années, que c'eût été, de ma part, une insigne témérité de me présenter dans une carrière si encombrée de concurrents plus dignes que moi.

Il s'en faut de beaucoup qu'il existe en France une pareille abondance d'informations sur les contrées de l'extrême Orient. Les Français, résidant ou de passage, sont encore rares dans cette partie du monde; et tous ceux que j'y ai rencontrés avaient ou des intérêts ou des devoirs à suivre; aucun ne voyageait à titre spécial de curieux, d'artiste ou de savant : aucun ne jouissait de cette indépendance de position, de cette liberté d'allures, si favorables à la sincérité des impressions ou des jugements.

Si donc j'ose, aujourd'hui, en publiant ce journal de voyage, me départir de mon ancienne et prudente retenue, c'est par l'espoir que ces notes véridiques pourront, peut-être, faire naître chez quelques-uns de mes compatriotes, favorisés de loisir, d'instruction et de fortune, le désir de tenter les voies nouvelles, régulièrement établies par la navigation à vapeur, vers ces contrées, si curieuses à tant d'égards, et, généralement, si peu connues en France.

Pourquoi la visite de ces pays est-elle négligée par ceux de nos compatriotes en position de pouvoir utilement l'entreprendre? Les informations précises, les directions certaines, leur font encore défaut, presque complétement; l'inconnu les effraye; l'incertitude sur les moyens et les ressources les arrête; ils n'entrevoient ces pays lointains qu'à travers les obstacles de tous genres, dont leur abord et leur parcours étaient hérissés, il n'y a pas encore dix ans.

J'ai, moi-même, grandement éprouvé le besoin, et regretté l'absence, de renseignements certains, lorsque je me suis décidé, après l'établissement du service des Messageries impériales dans l'Indo-Chine, à entreprendre le présent voyage, depuis si longtemps l'objet de mes désirs.

Ce n'était pas sans une grande hésitation et un certain effroi que je me lançais, à mon âge, dans l'inconnu et les incertitudes de cette tournée, bien que je ne fusse pas novice, ainsi que je viens de l'expliquer, et que j'eusse le tempérament voyageur. Les livres et les guides anglais, que je consultais, ébranlaient ma résolution par l'énumération des dispendieuses conditions, des innombrables et minutieuses exigences, qu'ils prétendaient indispensables, pour le voyage dans l'Inde seulement.

Quel service m'eût rendu, alors, un livre français, si mal écrit fût-il, qui m'eût donné les notions diverses, qu'on peut recueillir à travers ce journal, sur les facilités ou difficultés du voyage, les occasions, les hôtels, les distances, les monnaies, et sur mille petits détails, qui préoccupent peu le voyageur en pays civilisé, où tout est disposé pour sa commodité et son agrément, mais dont l'ignorance l'effraye et l'arrête, dès qu'il s'agit de pays où l'ornière des étrangers n'est pas encore complétement frayée!

Je ne sais si, dans le petit nombre de mes lecteurs, il s'en rencontrera quelques-uns tentés de s'engager sur les routes que j'ai suivies : toujours est-il que c'est dans le désir et l'espoir de leur être utile que je n'ai pas supprimé, au risque de déplaire aux délicats, quelques trivialités et quelques détails des mesquines misères de la vie de voyage, ainsi que des chiffres et des indications, sans intérêt pour le commun des lecteurs.

Pour voyager agréablement et avec fruit, bien des conditions sont requises : les deux plus importantes, cependant, sont une bonne santé et une bourse bien garnie. Nulle part ailleurs la réunion de ces deux avantages n'est autant nécessaire que dans l'extrême Orient: car, à moins d'avoir l'apostolique témérité de cette vaillante et véridique Ida Pfeiffer, il ne serait prudent à personne de se lancer dans ces lointaines contrées, sans une notable provision de santé et d'argent.

Ce dernier point, surtout — qui réduit singulièrement le nombre des candidats possibles — est, malheureusement, d'une extrême importance. La dépense, pour ces voyages, s'augmente en raison de la facilité, de la rapidité et de la régularité des communications.

Avec les bateaux à vapeur et les chemins de fer, les distances ne sont plus des obstacles effrayants que pour la bourse. Chaque jour de vingt-quatre heures, passé à bord des steamers de l'Indo-Chine, revient à une centaine de francs, plutôt plus que moins. On franchit, il est vrai, 220 à 240 milles marins, en moyenne, pendant ce même temps.

Il y a quinze ans, la grande tournée que j'ai accomplie en onze mois, moyennant une dépense d'une vingtaine de mille francs — dont moitié, au moins, pour les passages de mer — eût exigé quatre fois plus de temps, deux ou trois fois plus d'argent, et incomparablement plus de fatigues, accompagnées de plus de dangers. Aujourd'hui, le voyage est plus rapide, plus sûr, mais plus dispendieux. Cette cherté, principal empêchement pour le plus grand nombre des aspirants, subsistera tant qu'on n'aura pas trouvé les moyens de produire la force motrice à meilleur compte qu'à présent.

Toutefois, combien n'y a-t-il pas de jeunes gens en France qui gaspillent, en plaisirs stériles, en caprices et en futilités regrettables, tant d'argent et de belles années qu'ils pourraient si agréablement et si profitablement employer dans de lointaines et intéressantes excursions !

## II.

Aujourd'hui, tous les points de la terre sont facilement accessibles. L'extrême Orient qu'on ne pouvait aborder, naguère encore, que par la route longue et chanceuse du cap de Bonne-Espérance, est maintenant, grâce à la navigation à vapeur, en communication régulière et rapide avec l'Europe, par la mer Rouge et Suez: le percement de l'isthme et la télégraphie électrique rendront encore cette union plus intime. D'un autre côté, l'Amérique du Nord établit une ligne régulière de steamers, de San Francisco à Hong-Kong. Une autre ligne, à travers le Pacifique, va relier l'Australie et la Nouvelle-Zélande avec Panama, et, par-delà cet isthme, avec les lignes qui sillonnent l'Atlantique.

Voilà donc de nos jours l'initiative et l'activité des races civilisées appelées à s'exercer sur tout un monde, assoupi ou engourdi dans la barbarie. Le branle est donné, presque d'un pôle à l'autre, dans l'extrême Orient.

Le Japon, la Chine, l'Inde, le grand archipel indien et l'Océanie s'éveillent aux sciences modernes et s'ouvrent à l'échange des richesses de la nature et de l'industrie. La race humaine n'est nulle part au monde plus nombreuse et plus condensée que dans quelques-unes de ces contrées, nouvellement ouvertes aux entreprises pacifiques de l'esprit moderne : la Chine, seule, compte une population supérieure à la population réunie de l'Europe et des deux Amériques. Quel vaste champ d'action et de relations fructueuses s'offre donc aujourd'hui aux nations chrétiennes, si, donnant l'exemple de la justice et de la tolérance, elles se bornent aux rapports pacifiques et ne veulent point imposer, par la force ou par la ruse, dans ces pays, qui leur sont nouvellement accessibles, leurs croyances, leurs préjugés, leurs vices mêmes !

Le ralliement de l'extrême Orient aux idées modernes, entrepris naguère par des moyens que réprouvait l'équité, peut s'achever, maintenant, d'une manière plus honnête et plus sûre, par les sciences et les arts de la paix. Toutes les violences et les iniquités sont passées sans retour; nous devons l'espérer : il ne s'agit plus, maintenant, que de les faire excuser et oublier, à force de bienfaits réels.

Par l'apaisement de l'antique hostilité contre les nations chrétiennes, l'extrême Orient participera au sentiment de vie commune qui doit animer, un jour, le globe entier, et produire entre les peuples cette solidarité fraternelle, entrevue par tant de penseurs incompris, ou bafoués. Est-ce donc, après tout, une si fabuleuse ou si lointaine utopie que celle qui prévoit l'accord possible des peuples entre eux ? La race humaine n'acquiert-elle pas des forces et des facultés nouvelles, et ne grandit-elle pas, de jour en jour, en puissance collective ? Le sentiment si humain, si chrétien qui réprouve la guerre et la violence, ne gagne-t-il pas, de jour en jour, une plus grande force dans l'opinion générale ? La gloire et la puissance, presque exclusivement dévolues dans le passé aux actions guerrières, qui renient et détruisent la fraternité humaine, ne tendent-elles pas à s'attacher, de plus en plus, aux études et aux travaux pacifiques, qui la proclament et consolident ? C'est par la compétition émulative que les peuples doivent maintenant lutter entre eux, dans les arts, les sciences et l'industrie ; et le globe entier offre ses continents et ses îles, comme carrière à leurs rivalités, désormais exemptes de sang et de larmes. Déjà, dans les mers de l'extrême Orient, où, depuis plus de deux siècles, les Portugais, les Hollandais, les Anglais et les Français se sont livré de si acharnés combats, les différents pavillons de ces peuples se rencontrent et s'aident fraternellement. Il y a place pour tous : aux plus hardis et aux plus habiles, les palmes les plus belles, les avantages les plus grands !

La conquête pacifique de l'extrême Orient par les nations civilisées ! C'est là un des plus grands événements de ce siècle ; un des résultats les plus importants de l'épanouissement des forces et des facultés bienfaisantes que l'humanité a nouvellement acquises.

L'opinion publique et les gouvernants en France se préoccupent-ils, comme ils le devraient, de cette conquête et de ce ralliement inespérés ? J'en doute et je m'en afflige.

Nous en sommes toujours en France à la vieille politique jalouse et égoïste, cherchant la grandeur du pays dans l'abaissement de nos voisins et dans le nombre de nos soldats, rêvant au nord et à l'est des frontières arbitraires, dites naturelles, et nous saignant à blanc pour un prétendu équilibre européen, toujours instable et toujours à redresser, au gré des caprices et des intérêts mobiles et personnels des augustes professeurs de Statique politique. Nos faibles yeux ne voient rien au-delà de la petite Europe, où nous avons longtemps joué un rôle assez tapageur, que nous brûlons de reprendre.

Entre temps, nos jeunes et aventureux compatriotes, cherchant vainement leur voie, encombrent de leurs compétitions faméliques les professions, dites libérales, se culbutent les uns les autres dans des luttes effrénées d'ambitions ou d'envies mesquines, vaniteuses, stériles... tandis que les plus belles contrées du monde offrent aux pionniers de la civilisation, dans tous les genres de l'activité humaine, d'inépuisables champs d'exploitation !

Les Anglais, qui ne lâchent point la proie pour l'ombre, et dont le sens pratique sait tirer d'une position donnée tout le parti possible, n'ont pas tardé, sitôt après l'ouverture de la Chine et du Japon, d'y prendre pied solidement. Leur ancienne installation dans les parages voisins, la nature de leurs relations, leur prépondérance maritime, leur tempérament commercial, les mettaient à même de profiter, les premiers, et dans une proportion considérable, des nouveaux rapports pacifiques, établis entre les civilisés et les pays de l'extrême Orient.

Bien peu de personnes en France ont une idée exacte de l'accroissement prodigieux que la puissance, l'influence et le commerce de l'Angleterre ont pris, depuis une vingtaine d'années, en Asie et en Océanie.

Le vaste empire que les Anglais ont fondé dans l'Inde, par l'anéantissement, ou la soumission, de tous les pouvoirs indigènes, ne pourra se soutenir et prospérer que par le ralliement et l'assentiment volontaires des innombrables populations qui le composent. Faire participer ces peuples aux avantages de la civilisation moderne, en les arrachant aux tyrannies séculaires de sectes et de castes, qui les exploitent et les divisent : développer toutes les facultés productrices de ces belles contrées : telle est la voie dans laquelle les Anglais sont entrés, au grand avantage de leur prépondérance. C'est en ce sens que leur domination, loin d'être un malheur pour ces pays, naguère encore si durement exploités, si cruellement déchirés par tant de despotismes divers, est, au contraire, un bienfait, puisqu'elle ne se manifeste, qu'appuyée sur les principes chrétiens, et escortée de tout l'attirail pacifique de la civilisation moderne, introduite d'emblée, et toute adulte, sans les tâtonnements et les erreurs, qui ont accompagné son développement en Europe.

Ce que les Anglais, depuis un demi-siècle, ont exécuté dans l'Inde de travaux utiles dépasse de beaucoup la somme des travaux de même ordre, de tous les régimes précédents dans ce pays, depuis plus de vingt siècles, et rachète aux yeux de la froide raison, les ruses et les violences de l'intrusion.

Si, après l'Inde, nous jetons un coup d'œil sur les établissements anglais à Ceylan, à Singapour, en Chine, à la Nouvelle-Zélande, et surtout en Australie, nous sommes frappés des rapides et prodigieux développements du plus vaste et du plus profitable système colonial qui ait jamais été tenté.

Bien que, de prime abord, la domination anglaise soit dure et hautaine envers les populations soumises, elle s'adoucit cependant, peu à peu, et se distingue par une propagande très-active des principes et des actes de la civilisation moderne. Au régime militaire, qui suit toujours la conquête ou l'occupation, elle substitue promptement le régime civil, avec ses allures régulières et légales, ses douceurs, ses bienfaits : bonnes routes, ports, chemins de fer, télégraphie, juridiction et garanties de droit commun, liberté de conscience, et, surtout, presse libre.

L'ère de prospérité, pour chacune des colonies anglaises, a commencé du jour où les *military men* ont fait place aux *civilians ;* et où le régime légal et discutable des Gouverneurs civils a été subtsitué au régime absolu, infaillible et intraitable des Généraux. Bon exemple à imiter.

L'extension de son domaine colonial, outre les profits commerciaux directs qui en dérivent, a de plus, pour l'Angleterre, l'immense avantage d'assurer la tranquillité intérieure du centre européen de sa puissance, en offrant à son aventureuse et forte jeunesse d'innombrables et lucratives carrières dans l'armée extérieure, la marine, l'administration, l'agriculture, l'industrie et le commerce sur tous les points du globe où domine son pavillon. Si l'Angleterre, travaillée intérieurement de Paupérisme et d'Aristocratie, a pu échapper aux commotions politiques et sociales, qui ont déchiré la France depuis quatre-vingts ans, c'est à l'expansion au dehors du trop-plein de sa population active et exubérante qu'elle doit cet avantage. Depuis deux à trois cents ans, ses exilés volontaires, ses persécutés religieux ou politiques, ses hardis aventuriers, ses *convicts* même, ont implanté la race anglaise sur bien des points du globe, divers et éloignés. Elle s'y est propagée, avec ses instincts et sa langue, d'une manière rapide et énergique, sans exemple dans l'histoire. Nulle race, à la surface de la terre, n'est plus éparpillée sur plus de points différents; nulle n'est plus vivace et plus envahissante. Au train dont elle marche, elle dominera un jour le monde.

Déjà, l'Amérique septentrionale, presque tout entière, lui est soumise, indépendamment de toute forme politique, de tout lien subsistant ou rompu avec la mère patrie.

Le vaste continent de l'Australie appartient aux Anglais, puisqu'ils en occupent toutes les côtes, et que les faibles et dégradés aborigènes disparaissent rapidement devant ces intelligents envahisseurs. Là, sous des cieux nouveaux, sur une terre vierge, le sang breton semble reprendre une jeunesse et une ardeur nouvelles. Les villes naissent et croissent avec une rapidité fabuleuse; les exploitations hardies et heureuses rayonnent de la circonférence vers le centre, encore inconnu, de cette vaste contrée. Le régime libre et représentatif favorise et active chez les colons et sur le sol toutes les éclosions, tous les essors, tous les développements. Les sciences, les arts, l'industrie, la littérature, l'art oratoire même, s'épanouissent avec une séve plus vigoureuse que dans la mère patrie. Tout un foyer nouveau de puissance humaine s'allume et rayonne par le travail énergique de la forte et aventureuse engeance qui a peuplé les côtes de ce monde nouveau. Nul doute que le même spectacle d'expansion et d'épanouissement en tous genres, que la race anglaise a donné dans les États-Unis et le Canada, le monde étonné ne le contemple, avant un demi-siècle, dans l'hémisphère austral, par la création d'un foyer puissant en Australie, entraînant dans son activité l'Océanie tout entière, et mettant fin aux monopoles égoïstes et inintelligents que des nations européennes font encore peser sur tant de riches contrées de cette belle partie du monde.

La prépondérance et la domination futures de la race anglaise dans l'extrême Orient ne peuvent faire l'objet d'un doute pour ceux qui ont été à même d'en observer, sur les lieux mêmes, les développements rapides. La même certitude ne peut manquer d'être partagée par tous ceux qui, sans préventions nationales, ont pu sérieusement étudier l'Angleterre, au centre même de sa puissance, au foyer européen de son irradiation sur le monde. Quelle fabuleuse accumulation de capitaux, quel outillage varié et gigantesque à la disposition d'une race hardie, sûre d'elle-même, expérimentée de longue main dans la pratique de la navigation, du négoce et des manufactures, excitée par un gouvernement, et un esprit public clairvoyants, égoïstes, si l'on veut, mais ennemis des aventures purement politiques! La Grande-Bretagne tout entière n'est-elle pas un immense arsenal industriel et commercial d'où rayonnent sur le monde entier ses armements et ses expéditions pacifiques? Sur toutes les mers, on rencontre ses flottes marchandes; mais elles ne sont, de nos jours, nulle part plus nombreuses et plus fréquentes que dans les mers, à l'orient de l'Afrique et de l'Asie; car dans nuls autres parages l'Angleterre ne possède de plus vastes établissements, des colonies plus prospères, des populations plus agglomérées à exploiter, une domination plus grande, une prépondérance plus incontestée.

Je n'ai à ma disposition que quelques chiffres concercernant le Bengale seulement, à l'exclusion des prési-. dences de Madras et de Bombay ; je les citerai sommairement, ils pourront donner une idée du mouvement commercial de cette partie de l'Inde.

Pendant les trente jours écoulés du 22 janvier au 19 février 1864, il est entré dans le port de Calcutta 114 navires, jaugeant ensemble 92,682 tonnes. Sur ces deux chiffres, la marine anglaise compte 81 navires et 73,340 tonnes. Sur 111 navires sortis, dans ces mêmes trente jours, 76 étaient anglais.

En mars 1864, il existait au Bengale seulement :

| | | fr. |
|---|---|---|
| 1° Cinq compagnies ou chemins de fer, au capital réuni de 26,300,000 livres st. soit | | 657,500,000 |
| 2° Vingt banques, dont 6 avec un capital en liv. st. de 7,404,000 = 185,100,000 fr. et 14, non compris la succurs. du compt. d'escompte de Paris, avec un capital de 653 laks de roupies = 163,250,000 | | 348,350,000 |
| 3° Cinquante-deux compagnies industrielles (*commercial and trading companies*), dont 4 au capital en livres st. 670,000 = 16,750,000 et 48 au capit. de 256 laks de roup. = 64,000,000 | | 80,750,000 |
| 4° Quarante-quatre compagnies pour la culture du thé (*Tea companies*) dont 7 au capital en livres st. de 386,000 = 8,650,000 et 37 au cap. de 252 lacks de roup. = 63,000,000 | | 74,650,000 |
| | Total... | 1,158,250,000 |

Ces chiffres, je le répète, ne concernent que le Bengale seulement et ne comprennent que des compagnies actionnaires.

J'ai eu occasion, dans le tome second de ce journal, d'exprimer mon opinion sur le rôle futur et la grande destinée de Bombay dans l'empire anglais de l'Inde. Une statistique de la navigation, des chemins de fer, banques et compagnies actionnaires de cette présidence donnerait des chiffres supérieurs à ceux que je viens de citer pour le Bengale seulement. Dans un mémoire présenté au gouverneur de la présidence de Bombay, M. Cassels, membre du conseil de cette présidence, mon compagnon de voyage, à bord du *Behar*, établit, par des chiffres officiels, que le commerce général de Bombay s'est accru de 250 p. % pendant les dix années de 1853 à 1863.

Dans cette même année 1863, à Bombay.

| | |
|---|---|
| Les importations ont été en roup. | 290,187,000 |
| Les exportations | 301,392,000 |
| Roupies | 591,579,000 = 1,478,947,500 fr. |
| A Calcutta, import. et export. | 340,604,000 = 851,510,000 |
| A Madras, import. et export. | 130,466,000 = 326,105,000 |
| Ce qui donne pour les trois présidences R. | 1,062,649,000 = 2,656,622,500 fr. |

dont plus de la moitié pour Bombay.

Voilà quelles proportions le mouvement général du commerce atteignait, dans les trois présidences de l'Inde anglaise, au commencement de 1864. La progression n'aura fait que continuer depuis cette époque, par l'extension des lignes ferrées, par le développement des industries existantes, par l'afflux constant des capitaux civilisés, et, surtout, par l'impulsion active que le gouvernement anglais et la nation tout entière donnent à l'agrandissement du marché extérieur. Excellent exemple à suivre !

Depuis la chute du premier Empire, l'Angleterre ne s'est laissé distraire, en Europe, de son travail d'accroissement industriel et colonial que par la guerre de Crimée. Encore, en attaquant la Russie, croyait-elle combattre pour sa prédominance en Orient et défendre, sur le Bosphore, ses avant-postes de l'Inde. Dans tous les conflits récents, elle s'est isolée, réservant son or et son activité pour des conquêtes pacifiques et des avantages réels. Lorsque les portes de l'extrême Orient ont été forcées en Chine et au Japon, par la contrebande, la ruse et le canon, l'Angleterre s'est trouvée préparée de longue main à cette invasion et aux profits qui pouvaient en résulter. Elle n'a pas manqué de prendre pied solidement, dans ces parages voisins de son empire indien, en occupant des points importants, en y fondant des comptoirs et en accaparant, par le nombre et l'activité, 75 pour 100 du mouvement commercial nouvellement créé.

Nous avons fait partie de l'invasion des barbares — c'est le nom que les Chinois donnent aux civilisés : militairement, nous avons aidé avec gloire, si l'on veut, les Anglais à tirer les marrons du feu ; mais, commercialement, nous ne profitons guère que des épluchures, et nous faisons petite figure à côté de nos avisés compétiteurs. Cette infériorité tient à des causes économiques qu'il serait trop long de déduire ici, à des positions, des allures bien différentes chez les deux peuples : qu'il nous suffise de dire que nos voisins commencent là-bas les affaires avec un capital qui nous paraît suffisant pour les finir; et que là, où les jeunes Anglais voient une carrière, les commis français voient un exil!

## III.

Si les considérations précédentes sur les développements de la puissance commerciale et coloniale de l'Angleterre offrent quelque justesse, quelle conclusion faut-il en tirer? S'agit-il pour nous de rivaliser, hostilement, contre la prospérité et l'influence anglaise dans l'extrême Orient? Non, certes! cela serait aussi absurde qu'impossible. La compétition des peuples entre eux doit être, désormais, pacifiquement émulative, sans les astuces, les infamies et les violences sanglantes du passé!

La mer est libre; le monde entier est ouvert à tous les peuples; et il est au pouvoir de chacun d'eux, dans les limites de ses aptitudes, de son génie particulier, et à l'aide de ses richesses naturelles, scientifiques, industrielles et philosophiques, de participer au vaste système d'échanges, dans tous les ordres, qui deviendra de plus en plus le lien de fraternité entre tous les membres de la grande famille humaine.

C'est là le but qu'il nous faut entrevoir et atteindre, en dirigeant toutes nos facultés actives vers les arts de la paix, vers les conquêtes de l'intelligence, vers l'extension des relations commerciales intérieures et extérieures, vers l'abolition des armées permanentes. Exaltons l'esprit d'émulation créateur, au-dessus de l'esprit d'antagonisme destructeur ; les volontaires passionnés de l'industrie et de la science, au-dessus des enrôlés forcés de la guerre ou de la destruction.

La France a donné, depuis longtemps, la mesure de ses facultés militaires et agressives : qu'elle fasse briller maintenant ses facultés pacifiques et créatrices. Depuis quatre-vingts ans, seulement, que ses diverses classes ont été affranchies des anciennes entraves, et réunies dans une puissante unité, par la liberté et l'instruction plus répandue, quelles preuves n'a-t-elle pas données de ses merveilleuses aptitudes dans les sciences et les arts ; et, cela, au milieu des courtes et fiévreuses intermittences de guerres acharnées, de révolutions intérieures? Que ne produirait-elle pas si, délivrée du militarisme, qui l'épuise, elle pouvait employer toute l'énergie de ses enfants à embellir et améliorer son sol, à féconder le vaste champ de la science? Ainsi s'accroîtrait notre action sur le monde par nos savants, nos ingénieurs, nos littérateurs, nos commerçants, missionnaires d'un idéal nouveau.

Bien que des événements récents, ainsi que la constitution politique des principaux États de l'Europe, paraissent contrarier ces tendances ; bien que la parole soit encore, pour longtemps, peut-être, hélas! au canon, sachons entrevoir, au-delà des prochaines et dernières convulsions guerrières, la carrière et l'avenir qui se préparent à l'activité de la race humaine.

Après le travail si vaste et si profitable des améliorations intérieures que la France doit, avant tout, continuer, c'est vers les riches et populeuses contrées de l'Asie, vers les mers de l'Océanie, et leurs grands archipels, où nulle part ailleurs la nature ne se montre plus généreuse et plus active, qu'il faut diriger nos explorations et nos expéditions pacifiques. La terre, dans sa rotation, est emportée vers l'Orient, au-devant du soleil ; marchons dans ce sens. L'Angleterre, il est vrai, nous a devancés dans ces plantureuses contrées : ses capitaux, ses flottes, sa position, la hardiesse de sa race, lui en ont facilité l'accès ; mais le champ est assez vaste pour qu'il y ait, non à glaner, mais à moissonner amplement et pour tous, en concurrence avec elle.

Malheureusement, de nos jours, en France, dans les régions de la politique et de l'intelligence, on se préoccupe peu de ce qui concerne des contrées, si loin de Paris — le pivot du Monde — à nous en croire. Nous vivons sur le présent, et, ne voyant que l'Europe, où nous faisons encore quelque figure, nous nous décernons imperturbablement les premières palmes dans toutes les carrières, en nous proclamant le plus grand peuple de la terre : ce qui nous dispense de faire des efforts pour le devenir réellement. Les Allemands, les Russes, les Italiens, les Espagnols, etc., sont atteints de la même vanité, et chacun de ces peuples se couronne roi, dans le présent ou dans l'avenir : les Anglais se contentent de l'être, aujourd'hui, sans trop le proclamer.

Une crise européenne récente vient de donner le haut du pavé aux batailleurs. Le militarisme refleurit de plus belle, et menace d'absorber toutes les forces vives des nations de l'ancien monde. Les arsenaux regorgent ; on fond et on forge des armes ; une espèce de branle-bas de combat général agite l'Europe entière ; les millions et les jeunes hommes sont détournés des carrières fécondes de la paix et dirigés vers les dévastations et les meurtres de la guerre. La France se laisse entraîner, la première, vers ce dangereux et insondable gouffre, où tant de sang généreux, tant de trésors ont été engloutis. Quelle courte mémoire avons-nous donc?

Déjà, après l'héroïque effort, qui avait, à la fin du siècle dernier, refoulé et dispersé l'agression étrangère, nous nous sommes laissés détourner du travail de notre régénération intérieure, du développement de notre agriculture et de notre industrie, pour suivre à travers l'Europe, et sur vingt champs de bataille différents, le soldat ambitieux, que nos discordes civiles avaient enhardi à s'emparer du pouvoir. Fatal exemple!

Le premier Empire a prodigué toute l'énergique activité de la nation à conquérir la stérile et lamentable gloire militaire; et les deux termes extrêmes et opposés de sa carrière ont été Austerlitz et Waterloo! Nous avons, il est vrai, envahi presque toutes les capitales de l'Europe, nous avons abaissé et maltraité des peuples et des rois; mais nous oublions les malheurs et les humiliations que ces intempérances de la victoire ont attirés sur nous, en conduisant, deux fois, l'étranger dans Paris. La génération qui a vu ces dernières hontes n'est pas encore tout entière dans la tombe. Un des souvenirs les plus vivaces de ma jeunesse, est celui de la journée, où les souverains alliés, à la tête d'innombrables hordes, couvrant les Tuileries, les Champs-Élysées, les quais, les boulevards, vinrent offrir, au pied d'un immense autel, dressé au centre de la place de la Concorde, leurs actions de grâces pour la chute de Bonaparte, à ce même Dieu des armées que Napoléon avait étourdi, pendant dix ans, de ses solennels *Te Deum!* Les Cosaques campaient alors autour et au cœur de

Paris, alimentant les feux de leurs bivouacs avec les arbres de nos promenades; tous nos établissements publics regorgeaient de soldats étrangers; et un des ministres actuels — mon condisciple à cette époque — peut se rappeler les jeunes universitaires allemands de la landwehr, campés dans les bâtiments du lycée Charlemagne. Quel Français voyageant à travers l'Europe n'a pas, souvent, baissé tristement la tête, en voyant sur les places publiques, dans les musées, dans les arsenaux, à Londres, à Berlin, à Vienne, à Saint-Pétersbourg, à Moscou, les trophées conquis sur la France, dans les derniers actes du drame guerrier du premier Empire!

Qu'est-ce donc, après tout, que cette gloire militaire qui ne s'épanouit que dans les larmes et le sang; qui, en exaltant un peuple, en humilie un autre; laissant aux vaincus, avec les malheurs et la honte de la défaite, la haine pour les vainqueurs, le désir et l'espoir de la vengeance? Jeu cruel de la guerre, où la perte et le gain se comptent et se soldent par des dévastations de contrées entières, des mutilations et des meurtres innombrables!

Allons-nous donc oublier la triste expérience du passé? Et notre vanité nationale, irritée par les succès de la Prusse, va-t-elle jeter la France dans les hasards malheureux de la guerre et la détourner, encore une fois, de son labeur intérieur et du rôle que son génie expansif et civilisateur lui assigne sur la terre? Libéraux et conservateurs semblent éprouver la même susceptibilité chatouilleuse, et tous voudraient, au profit exclusif de notre prépotence, arrêter chez les autres peuples d'Europe les efforts naturels de développement et d'assimilation qu'ils tentent en ce moment. Notre vanité nous porte à vouloir tout pour nous et par nous : ce qui n'est ni fraternel, ni habile, en fin de compte. Soyons donc bien persuadés que tous les peuples ont le sentiment du patriotisme : n'humilions personne, pour ne pas être humiliés à notre tour.

Nous avons proclamé, de haut, il y a un an à peine, notre haine pour les traités de 1815. Ils n'existent plus aujourd'hui ; la Prusse a pris les devants pour les détruire, à son propre avantage.

Nous avons voulu, il y a quelques années, de concert avec l'Angleterre, empêcher la Russie de s'avancer vers le Bosphore, où sa pente naturelle l'entraîne ; des centaines de milliers d'hommes, des centaines de millions, ont été dépensés à cet effet, et le traité de Paris, en 1856, croit avoir réalisé, à toujours, cette utopie, plus anglaise que française. Mais les Russes détestent ce même traité de Paris, tout aussi cordialement et aussi justement que nous détestions les traités de 1815. Ils ont au cœur les mêmes aspirations qu'avant la chute de Sébastopol, et, de plus, l'ardent désir et la foi d'une éclatante revanche. Elle sera prise tôt ou tard. La race slave, tout entière, gravite vers Constantinople. L'Europe occidentale aura beau faire, les Slaves régneront un jour sur le Bosphore ; et, par eux, renaîtront à la civilisation les belles contrées d'Europe et d'Asie, jadis si florissantes, engourdies, aujourd'hui, sous la domination énervante des Turcs.

Cette éventualité désoriente la vieille diplomatie, déjà tout affolée par des échecs récents. A l'idée des Russes à Constantinople, les politiques purs aperçoivent la réalisation d'un des termes de l'alternative, annoncée à l'Europe par Napoléon, à Sainte-Hélène : « Ou Cosaque, ou République. »

Quelle menace si terrible contient donc cette prophétie Notre époque ressemble-t-elle à ce temps où, sous l'effort des barbares, l'empire romain croulait de toutes parts? De nos jours, n'est-ce pas, au contraire, la barbarie qui est refoulée, envahie, convertie par la civilisation? Pour conjurer les désastreux effets de la prédiction napoléonienne, l'Allemagne, l'Angleterre et la France, ces trois puissants foyers de la civilisation européenne, ont d'autres moyens que les levées en masses, le fer et le feu. C'est par la propagation de l'esprit nouveau de liberté et d'égalité, par la diffusion des principes chrétiens de fraternité et de solidarité, par l'expansion générale de l'instruction et par le rayonnement des arts et des sciences que l'Europe occidentale fera la conquête du slavisme, et qu'elle détruira dans leur germe les invasions de barbares et les despotismes prédits. Alors, au lieu des Attilas, dont on nous menace, l'Orient régénéré enfantera des Washingtons.

Qui peut douter de la force et de la supériorité de la civilisation, après les prodiges dont nous sommes témoins tous les jours? L'humanité, prise dans sa généralité, est plus avancée et vaut mieux qu'à nulle autre époque du passé. Jamais sa puissance collective n'a été plus grande; jamais elle ne s'est sentie plus fortement entraînée vers une vie commune, et jamais elle n'a eu, à un plus haut degré, la conscience d'une destinée providentielle, encore incertaine et voilée pour elle, mais vers laquelle elle s'achemine instinctivement.

N'est-il pas vrai qu'il y a, depuis un siècle surtout,

une impulsion naturelle, qui anime les peuples? Les croyances, les institutions politiques ou sociales du passé ne peuvent plus les maintenir dans les bornes où elles les enfermaient jadis, ni satisfaire les aspirations nouvelles qu'ils manifestent. Il s'opère dans l'humanité, en général — dans son tempérament, pour ainsi dire — quelque chose d'analogue à ce que nous éprouvons tous, individuellement, quand la puberté fait germer et éclore en nous des désirs inconnus, une force et des facultés nouvelles; quand une séve de jeunesse et d'ardeur circule avec notre sang, le fait affluer au cœur, qui tressaille d'émotions inéprouvées, d'aspirations vagues, mais énergiques. C'est une phase critique et décisive dans notre vie : elle nous complète; elle nous fait hommes, et donne à chacun de nous la liberté et la force d'entrer et de s'avancer résolûment dans sa carrière.

L'humanité est, de nos jours, en pleine phase critique d'ardeur juvénile — que sont cent siècles écoulés, contre mille qu'elle doit vivre? Bien du temps, bien des obstacles peuvent s'interposer encore, avant l'entier épanouissement de sa féconde puberté, avant qu'elle puisse marcher librement dans sa voie providentielle; mais elle y tend irrésistiblement, et grandit toujours en forces et en sagesse. Les peuples initiateurs d'Europe et d'Amérique la guident et l'entraînent en s'écriant, dans leurs différents langages : « *Go a head! Vorwärtz! En avant!* »

C'est, encore, à ce même cri de guerre, d'autrefois, que les hommes jeunes et ardents se précipitent, aujourd'hui, tête baissée, dans les voies nouvelles qui s'ouvrent devant eux; tandis que les sages et les inspirés, marchant aussi à la tête des colonnes, les yeux tournés vers le ciel, complètent, du geste et de la voix, le sens et les aspirations du Progrès, en criant aux populations qui les suivent : « Élevons aussi nos cœurs ! Avançons et montons toujours ! toujours plus haut ! »

Voilà de bien sérieuses et bien longues paroles à la tête d'un modeste journal de voyage, où les questions politiques et sociales ont été plutôt évitées que recherchées.

Mes amis, à qui — je le répète — je destine particulièrement ce livre, seront assez indulgents pour me pardonner cet écart, justifié par les préoccupations actuelles. Ceux d'entre eux, avec lesquels j'ai pris une humble part dans les travaux pacifiques de l'École sociétaire de 1832 à 1848, verront que l'âge et les déceptions qu'il amène ne m'ont point fait renier l'espérance d'une destinée sociale meilleure. Quant à ceux de mes autres lecteurs, incrédules, ou franchement hostiles à l'égard de ces idées de paix et de progrès, je trouverai tout naturel qu'ils les repoussent, en haussant les épaules, et qu'ils continuent à croire que le monde est bien comme il est; que la Liberté est impuissante, la Science inféconde, l'accord des intérêts impossible, etc., etc. J'ai assez d'expérience des choses et des hommes, j'ai vu assez de croyances et d'institutions diverses à l'œuvre, de par le monde, pour comprendre et apprécier la divergence, et, même, l'hostilité violente des opinions. Je sais quelle influence irrésistible, absolue, l'éducation, les habitudes, la position, le tempérament même, exercent sur les idées et les croyances.

Je les admets et les conçois toutes, dans leur diversité, et je les excuse, pour la plupart; mais je n'ai de respect que pour celles qui sont réfléchies, sincères, généreuses et désintéressées.

F. D.

Mai 1867.

# JOURNAL
# D'UN VOYAGE

DANS L'INDE ANGLAISE, A CEYLAN, A JAVA,
DANS L'ARCHIPEL DES MOLUQUES,
SUR LES COTES MÉRIDIONALES DE LA CHINE, ETC.

**EN 1864.**

---

## CHAPITRE PREMIER.

Départ; traversée : les passagers. — Alexaudrie. — Suez : la mer Rouge. — Perim. — Aden. — Pointe de Galle.

---

Le 19 décembre 1863, le *Mœris,* grand steamer des Messageries impériales, chauffait dans le bassin de la Joliette, à Marseille. Il devait partir à trois heures, après midi, emportant la malle et les passagers de l'Indo-Chine. A deux heures, j'étais à bord; déjà l'eau grondait et bouillonnait dans les chaudières. Les passagers ahuris et surchargés de menus bagages, les diseurs d'adieux, les porteurs de commissions de la dernière heure, encombraient le peu de place laissée sur le pont par les montagnes de colis divers. La confusion et le désordre semblaient inextricables sur le *Mœris* et sur les embarcations qui l'entouraient. Cette apparence ne fut pas de longue durée.

C'était merveille de voir avec quelle promptitude et quelle facilité, sur ce beau steamer, outillé de tous les engins modernes, quelques matelots, et un peu de vapeur, accomplissaient, en quelques instants, un travail qui eût demandé anciennement des heures entières des plus rudes efforts de tout l'équipage. En moins d'une heure, les masses de colis amoncelés sur le pont, et sur les chalands aux flancs du *Mœris*, furent enlevées et arrimées dans les cales d'avant et d'arrière, à l'aide de deux puissantes grues, alimentées de vapeur par les chaudières du navire. Des centaines de petites caisses pareilles, bardées de fer, marquées de cachets et estampilles, contenant des piastres et des lingots d'argent à destination de l'Inde, furent descendues à part, et mises en lieu sûr. A trois heures, les flancs de notre gigantesque navire avaient tout englouti; les innombrables sacs de la poste française et de la malle anglaise venaient d'arriver : l'ordre et le rangement avaient succédé à la confusion ; nous étions parés.

Le capitaine est sur la passerelle : la cloche sonne; toute la cohue des parasites et surnuméraires évacue le pont; la vapeur frémissante, qui s'échappait tout à l'heure en jets de colère, se tait, emprisonnée maintenant sous les pistons qu'elle soulève lentement; le *Mœris* s'ébranle et glisse au milieu de la flotte pacifique des grands steamers de la Méditerranée. Sur leurs ponts, comme sur le nôtre, sur les jetées qui ferment le bassin, les chapeaux se lèvent, les mouchoirs s'agitent, les derniers adieux se croisent. Poussé par sa forte hélice, notre bâtiment franchit la sortie du port, et s'avance rapidement vers la haute mer, et Marseille s'éloigne et disparaît bientôt dans la brume.

Maintenant que l'émotion du départ est passée, chacun s'occupe de son installation définitive. Je partage avec deux Hollandais, qui vont à Batavia, et avec un jeune Espagnol poitrinaire, qu'on envoie mourir en Égypte, une petite cabine à quatre couchettes, faisant partie de la 3e catégorie des 1res. Il n'y a pas de 2e classe pour les passages de l'Indo-Chine. — La position des cabines, à l'avant ou à l'arrière, le nombre des couchettes dans chaque, déterminent les différences de prix. Sauf cette inégalité, le traitement et les droits de tous les passagers des diverses catégories de la première classe sont les mêmes à bord. Il m'en coûte de Marseille à Pointe-de-Galle, île de Ceylan, sans le transit égyptien, 2,140 fr., prix fort. Les prix doux, avec rabais considérable, sont pour les fonctionnaires civils ou militaires, les prêtres, les religieuses, les Hollandais, les recommandés, etc., etc. Bien souvent, sur les steamers français de l'Indo-Chine, la majorité des passagers appartient à ces diverses classes. Il en résulte que l'administration, grevée de la charge de toutes ces faveurs, cherche à se rattraper sur les voyageurs non privilégiés, en forçant pour eux le prix des passages, qui pourrait être sensiblement réduit, si l'égalité de payement, selon les catégories, existait pour tous, comme elle existe pour le traitement et les droits.

Les passagers sont nombreux à bord du *Mœris;* mais beaucoup doivent rester en Égypte. Nous n'avons que huit dames, dont cinq sont des religieuses françaises de Saint-Paul, allant à Saigon.

La nuit, qui se fait vite en décembre, le mauvais temps, un fort roulis, sur une mer courte et clapoteuse, ont fait déserter le pont et le salon; et bien des estomacs en peine gémissent dans les profondes limbes du *Mœris.*

C'est le moment où le voyageur se recueille au premier soir d'une longue navigation. C'est l'heure où le regret et l'attendrissement saisissent son cœur, « le jour qu'il a dit adieu à ses doux amis » :

> Era gia l'ora che volge 'l disio
> A' naviganti e 'ntenerisce il core
> Lo di ch' han detto a' dolci amici addio.

Ces vers, si vrais pour moi, comme ils l'ont été, si souvent, pour tant d'autres, me revenaient à la mémoire pendant que, retiré dans un angle du vaste salon, presque solitaire, je songeais au long et aventureux voyage que, poussé par la curiosité, j'entreprenais, seul, à l'âge du repos plutôt que du mouvement. Je repassais dans mon esprit ma dernière soirée à Paris, le 17, au milieu de ma famille attendrie, chez une parente presque nonagénaire; les sollicitations de prompt retour; les adieux humides, etc. Ce récent souvenir; mon isolement actuel; la nuit au dehors, et la mer mutinée frappant derrière moi le flanc du navire... tout cela m'émut; mes yeux mouillèrent les paumes de mes mains, qui soutenaient mon visage; et c'est en repassant plusieurs fois dans mon esprit ce tercet du Dante, un de mes inséparables compagnons de voyage depuis plus de quarante ans, que j'allai chercher ma triste couchette.

20 décembre. Même temps maussade : le bateau roule affreusement.

21 décembre. Le temps se remet; les passagers suivent ce bon exemple. La Corse est en vue. Nous entrons dans les bouches de Bonifaccio, en serrant la côte, à gauche. A l'aide de la lorgnette, je cherche à distinguer, au milieu des découpures de rochers, la ville qui a donné son nom à ce détroit: je ne puis y parvenir; et pourtant, je me rappelle avoir admiré jadis, du haut des remparts surplombants de Bonifaccio, ce passage de mer si accidenté et si pittoresque. Nous ne prenons

pas la passe de l'Ours, que j'ai traversée maintes fois, car nous laissons à droite la Maddalena, — l'île aux belles femmes, — et Caprera, — la guérite ou l'observatoire de Garibaldi.

22 décembre. Nous naviguons toute la journée en vue des îles Lipari et de la Sicile, dans le lointain. Salinas, Lipari, Vulcano, défilent à droite, le Stromboli à gauche, et vers dix heures du soir nous arrivons à Messine. C'est une des villes que je connais le mieux pour l'avoir vue et visitée bien souvent, la première fois en 1825, au début d'une longue tournée en Sicile. Je ne vis aujourd'hui que sa silhouette à la clarté de la lune, et à la lueur des réverbères. Des barques chargées d'oranges vinrent entourer le *Mœris*; les voyageurs novices en firent d'amples provisions.

Ce ne fut que vers quatre heures du matin que le bateau reprit la mer. Quand je remontai sur le pont, au jour, la Sicile était déjà loin ; l'Etna dessinait sur le fond obscur du nord son immense cône à large base ; la neige couvrait tout le sommet sur plus d'un tiers de la hauteur, et la pointe de la botte italique montrait également les blancs sommets de ses plus hautes montagnes. La brume et la distance confondirent bientôt toutes ces apparences, et nous ne vîmes plus que la mer et quelques rares voiles, que nous nous plaisions à découvrir et à nous montrer. Tout le monde était debout, et, semblables à Panurge, nous faisions les bons compagnons et narguions le mauvais temps absent. On put alors faire connaissance.

J'avais pour voisins, à table, deux jeunes Bretons très-distingués de manières, allant visiter l'Égypte, et devant ensuite se rendre à Jérusalem. J'avais fait en 1857 cette même tournée, et c'est avec plaisir que je donnais à ces excellents jeunes gens les renseignements dont ils étaient avides. Deux Espagnols qui se rendaient à Manille, — un chanoine et un employé du gouvernement, — m'offrirent de longues occasions de parler espagnol ; j'italianisais avec deux naïfs prêtres italiens, qui s'en allaient de bonne foi convertir la Chine. Un jeune docteur anglais, M. Roberts, m'avait pris en estime, et nous traitions quelquefois des sujets de *haute école* philosophique et religieuse, lui en anglais, moi en français. Une certaine dame, mariée à un failli italien d'Alexandrie, qu'elle allait rejoindre, tenait en émoi toute la jeune et sémillante partie mâle du bord ; elle coquetait assez bien, sans avoir cependant rien de bien attrayant : mais en mer !... Bref, la traversée depuis Messine fut très-douce, et, le 25 au matin, les moulins à vent, les palmiers de la côte basse et d'innombrables mâts de navires nous signalèrent la rade d'Alexandrie.

Le port est bien plus encombré que je ne l'ai vu en 1857. Le roi coton est là, animant toute cette flotte anglaise, française et autrichienne. Enfin nous débarquons, non sans avoir un peu talonné par la faute de notre pilote. Le failli, *il signor M...*, est venu enlever sa Pénélope, peu charmée, aux nombreux poursuivants qui l'obsédaient.

Au bureau des Messageries impériales, où nous allons prendre langue en arrivant, on nous indique huit heures du soir pour le départ du convoi par le chemin de fer d'Alexandrie à Suez. Suivi de quelques-uns de mes compagnons du *Mœris*, que je pilote par la ville, j'aborde, pour l'abri et le repos de la journée, l'hôtel d'Angleterre, où je retrouve dans l'hôte actuel, M. B..., l'ancien patron de l'hôtel du Nil, au Caire ; il me reconnaît le premier, et me fait le meilleur accueil.

C'est fête aujourd'hui, jour de Noël ; tous les Levantins endimanchés se promènent sur la place des Consuls, où le nombre des équipages et des voitures de louage me semble avoir triplé depuis six ans. Grâce à l'arrivée du *Mœris*, les bureaux des négociants sont ouverts malgré la fête, et je puis voir l'as-

socié indigène d'un de mes amis de Lyon qui a fondé ici une importante maison. M. A. Lamb. me fait mille offres de service dont je profiterai peut-être au retour, si retour il y a !...
Je recommence mes courses en zigzag dans Alexandrie, interrompues il y a plus de six ans. Je repasse en revue les bazars, les places, les rues, les taudis des indigènes et les palais des Levantins enrichis : il y a un immense progrès depuis 1857. Bon nombre de passagers du *Mœris* dînent à la table d'hôte de l'hôtel d'Angleterre : à 8 heures, un omnibus des Messageries impériales vient nous prendre et nous transporte à la gare du chemin de fer. Au crépuscule du matin, nous étions à la station du Caire, après un arrêt pour souper à *Kafr-ez-zyat*.

J'ai regretté d'avoir fait de nuit le parcours entre Alexandrie et le Caire. Outre les scènes curieuses et animées, dont cette route est le théâtre sur certains points dans le jour, l'inondation, encore récente, donne aux campagnes traversées un aspect différent de celui dont j'ai joui au printemps de 1857.

Après une collation matinale et frugale, prise dans la gare du Caire, le convoi repart pour Suez. Nous sommes en plein désert lorsque le jour éclate. Nous ne rencontrons plus que quelques misérables stations presque abandonnées, qui desservaient naguère le transit par voitures ; on n'y trouve même pas de café. Deux fois nous aperçûmes, comme des points noirs sur le sable, quelques gazelles, que le bruit du convoi faisait fuir au loin. De rares familles, chameau chargé en tête de la file, suivent tristement une ligne droite, qu'on peut tracer partout sur cet océan de sable. L'horizon, à notre droite, est découpé par les sommets de montagnes d'un beau caractère. Enfin, après quelques effets trompeurs de mirage sur de grandes étendues, que recouvrent de blanches efflorescences salines, nous apercevons luire, au loin, sur la droite, l'eau de la mer Rouge ; les navires en rade se distinguent ; et ce tas informe de constructions galeuses, qu'on nomme Suez, apparaît à la vue.

Dans deux jours, l'eau du Nil, dérivée d'un ancien canal à 15 lieues de là, arrivera au milieu de ces immondices ! Qui peut prédire ce que, dans dix ans, cette merveilleuse et intarissable source que M. de Lesseps vient de répandre dans ce désert affreux aura produit de fertilité, d'abondance et de santé !

Un bon, magnifique et cher hôtel, tenu par des Anglais, accueillit tous les voyageurs qui devaient prendre passage le soir sur l'*Alphée*, et on nous servit un assez copieux *tiffin*. — C'est le nom que les Anglais donnent, dans l'Inde, au repas intermédiaire, qu'ils appellent *lunch* ou *luncheon* en Europe.

Il y avait quelques heures à passer avant l'embarquement ; je les mis à profit en parcourant toutes les sales ruelles, tous les bazars de Suez, qui reste pour moi le type de la nonchalance et de la malpropreté musulmanes. Je me dirigeai vers des travaux considérables de terrassement que j'avais aperçus sur la gauche, en arrivant par le chemin de fer. C'est la portion, la plus rapprochée de la ville, du canal d'eau douce qui sera inauguré le 29 de ce mois. On prépare une tente pour abriter les autorités, qui assisteront à cette cérémonie, je devrais dire à cet événement. Tout le canal est creusé, et, à 4 ou 500 mètres du point où sont aujourd'hui les travailleurs, l'eau est arrivée ; elle est contenue par un barrage, qu'on enlèvera le 29, pour lui donner libre issue dans le golfe de Suez. Une bifurcation portera une partie de cette eau au cœur de la ville ; et Dieu sait combien elle en a besoin !

A 4 heures, un petit transport à vapeur, qui devait conduire les passagers en rade, où l'*Alphée* était à l'ancre, se mit à chauffer tout doucement, tout doucement, sans se presser ;

c'est un Égyptien. Nous étions tous au poste. La noire fumée du foyer récalcitrant tombait en épais flocons sur les passagers et sur les coiffes blanches de nos cinq sœurs. Deux autres sœurs, à coiffe noire, venues du Caire ce matin, se rendaient également sur l'*Alphée*, ainsi qu'un jeune couple américain, en tournée de lune de miel. — Voilà six mois qu'ils sont partis de New-York, après le oui fatal, et qu'ils promènent sur terre et sur mer, de cabine en chambre d'hôtel, et de chambre d'hôtel en cabine, leur nid conjugal.

Ce ne fut que le matin du 27 que l'*Alphée* se mit en route, car tout notre chargement, qui devait venir par le transit égyptien, avait été retardé, et ne put être embarqué que pendant la nuit.

Notre navigation sur la mer Rouge fut assez bonne, mais très-monotone : pas une voile en vue ; pas un oiseau, peu de vent et une atroce chaleur. Le premier jour, la côte, à gauche et à droite, était fort visible. Nous passâmes à la nuit le groupe montagneux où l'on place le Sinaï. Les journées se passaient en lectures et en causeries. Je trouvai dans la bibliothèque de l'*Alphée* les lettres du prince Soltikoff, dont on m'avait conseillé la lecture. C'est fort modeste de forme ; et l'on voit que le noble voyageur russe semait à profusion les roubles et les roupies. Les nuits étaient belles, et tous les soirs l'étoile polaire baissait sensiblement vers l'horizon au nord : nous marchions en plein sud, tenant constamment le milieu de la mer Rouge; les côtes étaient semées d'écueils, dont un seulement porte un feu la nuit.

Le 1ᵉʳ janvier 1864, au matin, nous étions en vue de Perim et à l'entrée du détroit de Bab-el-Mandeb. La mer est ici très-resserrée, et l'île de Perim, plus rapprochée de la côte d'Asie que de celle d'Afrique, domine les deux passages. Les Anglais y ont construit un fort où réside une garnison qu'on doit renouveler souvent, tant cette île est triste, brûlée et sans aucune végétation. Nous prenons la passe à gauche, laissant Perim sur notre droite, et l'*Alphée* met le cap à l'est se dirigeant sur Aden, que nous n'atteignons que le soir, au coucher du soleil : les dentelures aiguës et élevées du cap se détachent merveilleusement sur le ciel enflammé.

On avait fêté à bord le 1ᵉʳ janvier de l'année 1864. Le maître d'hôtel de l'*Alphée* avait généreusement fait les choses : dindes truffées, champagne frappé, etc. En général, le traitement de table est fort bon sur les bateaux des Messageries impériales : — la nappe est en permanence presque toute la journée.

La nuit a été horriblement chaude; tous les hublots fermés ; car on prenait du charbon, et la poussière aurait, sans cette occlusion, envahi tout l'intérieur fraîchement décoré de notre bateau. Cet incommode transbordement, opéré par une troupe de nègres nus, criant et chantant, dura du soir au matin, et, joint à la chaleur accablante de nos cabines fermées, il nous fit passer une bien mauvaise nuit.

2 janvier. Au jour, l'*Alphée* était entouré de barques montées par des nègres des différentes races de la côte d'Afrique voisine. Il y avait quelques beaux types à cheveux lisses : pas de costume, — un simple lambeau de cotonnade entourant les hanches.

Je descendis à terre avec quelques passagers ; mais la ville d'Aden (1) étant située à quelques milles du port, nous n'eûmes pas le temps d'y aller ; car l'*Alphée* devait repartir à 9 heures. Nous faisons une courte promenade vers l'entrée de la rade où sont les grands dépôts de charbon de terre pour les bateaux à vapeur anglais et français. Il y a là, sur le bord de la rade, tout un commencement d'installation civilisée : une église ca-

---

(1) Voir tome II, ch. XXXIV, la description d'Aden.

tholique en belle position, desservie par des capucins; une église anglaise en construction; un bureau de poste; une distillerie d'eau pour l'approvisionnement des navires; un grand hôtel tenu par une famille de Parsis, renfermant tout un bazar de marchandises diverses d'Orient; puis le consulat de France, etc., etc.

Le cap d'Aden est une longue montagne volcanique, noire et aride, où il n'y a pas de sources, et où il pleut rarement. Les Anglais construisent à grands frais dans ce moment, pour le service de la ville et de la garnison, des citernes immenses, que nous n'avons pu voir à cause de leur éloignement, — destinées à recueillir l'eau que les pluies pourront donner. Elles sont à sec maintenant, et l'eau que l'on embarque vient d'appareils de distillation établis à terre par les compagnies anglaises et françaises de bateaux à vapeur. Le cap d'Aden termine et domine une vaste plaine basse, contournant la rade. Les habitations s'y remarquent nombreuses, et la végétation magnifique. Malheureusement, toute la population arabe de cette plaine est hostile; et on ne peut impunément s'aventurer en bateau sur la rade, à cheval ou à pied dans les terres, hors de la portée des fusils anglais. Toutefois, comme cette population si dangereuse nourrit la ville et la garnison par les produits agricoles de son sol, on n'ose pas sévir contre elle, dans la crainte qu'elle ne déserte le marché d'Aden. Tous les matins, ces Arabes arrivent avec les provisions animales et végétales que la mer et les côtes fournissent abondamment; ils sont armés comme pour une expédition : on leur fait déposer leurs armes à la porte de la ville, et ils les reprennent à leur sortie, emportant l'argent des infidèles et leur vieille haine qui ne les quitte jamais.

A notre retour, nous trouvons l'*Alphée* plus entouré de barques qu'à notre départ. Des Arabes nus, sur quelques brins de bois liés ensemble, formant un fragile radeau qu'ils conduisent assis en pagayant, offrent en vente des cocos, des dattes, des citrons, des poissons.

Au-devant de l'échelle de bâbord, une dizaine de légers et grossiers canots font demi-cercle, montés par des nègres nus, moins le lambeau de cotonnade enroulé, sans attache, autour des hanches. L'industrie principale de ces jeunes Africains, lors de l'arrivée des steamers, est de plonger dans la mer, sous les yeux des passagers, pour attraper les menues monnaies d'argent qu'on leur jette du bord. Souvent ils les saisissent avant qu'elles atteignent le fond de l'eau, et pendant qu'elles descendent lentement, en oscillant. Au moment où la pièce est lancée, ils laissent tomber dans leur canot l'étoffe déroulée, qu'ils ne tiennent plus que d'une main, à l'instar de la Vénus pudique, et plongent, la tête la première, avec une vigueur sans pareille. Ils ne remontent pas dans leur canot après chaque coup, et ils nagent, en se jouant, jusqu'à la chute d'une nouvelle pièce de monnaie. Alors toutes les têtes s'enfoncent pour faire le plongeon, et sont remplacées, pour un moment, à fleur d'eau, par autant de derrières... bientôt recouverts. La singulière transparence de l'eau permet de suivre leurs évolutions sous-marines ; ces hardis plongeurs se croisent et se culbutent entre deux eaux, à la poursuite de leur proie. Ils remontent tous à la surface, le vainqueur tenant la pièce en sa main. C'est leur bouche qui sert de tirelire provisoire pendant tout le temps qu'ils nagent et jouent entre eux avant de regagner leur bateau. Ils ne plongent qu'après l'argent, et dédaignent la monnaie de cuivre, On chercha à les tromper en jetant quelques-unes de ces rondelles d'étain qui servent de cachet et de coiffe à certains vins en bouteille ; mais ils connaissaient déjà cette contrefaçon et ne s'y laissèrent pas prendre. Toutes nos dames, sans exception, assistaient et s'amusaient à ce spectacle, devant lequel, en Europe, elles se seraient voilé la face ; mais, à la frontière de l'Asie et de l'Afrique, les choses changent d'aspect, et l'une d'elles assurait que ces plongeurs n'offusquaient pas plus ses yeux que ne le font, sur nos théâtres, les acteurs revêtus de maillots noirs remplissant des rôles de nègres ou de diables. Il y avait bien quelque différence... mais ne faut-il pas un peu capituler avec sa conscience ?

Vers dix heures du matin, nous quittons Aden pour ne retrouver terre qu'à Pointe de Galle, dans l'île de Ceylan, à 2,135 milles marins de distance. La première partie de cette traversée a été très-fatigante par la mousson de sud-ouest, qui agitait la mer, et qui ne permettait pas de laisser ouverts les hublots à tribord, où se trouvait la cabine que j'occupais avec le docteur Roberts et un jeune lieutenant français retournant à Saigon. Ainsi nous avions un roulis continuel et une chaleur intolérable, sauf pendant les repas, où trois petits Chinois, en costume, agitaient, par un système de cordes et de poulies, les longues *pankas* suspendues au-dessus de la table. Mais, au bout de trois à quatre jours, le roulis s'apaisa, et la chaleur aussi. L'*Alphée* sembla se peupler de figures nouvelles, qu'on voyait apparaître et rester maintenant longtemps sur le pont. La masse des passagers se faisait l'estomac et le pied marins. Tous ceux qui s'étaient tenus enfermés pendant les ardeurs de la mer Rouge, pendant l'invasion de la poussière de charbon à Aden et lors du roulis de ces derniers jours, mirent le nez à l'air, et ne s'en trouvèrent pas plus mal. Les groupes sympathiques se formèrent pour la causette, la lecture, le jeu, sous la double tente qui abritait le pont. Le maigre et pâle mari de la splendide Américaine fit sa première apparition ; sa femme avait supporté vaillamment, depuis Suez, toutes les vicissitudes de la mer et de la chaleur. Les prêtres italiens, convertisseurs du Céleste Empire, fort abattus jusqu'alors, reprirent bonne espérance ; le troupeau timoré des sept sœurs françaises, dont quelques-unes avaient été durement éprouvées depuis notre départ, reparut au milieu de nous, et chacun se plut à témoigner à ces dignes femmes une respectueuse sympathie. Dans leur nombre, les deux à coiffe noire, que nous avions prises à Suez, se distinguaient par leurs excellentes manières ; elles avaient moins souffert que les autres, et on voyait qu'elles n'en étaient pas à leur apprentissage de la mer. Elles se rendaient toutes deux en Birmanie : l'une, la plus âgée, retournait à Maulmein reprendre la direction d'une maison de son ordre, — Saint-Joseph de l'Apparition, dont la maison mère est à Marseille —; l'autre, fort jolie, âgée de vingt ans au plus, allait se fixer à Rangoon. Toutes deux elles parlaient fort purement l'anglais, le français et l'italien. Parmi les passagers, le moins sympathique à tous était un jésuite belge de trente à trente-cinq ans, abritant son caractère de prêtre sous un costume laïque, et accompagné d'un jeune rustre, son servant. Il avait accaparé nos religieuses, leur faisait des lectures dans le salon, et les entretenait mystérieusement, en petit comité. Les deux prêtres italiens, en costume ecclésiastique complet, tricorne en tête, carcan bleu à liséré blanc au cou, tièdes, débonnaires et à manche large, comme tous ceux de leur nation qui ne sont pas affiliés à la Compagnie, s'étaient laissé entraîner, un peu à leur corps défendant, dans l'orbite catéchisante du jésuite belge ; ils lisaient leur bréviaire et ne riaient pas devant lui. Quant au chanoine de Manille, il mangeait gras le vendredi, et se moquait avec tous les autres passagers des allures importantes de ce remuant personnage, qui se pliait avec peine, en jouant son rôle, à baisser des yeux hardis et dominateurs. Cet homme avait fatigué le capitaine de ses importunités pour célébrer, le dimanche, la messe dans le salon principal; cette permission lui avait été refusée, mais en le laissant libre de dire, de bonne heure, une messe dans une cabine ouverte sur la salle à manger de l'avant. Notre homme avait réuni une douzaine de bons catholiques devant cette cabine; et comme il avait sa chapelle portative, il put y célébrer l'office à petit bruit, et presque clandestinement, ce qui n'était qu'une médiocre satisfaction : aussi fit-il grand fracas dans la journée à propos de l'intolérance de l'administration des Messageries impériales, alléguant que, sur les paquebots anglais, les protestants célèbrent ostensiblement et officiellement le service divin dans le salon des premières. Cela est vrai : mais quelle différence !

Le service divin, le dimanche, à bord des steamers anglais, consiste seulement en prières et en lectures tirées de l'Ancien et du Nouveau Testament, que la congrégation, assise, écoute ou répète avec calme; c'est presque toujours, en l'absence d'un *clergyman* à bord, le capitaine qui fait les fonctions de chapelain, et qui lit l'office dans le *Common prayer book*. Tout dissident chrétien peut assister à cette réunion, où rien, dans les choses lues ou récitées, ne peut offusquer son sentiment religieux, car elles sont tirées des saintes Écritures, — le fonds commun de toutes les sectes chrétiennes. — En est-il de même de la célébration de la messe ? Ne faut-il pas un prêtre, tout un appareil symbolique : autel, lumières, calice, hostie, l'eau, le vin ? C'est un mystère qu'on célèbre, — le plus auguste des mystères aux yeux des catholiques. — Dieu lui-même, le grand Dieu de tous les mondes, venant à la voix du prêtre se dissimuler sous les espèces du pain et du vin, et, au moment de la communion, confondant sa chair et son sang divins avec la chair et le sang de sa créature mortelle. Pour de tels et si imposants mystères, il faut un temple consacré, un oratoire silencieux, et, de la part de l'assistance, un assentiment aveugle et respectueux, d'humbles génuflexions, de tremblantes prostrations. Où trouver ces conditions dans le salon, dortoir et salle à manger, tout à la fois, d'un paquebot? Les Anglais et les Hollandais, protestants pour la plupart, et tenant le dogme de la transsubstantiation pour une superstition sacrilége, ne sont-ils pas les plus nombreux clients de nos steamers de l'Indo-Chine, qui, après tout, ne sont que des auberges flottantes, où tous, chrétiens, juifs, musulmans, idolâtres, croyants et indifférents, sont également reçus pour leur argent?

L'équipage de l'*Alphée* était bien différent de celui du *Mœris* dans la Méditerranée; il se composait, outre quelques Provençaux et l'état-major, d'une trentaine d'Indiens, coiffés de turbans, de Nègres et de Chinois. Parmi les passagers d'entre-pont, il y avait quatre femmes indiennes, enveloppées de mousselines voyantes, et une troupe d'Indiens à grandes moustaches relevées, enturbanés de blanc et de rouge, tous accroupis, jour et nuit, sur des paquets de hardes et de matelas. C'est la suite ou, plutôt, l'avant-garde d'un prince de l'Inde, qui doit revenir d'Europe par le prochain paquebot.

Tous les jours, à midi, après les observations du capitaine, on affichait le *point*, indiquant la latitude et la longitude, la distance parcourue depuis Aden, et celle à parcourir jusqu'à Pointe-de-Galle. Le 4, au matin, nous étions en vue de Socotra, que nous laissâmes au loin, sur la droite. A compter du 6, notre navigation se poursuivit calme et vive : pas une voile en vue : les poissons volants étaient, de temps à autre, notre seule distraction extérieure. Les robustes et les aguerris parmi les passagers continuaient leurs promenades ou leurs jeux sur le pont ; les faibles et les dames lisaient ou causaient ; les relations s'étendaient, nous étions tous d'accord et de bonne humeur. La majorité était composée d'étrangers, parmi lesquels les Hollandais formaient un petit groupe remarquable par la tenue et l'instruction. Il n'y avait d'autres points noirs dans notre réunion que le jésuite belge, et un certain Français du ton le plus crapuleux : nous étions tous étonnés de le voir aux premières.

Le 12 janvier, avant le lever du soleil, nous approchions de Ceylan, dont les premières cimes se distinguaient dans la brume. Le jour grandissait rapidement, et la magnifique décoration de végétation tropicale, qui couvre la côte où nous allions aborder, se déployait dans tout son éclat. Nous n'avions pas aperçu un seul arbre depuis le Caire ; à Pointe-de-Galle, la verdure et les arbres commencent là où le flot expire. Les rochers, qui bordent cette rade trop ouverte, sont couverts de cocotiers et de bananiers, formant à peu de distance de la mer de mystérieux et impénétrables massifs.

L'*Alphée* jeta l'ancre à peu de distance de l'*Érymanthe*, paquebot des Messageries impériales, sur lequel je devais m'embarquer avec tous les passagers à destination de l'Inde. Je m'étais décidé à aller passer quelques jours à Pondichéry, pour continuer de là, par Madras, vers Calcutta. Pointe-de-Galle est la station maritime où la ligne française de navigation à vapeur de l'Inde s'embranche sur la ligne desservant Singapore, la Cochinchine et la Chine. L'*Alphée* allait continuer, demain, sa route vers ces parages, par le détroit de Sumatra; et l'*Érymanthe*, qui fait le service régulier de Pointe-de-Galle à Calcutta, et *vice versa*, en touchant à Pondichéry et à Madras, devait également partir demain. Les passagers à destination de l'Inde opérèrent de suite leur transbordement, après adieux échangés avec nos compagnons de voyage qui restaient sur l'*Alphée*.

Dans la rade, fort animée, plusieurs steamers anglais et quelques navires à voiles sont à l'ancre; un grand nombre d'embarcations de toutes formes entourent les vapeurs français. Je vois là, pour la première fois, quelques-unes de ces singulières pirogues dont la structure, d'après les dessins des voyageurs, m'avait beaucoup intrigué. Ce sont de très-longs et très-étroits canots, formés souvent d'un seul tronc d'arbre et portant, parallèlement à leur longueur, et à la distance de 2 à 3 mètres, une forte pièce de bois arrondie s'appuyant sur l'eau, et reliée au canot par deux traverses courbées en arc de manière à ce que le tout forme un système fixe et solide. Ce contre-poids empêche de chavirer ces étroites et légères embarcations, qui portent souvent une forte voile, et il leur donne une solide assiette sur l'eau.

Les deux navires français avaient été envahis par une foule de Singalais, — domestiques d'hôtels ou bateliers, — dont le plus grand nombre, cependant, offraient en vente dans de petits sachets, tirés de tous les replis de leur ceinture, des assortiments de pierres précieuses phénoménales, topazes, rubis, améthystes, émeraudes, diamants, etc., sans monture, ou bien en bagues, épingles, broches et bracelets. Il y en avait là pour des millions en apparence ; et c'était à faire croire que ces noirs lapidaires avaient dévalisé Aladin. Cet excès de richesse dénonçait la fraude, contre laquelle, du reste, les officiers du bord, habitués à de telles exhibitions, nous avaient prémunis. L'un de nous s'y laissa prendre, cependant. Il avait offert 25 shill., croyant bien qu'on ne le prendrait pas au mot, d'une bague épiscopale en améthyste, dont un de ces industriels bronzés lui demandait 150 shill. Après des simagrées de rabais, parfaitement jouées et motivées par le vendeur, la bague avait été laissée pour le prix offert.

Qui fut penaud ? Ce fut notre jeune compagnon, qui vit bientôt, par l'effet de la proportion entre l'offre et la demande, de pareils bijoux offerts, sans acheteurs, à 1 shilling ! Toute cette piperie est organisée en grand par quelques Anglais établis ici, qui exploitent le renom de Ceylan, — cette île, dont les eaux et la terre sont émaillées de perles et de pierres précieuses, — en faisant fabriquer en Angleterre, avec du strass coloré et du cuivre doré, les hyperboliques joyaux, qu'ils font offrir, avec une certaine mise en scène, teintée de couleur locale, aux novices arrivant d'Europe.

Les deux paquebots ne partant que demain, la plupart des passagers descendirent à terre. Je ne manquai pas l'occasion. D'ailleurs, j'avais achevé le matin une lettre à mon fils, et j'étais désireux de la mettre moi-même à la poste, afin qu'elle pût partir pour Suez par le premier steamer anglais.

Après une inspection fort sommaire de la ville, petite et entourée de murs, maisons basses et rues coupées à angles droits, trois de mes compagnons et moi nous prîmes, à la porte de mer, que décore et défend une construction en pierre de taille, ornementée de pilastres et d'un écusson hollandais sculpté, une petite voiture du pays, couverte, garnie de persiennes, très-soignée, numérotée et tarifée. Notre désir était de nous éloigner un peu de la côte, pour juger de l'aspect intérieur du pays. Nous fîmes une délicieuse promenade au milieu de la végétation la plus riche et la plus nouvelle pour moi, sur une route excellente, dont le parcours était animé par un grand nombre de Singalais, dont la plupart portaient un costume très-primitif. Les femmes entourent le bas de leur corps d'une étoffe de cotonnade, carrée, sans coutures, à dessins variés, s'étendant de la ceinture au-dessous des genoux ; le buste est couvert d'une camisole blanche, ample et courte, sous laquelle ballottent en liberté les seins, dont souvent les pointes pendantes dépassent le bord inférieur de la camisole.

Les hommes sont bien faits, et mieux, relativement, que les femmes, auxquelles ils ressemblent quand ils sont encore imberbes; car ils portent à peu près le même costume, ainsi que le chignon de cheveux et le peigne. Quelques jeunes garçons du plus beau type suivaient notre voiture en courant aux portières, et nous offraient, contre finance, des fleurs, des fruits, — muscades, bananes et ananas, — et voire même de royales pierreries.

Le but de notre promenade était un pavillon, — un *bungalow*, disent les Anglais, — situé sur une éminence : on y vend des rafraîchissements et des comestibles. La vue, de ce point élevé, embrasse un tableau vraiment enchanteur, composé en grande partie d'une verdoyante vallée, où coule, en courbes paresseuses, une tranquille rivière ; des oiseaux aquatiques s'y ébattent en troupes nombreuses ; des buffles s'y baignent par groupes : les collines qui bordent la vallée sont couvertes d'une vigoureuse végétation ; elles s'échelonnent admirablement pour aller, par des enfoncements vaporeux, se perdre et se confondre à l'horizon. Mais quelle vigueur dans les premiers plans, tout hérissés de plantes puissantes et touffues ! et quelle placide aménité dans le reste du tableau ! un vrai théâtre d'idylles !

De retour à Pointe-de-Galle par le même chemin, nous nous arrêtons, hors les murs, au bazar indigène, où les vues étranges et les denrées inconnues nous retiennent longtemps. C'est aussi hors les murs que sont les dépôts de charbon pour les nombreux steamers qui font escale ici. Le charbon arrive d'Angleterre par navires à voiles, ayant doublé le cap de Bonne-Espérance : ce sont des allèges qui vont le charger en rade pour le porter aux dépôts, ou qui, des dépôts, le conduisent à bord des steamers, qui s'en approvisionnent ici. A cet effet, les allèges, chargées ou à charger, s'arrêtent plus ou moins loin, suivant l'état de la marée, en face des dépôts situés sur le rivage ; et des troupes de Singalais, entièrement nus, portant sur leur tête le charbon dans des sacs ou des paniers, font ce transport inverse à travers le flot qui déferle, furieusement le plus souvent, sur cette plage basse, dans cette rade ouverte. Rien de plus curieux que cette manœuvre : les indigènes y mettent un entrain et une jovialité remarquables, au milieu des jaillissements de l'eau et du balancement des allèges que la vague soulève et délaisse alternativement (1).

J'allai avec mes compagnons passer la nuit à bord de l'*Érymanthe*. Le lendemain 13 janvier, l'*Alphée* partit le premier, prenant la direction du détroit de Sumatra : notre steamer s'ébranla bientôt après, longeant à distance la côte méridionale de Ceylan, qui fut en vue toute la journée. Les montagnes de l'île étaient chargées de vapeurs épaisses, semblables aux buées d'une immense chaudière : le vent les balançait lourdement, en les poussant lentement devant lui, en énormes tourbillons rampants.

Le pont de l'*Érymanthe* était comparativement un désert, car nous avions laissé sur l'*Alphée* plus des trois quarts de nos compagnons depuis Suez. Je disposais seul, maintenant, d'une grande cabine. Le docteur Roberts, mon plus fréquent interlocuteur depuis Marseille, était à bord, et nous avions plaisir à continuer ensemble nos transcendantes causeries. Les deux religieuses à coiffe noire, sœur Philomène et sœur Madeleine, nous étaient restées. Grâce à mon vénérable aspect, qui ne leur portait pas trop ombrage, j'avais pu, depuis Suez, causer bien souvent avec elles, et j'étais frappé de leur candeur et de leur foi naïve. Qu'on est heureux de croire sincèrement ! J'ai beau m'y prêter de bonne foi, ma raison ne peut consentir à ce qu'on veut lui imposer. Je me demande toujours si les chefs de file, dans le catholicisme, sont convaincus et sincères. Il y a

(1) Suite de l'île de Ceylan, t. II, ch. XXVI et suiv.

parmi eux des convertisseurs à outrance qui semblent faire un métier plutôt que suivre une vocation, et dont les allures humbles, sournoises, cauteleuses et patte-pelues dissimulent mal l'esprit d'arrogance et de domination. Notre jésuite belge, à bord, est un remarquable échantillon de ces intrigants religieux. J'éprouve pour cet homme une grande répulsion : il me rend la pareille, je pense, car il voit bien que je lis dans son jeu ; et, depuis Marseille, nous n'avons pas échangé une parole.

Le 14, nous remontons vers le nord, en suivant la côte orientale de Ceylan, et, en passant à bonne distance de Trinquemallé (ou Trincomalie), nous en distinguons parfaitement les constructions. Un officier de la marine impériale, qui va prendre à Calcutta le commandement d'un des paquebots des Messageries, nous montre de belles cartes marines du détroit, entre la pointe de l'Inde et Ceylan. Il nous explique qu'avec une dépense relativement très-minime, on pourrait ouvrir une passe navigable aux navires de fort tonnage en faisant sauter à la mine, sur une étendue de quelques milles, un bas-fond de roches, appelé *Adam's bridge* (Pont-d'Adam), formant barrage dans le détroit. Cette coupure raccourcirait le voyage pour tous les navires allant à la côte de Coromandel, au Bengale et à la Chine : on éviterait le dangereux mouillage de Pointe-de-Galle ; et à Trinquemallé, maintenant hors la route, dont la rade est vaste et abritée, on pourrait former des établissements maritimes d'une grande importance pour les bâtiments qui fréquentent ces parages, où les relâches sûres et les chantiers de réparation manquent totalement.

## CHAPITRE II.

Pondichéry : Débarquement. — Hôtel Cambronne. — La ville. — Le gouverneur. — Route de Madras. — Tindivadnam. — Arrivée à Madras.

Le 15, la plage basse de Coromandel était en vue dès le matin ; nous approchions de Pondichéry, dont l'église blanche, avec ses deux tours carrées, se détachait sur la verdure des cocotiers. Nous n'étions que trois passagers à destination de Pondichery : M. D., pharmacien de la marine, une dame et moi.

L'*Érymanthe* jeta l'ancre assez loin du rivage, et tira un coup de canon ; de grandes barques se dirigèrent vers nous à force de rames, — longs bâtons terminés par une palette ronde ; nous fûmes bientôt entourés de sauvages noirs, vêtus d'un chiffon et d'une ficelle ; ils envahirent le bâtiment, offrant leurs services pour transporter les voyageurs à terre. Les barques qui desservent cette côte, où il n'y a pas de ports et où les lames déferlent toujours violemment sur une plage basse et peu inclinée, sont formées de planches reliées entre elles par des nattes et des cordes en bourre de cocotiers. Cette construction élastique leur permet de talonner fortement, sans se disloquer, et d'échouer à chaque voyage, ce qui est la seule manière d'aborder. Elles prennent l'eau très-facilement, par toutes les coutures, pour ainsi dire ; et, pour dissimuler aux yeux des passagers cette dangereuse facilité, le fond de chaque barque est rempli de broussailles, recouvertes de nattes sur lesquelles les caisses, les bagages et les voyageurs sont un peu entassés, pêle-mêle.

Il fait cher à débarquer à Pondichéry ; la police laisse un peu à désirer. Dix à douze hommes, entièrement nus, à bien peu de chose près, manœuvrent ces grandes barques en poussant d'effroyables cris et en se démenant comme de noirs démons : ils savent parfaitement jouer la difficulté à leur avantage, disposant le passager à la générosité par un semblant de danger surmonté ; ils présentent le flanc à la lame, font talonner plus que de raison et embarquer de l'eau, redoublent de cris et de mouvements, et lancent enfin vigoureusement la barque, qui échoue et s'engrave sur le sable, où les lames se brisent et s'épanchent vivement. Les bateliers sautent alors à l'eau et vont chercher sur le rivage des siéges à brancards qu'ils portent à l'épaule ; les passagers s'y placent et arrivent à terre, à pied sec. Le quai, où l'on aborde, a fort bon air ; il est dominé par un boulevard couvert de beaux arbres en plein feuillage et à grandes fleurs jaunes, en forme de tulipes, par des tamarins, des casuarinas, des cocotiers.

On m'avait indiqué l'hôtel Cambronne, du nom de l'indigène qui en est le propriétaire. MM. D., Roberts et moi nous nous y fîmes conduire, et je m'installai dans une chambre assez semblable à une prison. La valetaille demi-nue, enroulée de mousselines blanches, fourmillait dans cet hôtel. Un de ces Hindous se cramponna après moi et se constitua mon *boy*, ou domestique, de son autorité privée ; il s'empara de la grosse clef de ma prison, qu'il ouvrait et fermait devant et derrière moi, ne me quittant pas de l'œil, même quand cela devenait gênant pour moi; car les fenêtres et les portes sont à persiennes et sans vitres.

Il y avait à l'hôtel quelques capitaines de navires français du commerce et deux officiers de la garnison. Ces Messieurs étaient réunis sous un vaste vestibule, abrité du soleil par une tente; nous nous étions joints à eux, devisant des affaires et des nouvelles de France. Deux jongleurs, qui flairaient les nouveaux débarqués, vinrent en rampant humblement s'installer devant nous, et l'un d'eux, presque entièrement nu, exécuta une série de tours avec une merveilleuse adresse. Il n'y avait pas là de mise en scène, ni de trompe-l'œil. Il avala un gros caillou rond qu'il faisait remonter et descendre, comme s'il le conduisait avec la main, depuis son ventre jusqu'à sa bouche, par où il le rendit enfin. Il était nu, je le répète, sauf le chiffon de la pudeur. Il fit plusieurs autres tours qui rendirent la galerie généreuse; son camarade voulait nous montrer des serpents savants; mais nous avions à circuler par la ville, et nous levâmes la séance.

M. Roberts, qui va à Calcutta, devait repartir le soir même avec l'*Érymanthe*. Je l'engageai à dîner avec moi chez Cambronne, et lui proposai, en attendant, une rapide revue de la ville, qui paraît, à première vue, charmante et bien ombragée.

Une trop grande place carrée, entourée d'allées d'arbres, avec une fontaine au milieu, forme le trait saillant de la ville blanche. Le palais du gouverneur, précédé d'un frais jardin, occupe en partie le côté ouest de la place. Les rues sont perpendiculaires les unes aux autres, les maisons basses, et la plupart accompagnées de jardins, où les cocotiers et les bananiers dominent.

Un canal, à sec en ce moment, bordé de chaque côté par de

belles allées ombreuses, sépare la ville blanche de la ville noire, habitée par les indigènes ; les rues sont également percées à angles droits, et la plupart bordées de cocotiers. Les écureuils gris abondent sur les arbres et sur les murailles, et y prennent sans crainte leurs turbulents ébats. La population hindoue me plut à première vue. Elle semble douce et intelligente. Le costume est peu varié. Les femmes ont les reins et les bras nus, et la majeure partie d'entre elles offre des types remarquables de grâce et de noblesse. L'écharpe, qui passe de l'épaule gauche au flanc droit, est de même étoffe que le vêtement inférieur, qui les enveloppe de la ceinture aux genoux. Cette écharpe est étendue devant le sein, dont elle dessine la forme avalée et trahit la mobilité. Nous nous égarâmes dans la ville noire, qui renferme quelques pagodes dont on ne voit que l'extérieur ; un soldat nous remit dans le bon chemin. Après le dîner, M. D. et moi nous fîmes la conduite jusqu'à la plage voisine à M. Roberts, qui regagnait l'*Érymanthe* avec un des officiers du bord. L'embarquement sur la *Chelingue* et le départ furent laborieux, tant la lame était forte, et la simulation du danger bien jouée par la troupe vociférante des noirs bateliers.

Le 16, je circulais, dès avant le lever du soleil, par les rues larges de Pondichéry, silencieuses et fraîches à cette heure matinale. Je gagnai ensuite la ville noire, et je restai longtemps dans le bazar, au milieu duquel s'élève une fontaine, où les femmes hindoues viennent remplir leurs vases de terre. Peu à peu le marché s'anima ; les provisions arrivèrent de tous côtés ; les vendeuses, accroupies à terre, à l'ombre des arbres ou de quelques abris en nattes, sont entourées de légumes, de fruits divers, de poules liées par les pattes, d'œufs dans des corbeilles ; sous des auvents, une foule de marchandises et de denrées communes sont étalées, ainsi que d'énormes tas de riz ; la viande et le poisson se vendent dans une enceinte carrée en maçonnerie légère, avec portique intérieur. Il y a beaucoup de mouvement dans ce rassemblement d'indigènes, où les femmes sont en majorité ; auprès de la fontaine, où je restai longtemps en observation, je remarquai des scènes, des attitudes, des têtes, des bras, des draperies qui rappellent l'antique. Les Hindous sont moins malpropres que les Arabes ; leurs maisons paraissent bien tenues et n'ont pas l'extérieur sordide que, dans les pays musulmans, en voit aux demeures mêmes des plus riches habitants. En comparaison de Suez, Pondichéry est un véritable Éden.

J'avais à remettre à M. Bontemps, gouverneur des établissements français dans l'Inde, une lettre que je tenais de l'obligeance de l'amiral Lab... Je défripai mon habit noir, un peu avarié par un mois de compression dans ma malle ; je revêtis le lugubre costume de visite, et je m'étendis sur les durs et frais coussins en cuir d'un palanquin, qui était à mes ordres. Six noirs coolies, demi-nus, me transportèrent au pas gymnastique, et en criant en cadence, au palais du gouverneur. M. Bontemps est un homme de quarante-cinq à cinquante ans, dont les manières sont gracieuses et dignes tout à la fois. Il me fit un excellent accueil.

Le soir, M. D. et moi nous fîmes une longue promenade au clair de lune, émerveillés tous deux des splendeurs nocturnes de ce ciel nouveau pour nous, et de la tiédeur charmante de cette nuit sereine.

C'est dimanche aujourd'hui, 17 janvier. Il y a messe officielle, à sept heures du matin, à la cathédrale. Toute l'aristoctatie blanche, le gouverneur en tête, y assiste. L'église est simple, propre, bien tenue ; un détachement de cipayes occupe la nef ; la musique militaire joue militairement quelques airs et quelques fanfares pendant le service divin, qui se termine, comme de raison, par le « *Domine salvum fac Imperatorem*, etc., » chanté et redoublé à grand chœur et à grand tapage, avec plus de solennité et d'éclat que le *Credo*. A la sortie de la messe, grands coups de chapeaux entre les autorités ; concours de palanquins, petites voitures à bœufs zébus et à chevaux. Je rencontre là M. D. ; nous allons ensemble visiter une autre église catholique, fréquentée par les indigènes. Il y a fête aujourd'hui, et on tire force boîtes et pétards ; l'assistance est distraite : les chapelets remplacent les livres, et toutes ces peaux brunes, endimanchées avec des costumes civilisés, font un grotesque effet. Ces catholiques foncés sont les descendants des indigènes convertis depuis le premier établissement des Français à Pondichéry, en 1672, alors que toutes nos expéditions lointaines transportaient des soldats et des missionnaires, et que le *compelle intrare* était dans toute sa puissance.

Dans la journée, le gouverneur, que j'avais salué le matin à la messe, m'envoie par un péon une invitation à dîner pour demain lundi, et, quelque temps après, il me fait avertir par un autre péon qu'il viendra me faire visite à cinq heures du soir. J'avais le matin même changé ma chambre-prison pour un petit appartement en belle vue ; mais, vers cinq heures, je m'installai dans le vaste vestibule de l'hôtel, qui nous sert de salon, et c'est là que je reçus la visite de M. Bontemps. Il m'offrit de venir me prendre demain à pareille heure, avec sa voiture, pour aller faire un tour dans la campagne avant de dîner chez lui. J'acceptai avec plaisir cette aimable proposition ; et après une longue causette sur la France, qui paraît si belle et si bonne quand on en est si loin, le gouverneur remonta en voiture, me laissant enchanté de ses manières affables.

A titre de compatriote et d'oiseau de passage, n'ayant de

concurrence à faire à personne ici, j'avais facilement lié connaissance avec les Français qui fréquentaient l'hôtel Cambronne. Un lieutenant de la compagnie qui tient garnison ici, M. V..., jeune homme fort distingué à tous égards, m'avait offert de me piloter dans mes courses; il vint ce matin, 18, me prendre de bonne heure, et il me fit faire une charmante promenade dans la ville noire et la campagne. On cultive ici l'indigo, et l'extraction de la matière colorante se fait dans chaque case. L'aspect de la végétation, si vigoureuse et si différente de celle d'Europe, m'étonne; mais, ce qui me séduit le plus, ce sont les Hindous et leurs costumes, singulièrement nobles et pittoresques. Je resterais longtemps à épier les scènes, les poses, les allures diverses qui s'offrent à mes regards, si cette curiosité n'effarouchait pas un peu les indigènes qui en sont l'objet. La chaleur nous fit rentrer plus tôt que je ne l'eusse désiré.

Vers cinq heures du soir, j'étais paré dans le sens mondain et maritime de l'expression; M. Bontemps vint dans sa calèche me prendre à l'hôtel, et il me conduisit par des routes délicieuses, ombragées de cocotiers, au pont d'Arya-Kupam, en construction en ce moment. Le tranquille bassin de cette molle rivière; ses bords si frais et si bien ornés de massifs touffus que dominaient de grands arbres; les teintes chaudes du ciel vers le couchant; deux petites voitures à bœufs traversant le gué, et les groupes de travailleurs indigènes auprès du pont : tout cela formait un tableau d'une douceur et d'une placidité singulières.

Pendant cette promenade, j'ai pu juger du bon sens pratique, de l'esprit d'équité et de l'intelligence élevée du gouverneur de nos établissements dans l'Inde. C'est une position délicate, et il faut un grand tact pour ne pas heurter et désaffectionner des populations qui nous sont si étranges par tant de points : religion, mœurs, préventions, costume, couleur, etc. M. Bontemps est parfaitement à la hauteur de sa position ; il saura relever et entretenir les sympathies que la France avait su inspirer dans cette partie de l'Inde, où étaient, au siècle dernier, nos principaux établissements. La ville de Pondichéry est bien déchue de son importance militaire et commerciale : ses fortifications ont été rasées par les Anglais; il n'y a aucun intérêt à les relever ; il y a mieux à faire, car le courant du siècle porte aux relations pacifiques et aux échanges. Une des mesures les plus heureuses et les plus désirables pour Pondichéry serait un embranchement sur le *Madras rail way*, qui relie Madras avec Beypoor, sur la côte de Malabar, et sur lequel viennent se conjuger les branches des chemins de fer *Great southern of India,* et *Great indian peninsula.* Notre colonie se trouverait ainsi directement reliée avec le sud de la presqu'île; et, par Bombay, avec le nord, etc. Au reste, nos petits établissements, que, par une emphase un peu gasconne, nous appelons l'Inde française, sont quelques pauvres stations, noyées et perdues dans le vaste océan de l'Inde anglaise : le plus clair de leur produit, ce sont quatre laks de roupies (1 million de francs) que le gouvernement anglais nous paye annuellement pour renoncer à la fabrication du sel et à la production de l'opium.

A six heures nous étions au palais du gouvernement ; tous les convives étaient arrivés : le président de la cour impériale et le procureur général, tous deux fraîchement décorés au premier de l'an, le contrôleur général........

Je pris congé ce soir même du gouverneur, car je m'étais décidé à me rendre par terre à Madras dès le lendemain ; et je lui fis mes plus sincères remercîments pour son excellent accueil.

Dès le matin, le 19, je suis en course avec mon boy pour dé=

couvrir l'entreprise du *Transit,* où se louent les voitures pour Madras. Ce ne fut pas sans peine que je parvins à m'aboucher avec un commis de cette administration. Il en coûte par cette voie 52 roupies (130 fr.) pour faire les 104 milles (167 kilomètres) qui séparent Pondichéry de Madras. J'arrêtai mon départ pour deux heures après-midi, et on me promit de me rendre à Madras en moins de vingt-quatre heures. En conséquence, je fis toutes mes dispositions de départ, mes adieux à mes nouveaux et courts amis ; je payai le noble Cambronne, qui est un fort bel Hindou, de la variété grasse; à deux heures, la voiture arriva, attelée de deux petits bœufs zébus, à pelage gris tendre. J'emportais avec moi des provisions pour la route : poulet rôti, œufs durs, pain et vin. La voiture se compose d'un grand coffre plus long que large, fermé de tous les côtés, mais avec persiennes mobiles, à droite, à gauche et en arrière. Le devant, intérieurement, est occupé par des compartiments et tablettes pour y mettre les provisions et menus objets. Il n'y a pas de siége, mais un seul plancher, recouvert de nattes ou de minces coussins de cuir, sur lesquels on s'étend. Sous ce plancher, assez élevé, règne un long coffre où le gros bagage peut tenir. Tout en étant couché, on peut facilement manœuvrer les persiennes et voir la route et la campagne. Le conducteur se tient extérieurement sur un siége en avant. Cette machine est peinte en blanc et garnie de rideaux extérieurement comme supplément de garantie contre le soleil.

A trois heures, j'étais en route ; ma voiture traversa au trot précipité de mes petits bœufs zébus une partie de la ville noire, où bien des regards cherchèrent à deviner quel était le vénérable personnage qu'à travers les persiennes demi-ouvertes, ils apercevaient couché et appuyé sur le coude. Nous gagnâmes la campagne sous l'ombrage de beaux arbres bordant une route qui se prolongea longtemps à travers un terrain légèrement accidenté, sans cultures régulières, où dominaient les cocotiers épars. A mesure que la voiture s'éloigne de la ville, les groupes d'indigènes qui s'y rendent et les petits chariots deviennent plus rares ; la limite du territoire français est bientôt atteinte, et la route se continue belle et bien entretenue à travers des solitudes sans habitations, mais non sans végétation. Tous les 4 milles environ, on change de bœufs et de conducteurs. A la nuit, par un beau clair de lune, j'entamai mon poulet, et je m'endormis ensuite. Le relai prochain me réveilla sous un bosquet de cocotiers élevés et flexibles, au bout d'une route en avenue, couverte comme un berceau. La lune brillait à travers la voûte de verdure et illuminait les champs voisins d'un éclat plus vif que celui du soleil de Londres. C'était vraiment magique ; je m'en voulais d'avoir cédé au sommeil, et d'avoir ainsi perdu un peu du merveilleux spectacle de cette nuit sereine. La voiture se remit en route, et les petits bœufs à bosse l'entraînèrent en trottinant.

Après quelques relais, pendant lesquels je me tiens constamment éveillé et charmé, la machine s'arrête au milieu d'un attroupement et d'une grande confusion de voix. On vient m'ouvrir la portière avec mille gestes et explications que je ne comprends pas. Ce que je vois de plus clair, c'est que les bœufs sont dételés, et qu'il n'y en a pas d'autres, pour prendre immédiatement leur place, comme cela avait eu lieu aux relais précédents. Les indigènes qui m'adressent la parole continuent leurs démonstrations ; et j'entends souvent répéter le mot : *Bunglà* ou *Bungalow*. — Le Bungalow est dans l'Inde ce que le caravansérail, ou le kan, sont en Turquie et en Grèce : une station, avec maison ou abri au service des voyageurs. — Je lâche à mes interlocuteurs des : « *Do you speak english ?* » qui restent sans réponse ; enfin, arrive le gardien de Bungalow, — *the Bungalowman*, — coiffé d'un turban, et ayant ses épaules couvertes d'un mouchoir à carreaux, vu le frais de la nuit; il baragouine l'anglais comme moi, et nous nous entendons parfaitement. Voici le résultat de ses explications : Je suis à Tindivadnam, à 28 milles de Pondichéry ; il y en a encore 76 jusqu'à Madras ; il est onze heures du soir ; ici se terminent les relais par les bœufs ; ce sont les chevaux qui vont les remplacer, mais, pour le moment, il n'y en a pas de disponibles; deux voitures du transit sont passées avant la mienne, et les chevaux sont sur les dents ; à quatre heures du matin, ils seront prêts. Je puis, en attendant, profiter de l'hospitalité du bungalow, et ordonner un souper ; rien ne manque dans l'établissement.

Mon homme poussait évidemment à la consommation ; mais j'avais sur le cœur ce retard imprévu, trois œufs durs et pas mal de poulet également dur ; tout cela m'ôtait l'appétit. On m'introduisit dans une chambre assez propre, d'où l'on fit déguerpir quelques sauvages couchés sur les nattes : une bougie fut allumée, le lit préparé et les offres de consommation recommencèrent. Je pris une demi-bouteille de *pale ale*, et du pain graissé de prétendu beurre ; après quoi, je m'étendis, tout habillé, sur le lit, non sans avoir tout mon bagage sous les yeux.

20 janvier. A quatre heures et demie, je demande si les chevaux sont levés : ils sont tellement fatigués qu'ils ne seront sur pied qu'à dix heures; mais on me préparera un bon déjeuner pour neuf heures. C'était toujours le même système de consommation forcée. Je refusai toute offre au-delà d'une tasse de thé, qui est le réveille-matin dans ce pays; puis je sortis, attendant le bon plaisir du bungalowman. Ce qui entretenait ma mauvaise humeur, c'est que j'avais désormais la perspective d'arriver à Madras à la nuit; mais à qui se plaindre? mon ennemi seul parlait anglais dans le bungalow.

Je dirige ma promenade matinale vers une pagode dont j'aperçois les sommets découpés et les clochetons dominant de beaux arbres : j'arrive au bord d'un immense bassin carré, bordé de grands degrés de pierre qui se continuent dans l'eau. Sur un des côtés, s'élève l'entrée du temple, dont les constructions puissantes semblent irrégulièrement condensées dans une enceinte par trop resserrée. De grands arbres banians ombragent les bords de l'étang sacré, où les femmes viennent emplir leurs vases ronds de terre rouge ou de cuivre jaune, et où différents groupes d'Hindous, entièrement nus et disséminés sur les grands escaliers de pierre, font leurs ablutions. J'étais frappé par la nouveauté pour moi de ces pratiques, et par la splendeur du site. Je restai longtemps sous les grands arbres, observant les scènes variées et pittoresques qui animaient les abords de ce temple, dont je fis le tour, et dans lequel je n'osai entrer. Je revins par la ville, en suivant une longue rue assez animée, où mon accoutrement, ma peau et ma barbe blanche attiraient l'attention générale. Il était huit heures quand je me rapprochai du bungalow; le gardien m'appela par signes, et me dit qu'il allait faire atteler : il s'était décidé à défatiguer ses chevaux, en voyant qu'il n'y avait rien à grappiller avec moi au-delà des 2 roupies 10 annas (6 fr. 55) qu'il me demanda pour la bière, le lit et le thé.

A neuf heures, j'étais de nouveau en route. Tous les quatre à cinq milles nous trouvions des relais, plus ou moins mauvais. Le pays est plat, coupé d'étangs ou de flaques d'eau que la grande chaleur, qui commence, fera bientôt disparaître. Il y a de nombreuses rizières, à tous les degrés de végétation, depuis la jeune herbe qui pointe au-dessus de l'eau, jusqu'à la plante épiée et bonne à couper. Avec le secours de l'eau, la végétation ne s'arrête jamais sous ce climat. Dans le courant de la journée, je remarquai souvent de petits temples, en forme de ruche, les uns abandonnés, d'autres entourés d'arbres banians magnifiques, de huttes de terre, et avec l'étang de rigueur. On rencontre aussi quelques statues coloriées et isolées de divinités hindoues. Dans un village en fête, il nous fallut suivre au pas la route qui le traverse, tant la population était fourmillante et pressée.

Vers quatre heures, la voiture s'arrêta sur le bord du lit immense, sablonneux et presque à sec de la rivière *Chicanacupam*. On détela les chevaux, et huit solides gaillards, presque nus, traînèrent et poussèrent la voiture à travers les sables mouvants et l'eau peu profonde. Je profitai de cette longue et ennuyeuse manœuvre pour gagner à pied le versant opposé de la vallée, où les noirs coolies hissèrent la voiture, à force de bras, jusqu'au point où la route reprend. J'arrivai bientôt à la jolie ville de *Changalpatam*, que traversent des eaux abondantes. Les maisons y sont propres, la population animée, les costumes voyants et pittoresques. Une forteresse indienne, habitation des princes de cette province, domine la ville. La nuit approchait; j'avais à peine parcouru les trois quarts de la route de Pondichéry à Madras, bien que l'allure générale des chevaux fût plus vive que celle des petits bœufs d'hier. Je regrettais les dix heures perdues à Tindivadnam; j'étais de fort mauvaise humeur, et à chaque relai je pressais le mieux que je pouvais le conducteur, qui ne savait pas un mot d'anglais : heureusement, la route était magnifique; et, à la nuit, la lune brilla dans tout son éclat.

Enfin, après bien des relais, nous arrivons à un long pont, fort étroit, que quelques rares lanternes éclairent; puis la route continue, bordée d'arbres; la voiture s'arrête au beau milieu de la chaussée; le conducteur vient me parler, et je comprends qu'il me demande où je veux descendre : « *English family hotel,* » lui dis-je. C'est une adresse un peu vague, qu'on m'avait donnée à Pondichéry. Un groupe d'indigènes se forme autour de la voiture; on discute en langage inconnu pour moi; puis, après un peu d'attente, on m'amène un gros Hindou de haute mine, noir foncé, à grandes moustaches, coiffé d'un turban blanc, qui, me faisant signe de descendre, me dit : « *Here is, sir, the English family hotel.* » Je proteste que je suis en pleine campagne, car je ne vois aucune maison; l'Hindou affirme que c'est Madras. Je me laisse conduire dans une espèce de parc anglais, au milieu duquel s'élève une grande maison de belle apparence : meubles assez beaux au clair de lune; pankas et nattes partout. On me donne tout un quartier de la maison, dont les portes et les fenêtres, sans vitrage et sans rideaux, sont à persiennes mobiles. Je m'installe, après avoir renvoyé ma voiture du transit, et on me sert à souper avec tout le cérémonial anglais. A la vue du flambant appareil de couteaux et fourchettes de rechange, assiettes nombreuses, couvre-plats, flacons à sauces et à épices qui encombraient la table, dressée pour moi seul, je m'apprêtais à rompre substantiellement le jeûne de cette longue journée. Quel ne fut pas mon désappointement, quand, sur un signe du *butler*, — l'homme à moustaches qui m'avait introduit ici, — un boy indigène enleva successivement les trois énormes couvre-plats argentés, et que je pus cependant distinguer, à l'œil nu, une petite côtelette réchauffée et desséchée, une pomme de terre pelée, et une pincée de salade verte, chacune de ces friandises occupant un vaste plat. Le butler, qui présidait à mon festin, et qui vit, sans doute, le grand vide de mon estomac à travers mes yeux vexés, s'excusa sur l'heure tardive, et me promit meilleure chère pour le lendemain. Je me couchai dans cette espérance sur un petit lit fort dur, placé au milieu de la chambre et entouré d'un moustiquaire déchiré.

## CHAPITRE III.

Madras. — Fort Saint-Georges. — Préparatifs de fête religieuse. — Étendue de Madras. — Bréviaires et compagnons de voyage. — Littlemount. — Courses de chevaux. — Processions. — Bayadères. — La ville noire. — *The seven wells*. — Le steamer *Aden*. — Embarquement pour Calcutta. — Traversée. — Service divin à bord.

21 janvier. Je porte la peine de ce délabrement du mobilier, car je me lève les bras dévorés par les cousins. Je vais seul inspecter les alentours de l'hôtel. Je suis bien à la campagne, et à Madras en même temps ; je rencontre un quartier d'indigènes où je circule longtemps, avec curiosité, au milieu d'une foule affairée, où les groupes, les costumes, les denrées m'offrent tant d'aspects nouveaux pour moi. A mon retour à l'hôtel, j'arrête, moyennant 6 annas par jour (environ 90 cent.), un *boy* indigène, qui me servira du matin au soir, et, moyennant 3 roupies (7 fr. 50), une voiture à la journée. La nourriture et le logement me coûteront 5 roupies par jour (12 fr. 50), sans le vin ou la bière. Ceci réglé, je me fais conduire en voiture, et accompagné de mon boy, au bureau de « *the Peninsular and Oriental steam navigation Company*, » afin de connaître le jour du passage, à Madras, du prochain steamer de cette compagnie pour Calcutta.

C'est tout un voyage à faire pour aller de mon hôtel à la ville noire et au port, où sont situés les bureaux des négociants, les magasins, les principales administrations, toutes les affaires, en somme. Il y a des espaces immenses à parcourir, sous prétexte de pelouses et de parcs anglais. Tout cela est aujourd'hui brûlé, rôti, sauf les grands arbres. Des bœufs et des buffles paissent la poussière rouge qui recouvre ce chiendent grimaçant le gazon; le soleil implacable règne en despote sur ces larges routes et ces *greens* menteurs. L'Anglais, largement rétribué par le gouvernement ou le commerce, se fait traîner à ses affaires ou à ses plaisirs à travers ces espaces brûlants et immenses; mais l'indigène, et surtout cette malheureuse bête de somme en ces pays, — la femme, — il leur faut parcourir, grâce à la fantaisie anglaise, sous les fardeaux et sous un soleil torride, dix fois plus d'espace qu'il n'en faudrait raisonnablement pour une ville de l'importance et de la population de Madras. J'ai bien pu juger, dans ma tournée en voiture, de l'étendue considérable que couvrent toutes les diverses agglomérations comprises sous le nom de Madras; de la complication des directions et des chemins, et de la difficulté qu'on aurait à se tirer seul d'affaire.

Les bureaux de la compagnie *P. and O.*, ainsi que ceux des Messageries impériales, sont situés sur la plage, en avant de la ville noire, en face un nouvel embarcadère sur pilotis et traverses de fer, s'avançant fort loin dans la mer, garni de rails, se raccordant, à travers le quai, avec la voie ferrée dite *Madras railway*, dont la gare est voisine. J'apprends que le prochain steamer anglais pour Calcutta ne passera pas avant le 25.

Le fort Saint-Georges, magnifique et grand ouvrage, commande toute la plage, où s'élève, à peu de distance de la ville noire, un phare de premier ordre, d'une belle et sévère construction. Il n'y a pas de port, proprement dit, à Madras. La rade est tout ce qu'il y a de plus découvert, de moins abrité. Les navires se tiennent à l'ancre, au large, et, en ce moment, on en compte une trentaine de toutes grandeurs. Les débarquements ordinaires se font, comme à Pondichéry, dans des bateaux de même système, et avec les mêmes péripéties, car le *surf* est au moins aussi violent ici que sur la plage de la ville française.

J'avais remarqué en venant, à une des extrémités de la ville noire, des étendards bariolés flottant au-dessus de grands échafaudages en bois; je m'y fis conduire. Une fête religieuse hindoue se préparait pour le soir et les jours suivants. Devant quelques riches maisons, quatre mâts en carré, occupant toute la largeur de la rue, supportent le ciel d'une tente où des lustres et des globes de verre, enfermant des bougies ou des lampes, sont suspendus au milieu de dessins et d'ornements divers. Des guirlandes et des festons d'étoffes de couleur relient et décorent les mâts. Ces abris sont autant de reposoirs que les riches indigènes font dresser devant leurs demeures pour les processions, qui forment la partie principale de ces fêtes religieuses.

Près d'une pagode je remarquai un de ces chars bizarres porté sur des roues massives en bois et chargé de figures grotesques en relief, enchevêtrées les unes avec les autres, avec dix fois plus de bras et de pieds que de têtes, formant une lourde pyramide d'une dizaine de mètres, où le jaune, le rouge et la dorure dominent. Tout à côté, sous une immense tente, s'élevait une chapelle provisoire dont le fond, espèce de *retablo* fort élevé et terminé en pointe, brillait de glaces, de dorures et de plaques argentées; au centre et dans un petit tabernacle, une figurine en argent étalait les formes bizarres et arrondies d'une divinité hindoue. En avant de cette splendide décoration, des brahmines, accroupis sur des nattes, recevaient et inscrivaient les dons, en nature et en argent, que les fidèles apportaient. Tout l'intérieur et les parois latérales de la tente étaient ornés des bibelots les plus disparates : vases, gravures européennes, statuettes, miroirs, etc., etc. Entre autres, je remarquai un Apollon du Belvédère et une Diane chasseresse en plâtre; des images qu'on vend dans nos foires; en place distinguée figurait, d'un côté, une mauvaise enluminure de saint Charles Borromée, et, de l'autre, une tête de l'enfant Jésus, en rouge, bleu et jaune, image à 4 sous; dans deux cadres ronds d'ébène, sous verre, et, en regard, un double exemplaire d'une de ces jolies et lestes gravures du temps de Louis XV, intitulée *la Gimblette*, où une jeune fille en costume de nuit, le dos étendu sur un lit, joue avec un épagneul favori, perché sur ses pieds, élevés perpendiculairement en l'air. On voyait aussi quelques photographies décolletées, au milieu d'images du cru. Je fus à même de bien observer toutes ces jolies choses, car un des brahmines me fit entrer sous la tente, et il mit à me démontrer ce riche sanctuaire un amour-propre et un orgueil dont j'ai vu bien des exemples dans les pays catholiques. Je rentrai tard, fort alléché par tout ce que j'avais vu.

Aujourd'hui, 22, la voiture que j'avais hier n'a pas voulu revenir. Mon boy m'a fait faire à pied deux grandes courses. Nous avons visité l'extérieur d'une belle pagode, précédée d'un étang sacré à gradins. Les profanes n'entrent point dans ces temples. Je me suis convaincu encore une fois de l'étendue incommode et fatigante de Madras. La position excentrique de l'hôtel où je suis descendu me casse bras et jambes : il faut une voiture pour les moindres visites, tant les points principaux sont disséminés et éloignés les uns des autres, et on ne peut prendre les voitures qu'à la journée. Si les hôtels étaient où sont les affaires, près de la mer, de la ville noire, des bureaux, j'aurais pu aller faire une excursion sur le *Madras railway*, mais il faut trois quarts d'heure pour aller en voiture de mon hôtel à la gare.

Dans mes longs repos d'aujourd'hui, j'ai eu recours à mes vieux compagnons de voyage, — le Dante et Horace, — mes deux bréviaires depuis plus de quarante ans. Le petit format sous lequel je les emporte ne grossit pas mon bagage. Ce sont de précieux amis pour les heures de calme forcé. Tous deux, dans des ordres différents d'idées, stimulent l'esprit et font rêver. On peut les ouvrir au hasard, on est toujours sûr de rencontrer, dans la page qui s'offre aux yeux, un rayon lumineux, soit de passion et de haute aspiration, soit de facile philosophie qui trace à la pensée une voie supérieure, où elle aime à s'élever et à se maintenir. J'ai toujours regretté que les *Essais* de Montaigne formassent un si encombrant bagage. Ce livre serait encore un excellent bréviaire et un bon compagnon de voyage.

Le 23, dès le matin, j'entreprends une longue course en voiture pour aller, à 4 milles au moins de mon hôtel, visiter, à *Little mount*, une ancienne église catholique. La route est merveilleusement belle, côtoyant sur une partie de son parcours un immense étang (*the long tank*). D'énormes arbres banians (*ficus indica*) ombragent le chemin. Leurs épais et nombreux rameaux laissent pendre de longs filaments qui tendent à s'enraciner en terre pour y former des troncs nouveaux. De chaque côté s'étendent les jardins ou parcs qui entourent de charmantes habitations où résident quelques riches négociants ou employés. *Little mount* est une petite colline sur la rive droite de l'Adyar, que l'on traverse sur un long pont de pierre (*Marmalong bridge*). Le lit fort large et sablonneux de la rivière n'est sillonné en ce moment que par de minces filets d'eau, au bord desquels, à perte de vue, sont disséminés des groupes de noirs blanchisseurs se livrant au mode barbare de lavage usité dans ce pays. Ils trempent dans l'eau le linge rassemblé en faisceaux, et ils en flagellent, à tour de bras, des pierres placées exprès à leur portée ; si cela n'emporte pas la tache, cela emporte au moins la pièce.

L'église catholique n'est qu'une pauvre chapelle abandonnée maintenant, flanquée et surmontée de constructions assez vastes et en bon air qui servaient autrefois de résidence de campagne aux dignitaires catholiques de Madras. De cette situation élevée, la vue est fort étendue, mais monotone, car le pays est plat jusques à la mer, et la côte basse et droite.

Au retour, mon *boy* me prévient qu'il y a ce soir, à quatre heures, des courses de chevaux. Les Anglais ont importé dans l'Inde, avec le beefsteak et la bière, la passion du turf. J'étais curieux, bien que j'aie peu de goût pour cette sorte de spectacle, d'assister ici à une réunion où devait se rencontrer l'aristocratie européenne de Madras et une masse d'indigènes. Je fus tout étonné de voir la voiture prendre la même route que j'avais suivie ce matin ; en effet, le champ de course est à un quart de mille au-delà de *Little mount*. Je querellai mon boy de ne m'avoir pas prévenu de cela, je n'eusse fait qu'une seule promenade de mes deux buts de curiosité.

J'arrivai au champ des courses à quatre heures, au moment indiqué pour le commencement ; et, moyennant une roupie (2 fr. 50), je pris place dans la tribune de l'aristocratie européenne et hindoue. Tout se passa comme je l'ai vu si souvent en Europe, et une fois sur le champ de course de ma propriété de la Christinière : mêmes têtes de *gentlemen riders* et de parieurs ; mêmes allures, mêmes costumes, malgré la différence du climat ; jockeys efflanqués, chevaux *idem ;* même mise en scène, mêmes lenteurs et même ennui pour moi.

Le vainqueur de la première course gagnait un vase d'argent de la valeur de 1,000 roupies (2,500 fr.), offert par sir William Denison, gouverneur de la présidence de Madras, bon gros gentleman à peu près de mon âge, sans grande distinction, vêtu d'un pantalon gris et d'une redingote noire, et coiffé d'un chapeau gris de feutre ras. Je le vis remettre au gagnant le vase, exposé dans la grande salle du *Stand*. Il y avait là quelques riches Hindous habillés de mousseline transparente, *pettoruti*, comme les trois quarts des femmes ne le sont pas; gras de visage, ornés de moustaches noires; les yeux en amandes, les oreilles et les doigts chargés de joyaux merveilleux. Ils vinrent s'incliner devant le gouverneur, qui a l'air d'un vieux droguiste enrichi, et qui leur tendit et secoua anglaisement la main; ce que ces fils de Tippoo reçurent comme une faveur et avec des démonstrations d'une obséquiosité tout asiatique.

La réunion dans le bâtiment des tribunes comptait peu de femmes; pas une seule passable : des sang-mêlé en grand nombre de l'un et de l'autre sexe, en costume européen, qui ne va pas à ces visages blafards. Quant aux Anglais pur sang, ils ne sont pas beaux ici. Il faut qu'on n'y expédie que du laid, ou que le climat gâte la belle race qui brille en Angleterre.

En dehors du *Stand* et auprès de la piste, les indigènes forment la majorité de la foule; leurs petites voitures jaunes, attelées de poneys du pays ou de petits bœufs à bosse, sont campées en nombre considérable, tout à fait à part des voitures des blancs, généralement peintes en vert, avec persiennes de tous côtés, et double ciel. Je n'assistai qu'à trois courses sur six, préférant revenir avant l'ébranlement général de toute cette masse de petites voitures, qui devait produire sur les routes non arrosées une tempête de poussière rouge et une confusion inextricable.

Je n'avais pas oublié la chapelle et les reposoirs que j'avais vus hier dans la journée. Je repris ma voiture après mon dîner solitaire, car j'étais seul dans le *Family hotel*, et, accompagné de mon boy, je me fis conduire dans la ville noire, auprès de la grande tente, d'où la procession devait partir à neuf heures du soir.

Tout était éclairé à profusion; la chapelle d'argent resplendissait de lumières, qui se répétaient dans les plaques brillantes et les innombrables petits miroirs. La foule assiégeait l'entrée de ce sanctuaire, protégée par des cordes tendues. J'étais seul en costume européen au milieu de cette noire cohue, qui s'écartait devant moi; des officieux me faisaient faire passage avec une telle rudesse envers leurs semblables que j'étais obligé de me fâcher pour décliner ces honneurs. J'étais devant la tente, revoyant aux lumières tout le bric-à-brac que j'ai décrit hier. Un respectable brahmine, qui présidait à l'éclairage et à la décoration de cette chapelle, vêtu d'amples mousselines et portant au front sa marque blanche, souleva les cordes en travers de l'entrée et m'introduisit dans le sanctuaire, en me prenant par la main. J'étais tout ennuyé de ces complaisances, qui me rendaient, au milieu de tout cet éclat, le point de mire de la foule, pressée en avant de la tente. D'un autre côté, je ne voulais pas mécontenter ce bon prêtre, qui me faisait ainsi les honneurs de sa chapelle. Je fis donc le pénétré, le Philinte. J'eus l'air d'examiner sérieusement et de trouver magnifique tout le clinquant et les oripeaux disparates qui décoraient cette tente; je répétais à tout bout de champ : « *Very fine! splendid!* » et en me retirant, sous le feu de mille regards, je glissai adroitement, sous le couvert d'une poignée de main, une demi-roupie dans la droite du vénérable personnage, qui la porta à son front, puis à sa poche, je pense.

Toute cette partie de la ville noire était illuminée, et les indigènes fourmillaient dans les rues. Un tintamarre infernal et des lueurs éclatantes et mobiles m'attirèrent dans leur direction. J'étais escorté de mon boy, parlant l'anglais, drapé de mousseline blanche et avec un turban de même couleur bien campé sur sa tête et contrastant avec sa face de coco luisant. Il avait raccolé dans la foule un de ses amis, qui n'était costumé que de la simple ceinture de pudeur, et qui mettait à mon service, pour me faire pénétrer dans la foule, peu rétive du reste, ses vigoureux membres nus.

Avec l'aide de mes deux acolytes, j'arrive, en fendant des flots de fidèles curieux, sous une grande tente qui sert de vestibule à une pagode, et qui abrite une de ces gigantesques machines en forme de pyramide dont j'ai parlé hier. Celle-ci, à base très-large et n'ayant point de roues, représente mille figures contournées et grotesques de divinités, d'animaux et d'arbres fantastiques en bois peint de couleurs criardes ou doré. Cette masse pyramidale est illuminée de lanternes de diverses formes et couleurs; elle est fixée sur un cadre de fortes solives, reliées ensemble et posant à terre. L'intérieur de la vaste tente est ornée d'images et d'emblèmes fort mêlés. Des filles, des vieilles femmes et des jeunes garçons portent de longs bâtons terminés par cinq ou six branches de fer, au bout desquelles sont attachés des tampons en bourre de cocotier imprégnés d'huile, et qui, allumés, répandent plus de fumée que de clarté. Des hommes chargés de vases pleins d'huile arrosent de temps en temps ces tampons, qu'il faut baisser à portée, manœuvre qui n'est pas sans inconvénient pour la foule, qui reçoit des éclaboussures grasses et enflammées. D'autres hommes allument à l'extrémité de bâtons, terminés par une plaque de fer, des feux de Bengale, dont la vive lueur illumine toute la scène. Deux jeunes garçons nus, maigres et noirs, accroupis chacun sur un petit bœuf à bosse, tapent à coups redoublés sur des tambours-chaudrons, tandis qu'un groupe de musiciens armés de flûtes criardes et d'instruments divers s'évertuent à faire le plus de bruit possible.

Enfin tout ce brouhaha et ce mouvement confus tendent à s'organiser. La procession se forme, les petits timbaliers en tête; l'énorme pyramide s'ébranle et s'élève, soulevée par les bras de centaines d'Hindous presque nus, qui ont saisi les fortes solives sur lesquelles elle est attachée, se disputant l'honneur de la soutenir sur leurs épaules; elle s'avance lentement au-dessus du flot vivant qui la porte, escortée par les torches multiples et les feux de Bengale. Quand elle a dépassé la tente qui l'abritait au repos, on voit sortir de la pagode trois... — je ne sais comment les désigner — châsses, reliquaires ou ostensoirs, formant éventail, couverts de broderies, de perles, d'ornements de toutes sortes, qui rayonnent du centre, où brille une figurine d'une divinité quelconque que je ne pouvais bien distinguer. Un immense parasol est porté derrière et au-dessus de chacune de ces représentations. Elles étaient précédées d'une troupe de brahmines, le buste nu, nasillant un chant religieux, et du groupe des musiciens, et des danseuses sacrées, au nombre d'une vingtaine environ, marchant deux par deux. Ces femmes, petites pour la plupart et de tout âge, depuis l'adolescence jusqu'à la maturité complète, étaient vêtues de splendides costumes d'étoffes lamées d'or et d'argent, d'écharpes brodées, la tête, le cou, les oreilles, le nez, les bras surchargés d'anneaux et de joyaux de toute espèce. Je pouvais mal les distinguer, tant la foule qui suivait la procession était pressée, et je ne tenais nullement, malgré les instances de mes acolytes, à me fourrer dans la presse pour gagner les premiers rangs. Il était onze heures du soir; j'en avais assez vu pour aujourd'hui, et je rejoignis ma voiture et l'hôtel, après une journée bien remplie.

24 janvier. C'est dimanche ; mon boy prétend n'avoir pu me trouver une voiture. Il m'accompagne dans une course matinale que je fais à pied, et sous l'ombrage de mon parapluie parisien, promu à la dignité de parasol. Le soleil est traître ici ; et, bien que j'aie constamment le crâne abrité par un casque en feutre gris, à courant d'air, enturbané de mousseline blanche dont un bout flotte sur ma nuque, il faut encore me garantir des dangers de l'insolation par l'ombre supplémentaire du parasol.

Il y a bon nombre de musulmans parmi les indigènes de Madras ; leurs mosquées sont de piètre apparence, et les cimetières qui les entourent témoignent, de la part des croyants, une extrême incurie. Les temples hindous que je rencontre n'ont pas grande apparence extérieure ; ils semblent manquer d'espace intérieurement, car de hautes murailles enferment leurs constructions ramassées. J'ai circulé dans quelques marchés abrités, bien approvisionnés, en riz surtout, et encombrés de foule. Je rentrai à l'hôtel, pestant toujours contre sa position excentrique et isolée, qui exclut toute flânerie et qui exige une voiture à la journée, et contre l'extension exagérée de Madras, dont les différents massifs de population et les habitations civilisées sont disséminés sur un territoire immense.

*Dento gardens family hotel : Mount road*, où je réside, est situé dans la partie aristocratique de la ville, proche le *Madras club*, à peu de distance de *Government house ;* toutes les maisons voisines, entourées de grands jardins, ont fort bon air. Cette position isolée et champêtre peut convenir à un résident habituel, négociant ou employé, ayant serviteurs et voitures à ses ordres, mais non pas à un voyageur de passage, ménager de son temps et curieux de tout voir à son aise, ce qui ne se fait bien qu'à pied.

Comme je voulais consacrer cette journée à mettre ma correspondance et mes notes au courant, je donnai congé à mon boy jusque vers cinq heures. Mes repas solitaires étaient fort légers et vite expédiés ; le *butler*, qui était au mieux avec mon domestique et qui avait sans doute sa commission sur son gage quotidien, le suppléait quelquefois.

À l'heure dite, mon homme revient, m'annonçant une nouvelle procession pour ce soir dans un autre quartier de la ville, et il s'offre à m'y conduire. Quand nous arrivons, les préparatifs ne sont pas encore terminés ; on balaye les rues, on arrose ; les tentes et les reposoirs, devant les maisons de riche apparence, reçoivent leurs derniers ornements.

Mon boy rencontre un dignitaire de la police indigène, un *zemindar*, me dit-il, avec lequel il m'abouche, et qui m'explique en anglais pénible l'ordre et la marche de la cérémonie. C'est un bel Hindou, de haute taille, bien nourri et portant fièrement une tête magnifique. Il préside aux apprêts de la fête, distribue sur son chemin ses ordres brusques et absolus à ses inférieurs ; mais il joint ses deux mains étendues, en fermant les yeux d'un air pénétré, devant les riches indigènes sur leurs verandahs, qui lui rendent pareil salut ; il me conduit auprès d'un étang à gradins de pierre devant l'entrée principale d'une grande pagode, dont nous venions de longer un des murs d'enceinte. Un édicule carré, à piliers, occupe le centre du bassin. Les ablutions vont grand train sur les gradins les plus rapprochés du temple. Mon prétendu zemindar se débarrasse le buste de ses longues et blanches mousselines flottantes ; il développe les enroulements de son turban, et, couvert seulement des voiles légers qui entourent le milieu de son corps, il descend jusqu'aux genoux dans le bassin, et, avec un petit vase de cuivre portatif, il verse à coups répétés de l'eau sur sa tête, ses bras et sa poitrine. Il reprend ses blanches enveloppes ; tout cela fut fait en moins de cinq minutes, et après avoir dit à mon boy que la procession allait commencer, il se perdit dans la foule qui arrivait.

De la place où j'étais, entre l'étang et le temple, j'apercevais deux énormes singes qui grimpaient et gambadaient sur les sommets de l'édifice. Tout auprès de moi et sur un massif carré de pierres, un éléphant, accroupi sur ses quatre genoux pliés, fourrageait avec sa trompe un amas de branches de cocotier placé devant lui, pendant que son *mahout* garnissait son dos d'un tapis et d'une housse rouge, de chaque côté de laquelle pendait une clochette de bronze. Quand la toilette fut complétée, l'éléphant se dressa sur ses jambes; puis, levant et pliant en dedans son pied droit de devant, le mahout s'en servit comme de montoir pour arriver sur le dos de l'animal, qu'il se mit à diriger avec une corde, en tenant un jeune enfant devant lui.

Cependant le jour baissait vite; les timbaliers, montés sur leurs petits bœufs à bosse, étaient arrivés, ainsi que les porteurs de fanaux multiples et des feux de Bengale; on commençait à allumer; la foule débouchait sur un des côtés de l'étang; la plupart de ceux qui arrivaient auprès de la pagode, hommes et femmes, se projetaient vivement, tout de leur long, la face contre la terre, qu'ils baisaient, et ils se relevaient aussitôt. Il y avait moins de cohue qu'hier, moins d'empressement bruyant, mais plus de dévotion. La nuit était tout à fait venue, et tous les fanaux allumés. L'éléphant avait pris la tête de la procession, s'avançant gravement au tintement de ses deux clochettes; les timbaliers, faisant rage, venaient ensuite sur leurs bœufs, suivis d'une partie de la foule et escortés de quelques fanaux. Cette première partie du cortége avait tourné un des angles du temple et descendait lentement la voie qui longe un des murs de l'enceinte. L'espace, qui sépare l'entrée de la pagode d'un des côtés du bassin, était occupé par une troupe de Brahmines, qui se mirent en mouvement à mesure que se développait la procession. Comme hier, ils avaient le buste nu, et portaient sur leur front bronzé une petite marque de couleur blanche, barrée perpendiculairement d'un trait jaune assez semblable à un ỷ. Les torches et les feux de Bengale s'allumèrent sur tout cet espace ; et, de la porte étroite du temple, une foule compacte sortit, précédant un de ces riches et énormes ostensoirs aux broderies et ornements confus, tout à fait semblable aux trois que j'avais vus hier. Il était porté sur les épaules d'une masse d'indigènes, éclairé de nombreux fanaux, et abrité d'un immense et riche parasol. A la sortie du temple, la foule pressée s'était étendue en longue file et suivait la tête du cortége ; elle se composait de Brahmines, de musiciens et d'un groupe de ces femmes que nous appelons bayadères. Elles étaient splendidement costumées et surchargées de joyaux, comme celles d'hier ; — chaque temple abrite et nourrit une troupe de ces femmes. Au-dessus de leur cheville, plusieurs anneaux d'argent à chaque jambe résonnent quand elles marchent.

Je devançai la procession, qui se déployait lentement ; les singes de la pagode étaient descendus sur le mur d'enceinte pour voir passer le cortége, et ils témoignaient par leurs gambades tout l'intérêt qu'ils prenaient à ce brillant spectacle.

Toujours sous la direction du susdit zemindar, qui m'avait retrouvé, et qui avait la haute main dans cette solennité, je me postai sous un des reposoirs où les porteurs de l'ostensoir reprennent haleine, et je vis tout repasser devant moi, le grave éléphant en tête, se conduisant fort sagement, rasant la foule avec ses vastes flancs, baissant sous les lanternes et les lustres sa trompe, qu'il tenait presque toujours élevée. J'espérais un petit fandango de ces demoiselles, ou prétendues telles, que les livres anglais sur l'Inde appellent *dancing girls ;* mais je fus désappointé. Pendant le repos, elles se postèrent sur deux rangs en face l'un de l'autre, se tenant par la main dans chaque rang, pendant que la troupe des Brahmines psalmodiait sur un ton monotone, et que les flûtes criardes me rappelaient, en faux et en laid, les *pifferari* italiens, qui ne sont pourtant pas de grands virtuoses.

Je changeai encore de place, en me dirigeant vers une tente ornée de draperies roses et blanches, de lustres, de verdure, de palmes, d'énormes régimes de bananes. Ce pavillon était dressé devant une habitation de très-belle apparence, dont la verandah, élevée d'un mètre au-dessus de la rue, abritait toute une nombreuse famille indigène, où les femmes et les enfants étaient en majorité. Mon boy prit sur lui d'aller demander pour moi une place dans cette illustre réunion : on me donna la meilleure avec empressement. Le père de famille, vieillard de mon âge, parlait l'anglais; je le remerciai de son gracieux accueil : « *Who are you?* » (Qui êtes-vous?) me demanda-t-il à brûle-pourpoint. — « Un vieux voyageur, lui répondis-je, qui ne se lasse point de voir la diversité des hommes et la beauté des œuvres de Dieu. » Nous *voltairisâmes* ensemble quelques minutes, au son des clochettes et des timbales qui s'avançaient, et pendant que les nombreux serviteurs de mon hôte achevaient d'illuminer son beau reposoir. La foule s'était amassée sous la tente, et je n'étais pas le moindre objet de l'attention publique. Mon ami le zemindar, avec ses argousins et les domestiques de la maison, eurent grand'peine à faire vider la place à tous les curieux. Je me demandais comment l'éléphant allait passer sans encombre et sans casse à travers tous les ornements divers, les lustres, les lanternes et les bananes. Il s'en tira avec sagesse et sobriété. Quand il fut passé, la machine sacrée s'arrêta et fut mise à terre sous la tente. Grâce à la splendide illumination du lieu et à la place que j'occupais, je pus mieux voir les *dancing girls*, qui ne me frappèrent que par leur petite taille, leur mine chétive et leur riche accoutrement. Mon boy m'expliqua qu'il n'y aurait pas de danse ; que ces demoiselles étaient de la fête pour prier et non pour gambader ; — ce qu'elles ne font jamais, du reste ; car rien de plus monotone, ai-je lu quelque part, que leur prétendue danse (1). Après le départ de la procession, je pris congé de mon hôte par les plus sympathiques expressions que je pus trouver ; il savait par mon boy que j'étais Français ; il me félicita sur ma patrie, et me secoua vivement la main. Pendant ces adieux, toute la famille m'entourait avec une curiosité bienveillante. Il y avait là quelques jeunes femmes taillées et costumées comme des statues antiques.

En rentrant, je préviens mon boy qu'il me faut à tout prix une voiture pour demain, dès le matin.

25 janvier. Ce n'est qu'à onze heures qu'une affreuse voiture arrive. Il faut bien m'en contenter ; j'avais à aller à la poste dans la ville noire, à plus de 5 kilom. du *Family hotel* de *Mount-Road*. C'est tout un voyage. La route, après avoir longé le parc de *Government house*, traverse un vaste terrain plat, entouré par la rivière Kuam, appelé *The Island*, passe au pied de la statue de Sir E. Munro, ancien gouverneur de Madras, et débouche aux abords du fort Saint-Georges ; de là, à travers la grande esplanade, que la mer borde à l'est, et en passant auprès du phare, on arrive à la ville noire, auprès de laquelle sont toutes les affaires et les administrations.

J'apprends au bureau de la Compagnie anglaise P. et O. que le steamer pour Calcutta, attendu aujourd'hui, n'arrivera probablement que demain. Je visite le musée de Madras, collection un peu confuse de toutes sortes de choses, mais riche

---

(1) Voir ch. VII et ch. XXXII.

surtout en poissons, coquillages et minéraux du pays. J'exploite pendant le reste de la journée mon sordide équipage en lui faisant faire une longue tournée dans le quartier appelé Saint-Thomas, le long de la plage, au sud du fort Saint-Georges. Toute cette agglomération est en partie catholique, et comprend plusieurs petites églises de cette communion. J'en visite une, probablement d'origine portugaise. Sur l'autel trône une Madone toute dorée et revêtue d'une robe de soie; perruque blonde et énormes boucles d'oreilles en strass. Les abords de ces églises sont hantés et exploités par une foule de mendiants importuns. — La mendicité est-elle donc partout un signe ou un fruit du catholicisme? On ne voit pas tendre la main dans la ville noire, ni dans les autres quartiers de la ville. La végétation est bien belle le long des routes que j'ai parcourues. J'y ai admiré de magnifiques banyans (*ficus indica*). Je rentre fatigué et démoralisé à mon lointain hôtel : voilà huit jours que je suis à Madras, et je ne sais pas encore quand je pourrai en sortir.

26 janvier. Je reprends encore ma vieille voiture, que je paye au même prix qu'une belle : je soupçonne mon boy de l'avoir négociée au rabais, et d'empocher la différence, car c'est à lui que je donne de l'argent. J'apprends au bureau des steamers anglais que le bâtiment attendu « *has broken its shaft* » (a rompu son arbre de couche). On espère qu'il en viendra un autre : c'est une fatalité! Si en arrivant ici j'avais su y rester aussi longtemps, et, surtout, si je n'avais pas été logé si loin du vrai Madras, qui est la ville noire et le bord de la mer, j'aurais pu faire une excursion jusqu'à Beypoor, sur la côte de Malabar, en traversant en chemin de fer toute la pointe de la grande presqu'île de l'Inde. Le parcours est de 405 milles (652 kilom.), et, en première classe, il n'en coûte que 25 roupies (62 fr. 50), tandis que j'ai payé plus du double, par le

Transit, de Pondichéry à Madras, pour faire quatre fois moins de chemin : — 100 milles au prix de 52 roupies !...

Je suis retourné une seconde fois dans l'après-midi à la ville noire dans l'espérance de trouver à la poste une lettre du Dr Roberts, qui m'avait promis de m'écrire de Calcutta. Il n'y a rien pour moi.

Je visite l'enclos des *seven wells*. Ces vastes puits en briques fournissent à presque toute la ville l'eau potable. On la trouve à trois ou quatre mètres en contre-bas du sol, qui est presque de niveau avec la mer, éloignée de ces puits d'un demi-mille au plus. L'eau est puisée par des seaux en fer attachés à l'extrémité de longs bambous, suspendus eux-mêmes au bout d'un des bras d'une bascule à levier, dont l'autre bras est chargé d'une pierre comme contre-poids. Un coolie nu, assis sur le bord du puits, fait plonger le cuvier de fer dans l'eau ; un autre homme, également nu, perché en l'air, vers l'axe de la bascule, passe alternativement d'un bras de levier sur l'autre, afin d'ajouter le poids de son corps pour faire plonger la perche de bambou dans le puits, ou pour la faire relever ; des encoches sur la forte solive, qui fait bras de levier d'un et d'autre côté, facilitent la manœuvre si pénible de cet homme, en équilibre à l'aide de longues perches fixes qui s'élèvent à sa hauteur. Le coolie qui fait plonger les seaux et celui qui les fait basculer alternativement ont un mouvement régulier et presque mécanique qui verse l'eau dans un réservoir un peu élevé au-dessus du sol, et, de là, des tuyaux la conduisent à destination. Ce système de puits à bascule est en usage dans tout ce pays. Mais quel métier que celui de ces malheureux, grimpant continuellement, dans un sens et dans un autre, sur ce plan branlant, élevé, toujours incliné, et cela en plein soleil tropical !

Mon lointain hôtel de Mount-Road me cause un tel *spleen*

qu'il faut que je le déserte à tout prix. Pendant que je suis dans la ville noire, j'envoie mon *boy* aux informations ; et du premier coup je trouve un petit hôtel, où un mulâtre de race africaine fait les fonctions de *butler*. Il me montre une chambre isolée sur une terrasse, avec verandah en avant, vue sur la mer, et cela, tout près des bureaux, que depuis mon séjour à Madras je suis venu visiter si souvent et si chèrement. J'arrête cette chambre : je payerai 3 roupies par jour, tout compris (7 fr. 50). Avec ma voiture, je retourne à Mount-Road, je demande mon compte, que le butler cherche à enfler ; mais je me débats, je donne 35 roupies (87 fr. 50) pour six jours ; je solde mon boy, qui place mon bagage dans la voiture, et je roule vers *the United service Hotel*, où je me trouve confortablement installé à sept heures du soir. Je prends ma part, moi cinquième, d'un copieux souper ; les autres convives sont Anglais, deux portent une longue barbe. Ici, au moins, je ne serai plus seul, et j'entendrai parler chrétien. Je me couche dans mon nouveau perchoir sur un lit fort dur, composé d'un seul matelas de 2 à 3 centimètres d'épaisseur, recouvert d'un seul drap ; — une vraie planche à repasser. Je redoutais ici, à cause du voisinage de la mer, les moustiques, qui m'avaient tant étrillé à Mount-Road : je n'en sentis pas un seul.

27 janvier. Je n'ai pas perdu au change en m'installant à *United service Hotel*. Je puis dix fois par jour sortir et rentrer à pied sans fatigue, car je suis dans la ville noire, à cinquante pas de la plage, près des bazars et bureaux divers, à la portée de toutes les informations et de toutes les scènes que je recherche. L'hôtel est tenu à mon goût, la table suffisante, mes commensaux convenables. De mon observatoire, je domine une grande partie des maisons basses du quartier, et j'aperçois la haute mer au sud-est, dans la direction du steamer que

j'attends. Les corbeaux à manteau gris sont aussi communs ici qu'en Norwége et en Russie; les milans tournoient sans cesse au-dessus de la ville, en lançant leurs trilles aigus, et de grands singes circulent sur les toits voisins, comme les chats en Europe. Du haut de ma terrasse, je plonge dans la cour étroite d'une pauvre famille hindoue dont tous les membres, jeunes et vieux, se livrent à la confection de galettes combustibles en bouse de buffle ou de bœuf.

Pas de nouvelles du vapeur pour Calcutta. Le *Royal-Mail* de cette ville est arrivé et repartira demain pour Pointe-de-Galle avec la correspondance pour l'Europe. Je retiens toutefois ma place jusqu'à Calcutta, moyennant 160 roupies (400 fr.) pour une traversée de quatre jours. C'est l'*Aden*, petit steamer de la Compagnie P. et O. qui est annoncé, et qui remplace le *Candia*, grand steamer de 2000 tonneaux, dont l'arbre de couche a été rompu pendant sa traversée de Suez à Pointe-de-Galle, où il est resté en réparation.

En parcourant la ville noire, sans guide et à ma fantaisie, je saisis bien des détails qui ont pour moi un grand attrait de nouveauté. Les maisons, basses pour la plupart, semblent bien tenues et leur extérieur est propre. Une espèce de galerie, ou verandah, forme un long vestibule ouvert sur la rue, au rez-de-chaussée, surélevé de deux ou trois marches : de chaque côté de la porte donnant entrée dans l'intérieur de la maison, s'étend un banc, ou divan de pierre, garni de nattes; on s'y repose le jour; on peut y coucher la nuit à l'époque des grandes chaleurs. Les femmes hindoues ont le costume que j'ai décrit à Pondichéry, très-noble dans sa simplicité, et elles savent merveilleusement le draper. En général, elles sont petites; leur couleur est d'un noir peu foncé, leurs cheveux lisses et brillants; quelques-unes, dans les castes élevées, ont la peau relativement claire. Je rencontrai, et je suivis pendant quelque temps, une jeune femme brahmine, en compagnie d'une respectable matrone. Elle était d'une haute taille; le teint pas plus foncé que celui d'une Espagnole basanée; des flots de mousseline blanche l'enveloppaient de la ceinture aux pieds; des anneaux d'argent tombaient sur ses chevilles; une écharpe légère et transparente, deux fois croisée sur le buste, laissait voir une poitrine solide et bien modelée, sans le pli inférieur du sein qu'on remarque chez toutes les femmes, même très-jeunes, dans les castes inférieures, fatiguées par le travail. Dès l'âge de dix à douze ans, les filles indigènes sont nubiles ici, et généralement leurs formes supérieures sont parfaites dans cette première jeunesse, mais la maternité précoce et répétée les déprime bien vite.

La mer et ses travaux occupent une nombreuse et robuste population d'indigènes, vêtus le moins possible. Les barques de pêche ou de transport sont de même construction qu'à Pondichéry, et le *surf* y est aussi violent et continuel. En temps calme, la lame, au moment où elle se replie, peut avoir un mètre de hauteur perpendiculaire; avec un peu de vent, elle grossit du double; et, dans les ouragans, elle dépasse quatre et cinq mètres : aussi les embarquements et les débarquements sont-ils toujours accompagnés d'émotions ou péripéties, quelques fois sérieuses, mais souvent risibles et inoffensives. Bien qu'on ait récemment établi sur pilotis et traverses de fer la jetée dont j'ai déjà parlé, qui s'avance à deux ou trois cents pas dans la mer, et se termine par une vaste plate-forme avec plusieurs escaliers à jour plongeant dans l'eau, les bateliers préfèrent presque toujours l'ancien mode, qui consiste à enlever sur leurs épaules le voyageur et son bagage pour les déposer, selon l'occurrence, soit dans la barque, soit sur la plage : c'est plus émouvant, et cela stimule davantage la générosité.

28 janvier. *The Madras daily news* annonce que l'*Aden* est parti de Pointe-de-Galle le 25 au soir; la traversée étant de cinquante heures environ, il devrait arriver dans l'après-midi. Je suis resté à mon observatoire aérien une bonne partie de la journée, car la chaleur est accablante : je n'ai rien vu venir à l'horizon. Deux fumées noires se sont éloignées de Madras ce matin, en sens opposé : l'une, s'enfonçant vers le midi, s'échappait du *Royal-Mail*, parti à huit heures avec la correspondance pour l'Europe; l'autre, vers le nord, couronnait un steamer de *British India steam navigation Company*, parti également ce matin pour Calcutta, mais en faisant escale aux points principaux de la côte de Coromandel. J'avais déjà perdu tant de jours ici que je n'osai pas prendre ce grand tour pour aller à Calcutta. J'ai pu faire aux approches de la nuit une bonne revue dans quelques quartiers à l'extrémité ouest de la ville noire : j'y remarque quelques préparatifs de festivité pour la soirée.

Au dîner, mes compagnons de table ont entamé une longue et assommante discussion religieuse, dans cet ordre d'idées terre à terre d'Anglais, pour qui la Bible est l'Encyclopédie irréfragable des sciences morales et physiques. Il y aurait eu beaucoup à dire dans l'occasion; mais je n'osais placer mon mot; car comment soutenir une thèse un peu élevée avec plusieurs personnes à l'aide de l'anglais pénible et récalcitrant que je parle? Je quittai la table pour aller dans la ville noire, en quête de la fête dont j'avais vu les apprêts. Il était grande nuit, les rues peu éclairées; j'eus la crainte de m'égarer : d'ailleurs, à chaque pas j'étais obsédé, en mauvais anglais, de propositions dont je croyais être à l'abri par ma barbe blanche, et que ma promenade hésitante, seul, à cette heure, provoquait sans doute. Je rentrai au plus vite : au *dining room*, la discussion se prolongeait encore, entrecoupée de gorgées de thé.

29 janvier. Pas encore d'*Aden* le matin. J'ai visité, après une longue course à pied à travers l'esplanade et l'île, la résidence de l'ancien Nawab du Carnatic, mort en 1855, pensionnaire de l'Angleterre : c'était un prince mahométan tenant jadis une cour somptueuse. Ce palais, situé dans le quartier appelé Triplicane, habité principalement par des musulmans, est au sud et sur la rive droite de la rivière Kuam, non loin de la mer ; il ne conserve rien de son ancienne splendeur intérieure, et il est affecté maintenant à un service public : les jardins de Chepak, de fort triste apparence, font partie de son enceinte.

Au retour, et dans le quartier musulman, je croise deux hommes marchant l'un derrière l'autre, portant suspendu, au milieu de la perche de bambou, dont chaque extrémité s'appuie sur une de leurs épaules, un singulier fardeau de la forme d'un énorme potiron, entièrement couvert d'une cotonnade claire à rayures. La cage intérieure est probablement formée d'une légère et flexible armature partant d'un plateau inférieur. Une femme musulmane, en course, est enfermée et accroupie dans ce ballon, sans aucune ouverture apparente ; quand la dame est arrivée à destination, les porteurs introduisent leur fardeau dans l'intérieur de la maison, l'y déposent, se retirent, et attendent à la porte avec leur grande perche. Pendant ce temps, la chrysalide est sortie de son énorme cocon à l'aide des servantes dans l'intérieur, qui ont déroulé les enveloppes.

A deux heures, pendant que je m'abritais de la grande chaleur sous la verandah de mon logement, ouvert aux quatre vents, je signale à l'horizon, du côté du sud-est, une fumée qui approche et grossit : c'est l'*Aden*, si impatiemment attendu. Il repartira probablement ce soir.

Mes dispositions de départ sont lestement faites : un capitaine de navire marchand, logé à l'hôtel, me prête obligeamment son boy indigène, parlant un peu l'anglais, pour m'aider à négocier avec les bateliers le prix de mon transport jusqu'à l'*Aden*, mouillé à trois quarts de mille en rade. Dès que j'apparais sur le quai, suivi de mon bagage, une cinquantaine de noirs sauvages accourent de gauche et de droite et m'entourent ; une enchère animée s'établit : j'offre une roupie (2 fr. 50), ils en demandent quatre ! enfin, je m'adjuge à deux roupies. Le groupe acquéreur m'enlève, ainsi que mon bagage, et j'arrive, triomphalement porté sur les épaules, à la *Massulah* (grande barque), qui sautait et talonnait à la limite du flot. On m'y dépose, et les hommes, toujours dans l'eau, la poussent un peu, sautent dedans, saisissent prestement leurs longues rames à palette ronde, et commencent, en criant, leur laborieuse manœuvre. Ils sont là douze gaillards, n'ayant pour tout vêtement qu'un chiffon pas plus grand qu'une feuille de vigne ; — un mouchoir de poche en habillerait six ! — Dix travaillent aux rames, un se tient à l'avant, et le douzième gouverne à l'arrière avec une longue perche à palette. Rien de plus *shocking*, selon nos conventions civilisées, et surtout pour les dames anglaises, si promptes et si faciles à employer cette expression effarouchée, que la vue de ces diables nus se démenant et se renversant sous leurs rames, la face tournée vers les passagers, les pieds élevés et appuyés sur des traverses.

Le moment vraiment difficile et souvent dangereux est le passage des deux lignes successives de brisants, formant comme deux murailles ou barres écumantes qu'il faut traverser vivement, sans prêter le flanc aux lames qui se renversent, sous peine de chavirer. Les bateliers de cette côte sont fort expérimentés, et j'ai déjà dit qu'ils exploitent un peu la position. — Qui donc, du petit au grand, ne les imite pas ? — Mes hommes franchissent lestement le double obstacle sans trop se faire valoir, et, une fois à l'abri du *surf* et dans l'eau profonde, la barque atteint bientôt l'*Aden*, où je m'installe dans une cabine à quatre lits, dont deux seulement seront occupés. Je suis enfin hors de Madras, où j'ai fait pas mal de mauvais sang pendant les dix jours que je viens d'y passer forcément, pour la moitié au moins. Ces contrariétés, à mon début dans l'Inde, m'effrayent un peu; mais, d'un autre côté, je suis stimulé par tout ce que je viens de voir et par l'espoir d'impressions nouvelles.

30 janvier. Nous sommes partis à dix heures du soir, hier. L'*Aden* est un petit steamer de 812 tonneaux et de la force de 210 chevaux, mis en réquisition à Pointe-de-Galle pour aller porter la malle à Calcutta, après l'accident arrivé au *Candia*, resté en réparation à Ceylan, où tous ses passagers font une relâche forcée. L'*Aden*, qui revient de Hong-Kong, allait se faire radouber à Bombay, quand l'administration de la Compagnie P. et O. lui a imposé, au passage, la corvée actuelle. Il est donc probable que notre marche va se ressentir du mauvais état de ce navire.

Il y a peu de passagers à bord : tous sont Anglais; une seule passagère, en première classe : c'est une jeune fille indigène accompagnant son père, le Rév. K.-M. Banerjee, indigène de caste noble, ministre de l'Église d'Angleterre. Le costume européen me semble toujours un déguisement pour ces sombres figures; je les aime mieux avec leurs flots de mousseline blanche. La mer est d'un calme parfait et notre navigation se poursuit paisiblement : pas une voile, pas un oiseau; de la chaleur dans le jour, un peu de frais la nuit; les cabines sont mieux aérées que sur l'*Alphée* et l'*Erymanthe*. Repas anglais, en service pêle-mêle; détestable cuisine. Le Rév. Banerjee dit le bénédicité et les grâces; et sa jeune fille saupoudre tout ce qu'elle mange de nombreuses pincées de poivre noir, blanc, gris, rouge, d'épices et de condiments variés dont les seuls effluves, pour moi qui suis son voisin, m'ulcèrent les narines.

31 janvier. Aujourd'hui dimanche, le capitaine a passé la revue de tout l'équipage, fort mêlé de noirs et de blancs : parmi ces hommes, il y a quelques Parsis d'un très-beau type. L'*Aden* appartient au port de Bombay, où les Parsis sont en plus grand nombre que nulle part ailleurs dans l'Inde.

Après le déjeuner, un long tintement de la cloche du bord convoque les passagers et l'état-major au service divin, dans la salle à manger, où, sur la grande table longue, recouverte de son tapis rouge à fleurs blanches, un *prayer book* a été posé devant chaque place; sur un coussin noir, recouvert pour l'occasion d'un foulard de soie rouge, repose un in-quarto, avec nombreux sinets de couleurs différentes. Tous ces livres appartiennent au navire; la congrégation s'assoit en silence de chaque côté de la table.

Un *clergyman* se trouvant à bord, le capitaine lui transmet sa fonction d'aumônier. Le Rév. Banerjee se place donc devant le gros livre, et y lit, à haute voix, les prières et l'évangile du jour, qu'il fait suivre d'une explication orale, mais le tout avec le ton lent et monotonement emphatique du *pulpit*. Ce qui m'a le plus frappé dans cette occasion, c'est que pas un des passagers ne s'est soustrait à cette pieuse démonstration. Certes, il y en a parmi eux quelques-uns qui ont leur franc penser sur ces exercices officiels; eh bien! tous avaient la componction de convention, si ce n'est de conviction. Les répons étaient donnés avec l'ensemble que l'on trouve chez nous dans les confréries catholiques. On a prié pour la Reine, pour le Prince et la Princesse de Galles, pour toute la famille royale, etc. J'admirais cette discipline anglaise qui fait que, sur une trentaine d'hommes bien élevés, de vocations et de poursuites différentes, pas un ne protesta d'un geste ou d'un sourire contre cette démonstration religieuse et politique. Essayez donc pareille chose avec un pareil nombre de Français : il y aura autant de protestations que d'individus. Le soir, à sept heures et demie, il y eut encore prières et sermon. Quand j'entendais le Rév. Banerjee commencer ses emphatiques invocations par ces paroles : *O thou almighty God, father and spring of all earthly powers*, etc., etc., il me semblait que pour la majorité de l'assistance, composée en grande partie de jeunes Anglais qui viennent chercher fortune dans l'Inde, ces paroles se modifiaient ainsi : *O thou almighty* GOLD, *father of all earthly powers, the dollars, the sovereigns, the rupies*, etc., etc.

1er février. Toujours même calme et peu de chemin : on n'affiche pas le point comme sur les Messageries impériales. — C'est une petite émotion de moins.

2 février. Nous voyons, au matin, quelques oiseaux. Je pensais que les rencontres de navires étaient plus fréquentes dans le fond de ce golfe, à la proximité de Calcutta, dont le commerce maritime est si considérable. Le soir, nous approchons de l'embouchure de l'Hoogli ; quelques fanaux élevés sur des bas-fonds signalent les stations des pilotes. Nous allumons des feux blancs ; on répond par des signaux pareils, car la nuit est tout-à-fait venue. L'*Aden* tire deux fusées, appuyées d'un coup de canon ; et bientôt une barque accoste, nous laissant deux pilotes.

3 février. On s'est arrêté une partie de la nuit, et nous ne reprenons notre route, le matin, que pour l'interrompre une grande partie de la journée, à cause du peu d'eau qu'on trouve dans les passages ; nous sommes dans une phase de faibles marées. J'écris le n° 7 de ma correspondance, et j'ai feuilleté mes bréviaires. Le soir, l'*Érymanthe*, parti le matin de Calcutta, passe le long de notre bord, assez près pour que je puisse échanger des saluts avec les officiers que j'ai connus dans ma récente traversée de Pointe-de-Galle à Pondichéry, et aux-

quels ma barbe blanche me signale. Nous restons à l'ancre toute la nuit ; et, le 4, on ne se remet en route qu'à huit heures du matin, à cause du brouillard qui règne sur toute la côte. En ce moment, la marée refoule fortement les eaux jaunes et limoneuses de l'Hoogli ; le voile se dissipe, et on voit monter ou descendre bon nombre de bâtiments à l'aide de remorqueurs. Les deux rives se sont rapprochées ; nous côtoyons tantôt l'une, tantôt l'autre. Sept à huit milles en avant de Calcutta, les bords du fleuve sont occupés, en succession presque continue, par des entassements énormes et réguliers de briques cuites sur place, à la manière anglaise ; on dirait autant de pylones égyptiens. Nous passons devant de grands villages où fourmille, vers le bord de l'eau, une foule bariolée ; aux rives sont amarrées de grandes barques qui chargent ou déchargent ; nous avançons toujours, portés par la marée qui monte, et bientôt le fond de la rivière, en amont, se ferme à la vue par une masse confuse de mâts de vaisseaux et de constructions. Après avoir passé sur la rive gauche un grand palais, encore non achevé, où réside l'ex-roi d'Oude, richement pensionné par l'Angleterre, l'*Aden* s'arrête, sur la même rive, au débarcadère de la grande Compagnie *P. and O.*, à *Garden reach*, bien avant le fort William et à plus de deux milles de la ville.

Une nuée de noirs coolies, plus ou moins foncés, mais tous d'une fatigante importunité, envahit le steamer, sous prétexte de port de bagage et d'offres diverses. Je me tire enfin de l'*Aden* après une copieuse distribution de poignées de main à mes compagnons de voyage, et je parviens, à force de monnaie, de jurons, de gestes énergiques, de coups de parapluie-parasol, à me caser avec mon bagage dans une voiture qui, au trot de deux petits chevaux ébouriffés, m'enlève aux réclamations assourdissantes des moricauds qui avaient porté ma malle et mon sac du steamer à la voiture, — quarante pas au plus, — et qui ne se contentaient pas d'une demi-roupie (1 fr. 25) pour une corvée de deux minutes, qu'un indigène aurait grassement payée avec 1 anna, — huit fois moins que je ne leur avais donné.

# CHAPITRE IV.

Premier séjour à Calcutta. — Wilson hotel, ou Great Eastern hotel. — Premier coup d'œil. — Table d'hôte. — Le Consul général de France. — Courses à travers la ville. — Baignades dans l'Hougli. — Arbre Banian. — Le Strand. — Gaut où l'on brûle les cadavres. — Vautours. — Le Hockey. — Chemin de fer de Calcutta à Bénarès.

J'arrivai sans encombre et par une assez longue route, passant entre le fort William et le fleuve, à *Great Eastern hotel*, jadis *Wilson hotel*, situé *Old Court street*, dans le beau quartier, et tout proche de *Government house*, le splendide palais du Gouverneur général de l'Inde. Après une installation sommaire dans une chambre bien aérée, je sors seul pour passer ma première inspection. L'hôtel où je suis descendu est un immense établissement renfermant au rez-de-chaussée des magasins, en gros et en détail, de toutes les marchandises d'Europe. A la porte stationnent des voitures et palanquins en quantité ; et, de la façade, on aperçoit à gauche et à droite de belles et grandes perspectives. Mais ce que je cherchais d'abord, c'était la population indigène, et bientôt je la trouvai, en m'enfonçant dans un réseau de rues sales et poussiéreuses, derrière l'hôtel. Le bas peuple ici est à peu près vêtu ; mais, comme le plus grand nombre s'enveloppe de guenilles sordides, jadis de couleur blanche, il en résulte un aspect repoussant de malpropreté insigne. J'aime mieux les coolies de Pondichéry et de Madras, avec leur peau luisante et intacte, que les paquets de haillons qui circulent ici. Cependant, sur ce fond misérable se détachent quelques costumes voyants et riches de péons, de sepoys (cipayes); des turbans bien enroulés et d'une bonne blancheur. Je me perds pendant quelque temps dans ce dédale ; mais, apercevant des mâts de vaisseaux dans une lointaine perspective, je me dirige de ce côté, supposant, avec mon ingénieuse sagacité, que je vais rencontrer le fleuve. J'arrive effectivement sur un quai immense, avec de vastes maisons et magasins d'un côté ; et, de l'autre, l'Hougli couvert de vaisseaux, à perte de vue, en aval et en amont. Entre ces deux lignes continues règne, à travers le brouillard d'une poussière épaisse, une activité extrême. Sur la rive, d'innombrables coolies, chargés de fardeaux qu'ils apportent ou emportent, circulent au milieu des entassements de marchandises diverses, qui encombrent le talus. La chaussée qui longe les maisons est sillonnée par deux courants contraires de piétons, de légères voitures ou de palanquins. A travers l'épais fouillis de mâts, de vergues et de cordages, on aperçoit sur la rive droite, en face, de grandes constructions en briques, surmontées des hautes cheminées de l'industrie moderne. Le soleil se couche en ce moment ; un grand navire est en feu au milieu de la rivière, et les reflets de ces deux incendies colorent en rouge les façades des maisons, les mâts innombrables et les nuages de poussière et de fumée qui s'étendent sur le fleuve et sur le quai. La nuit approche : je rentre par de larges rues situées entre l'Hougli et l'hôtel ; on y voit de belles constructions, et un grand square, avec un étang au milieu.

Cette première vue de Calcutta ne répond pas à mon attente. La cohue sale, affairée, poussiéreuse, qui fourmille sur le quai, la fumée des steamers et des usines, les constructions industrielles, les maisons civilisées prétentieuses, tout cela n'a rien de pittoresque ; rien qui satisfasse et justifie les idées et les images que le nom de Bengale éveille dans l'esprit d'un habitant du Nord. Dans tout ce que j'ai vu aujourd'hui, c'est l'anglicisme mercantile et architectural qui domine. Mais patience! ne préjugeons pas ainsi à première vue.

En rentrant, j'arrête, moyennant 6 *annas* par jour (93 c.), un grand diable de *boy* d'une quarantaine d'années, parlant anglais; il commence immédiatement son service et se tient derrière moi pendant le dîner, en complet costume de mousseline blanche, et coiffé d'un turban à bords aplatis formant une mince auréole de même couleur.

Dans une vaste salle éclairée au gaz, des *pankas*, suspendues au plafond, sont mises en mouvement au-dessus d'une longue table servie avec un grand luxe de vaisselle, de mets et de dessert, et entourée de plus de serviteurs debout que de convives assis, — chacun de ces derniers ayant son boy derrière son siége, et le service général étant fait par les domestiques de l'hôtel. La carte circule ; le *butler* découpe sur une table à part, et chaque boy va chercher ce que son maître lui désigne, et l'apporte sur une assiette à double fond, remplie d'eau chaude intérieurement —, raffinement dont on pourrait se passer en pareil climat. La glace est servie abondamment; le vin ou la bière se payent à part ; et, pour éviter toute erreur, vous inscrivez au crayon, sur un petit carré de papier *ad hoc*, votre numéro de chambre et votre demande. Ces notes, remises au bureau, figureront dans votre compte final.

A la sortie de table, mon boy m'escorte, en suivant de longs corridors, jusqu'à ma chambre, éclairée au gaz comme toutes les parties de l'hôtel ; il prend mes ordres pour le lendemain, prépare, sur le lit en fer et isolé, ma couche, qui se compose d'un matelas-galette et d'un seul drap, — ici on couche *sur* et non pas *dans* son lit ; — il déploie l'enveloppe continue de mousseline qui, suspendue au ciel carré du lit, forme une protection indispensable contre les moustiques, dont j'entends les murmures aigus et irritants. En partant, il dépose dans un coin de ma chambre son turban aplati, qui est d'uniforme pour tous les *boys* servant dans l'hôtel, et il se coiffe d'un *tarboush* râpé, qu'il enroule d'une torsade de mousseline ex-blanche : cette coiffure est sa propriété ; elle indique, en outre, qu'il est musulman, et qu'il n'aura aucun des scrupules de caste ou de religion qui rendent le service des boys hindous si capricieux et si incomplet.

5 février. Dès sept heures du matin mon homme est à son poste, m'apportant la tasse de café qui ouvre la série des repas de la journée : à neuf heures le déjeuner ; à une heure et demie le tiffin ; à six heures et demie le dîner ; puis le thé, *ad libitum*. Ma première course matinale est à la poste, où je donne une lettre et en trouve une autre. Le quai visité hier est tout proche ; j'y vois les mêmes scènes générales et quelques détails particuliers d'immersions et d'ablutions dans l'Hougli. On enlève en ce moment un chargement de glace venant des grands lacs de l'Amérique du Nord ; on la coupe à la hache dans la masse solide que contient le navire, et les coolies transportent à l'épaule des blocs de plusieurs pieds cubes enveloppés de grosse étoffe grise, et vont les déposer dans des magasins *ad hoc*, de l'autre côté du *Strand :* ainsi s'appelle le quai. Je rentrais dans l'hôtel au moment où retentissaient dans les vastes galeries et corridors les sons roulants et prolongés d'un puissant *gong*, ou tam-tam, annonçant le déjeuner.

J'avais quelques recommandations pour Calcutta ; je me

décidai à porter immédiatement les deux lettres sur lesquelles je faisais le plus de fond, l'une adressée à M. Van G., négociant hollandais, l'autre à notre Consul général. M. Van G. me fit le meilleur accueil, les offres de service les plus obligeantes, et me fit promettre de venir passer mes soirées chez lui, mettant, avec plus de sincérité qu'on ne le fait en Espagne, sa maison à ma disposition. M. Lombard, Consul général de France, fit honneur à la recommandation de M. F. de C. et à ma qualité de compatriote en m'accueillant aussi bien que je le pouvais souhaiter, et il m'invita à venir déjeuner au consulat demain.

Je profitai de mon palanquin et de mes quatre porteurs pour retourner à la poste, où je trouvai une lettre du bon docteur Roberts, datée de Raneegunge, à 200 kilomètres de Calcutta environ........

6 février. J'avais demandé à mon boy une voiture pour huit heures, car je voulais faire une promenade avant le déjeuner. Après une heure d'attente, et au moment où je m'orientais pour gagner à pied le consulat, mon homme arrive avec une affreuse voiture, un affreux cocher, un affreux cheval; l'heure était venue, il fallait partir à tout prix. Pour surcroît de désagrément, *mes gens* s'égarent et me font faire trois fois plus de chemin qu'il ne faut; je peste et jure après mon boy, car je me pique d'exactitude. J'arrive au moment où on allait procéder sans moi; je m'excuse et prends place immédiatement. M. Lombard est célibataire; son chancelier est en tiers avec nous. On cause naturellement Inde et voyages. Sur l'intention que j'exprime de me rendre d'Agra à Bombay, en traversant des provinces en partie indépendantes et sans chemins de fer, ces Messieurs me détournent de ce projet, en alléguant l'insécurité de la route, la longueur et la lenteur du trajet.

J'avais conservé ma voiture; je visite le musée de la Société asiatique, contenant une bibliothèque et diverses collections d'histoire naturelle et d'ethnographie; toutefois les seules curiosités qui m'intéressent le plus sont quelques sculptures mutilées de Bouddha et de divinités hindoues. Parmi ces dernières, quelques figures de femmes sont remarquables par l'ampleur et la rotondité exagérée des seins et des hanches.

Sous la conduite de mon boy, qui ne parle pas le même anglais que moi, — ce qui rend nos relations difficiles, — je parcours rapidement quelques parties populeuses de la ville indigène, qui couvre une étendue considérable, et où la population fourmille. Il m'introduit dans le palais d'un prince du pays : l'intérieur, très-vaste, est un vrai magasin de bric-à-brac encombré sans ordre, sans goût, de mauvaises copies de l'antique, de vases, de pendules, de tableaux de pacotille, etc. Les cours et le jardin renferment toute une ménagerie d'animaux féroces ou pacifiques, quelques-uns de ces derniers en liberté. On me montre le propriétaire de tous ces trésors, assis au milieu de ses six fils, vêtus de mousseline blanche, sous un portique entourant une cour intérieure remplie de mille petites curiosités intimes et bizarres. C'est un homme de quarante-cinq à cinquante ans, de forte taille et de bonne mine, coiffé d'un turban blanc plat; sur son buste nu se croise en écharpe un cachemire vert. La race indienne est magnifique dans les castes élevées, là où la richesse permet une vie sans travail et une nourriture suffisante; on y remarque des types admirables de santé, de force et de formes.

La poussière est affreuse à Calcutta, partout où on n'arrose pas; la ville est immense, encombrée de population et de véhicules de toutes sortes. Il faudrait des torrents d'eau à chaque heure pour abreuver ce sol poussiéreux et non pavé. Les grandes voies seules sont macadamisées. Leur arrosement est confié à une corporation d'indigènes d'une province qui produit cette spécialité, comme l'Auvergne, en France, et la

Galice, en Espagne, fournissent les porteurs d'eau. Ils remplissent, à l'aide d'un petit seau de cuir, une outre longue, suspendue à une courroie, qu'ils portent sur une hanche, courbés et inclinés en avant, tenant d'une main l'ouverture et réglant à volonté l'issue de l'eau, qu'ils répandent à droite et à gauche, en avançant; c'est le même système que j'ai vu pratiquer au Caire, mais les outres sont ici plus longues, mieux conditionnées; quelques-unes même sont ornées avec luxe. Il y a de nombreuses piscines, bassins ou étangs, disséminés dans la ville. L'eau de l'Hougli, élevée par une pompe à vapeur, circule dans de petites rigoles à ciel ouvert dans les principales rues; cette eau abondante sert à l'arrosement, aux usages domestiques et aux ablutions, qui se font en plein air. Les Hindous s'accroupissent sur le bord de ces rigoles et se versent sur la tête et le corps l'eau qu'ils puisent à coups répétés avec de petits vases de cuivre jaune, à panse ronde et à col étranglé. Dans les quartiers un peu reculés, on voit des femmes se livrer à cette pratique, en pleine rue.

7 février. C'est dimanche; je me fais conduire à huit heures à la principale église catholique : la grand'messe va commencer. L'église est propre et bien tenue, l'assistance nombreuse. Beaucoup d'amples crinolines, portées par des femmes de demi-sang; peu de peau blanche dans les deux sexes, sauf quelques soldats irlandais. Le prêtre qui officie doit être un franciscain italien. Il a une belle figure, une belle barbe noire, une belle voix; il pose un peu trop pour ces trois avantages, et allonge outre mesure, par ses lentes et solennelles allures et par la complaisante emphase de son chant, le temps de l'office; cela me fait déserter avant la fin.

C'est fête aujourd'hui chez les Hindous, qui fourmillent par les rues conduisant au fleuve. Il en arrive en nombre infini des campagnes voisines, marchant par longues bandes, se tenant entre eux par la main ou par le vêtement : les femmes, les filles, les enfants ahuris, effrayés du mouvement des voitures et suivant à pas inégaux les mâles, qui marchent résolûment à la tête de chaque bande en costume très-sommaire : tous, hommes et femmes, déguenillés et d'un aspect misérable et sordide, bien différent de celui qui m'avait frappé à Pondichéry ou à Madras. Là, du moins, les enveloppes inférieures, — toute couture étant prohibée dans cette partie du vêtement, — sont, chez les femmes, en couleurs voyantes, ou bien grises à rayures, avec écharpe de même. Ici, à Calcutta, les enveloppes inférieures et les écharpes sont en toile grossière, fripée et salie, jamais blanche, même dans sa nouveauté. Ces bandes nombreuses d'Hindous se dirigent vers la partie de la ville en amont de l'Hougli, pour y faire leurs immersions aux différents *gauts,* larges escaliers de pierre descendant au fleuve.

Je circulais en *garry,* — petite voiture couverte en dessus ; — je tenais les côtés ouverts pour ne rien perdre des scènes de la rue ; mon boy partageait le siége du cocher, et communiquait avec moi en se penchant. Il me conduisit à l'extrémité nord de la ville, dans une propriété dite *the Seven tanks,* — les Sept étangs, — appartenant à un banquier hindou. Les jardins, spacieux et bien tenus, renferment une ménagerie, — luxe des richards indigènes. La maison, construite dans le goût d'une villa italienne, est entourée de parterres, de bassins carrés, avec degrés en pierres, ponts ornés traversant les canaux de communication et grands massifs d'arbres. Mon boy, long et sec, qui, tout musulman qu'il est, a des allures un peu juives, et qui aime à manier mon argent, s'était approvisionné, à mes frais, de friandises pour les animaux ; il se fit bien venir d'un rhinocéros et d'un petit éléphant auxquels il distribua, de ma part, leur disait-il, de gros tronçons de pain ; il fit, pour les carpes monstrueuses d'un des bassins, des boulettes de pâte dont elles se montrèrent fort avides, etc. Au moment où nous allions sortir de l'enceinte murée du palais, le maître arriva en voiture à quatre chevaux et avec toute une suite : mon boy voulait me présenter, m'assurant une réception empressée et l'admission dans l'intérieur des appartements. Je déclinai la corvée, et lui enjoignis d'aller avec la voiture au pont qui traverse le *new circular Canal,* auprès de l'endroit où il s'embranche dans l'Hougli, en amont de la ville. Il y avait là un immense rassemblement d'indigènes sur les bords du canal et du fleuve ; une cohue se mouvant avec peine à travers les groupes accroupis des gens qui se reposent et des vendeurs de friandises diverses ; des quantités de petits tas de riz en grain et de fleurs blanches effeuillées, offrandes que font les fidèles au pied de quelques arbres, ou bien à quelque lingam improvisé : — pour un Hindou, tout objet quelconque ayant une partie arrondie est ou doit être un lingam. — Je quittai ma voiture et me mêlai à cette foule inoffensive. Le sol, en talus, qui descendait au fleuve et au canal, était couvert de feuilles, de fleurs, de grains de riz, et détrempé d'eau, tant par l'effusion qui accompagne chaque offrande que par le ruissellement des vêtements de la foule continue qui sortait du fleuve ou du canal. Je restai pendant un quart d'heure, appuyé contre un arbre, à observer ces singulières pratiques religieuses. Tout se passe plus décemment qu'on ne le suppose, bien qu'il y ait mélange des sexes ; mais les idées et les habitudes sont bien différentes des nôtres, à l'égard de la nudité, pour ces peuples, chez qui le costume ne recouvre ni les mystères ni les surprises, agréables ou non, qu'il cache à nos yeux. Les hommes entrent nus dans l'eau, sauf le strict nécessaire ; les femmes conservent l'enveloppe inférieure, et étendent sur leur poitrine un chiffon quelconque ; mais, une fois dans l'eau, elles se débarrassent de ces linges, qu'elles retiennent d'une main, plongent à plusieurs reprises la tête sous l'eau ; puis, pour sortir, elles s'appliquent sur le corps ces étoffes mouillées, et gagnent ainsi la rive, admirablement drapées. Là, par groupes, elles refont leur toilette, étendent et essuient leur chevelure noire, changent d'enveloppes, les unes fort décemment, et ce sont les plus jeunes ; les autres, les vieilles surtout, sans le moindre souci de l'assistance : tant pis pour ceux qui les regardent.

En reprenant ma voiture, je me fis conduire à tous les *gauts* de l'Hougli, et je m'y arrêtai pour y voir les différentes scènes de cette baignade générale. Dans cette longue revue, il me passa plusieurs milliers de femmes sous les yeux ; et, en somme, le spectacle était loin d'être attrayant. Une fois seulement je fus récompensé de ma curiosité par la vue de quatre jeunes femmes, debout sur la rive, au milieu d'un groupe odieux : couvertes de l'enveloppe inférieure, elles tordaient et rajustaient leur longue chevelure noire avec toutes les poses plastiques du torse et du buste que comporte une pareille occupation.

Je dîne et passe la soirée chez M. Van G. On y fait de la musique : quelques amis se réunissent chez lui, et le temps s'écoule agréablement. Je retrouve là un des passagers de l'*Aden*, M. Gumpert, négociant à Bombay et consul d'Autriche. C'est un homme jeune encore, parlant français et connaissant Paris ; j'avais souvent causé avec lui pendant la traversée de Madras à Calcutta. Il m'annonce qu'il part, mercredi, pour une excursion rapide à Agra. J'avais projeté de partir seul, après-demain mardi, pour Bénarès ; je lui proposai de me joindre à lui, et de retarder à cet effet mon départ d'un jour : ce qui fut convenu.

8 février. Je n'avais pas encore présenté ma lettre de crédit à l'agence du Comptoir d'escompte de Paris, à Calcutta ; je m'y rendis ce matin pour y prendre 1,000 fr., qui me furent comp-

tés sous la retenue de 16 roupies (40 fr.), — le change, comme toujours, n'étant pas à mon avantage. — Dans ma longue pratique des voyages, je n'ai jamais trouvé une seule fois, chez les banquiers, le change en ma faveur.

Je circule ensuite dans les beaux quartiers avoisinant l'hôtel : on y voit peu de boutiques, bien que le commerce de détail pour les marchandises ou denrées européennes y soit très-considérable, mais presque tous les magasins sont intérieurs. Telle maison, qu'à son apparence on prendrait pour la demeure d'un nawab, est occupée par un libraire, un épicier en gros, un orfévre, un tailleur, un magasin de modes. Tout ce que le luxe et le raffinement d'Europe peuvent produire en tout genre de plus magnifique et de plus cher se trouve ici, non pas au rabais, mais surchargé énormément. Il fait cher vivre à Calcutta pour les civilisés ; les dépenses obligatoires et d'ostentation sont exorbitantes : les gains doivent être proportionnels.

La plupart des industries moyennes sont montées par actions et avec des capitaux considérables. L'hôtel que j'habite, *the Great Eastern*, est exploité par une société actionnaire, au capital de 17 1/2 laks de roupies, soit 4,375,000 fr. ! Il est vrai que, sous le titre de *Hall of all nations*, il comprend un bazar de toutes sortes de marchandises et denrées ; des dépôts considérables de thé, de vins, de cafés, etc., etc. Le commerce de détail est mené à grandes guides et à grand renfort de réclame. Le tailleur, qui travaille pour moi en ce moment, occupe une belle maison entière : il y a des montagnes d'étoffes anglaises dans ses magasins et des légions d'indigènes dans ses ateliers.

Le *Maidan*, ou esplanade, est une immense plaine, plus longue que large, entourant le fort William, sur la rive gauche de l'Hougli, en aval de la ville. A son extrémité la plus étroite se présente le palais du Gouverneur général de l'Inde, vaste et somptueux édifice à quatre faces, précédé, du côté du Maidan, par un jardin entouré de grilles. L'entrée d'honneur est du côté opposé, en tête de la ville ; et, vraiment, les abords et l'ensemble de la construction ne manquent pas de noblesse et d'imposante grandeur. Là, au moins, le climat a fait supprimer les cheminées et les toits pointus et disgracieux dont nos architectes, nourris d'études grecques et romaines, sont si embarrassés en Europe. De grandes voies, sans arbres, coupent les pelouses et les prétendus gazons de cette trop vaste esplanade, que les exigences du génie militaire laissent en proie au soleil et à la poussière. Dans un carrefour de routes, une colonne de pierre élevée en l'honneur de sir D. Ochterlony interrompt la nudité de cette grande aire brûlante ; elle est terminée ou coiffée par un ornement rond, ou turban renflé qui ressemble à une immense citrouille. Près le fleuve, quelques arbres puissants et un jardin public prouvent la possibilité de l'ombrage sur le Maidan, au moins le long des routes qui le traversent. La végétation est ici d'une vigueur sans égale, et, quand on sait la diriger et seconder sa puissance, on en tire de merveilleux effets.

C'est ce dont j'ai pu juger aujourd'hui, dans ma promenade à *Government garden*, sur la rive droite de l'Hougli. J'ai dû gagner en voiture *Garden reach*, où stationnent les steamers anglais et français, traversant dans toute sa longueur l'esplanade et le faubourg au-delà du fort William. Il y a, vers les abords du fleuve, quelques grandes habitations de riches Européens, où l'imitation de l'Angleterre, de ses vastes pelouses, de ses arbres épars, est, suivant moi, maladroite dans ce climat, où l'ombrage est une bénédiction. A *Government garden*, au moins, je retrouvai la végétation du bas Bengale dans toute sa splendeur et toute son exubérance, savamment dirigées. Ce magnifique jardin est une collection vivante de tous les grands végétaux des régions intertropicales. Là, bien que sur un théâtre restreint, on peut se faire une idée de la puissance productrice de la nature, quand la chaleur et l'humidité constantes stimulent la vie végétale et la maintiennent dans une incessante activité. Il y a dans ce jardin un merveilleux arbre banian (*ficus indica*), couvrant un demi-hectare environ par ses nombreuses ramifications, pendantes et enracinées, devenues autant de troncs nouveaux de grosseurs différentes, bizarrement noués et contournés. On circule, comme dans un labyrinthe, sous la voûte ombreuse de ce gigantesque polype végétal.

J'avais, en venant, traversé l'Hougli en bateau, presque perpendiculairement au cours du fleuve ; mais, au moment du retour, le courant descendant s'était déterminé fortement ; et le batelier qui m'attendait employa beaucoup d'efforts et de temps pour me faire aborder sur la rive gauche, à l'endroit où j'avais laissé mon *boy* et mon *garry* : il était nuit close quand je les rejoignis ; la course jusqu'à l'hôtel était de plus de 4 kilomètres, aussi le dîner était-il terminé. Mon boy insista pour me servir dans ma chambre ; ce qu'il fit copieusement, à son intention surtout, car je le crois habile dans l'art d'utiliser les restes. Je finis ma journée chez M. Van G. : musique et moustiques.

9 février. J'écris au docteur Roberts, et lui raconte mon voyage de Pondichéry à Calcutta. M. Gumpert m'annonce qu'il ne peut partir qu'après-demain ; il m'engage à différer mon départ d'un jour : deux autres de nos compagnons de l'*Aden* doivent se joindre à nous. Nous pourrons donc assister, demain soir, au concert des hôtes de M. Van G. Cette dernière perspective me touche peu ; je me résous cependant à ne partir qu'après-demain, et je vais faire dès aujourd'hui mes adieux au Consul de France.

Le théâtre de ma flânerie ordinaire est le *Strand*, le long de la rive gauche de l'Hougli, là où, le jour de mon arrivée, j'avais vu tant de mouvement et de poussière; les scènes curieuses n'y manquent pas; et surtout près de l'embarcadère, sur cette rive, du chemin de fer *East indian*. En cet endroit, de grands bacs à vapeur font continuellement la navette d'une rive à l'autre, établissant entre elles une communication régulière, rapide et à bon marché. C'est sur la rive droite, directement en face l'embarcadère dont je viens de parler, que commence la voie ferrée du *East indian railway*, qui joindra directement Calcutta et Lahore. Je monte sur un des bacs, encombré d'une foule d'indigènes; une foule pareille attend à Howrah pour remplacer celle qui descend. La gare de Howrah, qui arrive jusqu'au bord du fleuve, est un immense assemblage de grandes constructions en briques d'un aspect grandiose. J'en visite les différentes parties. Les wagons de première classe sont bien installés; cela m'intéressait, puisqu'ils appartiennent à la ligne que mes compagnons et moi nous prendrons après-demain.

On se baigne en groupes nombreux sur cette rive, et peut-être avec un peu plus d'abandon que je ne l'avais vu à Calcutta. Mon boy me négocia un bateau pour remonter jusqu'à l'embouchure du *new circular Canal*, à l'aide du courant, qui porte encore en amont, pour une heure au plus. Arrivé au point où je m'étais arrêté dimanche, j'attends le flot qui retourne, pour longer, au fil de l'eau, tous les *gauts* de la rive gauche. Sur presque tout le parcours, le bord du fleuve est encombré, sur plusieurs rangs, de grandes barques surmontées d'échafaudages en énormes bambous, cloisonnés de nattes, pour contenir en plus grande quantité les produits du haut pays dont elles sont chargées. Ces vastes barques abritent les familles des indigènes, qui les conduisent; elles doivent en outre convenir à une foule de gens qui regardent plus à l'argent qu'au temps. Elles ont à l'arrière une plate-forme élevée, abritée par des nattes ; on y prend le frais en ce moment. Mon bateau se faufile dans les étroits canaux, entre ces grandes barques, et j'y glane, pour mon souvenir seulement, des vues intérieures ou extérieures dont un artiste, épris de couleur locale, noircirait quelques pages de son album ; malheureusement je ne sais traduire ce que je vois ni par le crayon ni par la plume ; et c'est à peine si j'ose me hasarder à dire que mon bateau fut entravé pendant quelques minutes auprès d'une de ces plates-formes, où trois respectables matrones, assises sur leurs talons, devisaient à l'air, le buste complétement nu, faisant, de ce que j'appellerai galamment leurs charmes, un trop naïf et trop vaste étalage : — c'est le mot pittoresquement vrai.

Un des premiers *gauts* devant lesquels s'arrêta mon bateau, vers l'extrémité de la ville de ce côté, est destiné au lancement dans le fleuve de tous les cadavres humains ou d'animaux pour lesquels la famille ou les propriétaires ne veulent pas, ou ne peuvent pas faire les frais d'un bûcher.

Les arbres voisins et le sommet des constructions auprès de ce *gaut* servent de perchoirs à de nombreux vautours et autres oiseaux de proie. C'est là leur réfectoire. Sur quelques charognes que le flot, incertain en ce moment, ballotte à la surface de l'eau, des vautours, accrochés par leurs serres, arrachent violemment avec leur bec recourbé des lambeaux de chair verdâtre. Dans une cour entourée de trois côtés de bâtiments lugubres, et ouverte sur le fleuve, quatre bûchers, en combustion plus ou moins avancée, consument des cadavres aisés, car le bois est fort cher ici. Des Hindous nus attisent le feu, le nourrissent, et, avec de grands bâtons ferrés, retournent et font charbonner ces corps, mettant tous leurs soins à réduire et à anéantir le mieux possible toute la matière humaine. Le peu de cendres charbonneuses et grisâtres qui résultent de ces combustions sont jetées au fleuve. Le vent heureusement ne portait pas de mon côté, et je n'ai pas eu le dégoût que m'eût donné l'odeur de ces affreuses grillades : c'était déjà bien assez de la vue lointaine (1). Je fis vivement passer mon bateau, qui se trouva de nouveau engagé au milieu des embarcations de toute espèce, soit à l'ancre, soit en mouvement, qui encombrent le fleuve. Il règne sur l'Hougli, devant le *Strand*, une activité comparable à celle des grands ports de l'Angleterre. C'est là qu'est amarrée toute la flotte marchande et civilisée, qui relie par le commerce et les échanges tant de points éloignés de notre globe.

Je trouvai en rentrant une lettre de ma famille du 4 janvier. Mon tailleur fashionable a été exact : il m'a fait apporter par son groom les deux habillements complets d'étoffe de laine que je lui ai commandés : c'est léger, commode et bien fait. J'en ai pour 76 roupies (190 fr.).

M. Van G. m'a envoyé un billet de « *Amateurs theatrical and philarmonic Society.* » La représentation a eu lieu ce soir, de neuf heures à minuit, dans un quartier fort éloigné de l'hôtel; elle se composait d'une pièce de Shakspeare : *The twelfth night; or What you will*, et d'un concert. Ce sont des amateurs qui composent la troupe comique et l'orchestre. Les rôles de femmes sont remplis par des jeunes gens. La salle, spacieuse et aérée, est un grand parquet incliné, garni de larges fauteuils en canne. L'assistance était nombreuse et bienveillante, car tous les acteurs et les exécutants sont les amis ou les connaissances des auditeurs. J'ai peu compris la pièce, fort mal jouée du reste. L'ouverture des *Diamants de la couronne* m'a dé-

---

(1) Depuis mon départ de Calcutta, une ordonnance régularise ces pratiques, les prohibe dans le bas Houghli et y affecte, dans les environs, des localités spéciales.

dommagé, ainsi qu'une schottish et une mazurka. C'était M. Van G. qui conduisait l'orchestre. Il m'a fallu louer une voiture pour aller à cette réunion. Quand je rentre, à minuit passé, à l'hôtel, je trouve le long corridor qui conduit à ma chambre encombré de babouches et de nattes sur lesquelles dorment les boys indigènes des voyageurs, chacun couché en travers de la porte de son maître. Je dispense de la corvée mon long et sec boy : il me quitte tous les soirs ; c'est un musulman, il a femmes et enfants.

10 février. Après une promenade matinale au Strand, j'entrai à la Bourse (*the Exchange*), où se fait en ce moment une vente publique d'opium au profit du gouvernement, qui a pris le monopole de cette drogue. La grande salle, au premier étage, est remplie d'une foule confuse d'indigènes ; il y règne un brouhaha immense, une chaleur accablante et une forte odeur d'opium, mélangée d'autres senteurs nauséabondes. Dans une enceinte réservée, séparée du public indigène par une barrière à hauteur d'appui, siége, en vue de tous, un gentleman bien mis, et rasé de frais qui préside aux enchères. Les habits civilisés ont le privilége d'entrer dans cette enceinte, où il y a des chaises pour eux : un *policeman* indigène m'en ouvrit la porte ; mais je déclinai cet honneur, car la chaleur, malgré les pankas agitées, le bruit et les odeurs me forcèrent à regagner le grand air, sans avoir rien compris à la manière dont se font les adjudications.

J'allai, dans la journée, passer une heure chez M. Van G. ; j'y rencontrai quelques personnes habituées de la maison, et entre autres la famille d'un négociant italien avec lequel j'ai déjà fait plusieurs fois de bonnes causettes sur son pays, que je connais si bien pour l'avoir vu et pratiqué de fond en comble et dans tous les sens, et qu'il connaît si peu pour l'avoir quitté fort jeune : il a épousé ici une Anglaise. Le fruit de cette

alliance du nord et du midi de l'Europe, sous le ciel brûlant
du Bengale, est une jeune fille en qui se résument et se con-
centrent les rayons des trois contrées, pour former un tout
charmant, plein de grâces félines, de vivacité et de langueur
en même temps. Elle prend de petits airs d'une câlinerie et
d'une mutinerie adorables avec son prétendant, — jeune
Français, entièrement bengalisé, importé dans l'Inde depuis
son enfance, parlant mieux l'anglais que sa langue maternelle,
qu'il a presque oubliée.

M. G., mon futur compagnon de voyage, qui loge au *Bengal
club*, vient me chercher pour me faire visiter ce magnifique
établissement. Nous n'avons aucune idée en France de ces
institutions, qui offrent les avantages réunis des grands clubs
et des bons hôtels de Londres. On n'y est admis que sur pré-
sentation, ou à titre de membre des clubs de Madras ou de
Bombay. Tout y est monté sur un grand pied. Les Anglais,
arrivant d'Europe pour occuper dans l'Inde les positions si
bien rétribuées de l'armée, de l'administration ou de l'industrie, ceux qui passent d'une présidence à l'autre, trouvent
dans ces clubs tout le luxe et le *confort* de la vie anglaise, si
large et si raffinée dans l'Inde ; et cela, à un prix qui ne dépasse
pas le tarif des grands hôtels de Calcutta. Là, des relations
nouvelles se forment, les anciennes s'étendent et s'entretien-
nent. La seule objection qui pourrait être faite, c'est que les
nouveaux arrivants se trouvent trop vite initiés à la grande et
dispendieuse vie des Anglais dans l'Inde, et que cette réunion
d'hommes, presque tous jeunes, est une excitation et une facilité à l'intempérance et à tous les autres genres d'excès d'une
issue si fatale aux civilisés dans ces climats.

On nous avait parlé d'exercices exécutés sur le Maidan par
quelques cavaliers de Mynpoorie, faisant partie de tribus indépendantes dans le voisinage de la frontière birmane, amenés

à Calcutta par un colonel anglais commandant le district du Cachar. L'intention du colonel est de propager, parmi ses compatriotes de l'armée dans l'Inde, des exercices qui soient pour les cavaliers ce que le cricket est pour les hommes de pied. Déjà un club s'est formé pour pratiquer et répandre le *Hockey*; et, tous les soirs, depuis quelque temps, une ou plusieurs parties de ce jeu s'engagent entre de jeunes officiers anglais et les hommes de Mynpoorie. L'endroit consacré à cet exercice est dans la partie du Maidan qui avoisine le fleuve : nous avons été longtemps avant de le trouver, car c'est un immense désert que ce Maidan, sans allées couvertes, qui feraient si bien ici, et qui seraient d'un grand soulagement aux pauvres indigènes, obligés de traverser à pied, en plein jour, cette mer de feu. Le rendez-vous pour le Hockey est sous un grand arbre isolé. Nous y trouvons quelques officiers anglais à cheval, en costume de chasse complet, — habit rouge, culotte collante, grandes bottes molles ; et, parmi eux, le colonel promoteur de ce jeu, qui consiste à courir à cheval après une balle de 10 à 12 centimètres de diamètre, en moelle de palmier, et à la chasser, en courant au galop, avec une longue canne de jonc terminée en béquille inclinée. Six indigènes de Mynpoorie arrivent, montés ur de petits chevaux nerveux et ébouriffés, à tous crins, sans selles et avec brides de corde. Ces hommes ; jeunes et trapus, bien bâtis, sont presque nus. Leur physionomie se rapproche plus du type birman que du type hindou.

La partie s'organise aussitôt entre cinq officiers anglais, montés sur leurs beaux et bons chevaux, contre deux des montagnards du Cachar, accrochés, sans selle et sans étriers, à leurs rustiques poneys. Le jeu consistait, pour ces derniers, à faire sortir la balle de certaines lignes droites tracées d'avance sur le gazon, et dessinant une grande enceinte; les cavaliers anglais, de leur côté, devaient retenir ou relancer la balle dans ces limites.

Les indigènes, cramponnés à leurs rapides et intelligentes montures, faisaient de merveilleux coups. Il maniaient la longue canne en avant, en arrière, à droite, à gauche, la faisant tourner autour d'eux comme une fronde, attrapant toujours la balle dans sa course, et la relançant avec une force et une adresse merveilleuses; couchés, penchés dans tous les sens sur leurs infatigables chevaux; leur imprimant des voltes, des galops, des arrêts incroyables. Ils gagnèrent aisément la partie; changèrent de rôle avec leurs adversaires, et gagnèrent encore. Il y avait peu de monde à ce curieux exercice, qui, depuis près d'un mois, se répète plusieurs fois par semaine.

C'était ce soir, à *Town hall* (hôtel de ville), qu'avait lieu le concert de MM. W. et F. K. Nous ne pouvions moins faire que d'y assister. La grande salle est fort belle, mais nullement convenable à la musique. L'assemblée est peu nombreuse, froide et guindée. Je connaissais tout ce que les deux artistes ont joué pour l'avoir entendu plusieurs fois, exécuté par eux, chez M. Van G. En somme, le jeu n'a pas valu la chandelle de 6 roupies (15 fr.) que coûtait le billet. Mes trois compagnons de voyage pour demain sont là. Nous nous donnons rendez-vous à la gare, à sept heures et demie du matin.

11 février. A l'heure dite, nous nous trouvons tous les quatre à l'embarcadère de la rive gauche de l'Houghli. Bien que la tête du chemin de fer soit de l'autre côté du fleuve, nous prenons là nos billets pour Bénarès et consignons nos bagages. Deux de ces messieurs ont chacun un domestique indigène. J'ai licencié le mien, qui aurait bien voulu m'accompagner. Un des bacs à vapeur, dont j'ai déjà parlé, nous transporte en face, sur la rive droite, à Howrah, où est placée, au bord même du fleuve, la gare du chemin de fer *East indian*. Nous prenons

place tous les quatre dans *a sleeping carriage*, — un wagon à lit. Il y a des masses d'indigènes à la troisième classe : on les entasse dans des wagons ouverts comme des moutons en foire. Le convoi se met en marche à huit heures et demie ; nous devons aller, tout d'une traite, jusqu'à Bénarès ; — la distance est à peu près celle de Paris à Marseille.

Pays plat bien cultivé, mais d'un aspect monotone : à la station de Chandernagor, on n'aperçoit pas la ville, qui appartient à la France. Sous prétexte de défense de l'exigu territoire de cette position, — que les Anglais prendront quand bon leur semblera, — le génie militaire français, lors de l'établissement du *East indian railway,* a jeté les hauts cris pour qu'il ne passât pas sur le sol français : les Anglais ont été enchantés de ce bon tour que nous nous sommes joué à nous-mêmes ; et voilà pourquoi la station dite de Chandernagor est si loin de la ville (1). On s'arrête à Burdwan pour y déjeuner, mal et chèrement (2).

Même aspect du pays pendant toute la journée. Vers la nuit, la monotonie de la contrée se modifie un peu; nous approchons de l'embranchement qui conduit à Rajmahal, de l'autre côté du Gange, dont nous remontons la grande vallée. Le chemin traverse quelques collines peu élevées, dont l'obscurité nous empêche de bien juger la physionomie.

Nous installons alors nos lits. Le dossier capitonné en cuir des deux banquettes est à charnière dans le haut ; il se relève et se maintient en position horizontale, en s'appuyant de chaque côté sur un taquet en fer, à ressort, fixé dans les montants des deux portières. Ce petit arrêt rentre dans une rainure quand on soulève le dossier ; mais, dès qu'il est dépassé par ce dernier, il fait de nouveau saillie, et sert d'appui aux deux ex-

---

(1) Description de Chandernagor, ch. IX.
(2) Description de Burdwan, ch. VIII.

trémités du devant du dossier, devenu alors couchette, qui, pour plus de sûreté et à cause de sa longue portée, est soutenue au milieu par une courroie attachée au plafond du wagon. Nous nous trouvons avoir ainsi quatre couchettes larges et commodes, sur lesquelles nous avons passé une excellente nuit, sans nous préoccuper de la course rapide que nous faisions.

12 février. Au matin, nous avions changé de région; nous avancions vers le nord ; les cocotiers et les bananiers devenaient rares et faisaient place aux mangous et aux tamariniers.

En approchant de Bénarès, comme nous l'avions vu hier aux environs de Calcutta, le nombre des indigènes était considérable pour prendre ou quitter le convoi à chaque station. Les employés ne se gênent pas pour malmener ces pauvres gens, qui courent effarés d'un wagon à l'autre, s'agitent, se bousculent, s'appellent à grands cris, et se tiennent plusieurs par la main ou par leur vêtement pour ne pas être séparés dans la bagarre. Ils ressemblent vraiment à des troupes de moutons ahuris, au *démarrage* d'une foire. Les employés ont fort à faire avec ces foules, plutôt hébétées que récalcitrantes ; on les pousse, on les culbute, on les fait entrer en masse dans les grands wagons sans compartiments ; puis, on ferme les portes à clef. Il y en a quelquefois bon nombre de plus qu'il n'y a de places; mais on part sans faire attention à leurs plaintes et à leurs cris : ils se pressent, se tassent et s'étouffent jusqu'à la station suivante, où les mêmes scènes recommencent.

Les chemins de fer anglais dans l'Inde ont des tarifs généreux pour le populaire; ainsi, tandis qu'il en coûte 51 roupies (127 fr. 50) en première classe de Calcutta à Bénarès, pour un parcours de 540 milles (869 kilomètres), 26 roupies (65 fr.) en deuxième classe, la troisième classe n'est que de 8 roupies 6 annas (22 fr.) !

Il est une sorte de vexation, très-coupable, que les employés subalternes se permettent souvent envers les pauvres indigènes. Les chefs de station sont ordinairement des Anglais ; mais les distributeurs de billets, dans l'intérieur des guichets, sont presque toujours des Hindous. Ils donnent souvent à un pauvre diable, à une femme ne sachant pas lire, — et c'est la totalité des clients de troisième classe, — un billet pour un parcours de 10 milles, et perçoivent le prix du parcours de 20 milles demandé. Quand le voyageur arrive à sa destination et qu'il présente un billet trop court de 10 milles, il est empoigné, maltraité, mis à l'amende, comme ayant voulu voler l'administration. A qui réclamer ? Comment se plaindre pour ces malheureux qu'on exploite sans pitié ? Les journaux de l'Inde ont souvent pris en main la cause des indigènes contre les employés subalternes des voies ferrées. Mais, tant que l'Hindou ne saura pas lire son billet, et n'osera pas faire lui-même sa réclamation en cas de tromperie, il sera friponné par ses compatriotes, qui tiennent les bureaux et qui volent avec effronterie. J'ai éprouvé moi-même leur savoir-faire : m'étant aperçu hier, après avoir pris mon billet, qu'il me manquait une demi-roupie, — 1 fr. 25 c., — sur la monnaie qui m'avait été rendue au guichet, je revins faire assez vivement ma réclamation. L'employé couleur de chocolat ne pâlit pas, mais il se troubla, fit semblant de chercher sur son bureau, et me rendit un shilling, qu'il prétendit s'être glissé sous son papier en me donnant mon billet.

## CHAPITRE V.

Première visite à Bénarès. — Cantonnements. — Hôtel Smyth. — Pagode des Singes. — Bords du Gange. — Mosquée d'Aurengzeb. — Une noce. — *The Golden Pagoda.* — *Dâk Carriages.* — Route de Bénarès à Allahabad. -- Cawnpore. — Lucknow. — La Résidence. — La Martinière. — *The mess of the* 5th *Lancers.* — Retour à Cawnpore. — Monument expiatoire. — Courses. — Orage. — Chemin de fer de Cawnpore à Agra.

---

Nous arrivons vers onze heures du matin à la station de Bénarès, située sur la rive droite du Gange, en aval de la ville. Il y a foule à la gare, et une espèce de campement sur un grand terrain contigu, où l'on travaille à d'immenses constructions pour le service de cette station, une des plus importantes de la grande ligne de Calcutta à Lahore. En ce moment, il y a solution de continuité aux approches d'Allahabad, au confluent de la Jumna avec le Gange; le pont sur la première de ces rivières n'étant pas encore achevé. Dans peu de temps, la section de Bénarès à Allahabad sera livrée à la circulation; on va déjà dans cette direction jusqu'à Mirzapore.

Les voitures et les officieux ne manquent pas à la gare lors de l'arrivée du convoi. Nous nous installons avec nos bagages dans deux petits *garries*, un des domestiques indigènes sur chaque impériale, et les voitures se dirigent vers le pont de bateaux voisin, car la ville est située sur la rive gauche du Gange. Il y a grande affluence de chariots, de bêtes de somme, de piétons, aux abords du fleuve et sur le pont ; beaucoup de barques de toutes dimensions, amarrées sur les deux rives ; des campements bizarres de gens et d'animaux ; deux éléphants, à l'ombre sous un grand arbre, fourragent un tas de branches feuillues, amoncelées devant eux.

Il faut longtemps pour atteindre les cantonnements anglais, situés sur un plateau à 3 ou 4 milles du fleuve et de la ville, que nous laissons sur la gauche, sans la traverser. Ces cantonnements occupent un vaste espace, presque nu, au milieu duquel domine l'église anglaise. Là, sont les casernes des soldats, les magasins européens, les habitations des négociants, des employés civils et militaires, et deux ou trois hôtels, tout cela épars sur un terrain immense. Dans le voisinage, et sur les routes poudreuses qui traversent ce cantonnement, sont groupées toutes les petites industries communes exercées par des indigènes, et abritées par des échoppes, des cabanes, des constructions pauvres et inégales ; cela donne un peu d'animation aux abords de cette station militaire.

C'est à l'hôtel Smyth que nous descendons. La maison, située au milieu d'un jardin, n'a qu'un rez-de-chaussée ; les chambres sont obscures, sans vue directe sur le dehors ; une portière en étoffe de coton les sépare de la salle à manger, qu'elles entourent. Au fond de chaque chambre, et en contrebas, est un cabinet de toilette avec tout l'appareil, et la provision d'eau nécessaire pour les ablutions et le reste. L'eau est contenue dans une dizaine de vases de grès, à panse ronde et à large goulot, rangés à hauteur d'appui sur les deux côtés d'un petit espace pavé de larges carreaux de terre. On se place debout dans ce compartiment, après avoir dépouillé tout vêtement, et on se verse sur la tête et les membres le contenu des vases dont on est entouré à portée de la main. L'eau s'écoule au dehors par un conduit sous le mur.

Malgré toute mon impatience bien naturelle de commencer au plus vite notre tournée dans Bénarès, je fus obligé de supporter toutes les lenteurs de la toilette de mes compagnons et du déjeuner qu'ils avaient commandé. Si j'eusse été seul, j'eusse avalé Bénarès, à jeun et en costume poudreux. Il fallut me mettre aux allures de la majorité, ce dont j'enrageais : procéder lentement au nettoyage, longuement au déjeuner ; puis vinrent des légions d'indigènes offrant des curiosités, des peintures du cru sur des lames minces et transparentes de talc, des ornements, des figurines, etc., etc. ; on perdit ainsi plus de deux heures. Une voiture nous attendait pour notre promenade tardive et précipitée, car nous voulions partir le soir même pour Allahabad. Nous tournons la ville, en nous dirigeant vers son extrémité, en amont du Gange ; sur notre route, nous nous arrêtons à la pagode dite « des Singes, » dont un des côtés est longé par un étang sacré de forme carrée, avec grands degrés de pierre. La cour de ce temple, les toits et les murs des habitations voisines sont le théâtre des ébats et des gambades grotesques d'une troupe de grands singes entretenus aux frais de la pagode, et vivant aussi du pillage et des déprédations qu'ils exercent dans les jardins et les champs voisins. Les indigènes respectent ces vilaines et malicieuses bêtes. La pagode est petite, mais très-riche. On nous fait entrer dans le sanctuaire, surmonté d'une coupole dorée extérieurement : un autel avec Lingam couvert de fleurs blanches et jaunes occupe le centre, et, à l'entrée, une cloche en argent est suspendue. Les brahmines qui desservent ce temple nous tendent la main, et reçoivent très-humblement notre *batchis;* quelques-uns des singes s'approchent de nous en grimaçant, et, au moindre de nos mouvements, ils s'enfuient en poussant des cris aigus et saccadés.

Nous remontons en voiture ; et, à travers quelques rues sans beaucoup d'animation, nous gagnons le bord du Gange, tout à fait à l'extrémité de la ville, et nous nous installons dans un bateau pour descendre, au fil de l'eau, le long de la rive gauche, passant en revue, lentement et à notre aise, l'immense et magnifique décoration qui se développe à notre vue : vastes chantiers, maisons échelonnées sur la pente, palais, temples hindous, mosquées, *gauts* ou escaliers gigantesques qui viennent plonger dans l'eau, et sur les derniers degrés desquels les Hindous font leurs immersions dans le fleuve sacré. Il y a peu de baigneurs à cette heure de la journée. La rive est très-accidentée ; tous les édifices qui la bordent suivent les ondulations du terrain, sans régularité, sans symétrie. Toutes ces constructions si variées, et quelques-unes d'une charmante architecture, forment une suite de tableaux très-pittoresques. Bénarès étant la ville sacrée des Hindous, la plupart des princes indigènes et des riches particuliers y ont un palais ou une habitation. Mourir dans cette cité sainte, être brûlé sur le bord du fleuve, qui absorbera les cendres et les ossements calcinés, c'est, pour les dévots et riches Hindous, le suprême espoir sur cette terre. Quant aux pauvres, qui ne peuvent pas faire les frais d'un bûcher, c'est leur cadavre à peine refroidi que recevra le fleuve.

Bénarès présente sur la rive gauche du Gange un développement considérable ; l'autre rive, en face de la ville, est plate, sans physionomie particulière. A cette époque de l'année, l'eau est relativement basse, assez transparente, d'un vert foncé, et le courant tranquille. Le lit, restreint en ce moment, devient fort large quand l'Himalaya laisse échapper ses puissantes cataractes et que toute la vallée supérieure épanche dans le

Gange ses eaux abondantes. Aussi les berges sont-elles fortement rongées sur la rive en face de la ville; et sur la rive gauche, où se développe une longue suite d'édifices divers, des érosions et des affouillements en ont sapé bon nombre par la base. Des pans de murs, de vastes gradins, des substructions considérables, sont déjetés, hors d'aplomb, enfoncés diagonalement sous la ligne d'eau du fleuve qui les borde, où ils s'abîmeront un jour.

Nous abordons non loin de la belle mosquée d'Aurengzeb, qui domine la ville du côté du fleuve, et dont les deux minarets s'élancent vers le ciel avec une hardiesse un peu téméraire; l'un d'eux en porte la peine, car il penche visiblement. A travers quelques ruelles étroites et rapides, nous gagnons la cour de la mosquée, formant terrasse; et, à l'aide de la toute-puissante roupie, les toits et les minarets de l'édifice sacré nous sont accessibles. De cette élévation on jouit d'un panorama fort étendu, embrassant la ville, le cours du fleuve et les environs.

En quittant la mosquée, nous nous engageons, sous la conduite d'un domestique de l'hôtel ne parlant pas l'anglais, dans un labyrinthe de rues étroites, encombrées de foule. Notre guide, tout fier de piloter une escouade de quatre Européens d'aussi belle tournure que nous, marchait en avant, un bâton à la main, frappant à droite et à gauche sur ses compatriotes, criant gare à tue-tête, et faisant le vide devant nous dans les étroits couloirs qui servent de rues : on eût dit qu'un éléphant allait y passer comme un piston, chassant tout devant lui; les hommes et les femmes se plaquaient le long des maisons. J'étais, pour mon compte, tout honteux de la brutalité et de l'arrogance de notre guide, et j'en baissais la tête. Je ne sais si ses allures altières déplaisaient autant à mes compagnons anglais, dont elles témoignaient et affirmaient la suprématie et le prestige.

Une pauvre noce emplissait devant nous la rue que nous suivions ; la procession bariolée, musique en tête, s'avançait trop lentement au gré de notre intraitable guide : il se rua le bâton levé, et à grands cris, sur le pacifique troupeau, qui se fendit en deux longues files pour nous livrer passage. La musique avait cessé ; les femmes se serraient les unes contre les autres, et se tournaient du côté des maisons pour éviter notre contact impur. Dès que nous fûmes passés, la procession se reforma, et nous entendîmes les flûtes criardes et les tambourins reprendre leur tapage.

Nous circulions dans le réseau de petites rues qui sillonne le massif serré de maisons vers le bazar principal. A chaque pas et de chaque côté il y a des petits temples surchargés de sculptures religieuses, enclavés dans les constructions particulières, sans cours, sans vestibules, sans rien qui les sépare des habitations. Notre guide, continuant à bousculer la foule de la voix et du geste, nous fit entrer dans l'intérieur du temple le plus révéré de Bénarès, appelé par les Anglais *the golden Pagoda*, à cause de sa coupole allongée, dorée extérieurement. Il y avait grande affluence de dévots des deux sexes dans ses cours étroites et dans ses parvis encombrés de petits autels en pierre grise avec lingams placés devant des figurines de divinités bizarres, à têtes d'éléphants, à bras multiples. Tous ces petits autels étaient ruisselants d'eau, ainsi que les dalles de l'enceinte sacrée ; des poignées de grains de riz et de fleurs blanches et jaunes, arrosées d'eau, sont les offrandes continuelles de tous les fidèles.

Sous la coupole dorée, qui ne couronne qu'une des parties du temple, se trouve une source consacrée, contenue dans un petit bassin de marbre presque à fleur du pavé. Il y a encombrement autour de cette fontaine, où les dévots puisent l'eau qu'ils vont répandre sur les nombreux autels de ce singulier temple; ils y trempent les colliers de fleurs dont ils se décorent. Des brahmines président à cette distribution d'eau et de fleurs, la régularisent en maintenant l'ordre dans cette foule empressée. Ils nous firent approcher du bassin, et l'un d'eux jeta, fort adroitement, autour du col de chacun de nous, un collier de fleurs blanches et jaunes, tout humides de l'eau sainte. Cette gracieuseté lui rapporta une roupie. Nous sortîmes, ainsi décorés, de l'enceinte du temple, dont nous avions foulé les dalles ruisselantes d'eau avec la semelle de nos bottes, sans que les Hindous, dont pas un ne garde sa chaussure, eussent protesté contre cette irrévérence.

Nous fîmes une inspection rapide au bazar, où mille petites industries s'exercent en plein air et dans d'étroites boutiques qui n'ont qu'une devanture : le marchand-fabricant trônant accroupi sur son comptoir-atelier, et le chaland se tenant dans la rue. Puis nous regagnons notre bateau, laissé au pied de la mosquée d'Aurengzeb ; et, nous confiant encore une fois au fil de l'eau, nous descendîmes le Gange jusqu'à l'extrémité de la ville, où la voiture était allée nous attendre.

Cette seconde promenade en bateau compléta notre revue des édifices si divers et si curieux qui bordent le fleuve. Nous fîmes hommage au Gange de nos colliers de fleurs, qui se mirent à flotter lentement à la surface de l'eau, au milieu de pareilles offrandes et de fleurs détachées que les dévots Hindous jettent pieusement dans cette onde sacrée.

En quittant le bateau, notre voiture nous conduit rapidement à l'hôtel Smyth, où nous n'arrivons qu'à la nuit (1). L'intention de mes compagnons était de continuer leur voyage dès le soir même. Deux d'entre eux, fonctionnaires du gouvernement, et n'ayant qu'un congé limité, désiraient pousser vive=

---

(1) Seconde visite à Bénarès, ch. VIII.

ment une pointe jusqu'à Agra, et être de retour à Calcutta dans trois ou quatre jours, pour le premier départ du *Royal mail* pour Madras. Cette grande hâte était peu de mon goût : j'avais été alléché par notre rapide et superficielle revue de Bénarès; je désirais consacrer deux jours de plus à cette ville si intéressante; et, d'un autre côté, il m'en coûtait beaucoup de me séparer de mes compagnons, dont la société pour moi était aussi agréable qu'avantageuse, car ces messieurs avaient des domestiques indigènes, et ils savaient se faire servir partout où nous passions, ce à quoi je ne m'entendais guère. Je me décidai donc à continuer vers le nord-ouest avec mes nouveaux amis; et cela d'autant mieux qu'à Bénarès il fallait quitter le chemin de fer, — la section entre cette ville et Allahabad n'étant pas encore livrée à la circulation, — et se confier à l'ancien mode de transport, les *Dâk carriages*.

Différentes compagnies se font concurrence pour suppléer aux lacunes du chemin de fer, et elles offrent aux voyageurs des voitures plus ou moins confortables et rapides, suivant un tarif plus ou moins élevé.

Ce matin, en arrivant à la gare de Bénarès, nous avions été assaillis d'offres par les agents de différentes compagnies; et, comme notre excursion projetée hors la ligne du chemin de fer comprenait une pointe à Lucknow, nous désirions n'avoir affaire qu'à une seule entreprise pour tout notre voyage, et nous avions donné rendez-vous, pour ce soir même, à l'agent de *David's horse carriage Dâk*, afin qu'il vînt à notre hôtel prendre connaissance de notre itinéraire et faire marché avec nous. Il fut exact, et il signa un engagement, comprenant notre transport de Bénarès à Allahabad, où nous devions prendre le chemin de fer jusqu'à Cawnpore; là nous reprenions les *Dâk carriages* pour aller à Lucknow et en revenir; nous poussions par le *East indian railway* jusqu'à Agra, et, à notre retour, à Allahabad, la même entreprise et le même marché nous assuraient notre transport à Bénarès : le prix fut débattu et convenu avec une certaine réduction sur les tarifs ; et deux voitures furent immédiatement mises à notre disposition. Nous étions six, y compris les deux domestiques : on mit les bagages sur le haut des voitures, avec un boy sur chaque. Les deux Anglais, l'ingénieur C. et le capitaine B. en occupèrent une, M. G. et moi l'autre ; et à huit heures du soir nous quittions les cantonnements de Bénarès. Nous avions 78 milles (126 kilom.) à parcourir jusqu'à Allahabad, où nous devions être rendus en quatorze heures au plus.

Chacune des compagnies rivales entretient, le long de la route, des relais de 5 à 6 milles de parcours. C'était, avant l'établissement du chemin de fer *East indian,* la seule manière prompte de voyager dans l'Inde. Les voitures sont formées d'une caisse longue à angles droits supportée sur un train à quatre roues. On peut y tenir deux personnes couchées, côte à côte ou tête-bêche ; il n'y a pas de siége intérieur ; sous le plancher est un coffre pour les bagages ou les provisions. L'avant est intérieurement garni de tablettes pour les menus objets de toilette ; à l'arrière sont des persiennes mobiles ; et, de chaque côté, les panneaux à coulisses servent de portes pour entrer dans cette boîte ou pour en sortir ; on peut s'y garantir du trop grand jour ou du soleil, mais non de la chaleur et de la poussière.

Peu après notre départ, mon compagnon et moi nous dormions profondément dans notre coffre, complétement clos. La nuit ne fut pourtant pas paisible. Il y avait de longues pauses aux relais. Il fallait enlever et entraîner la voiture et les chevaux récalcitrants à coups d'épaules et de fouet, avec mille vociférations de tout le groupe des indigènes, demi-nus, qui servent ces relais, et qui campent, bêtes et gens, à la belle étoile, sous l'abri de quelques arbres.

13 février. Au jour, nous avons fait peu de chemin, et nous nous apercevons que nos attelages sont composés d'affreux petits chevaux étiques, pelés et galeux. Nous suivons *the Great Trunk road*, qui se développe de Calcutta à Lahore, sur un parcours de 12 à 1,300 milles (environ 2,000 kilom.). C'est une route magnifique, largement taillée en pleine campagne par les soins du gouvernement anglais. De beaux arbres touffus la bordent, et la chaussée est en bon état d'entretien. C'était, avant le chemin de fer, l'artère principale par où s'écoulait vers Calcutta et la mer une partie des riches produits des plaines immenses qu'elle traverse presque parallèlement au Gange, qui, de son côté, offre aux marchandises encombrantes une voie moins coûteuse que suivent de grands radeaux en bambou, de hautes et immenses barques à formes bizarres et quelques bateaux à vapeur.

La portion du *Trunk road* que nous suivions en ce moment avait conservé toute son ancienne animation, — le chemin de fer ne lui faisant pas encore concurrence. J'étais étonné de la quantité de voitures de transport, grandes et petites, qui sillonnaient cette route en sens contraires, la plupart traînées par de petits bœufs à bosses; le nombre des piétons était fort grand aussi. Pendant toute la matinée, nous dépassâmes des bandes d'Hindous des deux sexes, portant sur l'épaule un levier de bambou aux extrémités duquel sont suspendus les vases à panse arrondie, en cuivre ou en poterie, qui servent à transporter au loin l'eau sainte du Gange, dont chaque fidèle sectateur de Brahma est heureux de posséder une petite provision dans sa demeure. Les vases fragiles sont protégés et ornés de tresses en lanières blanches de bambou, formant corbeille; des banderoles voyantes, de petits drapeaux bariolés, des plumes de paon, des sonnettes, décorent ces leviers et égayent l'aspect de ces groupes nombreux. Nous rencontrons quelques-unes de ces petites voitures à deux roues qui forment comme un petit tabernacle carré, entouré de rideaux de soie de couleur et surmonté d'un dais à coupole pointue, avec pentes et crépines, ne protégeant qu'un seul siége où il y a à peine place pour deux. Le train, les roues et les brancards sont peints en rouge, avec force dorures. Un petit bœuf mène en trottinant ces élégants petits chars, destinés, le plus souvent, à transporter et à cacher aux regards quelque femme de caste élevée, ou des images et idoles sacrées ; mais le luxe fané, les couleurs déteintes de ces baldaquins ambulants, attestent une splendeur ancienne qui s'efface et se perd. Des deux côtés de la route, la plaine est à perte de vue : plus de végétation des tropiques, plus de palmiers, mais des arbres feuillus d'une vigoureuse venue, des champs de cotonniers et de pavots à fleurs blanches dont les capsules fournissent l'opium ; des troupes de perruches criardes, voletant d'arbre en arbre, et, sur les fils du télégraphe électrique qui longe la route, des rangées de charmants et sveltes petits oiseaux noirs à longue queue fourchue. Les villages traversés de loin en loin sont du plus misérable aspect : huttes basses et effondrées en terre ; murs croulants. La poussière est affreuse. Nous avons perdu, pendant la nuit, la voiture de nos deux compagnons anglais : elle a marché de conserve avec nous longtemps ; mais des relais plus ou moins vifs que les nôtres l'ont séparée de nous.

Vers dix heures du matin, nous étions encore loin d'Allahabad. Nous fîmes arrêter la voiture à un *bungalow*, où, grâce à quelques provisions apportées et à un jeune poulet que le *bungalowman* attrapa dans la cour, pluma, éventra, troussa à la crapaudine et fit griller en quelques minutes, nous fîmes un leste et excellent déjeuner, arrosé d'un thé délicieux que mon raffiné compagnon porte toujours dans un des secrets recoins de son splendide nécessaire.

Nous reprenons notre route, et ce n'est qu'à trois heures que nous arrivons à Allahabad, en traversant un pont de bateaux sur la Jumna et en laissant, sur notre gauche, une forteresse de grande apparence qui domine le confluent de cette rivière avec le Gange. Il y a là une grève immense que les eaux doivent recouvrir une partie de l'année, et qui est animée en ce moment par les préparatifs d'une foire prochaine (1).

C'est, ainsi qu'à Bénarès, fort loin de la ville que se trouvent situés les cantonnements anglais, la gare du chemin de fer *East indian* et les hôtels. Nos compagnons nous avaient précédés d'une bonne heure. Par la faute des mauvais relais, nous avions perdu cinq heures que nous aurions pu consacrer à visiter Allahabad; nous devions prendre, à quatre heures, le train pour Cawnpore, et dîner avant le départ. Aussi, tout en faisant mes réserves pour le retour, je ne fis avec mon compagnon, asséchés tous deux de chaleur et de poussière, qu'un saut de la cuvette à l'assiette, et de cette dernière à la station, où nous prîmes encore tous les quatre un *sleeping carriage*.

A neuf heures du soir, nous étions à Cawnpore : après avoir franchi 120 milles (193 kilom.) au prix de 10 roupies (25 fr.) en première classe, — il n'y a pas à payer de supplément pour le *sleeping carriage*. L'agent de *David's horse dak carriage*, prévenu par le télégraphe, nous attendait à la station avec deux voitures attelées, pour nous conduire à Lucknow, conformément à la convention faite à Bénarès.

Nous passons immédiatement du wagon dans nos voitures; et toute la nuit nous roulons, sans rien voir, dans la direction de l'ancienne capitale du royaume d'Oude, annexé aux posses-

---

(1) Description d'Allahabad, ch. VIII.

sions anglaises, depuis la rébellion de 1857. La distance à parcourir de Cawnpore à Lucknow est de 54 milles (86 kilomètres).

14 février. Au jour, la campagne se révèle plate et monotone, comme la veille, avec quelques champs en culture, disséminés sur une vaste plaine. Nous approchions de la ville; de longs murs bordent la route de chaque côté. Dans les enceintes qu'ils renferment, se cachent sous l'ombre des arbres les demeures des anciens fonctionnaires de la cour du roi d'Oude. A droite, en arrivant à Lucknow, des murailles ébréchées par le canon, entourent un terrain bouleversé, couvert de ruines, théâtre d'une lutte acharnée; c'est l'*Alumbagh*, où tomba, mortellement frappé, le général Havelock, une des héroïques victimes de la rébellion. Un monument s'y élève à sa mémoire, avec une longue, minutieuse et microscopique inscription : le nom seul du noble soldat suffisait.

Les abords et l'entrée de Lucknow indiquent une grande et populeuse ville. On nous avait promis un bon hôtel : nous arrivions un mois trop tard ; l'établissement était fermé depuis une quinzaine, faute de chalands. Il nous fallut recourir à l'hospitalité du *Dak bungalow*, situé dans le quartier de la ville habité par les fonctionnaires et négociants anglais.

Le bungalow était déjà occupé presque entièrement par deux familles anglaises, un artiste italien et un jeune Français, dont les singulières allures, empreintes d'excentricité et de mauvais ton, glacèrent le plaisir que j'aurais eu à serrer la main d'un compatriote à une si grande distance de la patrie commune.

Nous eûmes grand'peine à nous faire servir un maigre déjeuner pendant lequel une jeune jongleuse, accompagnée d'une petite acolyte, vint s'accroupir devant nous et exécuta, les bras entièrement nus, et le buste serré dans une courte veste collante de toile de couleur, des tours de prestidigitation avec beaucoup de grâce et d'adresse.

Pendant que mes compagnons étaient en quête d'une calèche à quatre places, pour la rapide inspection que nous voulions faire des curiosités de la ville, je prenais plaisir à causer avec le signor Pompei qui, depuis longtemps, voyage en Asie, sans autre crédit circulaire que sa voix : donnant un concert quand sa bourse se dégonfle, et prenant les grands chemins sitôt qu'elle est refaite: C'est un beau jeune homme, de bonnes manières, dont la voix, agréablement timbrée, prononçait harmonieusement le pur toscan, dans lequel nous conversions ensemble.

Quand la calèche est prête, nous commençons notre tournée par une visite chez le colonel du 5ᵉ lanciers, l'ami d'un de nos compagnons, qui habite un charmant bungalow, au milieu d'un vaste jardin. Après les libations anglaises d'usage, nous recevons tous quatre invitation à dîner pour le soir à la table (the mess) des officiers du régiment.

C'est dimanche aujourd'hui : l'église anglaise, isolée au milieu d'une pelouse verte, où stationnent, pendant le service divin, les équipages de la congrégation, est un de ces édifices religieux, proprets et mesquins, sans caractère défini, comme les Anglais en sèment partout où ils s'établissent.

Nous trouvons la construction et l'architecture indigène à l'Imambara, ancienne forteresse d'un style lourd, renfermant dans son enceinte une belle mosquée : tout auprès, et y attenant presque, est *Roomi Durvezu*, — la porte de Constantinople. Ces édifices offrent, dans leur masse, leur structure singulière et leurs ornements capricieux, un ensemble à traits multiples, plutôt bizarre et surprenant que noble et grandiose.

Avant 1857, une suite de murs, couronnant une petite

colline, renfermait dans une enceinte plusieurs grands édifices, des cours et des jardins, etc. C'était la Résidence, en belle et forte position, dominant la rivière et la ville indienne sur l'autre bord. C'est là que le Résident anglais tenait sa cour, rivale de celle du roi d'Oude, non en splendeur, mais en influence et en autorité réelle. Quand la rébellion prit feu, comme une traînée de poudre, dans toute cette partie de l'Inde, la Résidence servit d'asile et d'abri à tous les Anglais qui purent échapper à l'explosion soudaine de la révolte dans Lucknow et les environs. Il y eut autour de cette enceinte et dans ses murs des attaques et des défenses sanglantes, avec des fortunes diverses; et bien des victimes succombèrent jusqu'au moment de la délivrance par l'armée anglaise. Les décombres des constructions écroulées, le bouleversement des terrains, attestent l'acharnement des luttes dont la Résidence a été le théâtre. Nous visitons tous ces débris et cette ruine en compagnie d'un ingénieur, qui habite la partie encore debout des anciens édifices, et qui travaille aux plans d'un monument commémoratif à élever dans l'enceinte de la Résidence ; il nous explique les combats désespérés et les péripéties de ce drame sanglant. Un grand nombre de tombes récentes, riches ou modestes, rassemblées dans une partie des jardins, racontent aux visiteurs, avec leurs inscriptions diverses, les noms et la mort tristement glorieuse de toutes ces victimes. Du haut d'une tour ébranlée et croulante, nous pûmes jouir d'une magnifique vue de la ville avec ses coupoles et ses minarets.

En quittant ce lieu désolé, nous traversons un pont qui nous conduit au bazar assez animé de la ville hindoue; et, de là, par une place entourée de beaux édifices, nous entrons dans le jardin, au fond duquel s'élève la gracieuse et riche coupole qui abrite la tombe de Hussaïn-Zeinab. C'est une des merveilles de Lucknow, qui en renferme un bon nombre. Les jardins, ornés de bassins, de candélabres, de statues, sont bien entretenus. La mosquée, avec ses découpures et ses dorures, est d'un charmant effet. L'intérieur, outre la tombe de Hussaïn-Zeinab, renferme une foule de riches oripeaux. C'est le garde-meuble des splendeurs passées de la royauté d'Oude. On y voit des quantités considérables de miroirs et glaces de toutes grandeurs, des candélabres d'argent, des pendules, des draperies de soies brochées d'or, et enfin le trône en argent du dernier roi, aujourd'hui pensionnaire de l'Angleterre, et qui vit dans la crapule et l'oisiveté, caché dans un immense palais, qu'il achève de se faire construire sur la rive gauche de l'Hougli, un peu en aval de Calcutta.

Nous passons ensuite en revue la plupart des édifices remarquables de Lucknow, qui tous témoignent des richeses et des splendeurs récentes de cette immense ville. Malheureusement, toutes ces constructions sont en matériaux fragiles : briques recouvertes de plâtre ou d'un stuccage à la chaux, ne pouvant résister à l'abandon actuel et aux influences atmosphériques; elles ne sont plus réparées et entretenues comme elles l'étaient, quand la somptueuse royauté d'Oude animait et peuplait de son luxe et de ses nombreux courtisans tous ces monuments aujourd'hui déserts. Les coupoles craquent et se fendent; les placages et les revêtements se déchirent et tombent, laissant la brique à nu; les dorures se fanent; l'herbe envahit les places, et soulève les dalles des vastes cours où se déployaient naguère toute la pompe et tout le faste asiatiques : cavaliers et fantassins par milliers, palanquins, litières, éléphants, etc., etc. Dans vingt ans, si l'incurie et l'abandon actuels persistent, tous les grands édifices de Lucknow seront des monceaux de ruines. La tombe du premier roi d'Oude, d'une époque relativement récente, est déjà dans un grand état de délabrement.

Nous poussons notre tournée jusqu'à un monument de grande apparence, à quelque distance de la ville. C'est l'école de La Martinière, où sont élevés et instruits un grand nombre d'orphelins indigènes et de sang mêlé. Cette riche et charitable fondation est due au général Claude Martin, né à Lyon en 1732, qui mourut en 1800, au service du souverain d'Oude. Il amassa de grandes richesses, et consacra par son testament son immense fortune à des œuvres de bienfaisance. L'école de La Martinière en est une. La construction principale, d'un style bizarre et tourmenté, rappelant le rococo, est en belle position dans la campagne ; mais la forme a emporté le fond : il est certain qu'avec les sommes dépensées en terrasses, en pilastres, en balustres, en affreuses statues et autres ornements d'un goût détestable, on aurait pu doubler les bâtiments utiles, ainsi que la rente de cette généreuse institution.

En revenant au *Dak bungalow*, nous entrons jusques à la nuit dans un jardin public de création récente, fort bien tenu. Nous préparons tout pour notre départ ; et les domestiques reçoivent ordre de venir, à neuf heures du soir, avec les *dak carriages*, nous prendre au bungalow où se tient la *mess* des officiers du 5ᵉ lanciers. Nous reprenons notre calèche de la journée pour nous rendre chez nos hôtes ; mais le cocher indigène, qui prétendait en savoir le chemin, nous perdit entre les jardins, et nous n'arrivâmes à destination qu'après une heure d'égarement dans l'obscurité, et quand on ne comptait plus sur nous : le potage était déjà enlevé. On nous fit place : l'assemblée était nombreuse, et présidée par le colonel qui nous avait invités le matin. J'étais auprès du lieutenant-colonel d'un autre régiment, invité comme nous, parlant parfaitement français et connaissant Paris. La chère était bonne et les liquides abondants : la France, comme toujours, y brillait, représentée par le bordeaux, le champagne et le cognac. Il y a un grand luxe d'argenterie dans ces tables d'officiers ; chacun des convives avait un boy indigène, en costume, derrière sa chaise, attentif à ne rien laisser manquer à son maître. C'est le boy de mon voisin, le colonel, qui me servait. Le repas se passa très-convenablement et avec une tenue de bon ton qu'on trouverait difficilement en pareille réunion de militaires français. Nos officiers affectent, ou conservent un peu trop les allures de troupiers ; les habitudes de caserne et d'estaminet, le débraillé et la zouaverie sont un peu trop en honneur, même dans les corps d'élite.

Nos voitures de voyages arrivèrent à l'heure indiquée; et, après nos adieux et nos remercîments à nos hôtes, nous reprîmes pendant toute la nuit la route de Cawnpore, où nous arrivâmes au jour..

15 février. Cawnpore est une des villes où la rébellion, en 1857, s'est signalée par les actes de la plus insigne férocité. C'est là qu'un grand nombre de femmes anglaises et d'enfants appartenant aux familles de militaires, d'employés, de négociants de la ville et des environs, furent massacrés par les révoltés, après les plus indignes outrages, et leurs corps sanglants et démembrés jetés pêle-mêle dans un puits dépendant d'un des bâtiments des cantonnements anglais, où ces malheureuses victimes étaient venues chercher un impuissant asile.

Le premier soin des autorités anglaises, quand la ville et la tranquillité furent reconquises, fut de consacrer par une expiation publique et durable la place qui avait été souillée par ce crime infâme. Tous les bâtiments des anciens cantonnements furent rasés ; et, sur le vaste terrain laissé libre, un jardin public fut créé, où ni ébats ni musique ne sont permis. Au milieu de cette promenade tranquille et consacrée, s'élève un monument expiatoire, formé de deux enceintes à ciel ouvert, en style gothique. Un autel octogone, au centre de la seconde, indique et recouvre le puits où furent entassés les cadavres de tant d'innocentes victimes : tombe sainte et vénérée, qu'on ne peut voir sans attendrissement et sans maudire les fureurs religieuses et politiques qu'elle rappelle ! Cet autel un peu nu, au milieu de la riche et haute balustrade de pierre sculptée qui l'entoure, semble attendre quelque grande statue allégorique, à laquelle il servirait de base.

Ce jardin reçut notre première visite dans la tournée rapide que nous allions faire à travers Cawnpore, qui, du reste, offre peu de traits saillants : un pont de bateaux sur le Gange, et un bazar assez animé, mais aucun des monuments brillants qui nous avaient frappés, hier, à Lucknow.

Il y avait ce soir des courses de chevaux : mes compagnons, à titre d'Anglais, raffolaient de ce spectacle et de ce plaisir de convention, que je n'ai jamais pu comprendre, et auquel, dans l'occasion présente, j'eusse préféré une flânerie un peu plus longue dans la ville indigène ; mais je n'étais qu'une minorité, et je dus subir la loi du suffrage universel. On abrégea la promenade dans le bazar, pour ne rien perdre de ce qui allait se passer sur le *turf*. Le champ de courses était au-delà des nouveaux cantonnements, situés eux-mêmes, comme d'ordinaire dans l'Inde, assez loin de la ville indigène.

Rien de plus triste, de plus monotone que ces cantonnements et les vastes terrains sur lesquels sont espacées les casernes et autres constructions à l'usage des troupes anglaises. Pas un arbre, pas un seul petit jardin : de la poussière, de la chaleur, de la sécheresse ; spleen au dehors et au dedans ; rien qui puisse égayer le soldat, ou l'attacher à sa demeure temporaire.

Les courses actuelles étaient une diversion bienvenue à la monotonie de la vie du cantonnement ; aussi, les neuf dixièmes de l'assistance étaient-ils composés de soldats anglais, vêtus de coton blanc, des pieds à la tête ; quelques civils seulement, dont la plupart étaient des officiers, sans uniforme; très-peu d'indigènes.

Partout où l'Anglais domine, soit en autorité, soit en nombre, il introduit et impose ses habitudes, ses préférences, ses goûts, ses antipathies. Il est exclusif et absolu : sa tendance naturelle est d'assimiler les autres à lui, et non lui aux autres. Nulle race ne sait moins dépouiller le vieil homme : sa mission semble être d'acclimater le Breton sous toutes les latitudes, avec son thé, sa bière, son beurre, dût celle-là se tourner en vinaigre, et celui-ci en huile rance.

Ces courses furent, comme toujours, d'une désespérante monotonie : une heure d'attente entre chaque, pour cinq minutes d'émoi. Il n'y avait pas quatre femmes dans le *Stand*. Rien donc pour le plaisir des yeux pendant ces lenteurs, sauf le spectacle des apprêts d'un orage : de lourdes nuées blafardes montaient de l'horizon en amoncellements épais; les rougeurs subites des éclairs sillonnaient ces masses noirâtres, et les roulements du tonnerre se rapprochaient continuellement.

Les voitures des spectateurs s'ébranlèrent après la dernière course, et avec les premières grosses gouttes. La masse des soldats anglais, casque de calicot blanc en tête, et les quelques indigènes, prirent à travers champs leurs jambes à leur cou ; c'était un vrai sauve-qui-peut, car les gouttes s'étaient promptement changées en filets d'eau et en vraies cataractes. Ce fut un déluge : les éclairs et le tonnerre faisaient cabrer et s'emporter nos chevaux ; et il fallut toute la force et l'adresse de notre compagnon, M. Gumpert, qui avait pris les guides, pour les maîtriser et les maintenir dans la bonne voie, à travers ces torrents d'eau, de lueurs et de bruit.

Cela continua toute la soirée; et, lorsque, après le dîner, il nous fallut gagner en voiture le chemin de fer, tout le vaste terrain devant la station était un lac; mais le ciel était pur et brillant d'étoiles. Il était alors neuf heures du soir; nous avions 156 milles (251 kilom.) à parcourir jusqu'à Agra, le but de notre voyage. Le prix de chaque place en première classe est de 15 roupies 8 annas (38 fr. 75).

## CHAPITRE VI.

Agra. — Le Taj-Mahal. — Les cantonnements. — Description du Taj-Mahal. — Forteresse et palais d'Agra. — Jumna-Musjid. — Rambagh. — Le Taj-Mahal au clair de lune. — Futtehpore-Sikree. — Palais d'Akbar. — Tombe de Sélim-Chishti. — Secundra-Bagh. — Ville d'Agra. — Séparation. — Route d'Allyghur à Delhi.

16 février. Le jour commençait quand nous arrivâmes à la station d'Agra. Les lueurs roses de l'orient, un peu voilées par les vapeurs de l'orage d'hier, qui s'était étendu sur tout le pays, coloraient la blanche coupole du *Taj-Mahal*, une des merveilles de l'Inde et du monde, premier objet que nos yeux cherchèrent en quittant le wagon. Nous nous décidons de suite à y faire une première visite, avant d'aller nous installer à l'hôtel, où nous envoyons les domestiques et nos bagages dans une voiture ; et nous montons tous quatre dans une autre, qui nous conduit directement au Taj-Mahal, en traversant le pont de bateau sur la Jumna, et en longeant sur la rive les rouges et hautes murailles du palais fortifié d'Akbar, qui orne, défend et limite Agra de ce côté de la rivière.

Quand nous fûmes arrivés au Taj-Mahal, notre émerveillement fut tel que, ne pouvant consacrer en ce moment un temps suffisant pour une visite sérieuse, nous nous contentâmes d'un premier coup d'œil d'ensemble, remettant après le repos, l'installation et le déjeuner, notre visite consciencieuse et détaillée à ce monument, qui, à première vue, ne démentait pas sa réputation.

L'hôtel où nous descendons, composé de différents corps de logis n'ayant que le rez-de-chaussée, est situé au milieu d'un jardin, dans les cantonnements anglais, loin de la ville indigène, qui occupe les dernières pentes de la vallée, sur la rive droite de la Jumna. Nous y trouvons quatre bonnes chambres, convenablement meublées, et avec tous les accessoires pour les aspersions d'eau. Nous tenions à être confortablement logés puisque nous devions, cette nuit et la suivante, dormir *sur* de véritables lits, ce que nous n'avions pas encore fait depuis notre départ de Calcutta.

Déjà l'arrivée de nos bagages et des deux domestiques avait attiré dans le jardin et sous les abris qui entourent les chambres un essaim de vendeurs indigènes exploitant les nouveaux arrivants par les offres d'armes, de costumes, d'étoffes, de bijoux, etc. Il y avait là de prétendus Thibétains étalant des cafetans fourrés, des bonnets de drap feutré, etc. Il fallut, après notre installation et notre propre déballage, assister à l'ouverture des ballots et des boîtes de ces gens-là, qui, au reste, firent un petit bazar de notre verandah, et s'y accroupirent pour toute la journée.

Une calèche à quatre places fut mise à notre disposition au prix de 8 roupies (20 fr.) jusqu'à la nuit. Mes compagnons avaient quelques courses obligées à faire dans les cantonnements, des lettres à remettre, de l'argent à toucher : je les accompagnai. La ville d'Agra proprement dite, assise sur le bord de la Jumna, n'est habitée que par les indigènes. Les cantonnements, où résident les fonctionnaires civils et militaires, ainsi que les négociants, occupent, à quelque distance de la ville, une plaine vaste et un peu élevée, où sont disséminés les hôtels, les banques, les églises, les hospices, tous les établissements civilisés quelconques, chacun au milieu d'un terrain planté, plus ou moins orné, et entouré de clôtures. Des routes macadamisées, et entretenues comme les Anglais le savent si bien faire, coupent en différents sens ces îlots de verdure et de constructions, et offrent partout une circulation facile, sous l'ombrage de beaux arbres. Il n'est si mince employé ou commis qui n'ait une voiture ou un cheval de selle. Telle maison coquette, avec colonnes, pilastres, etc., ressemblant à un château ou à une villa d'Europe, est la demeure, le magasin, la boutique d'un négociant; vous y trouverez exposés en vente, au rez-de-chaussée, les articles les plus disparates : jambons d'York, fromages, conserves, soieries, bijouteries, quincailleries, librairie, etc. Les voitures des acheteurs entrent dans ces jardins, s'arrêtent devant la verandah; des domestiques indigènes, en costume, reçoivent le client avec une obséquiosité asiatique, et l'introduisent dans ce musée éclectique, où le négociant et ses commis, en tenue irréprochable, lui en font les honneurs, avec la froide roideur qui est le bon ton des Anglais. Mais toute cette montre et cette mise en scène se payent : un modeste couteau d'une roupie en coûte 3; une paire de bottines de 5 roupies en coûte 15, et ainsi de suite; il faut faire vite fortune dans ces pays pour en partir vite.

Après une tournée rapide dans les cantonnements, c'est vers le Taj-Mahal que nous emporte notre voiture, à environ 3 kilom. de notre hôtel.

En l'an 1040 de l'hégire, — 1630 de notre ère, — Bunoo-Begum, appelée Mumtaz-Mahal, ou mieux encore Taj-Beebi et Noor-Jehan, — Lumière du monde, — épouse aimée de Shah Jehan, mourait en donnant le jour à une fille. A sa dernière heure, elle fit promettre à l'empereur de ne pas se remarier, et de lui bâtir une tombe telle que le monde n'en eût jamais vu de plus belle : c'est en exécution de cette promesse que fut construit le monument que je vais essayer de décrire, « le couronnement du monde, » disent les auteurs orientaux. Je doute que le célèbre témoignage de faste et de regret élevé par Artémise à son époux égalât l'admirable mausolée consacré par Shah-Jehan à sa bien-aimée Noor-Jehan, qui réunit aujourd'hui sous sa coupole la tombe de l'empereur et celle de sa femme.

Le Taj-Mahal occupe, avec les constructions et les jardins qui l'accompagnent, un terrain considérable sur le bord de la Jumna, à l'est du fort d'Agra. On arrive d'abord sur une vaste place entourée de bâtiments en grès rouge, qui servaient autrefois de logements à de nombreux serviteurs, et de caravansérails aux visiteurs et aux pèlerins. Les tombes des grands personnages sont presque toujours, chez les musulmans, accompagnées de fondations pieuses, ayant des revenus fixes et des dépendances plus ou moins considérables.

Le centre de la façade principale des bâtiments de cette place est un haut pavillon carré, avec une porte monumentale, à ogive enfoncée, décorée d'ornements et d'inscriptions en longues lettres arabes de marbre blanc : c'est la majestueuse entrée d'un jardin carré, divisé en compartiments réguliers par des allées pavées de marbre, avec des bassins et jets d'eau, parterres de fleurs, massifs d'arbustes et arbres variés. Il y a surtout de sombres cyprès, à pyramide élancée, où de nombreuses perruches prennent leurs ébats discordants, et où roucoulent les colombes. Ce jardin est limité de trois côtés par de hauts murs en grès rouge, avec portiques dans l'intérieur. L'allée, partant de la grande porte monumentale déjà décrite, est coupée par le milieu, et à angle droit, par une autre grande allée aboutissant, à chaque extrémité, à une porte-pavillon ; et le quatrième côté, faisant face à l'entrée principale, est limité par le mur de soutènement d'une vaste terrasse carrée.

Quand on a franchi les marches qui donnent accès à ce terre-plein, on se trouve au pied du merveilleux monument que les yeux n'ont point quitté depuis l'entrée dans le jardin, qui lui sert de vestibule. Cette terrasse a deux côtés libres : celui par lequel on arrive en venant du jardin, et le côté opposé, dominant la Jumna, qui coule à 4 ou 5 mètres en contre-bas, au pied d'un autre mur de soutènement, terminé par une balustrade à jour et à hauteur d'appui. Les deux autres côtés parallèles du terre-plein carré sont occupés par des constructions parfaitement symétriques, en grès rouge, du style le plus gracieux, couronnées par diverses coupoles de marbre blanc et terminées à chacune des quatre extrémités par de légers kiosques à jour : deux sur la Jumna, deux sur le jardin.

C'est au milieu du merveilleux décor de cette vaste terrasse que s'élève, sur une seconde plate-forme carrée, toute en marbre blanc, le Taj-Mahal, octogone irrégulier, ayant quatre grandes faces pareilles, et quatre petits côtés également semblables entre eux. Une coupole allongée, finissant en pointe par un ornement de bronze que termine un croissant doré, couronne noblement l'édifice. De chacun des angles de la plate-forme s'élance un élégant minaret de marbre blanc, d'environ 60 mètres, à trois étages, avec balcons circulaires et un clocheton terminal.

Chacune des quatre faces principales du Taj se compose d'une vaste arcade en renfoncement, à ogive sarrasine, avec porte surmontée d'une fenêtre ogivale ; à droite et à gauche, dans le même plan, deux arcades plus petites et superposées, avec portes en bas et fenêtres au-dessus. Les quatre petits côtés de l'octogone ont également deux petites arcades ogivales en renfoncement et superposées, semblables à celles qui accompagnent les quatre arcades principales.

Toute cette construction est en marbre blanc, de l'appareil le plus fini et le plus délicat. Il pouvait en résulter une certaine monotonie de ton, qui a été heureusement rompue par les dessins en marbre de couleur et les innombrables inscriptions décoratives en lettres arabes, qui courent sur toutes les parties de l'édifice, formant encadrement aux grands arcs, aux portes, aux fenêtres, et montrant sur toutes les parties extérieures et intérieures de la construction leurs arabesques colorées, merveilleusement incrustées dans le marbre blanc. Tout le Coran est, dit-on, ainsi transcrit sur les parois du monument; on peut le croire sans peine, tant les inscriptions arabes décoratives y sont multipliées.

Quand on entre sous cette vaste et blanche coupole, où ne pénètre qu'une lumière indirecte et mystérieuse, on se sent pris d'une douce émotion. Aucun ornement hors de propos, aucune surcharge dissidente, ne viennent distraire et égarer la vue. La noblesse et la pureté du dessin, la beauté des matériaux, le fini de l'exécution, l'harmonie parfaite de tout l'ensemble, élèvent l'âme et l'absorbent dans la pensée religieuse et mélancolique que cet édifice consacre.

Un écho d'une douceur et d'une pureté infinie habite sous cette coupole; un son, un chant quelconque s'y répète longuement; il flotte et s'élève en molles et décroissantes ondulations, qui vont se perdre et s'éteindre dans les profondeurs aériennes de la voûte. C'est un des charmes de ce lieu, et on se plaît à se figurer l'effet angélique que produirait ici une voix de femme aimée ou un instrument passionné, exécutant sous cette coupole harmonieuse un *lied* d'Europe ou d'Asie.

Une cloison octogone de 2 à 3 mètres de haut, toute

en marbre blanc, avec portes, soubassement, corniche et légers pilastres encadrant de minces panneaux d'un seul morceau, merveilleusement découpés en guipures à jour, le tout constellé de fleurs et d'ornements en mosaïques de pierres précieuses, forme, dans l'immense salle que couvre la coupole, une enceinte intérieure dans laquelle sont placés deux tombeaux. Celui qui occupe le point central, juste dans l'axe vertical de l'édifice, est consacré à Noor-Jehan; l'autre, à son mari, l'empereur Shah-Jehan, à gauche et au long du premier. Rien de plus richement simple que ces deux cénotaphes, composés, chacun, d'une grande dalle de marbre blanc, servant de base et de gradin, et supportant, en retraite sur les quatre côtés, un bloc taillé en forme de cercueil surbaissé, couvert d'inscriptions en caractères arabes, finement ciselés dans le marbre, entrelacés de fleurs en mosaïque, d'un charmant travail, où le lapis-lazuli, l'agate, le jaspe, la cornaline et l'onyx imitent la nature, et forment une broderie d'un doux éclat, sur les fonds blancs de ce marbre si pur.

Ces merveilleux tombeaux, composés de blocs massifs, ne sont là que pour l'apparat. C'est dans une chambre souterraine que reposent les restes mortels des deux époux. On descend par un couloir rapide dans ce vaste caveau, qu'aucun ornement ne décore, et que le jour indirect éclaire facilement. Les deux sarcophages occupent sous cette voûte une place exactement correspondante à celle des blocs de marbre que je viens de décrire. Ils sont entièrement recouverts d'étoffes de soie; et la piété des nombreux musulmans qui viennent chaque jour se prosterner devant ces tombes révérées y répand des fleurs et les essences odorantes du sandal, de la rose et du jasmin.

Nous prolongeâmes longtemps notre visite au Taj-Mahal; aucune des parties de ce merveilleux ensemble de constructions et de jardins ne nous échappa. Du haut d'un des minarets, l'horizon devient immense et embrasse la campagne environnante, le vaste palais-forteresse d'Agra, la ville, les coupoles des mosquées et les sinuosités de la rivière qui coule au pied du Taj.

En face, sur la rive opposée, on aperçoit les substructions d'une immense terrasse. On rapporte que Shah-Jehan, après avoir élevé à son épouse bien-aimée cette splendide sépulture, selon la promesse faite à son heure dernière, avait eu intention de faire construire, en face, sur l'autre rive de la Jumna, un semblable mausolée pour lui-même. Un pont en marbre blanc, avec balustrade d'argent massif, eût joint les deux monuments. Il ne lui fut pas donné d'accomplir ce projet de fastueuse vanité. La révolte de ses fils, son détrônement par Aurengzeb, l'un d'eux, et sa mort en 1665, après dix ans de captivité dans la forteresse d'Agra, s'opposèrent à l'exécution du monument de son orgueil; celui de sa tendresse envers son épouse est debout, et il témoigne hautement avec quelle profusion le travail humain et les trésors de toutes sortes étaient prodigués par ces despotes d'Asie. Dix-sept années et vingt mille travailleurs furent employés à rassembler les divers matériaux de l'œuvre et à parfaire ce merveilleux monument, qui ne fut achevé que vers 1648.

Le Taj-Mahal n'a pas souffert des injures du temps, grâce à l'excellence des matériaux et à la perfection de l'exécution. Les deux cent trente années écoulées depuis son érection n'ont altéré ni l'éclat des marbres, ni les innombrables merveilles du ciseau. Toutes les dégradations de détail viennent de la main des hommes. Les invasions et les troubles divers dont le pays a souffert depuis deux siècles ont laissé une déplorable trace sur tous les monuments d'Agra. Après le pillage et l'enlèvement des métaux précieux dont les portes, les balustres et divers ornements étaient formés, la convoitise de ces soldatesques avides s'exerça sur les incrustations de pierres fines qui décoraient les deux tombes et leur enceinte. Il serait difficile de trouver aujourd'hui une seule fleur, un seul ornement intacts. La pointe des poignards, des sabres, des baïonnettes, a percé et enlevé en éclats des fragments de ces charmantes et délicates mosaïques. J'ai bien peur qu'au moment où la civilisation, centuplant par les chemins de fer l'ancienne circulation dans l'intérieur de l'Inde, apporte journalierement à Agra des flots de visiteurs, ce ne soit là, pour le Taj-Mahal, l'occasion de dégradations irréparables.

Avant la rébellion de 1857, les monuments religieux du pays étaient protégés et entretenus par le gouvernement de la Compagnie. Les indigènes avaient autorité pour faire respecter l'intérieur de ces édifices. Aujourd'hui, cet état de choses n'existe plus; et, bien que le Taj-Mahal, par exception, soit encore soumis à la surveillance et à l'entretien du gouvernement anglais, l'intérieur du mausolée, autrefois respecté comme un sanctuaire, est aujourd'hui livré à une bande de gardiens musulmans qui exploitent à leur profit cette merveille, en excitant le caprice, la convoitise et la manie collectionnante des visiteurs, maintenant plus nombreux que jamais. J'étais scandalisé de voir cette enceinte, où tout devrait porter à la contemplation recueillie et silencieuse, livrée à cette troupe avide, importune et bruyante de prétendus gardiens, qui, loin de contenir les visiteurs dans le respect du lieu, les pousse aux inconvenances dont les Anglais, si rigides chez eux et dans leurs temples, ne se font pas faute partout ailleurs. On montait, on piétinait sur ces tombes; le talon des bottes rayait ces marbres aux fines sculptures, aux délicates incrustations; on provoquait, en frappant du pied et des mains, le doux écho de la coupole, et on le forçait à répéter des rires, des cris et des lazzi saugrenus, etc. Ce serait une véritable honte pour l'Angleterre, aujourd'hui maîtresse absolue de ce pays, de ne pas faire tout ce qui est possible pour soustraire ce monument, une des merveilles du monde, aux profanations et aux dégradations dont il est menacé, aujourd'hui plus que jamais, par l'affluence des visiteurs civilisés.

Je me suis laissé aller à décrire avec quelques détails le Taj-Mahal, dont l'incomparable beauté m'a singulièrement frappé. Pour peu que l'on ait le sentiment du beau, il est impossible de se soustraire au charme qu'exerce ce monument, où la richesse des matériaux, la pureté du dessin et le fini du travail composent un ensemble parfait. Continuer sur ce ton pour tout ce qui nous reste à voir à Agra demanderait plus de temps, et, surtout, plus de talent que je n'en ai à ma disposition : j'abrégerai donc désormais. Toutefois, pour faire connaître les circonstances émouvantes et dramatiques qui ont provoqué l'érection du Taj-Mahal, je traduis ici quelques passages de la traduction anglaise d'un manuscrit persan consacré à la description de ce beau monument :

« Au nom de Dieu, le très-miséricordieux et le bon.

« Ce livre fait connaître Bunoo-Begum, dont le titre était
« Mumtaz-Mahal, — de toutes les familles la plus illustre, —
« mieux connue sous les noms de Taj-Beebi et Noorjehan, —
« Lumière du monde, — épouse de Shah-Jehan, Badsha Gazee,
« fille du nawab Asif-Khan, premier ministre, et petite-fille
« du nawab Etmaddowla. Ce livre traite encore de l'histoire
« de Secundra, du fort d'Agra et des ruines de Futtehpore-
« Sikree, et donne les noms des principaux ouvriers et des
« différentes pierres employées dans la construction du Taj.

« Shah-Jehan, Empereur, conquérant des mondes, protec-
« teur du pauvre, soutien du malheureux, très-savant et illus-
« tre, eut quatre fils par son Impératrice Mumtaz........

« L'Empereur eut aussi quatre filles, parfaites, belles et
« soumises: la première, Unjeman Arra Begum ; la deuxième,
« Gattee Arra Begum; la troisième, Jehan Arra Begum, et
« la dernière, Dhahur Arra Begum, qui fit entendre des cris
« avant de venir au monde, et dont la naissance causa la mort
« de l'Impératrice.

« Le jour que l'enfant cria, l'esprit de l'Impératrice fut
« abattu, et toutes les femmes du palais et les enfants qui
« entendirent ce bruit en furent grandement effrayés, et le
« souvenir leur en resta pendant tous les jours de leur vie.
« Elles disaient que pareille chose n'était jamais arrivée, que
« c'était un terrible prodige, et elles s'écriaient : « O Dieu
« grand ! que cela ne tourne point à mal, » qu'il fallait en
« informer l'Empereur, afin qu'il arrêtât dans sa sagesse ce
« qui lui semblerait le plus opportun.

« On dit que l'Impératrice eut de grandes souffrances quand sa
« fille naquit, et que, par les ordres de l'Empereur, furent réunis
« beaucoup de médecins habiles et de sages-femmes expéri-
« mentées, et que tous agirent d'après ses conseils. Les femmes
« des ministres priaient pour la santé de l'Impératrice, et quel-
« ques-unes voulaient qu'on lui fît prendre des médicaments.

« Sans la volonté de Dieu, pas une feuille ne s'agite. »

« On essaya toute sorte de remèdes, mais sans succès : pas
« de soulagement à ses souffrances, qui augmentaient plutôt,
« bien que toute prière fût récitée.

« Les habiles médecins essayèrent leur savoir, mais la volonté de Dieu n'était
pas de la sauver. »

« D'un côté, les prêtres lisaient des prières; de l'autre,
« les femmes frottaient les pieds et les mains de la pauvre
« Impératrice, et l'enfant continuait à crier bien avant
« qu'il vînt à la lumière. En entendant cela, l'Impératrice

« perdit tout espoir de survivre ; elle appela l'Empereur au-
« près d'elle, et en pleurant elle lui dit : « O Roi ! de tels mal-
« heurs se font voir aujourd'hui que mon esprit en est troublé
« et oppressé, et que je suis en grande inquiétude ; *je ne sais*
« *comment cela finira.* » L'Empereur, entendant ces paro-
« les, fut étonné et affligé, et, plaçant son doigt sur ses lèvres,
« il essayait de trouver en son esprit quelque chose qui pût
« consoler et réconforter la Begum. Elle se fit apporter toutes
« ses pierres précieuses et ses joyaux et les donna à l'Empe-
« reur, et elle le pria d'être bon pour ses enfants. On les vit
« sourire tous deux ; et puis après, pleurer pendant qu'ils s'en-
« tretenaient des pensées de la mort. L'Impératrice dit :
« Quand un enfant crie avant de naître, la mère meurt tou-
« jours ; c'est pourquoi je dois me préparer à quitter ce monde.
« Pardonnez-moi toutes mes fautes et toutes les paroles de
« colère que je puis avoir prononcées ; après cela je suis prête
« au suprême voyage. » L'Empereur, entendant ces dernières
« et tendres paroles, pleura très-fort à cause du grand amour
« qu'il lui portait ; on eût dit que les étoiles tombaient du
« ciel ou la pluie sur la terre...

« A la fin, l'Impératrice, après avoir beaucoup pleuré, dit :
« O Roi ! j'ai vécu avec vous dans la joie et aussi dans l'afflic-
« tion : Dieu vous a fait un grand Empereur et vous a donné
« des mondes à gouverner ; voici un dernier vœu de mon
« cœur, au moment de vous quitter, et deux conseils que je
« voudrais être suivis par vous. » L'Empereur lui promit que,
« quels qu'ils fussent, il les suivrait fidèlement. Alors la Reine
« lui dit : « Dieu tout-puissant vous a donné quatre fils et
« trois filles pour perpétuer votre nom ; ne prenez point une
« nouvelle épouse, afin que des discordes ne s'élèvent point
« parmi vos enfants. Mon second désir est que vous me bâtis-
« siez une tombe, la plus belle que le monde ait jamais vue. »

« Shah-Jehan fit ces deux promesses, et la Begum donna le
« jour à l'enfant, mais son esprit était grandement troublé.
« Ses femmes priaient pour sa vie et disaient : « O Dieu ! fais-
« nous mourir, mais sauve la vie de la Begum. » Et toutes les
« choses furent faites comme il est d'usage le jour d'une nais-
« sance. Bientôt après l'Impératrice se mit à trembler, ses
« membres devinrent froids, et de telles lamentations s'élevè-
« rent dans le palais qu'on eût dit que le jour du Jugement
« était arrivé. L'Empereur ne faisait que pleurer, en frappant
« sa poitrine, et il répétait dans le langage du poëte Saadi :

« L'or ne peut rester dans la main du prodigue ni la patience dans le cœur
d'un amant, pas plus que l'eau dans un crible. »

« Enfin, l'Impératrice quitta ce monde et alla dans l'autre
« vivre dans le ciel avec les Puris. Ses restes mortels furent
« d'abord enterrés dans un jardin, proche l'emplacement actuel
« du Taj ; et, après que la tombe eut été achevée, on les trans-
« porta en grande pompe dans le caveau, sous le Taj.

« On apporta des plans et des dessins de toutes sortes de
« mausolées dans le monde et on les soumit à l'Empereur,
« qui, après avoir beaucoup examiné et réfléchi, choisit le plan
« présenté par Isà Mahomed Effendi, célèbre architecte en-
« voyé par Sa Hautesse le sultan de Room (Constantinople).
« On en fit d'abord un modèle en bois, et pendant dix-sept
« ans on rassembla des marbres et des pierres précieuses.

« La date de la mort de la Begum est indiquée dans ces vers :

« Quand Mumtaz-Mahal quitta ce monde, les houris ouvrirent les portes du ciel
pour elle. Et les anges donnèrent pour date ce vers : *Le lieu de repos de Mumtaz-
Mahal est dans le ciel* »

Chacun des caractères persans dans le dernier vers ayant
la valeur d'un chiffre, on trouve ainsi exprimé le nombre 1040
de l'hégire, correspondant à l'an 1630 de l'ère chrétienne.

En quittant à regret le Taj, que nous nous promettons de visiter le soir à la clarté de la lune, la voiture nous conduit à la forteresse d'Agra, dont les hautes et belles murailles de grès rouge renferment dans leur vaste enceinte un ensemble considérable d'édifices curieux, dont les plus célèbres sont le palais d'Akbar et la *Motee musjid*, — la mosquée Perle.

Ce dernier monument a peu souffert des injures du temps et des hommes. Il justifie le nom poétique de Perle, par la blancheur éclatante du marbre dont il est entièrement construit, et par la perfection de l'ensemble et des détails. Cette mosquée se compose de trois nefs successives, dont la première s'ouvre sur toute la hauteur et la longueur du côté ouest, d'une cour carrée ayant un bassin au milieu pour les ablutions. Les trois rangs de piliers qui forment ces nefs sont reliés entre eux par des arcs sarrasins, supportant la toiture et les trois belles coupoles de face qui couronnent la mosquée. Tout cet édifice, de dimensions modestes, est d'une pureté de dessin exquise et d'une grande sobriété d'ornements. La pensée religieuse, l'élévation de l'âme vers Dieu, n'y sont point distraites. C'est un vrai sanctuaire ; et, rarement, l'art a su aussi bien exprimer et consacrer par la forme la destination d'un édifice.

Si la mosquée Perle a pu échapper intacte et dans toute sa beauté primitive aux dégradations du temps et des hommes, il n'en est pas de même du palais d'Akbar, qui occupe dans la forteresse la partie dominant la Jumna par ses terrasses, ses pavillons et ses kiosques, et couronnant une escarpe de près de 20 mètres en belles assises de grès rouge, dont le pied, dans les grandes eaux, est baigné par la rivière.

Toutes les révolutions du pays ont laissé sur ce palais une triste empreinte, et la rébellion de 1857 a complété, à jamais, la dégradation de ce siége du luxe et de la puissance d'un des plus fameux souverains de l'Asie.

Il y a quelques années, les visiteurs voyaient encore à peu près intacte la plus grande partie de ce palais. Aujourd'hui, la garnison et les services militaires ou autres s'en sont emparés entièrement. Des magasins, des dépôts de toutes sortes, des décombres, occupent la plupart des salles; et tout ce qui n'a pas été utilisé, et même ce qui l'a été, est livré à l'incurie et aux dégradations des occupants actuels et des visiteurs iconoclastes et collectionnants.

Déjà, depuis longtemps, ce qui était autrefois le Divan, ou le siége de justice, a été converti en musée d'armes; et cette destination protégera, contre toute offense ultérieure, cette salle qui offre un beau spécimen du style sarrasin. C'était au temps d'Akbar un portique couvert dont le toit, supporté, comme à la mosquée Perle, par trois rangs d'arcs, s'appuyait sur trois rangs de piliers. Les arcades extérieures, donnant sur la cour, ont été murées dans toute leur élévation; mais on a ménagé dans celle du milieu une porte qui donne accès dans la vaste salle oblongue à trois nefs, ainsi formée. C'est là que les Anglais ont réuni une curieuse et nombreuse collection d'armes du pays, de toutes sortes et de toutes les époques, disposées en bel ordre autour des piliers et sur des râteliers et étagères, au-dessous de bannières suspendues aux voûtes, portant inscrits, en anglais et en hindoustani, les noms des principales victoires qui ont conquis l'Inde à la puissance britannique.

La grande curiosité de cette salle, ce sont les fameuses portes du temple de *Somnath*, enlevées par le sultan de Ghusnee, Mahmoud, qui en fit un trophée dans sa capitale. Lors de l'invasion de l'Afghanistan par les Anglais, lord Ellenborough les fit transporter à Agra, à la place qu'elles occupent aujourd'hui. Somnath était jadis, sur la côte de Gouzerat, une des cités saintes du culte brahminique, célèbre, par la richesse et la magnificence de ses temples. Ces portes, hautes d'environ 4 mètres, sont en bois de sandal curieusement et minutieusement fouillé et sculpté en mille sujets bizarres. La naïveté du travail et les innombrables trous de vers attestent leur vénérable antiquité.

Au milieu du long côté de cette salle immense, faisant face à la cour avant que la récente muraille dont j'ai parlé n'ait rempli les arceaux de devant, s'élève une tribune en marbre blanc, incrustée de fleurs et ornements en mosaïque de pierres de couleur, et d'inscriptions décoratives en caractères arabes. Sur cette tribune élevée, qui communiquait avec les appartements du palais, on voit encore le trône de marbre où siégeait Akbar quand il rendait la justice ; et, au pied de cette tribune, un peu au-dessus du niveau du sol, on remarque une immense dalle de marbre blanc où l'empereur avait coutume de s'asseoir dans les occasions ordinaires.

Toute la partie du fort d'Agra où se trouve cette salle forme aujourd'hui l'arsenal : le palais, proprement dit, en est distinct. Je traduis ici quelques passages d'un article publié dans *the New-York Tribune* par M. Bayard Taylor, qui visita le fort d'Agra en 1853, onze ans avant moi, et quatre ans avant que les conséquences de la rébellion de 1857 aient altéré, au point où elles le sont aujourd'hui, les gracieuses décorations de ce palais. Tout ce que M. Taylor décrit existe encore, mais dégradé et mutilé.

« Au-delà de l'arsenal et dans cette partie du fort qui domine la Jumna, est le palais du Roi, encore assez bien conservé. Sans un plan détaillé, il serait difficile de décrire ses cours nombreuses, ses différentes masses de constructions et de pavillons séparés, formant ensemble un labyrinthe, si plein d'aspects éblouissants qu'on a peine à tenir le peloton et à ne pas s'y égarer.

« Le palais d'Akbar est bien plus complet que l'Alhambra, qu'il rappelle ; aucune des parties n'a été entièrement détruite. Les traces des injures du temps et des guerres sont comparativement légères. Ici un boulet a percé son chemin à travers les panneaux de marbre du pavillon du Sultan ; là une fleur en cornaline, avec ses feuilles de jaspe sanguin, a été extirpée par une main profane du marbre où elle était incrustée ; les fontaines sont à sec, ainsi que le bassin du « Bain des Miroirs; » les appartements sont inhabités; mais c'est tout. Aucune chambre, aucune fenêtre, aucun escalier ne manque; et nous pouvons, en imagination, repeupler le palais avec toute la cour et la domesticité du grand Empereur, et évoquer la routine quotidienne de ses devoirs et de ses plaisirs.

« Les substructions du palais sont en grès rouge; mais presque tous les corridors, les chambres et les pavillons sont en marbre blanc, ornementé par le travail le plus exquis. Les pavillons qui dominent la rivière sont incrustés à l'intérieur et à l'extérieur dans le style riche des mosaïques florentines. Ce sont autant de précieux coffrets tout brillants de jaspe, d'agate, de cornaline, de lapis-lazuli, surmontés de dômes dorés. Des balustrades de marbre, travaillées à jour en dessins variés, si riches qu'elles ressemblent, vues d'en bas, à des franges de dentelles, s'étendent au bord du rempart. La Jumna baigne les murs à 70 pieds en contre-bas; et des balcons de la *Zenana* (appartement des femmes), il y a de charmantes vues, des jardins et bosquets de palmiers sur la rive opposée, et de cette merveille de l'Inde, le Taj, qui brille comme un palais d'ivoire et de cristal à environ un mille de là, en descendant le fleuve.

« La plus curieuse partie du palais est le *Shish-Mahal*, — Palais de verre. C'est un bain oriental dont les chambres et les couloirs sont ornés de milliers de petits miroirs, à peu près ronds et légèrement convexes, plaqués sur le stucage, et formant des dessins compliqués. L'eau, s'échappant en mince et large nappe, passait au-dessus de lampes allumées, en tombant dans un bassin de marbre; des cascades en miniature jaillissaient sur des dalles de marbre veiné; et l'eau, courant dans des conduits ouverts, taillés en ressauts, imitait le mouvement et l'apparence des poissons. Ce bain doit avoir réalisé, autrefois, les fabuleuses splendeurs des récits arabes. Les chambres des Sultanes, et les cours ouvertes qui les unissent, sont remplies de fontaines.

« Bien que cette construction soit une incrustation d'or, de marbre et de pierres précieuses, l'eau est encore son plus bel ornement. Dans cette féerique enceinte on voit un jardin couvert de rosiers et de jasmins, au milieu duquel l'eau jaillit encore. Il y a aussi une cour pavée de carrés de marbre noirs et blancs, formant un colossal échiquier sur lequel Akbar, ses femmes ou ses eunuques, remplaçaient les pièces d'ivoire par de jeunes filles, qui passaient d'une case à l'autre suivant le signe des joueurs.

« Sur une terrasse, au milieu du *Divan-i-Khas*, où siégeait Akbar dans les grandes occasions, est son trône, formé par une dalle de marbre noir de six pieds carrés. Elle est fendue dans toute son épaisseur. Mon vieux guide racontait que, lors de la prise d'Agra par les Mahrattes, le Rajah de Bhurtpore s'assit sur ce trône, qui non-seulement se fendit d'un bord à l'autre, mais où des gouttes de sang parurent à deux places. Lorsque lord Ellenborough, gouverneur général de l'Inde, s'assit également un jour sur cette pierre, le sang coula une seconde fois. Il y a effectivement à la surface de cette dalle deux taches rouges qui suffisent pour certifier ce miracle, aux yeux de tout bon musulman. Proche, et en face ce trône, est une autre dalle de marbre blanc, plus petite, où, suivant la tradition, le fou de l'Empereur s'asseyait et imitait burlesquement son maître. »

La terrasse au milieu de laquelle est placée la dalle noire

domine une cour intérieure et profonde du côté du fleuve, probablement destinée à des exercices équestres. La dalle blanche, au contraire, occupe le centre d'un des quatre côtés d'une terrasse à balustrades de marbre blanc à hauteur d'appui, entourant une cour intérieure de la Zenana. C'est là, sans doute, que les femmes du harem prenaient leurs ébats sous les yeux de l'empereur, qui siégeait alors sur la dalle blanche. Trois des côtés de cette terrasse ont un toit s'appuyant sur de légères colonnes; une tente supportée par des mâts et des cordages abritait la cour intérieure.

En descendant au fond des cours, nous visitons des constructions singulières, d'une architecture bien antérieure à l'invasion de l'islamisme et à l'érection du fort d'Agra. Tout y est en grès rouge, et les pierres y ont des dimensions extraordinaires. Pas de bois, de cintres ni d'ogives : les linteaux des portes, des fenêtres, les plafonds des couloirs ou des chambres y sont en pierres plates, à longues portées; il y a là des piliers et des encorbellements bizarres : tout y surprend, rien n'y charme. Il y a longtemps que ces constructions n'ont plus de destination : elles faisaient probablement partie, jadis, de quelque temple ou palais hindou avant d'avoir été enveloppées et dominées par la forteresse actuelle; et elles seraient aujourd'hui des monceaux de ruines, n'était la puissance des matériaux et la perfection de leur assemblage sans ciment.

Nous venions de passer plus d'une heure dans cette immense forteresse, dont les hautes murailles en grès rouge ont, extérieurement, un si imposant aspect de force et de solidité, mais qui ne résisteraient pas un seul jour à l'artillerie moderne; nous sortons par la belle porte, flanquée de deux tours octogones par laquelle nous étions entrés; et, après avoir franchi le pont-levis et la courte et rapide rampe de la contrescarpe, nous débouchons sur la grande place, où s'élève la *Jumna-Musjid*, — la mosquée de la Jumna.

Encore un admirable monument de l'art sous l'inspiration de l'islamisme. Malheureusement pour cet édifice, le temps, les idées, les circonstances qui favorisèrent son érection, sont passés sans retour. Quand Agra était le siége d'un grand empire, sa population dépassait 500,000 âmes : à peine en compte-t-on 10,000 aujourd'hui. Les merveilleux monuments entrepris et achevés dans cette capitale, où affluaient les richesses de l'Asie, étaient entretenus et restaurés par des souverains prodigues et magnifiques, et par la piété des innombrables croyants qui se courbaient sous leur sceptre. Aujourd'hui la dépopulation, la misère et la solitude ont envahi ce qui reste d'Agra ; les édifices religieux de l'Inde ne sont plus à la charge du gouvernement, et la rare et pauvre communauté musulmane d'Agra n'a pas les ressources nécessaires pour préserver de la ruine ces monuments de la splendeur passée.

La *Jumna-Musjid*, bien autrement grandiose que la *Motee-Musjid*, dans le Fort, est tout entière en grès rouge. C'est un noble édifice, d'une beauté imposante et sévère, parfaitement conforme à sa destination religieuse. L'étranger qui foule aujourd'hui ses dalles disjointes que l'herbe envahit et soulève, qui voit les coupoles crevassées, les murs fendus, les assises hors d'aplomb, ne peut se défendre d'un sentiment de tristesse et de regret devant cette décadence précoce et cette ruine totale imminente ! Partout l'abandon, le délabrement, l'incurie, et les immondices de toutes sortes envahissent ces parvis autrefois révérés.

La grande place, entre la mosquée et le fort d'Agra, est un marché public où règne un peu d'animation, et surtout un pêle-mêle désordonné de marchandises et de denrées de toute espèce, étalées ou en tas à terre, au milieu des chiens, des mar-

TOMBE D'AKMUD OUD DOULA

chands, des pratiques, couchés ou accroupis. On a peine à se frayer un passage dans cette foule paresseuse et bigarrée et à travers ces amoncellements. Nous rejoignons notre voiture, qui nous attend à l'ombre d'un mur, et nous nous faisons conduire, par un long détour, au *Rambagh*, — jardin de Rama, — en allant passer le pont de bateaux, près de la station du chemin de fer. Ce jardin de plaisance des anciens empereurs mogols est une charmante promenade à compartiments réguliers, bien entretenue, bien arrosée et bordant la Jumna par une terrasse élevée.

Au retour, et sur le même côté de la rivière, nous visitons une des merveilles d'Agra, un véritable bijou d'architecture : c'est la tombe d'*Akmud ood Dowla*. Cet édifice, de forme rectangulaire et de petites dimensions, est situé au milieu d'un jardin, auquel donnent accès quatre pavillons d'un aspect monumental, avec haute porte ogivale en grès rouge. Il est entièrement construit en marbre blanc ; et ses parois verticales se composent en grande partie de minces et immenses panneaux de marbre, d'une seule pièce chaque, découpés à jour, élevés sur des soubassements et maintenus dans des encadrements également de marbre, couverts d'incrustations en pierres de couleur et de sculptures délicates. A l'intérieur, une seconde enceinte est formée de pareils panneaux, à dessins variés et charmants. Le nom et l'idée de dentelle de marbre se présente naturellement à l'esprit devant ces œuvres si gracieuses et si légères du ciseau. Un grand luxe de mosaïque règne également dans les soubassements et les encadrements intérieurs, finement ciselés, qui supportent et contiennent les panneaux. Ces incrustations, par la perfection du travail et la valeur des pierres employées, sont d'une bien autre richesse artistique et d'un bien autre effet que les faïences colorées, tant employées dans les monuments arabes du midi de l'Europe et du nord de l'Afrique. C'est au milieu de cette seconde enceinte, où le jour extérieur se tamise, assombri et mystérieux, à travers ce double voile de marbre, que s'aperçoit, recouverte d'une immense draperie de soie, la tombe du personnage à la mémoire duquel ce merveilleux monument a été élevé.

Le jour baissait ; il fallut quitter ce plaisir des yeux et regagner les cantonnements et l'hôtel pour l'heure et l'affaire importante du dîner. Vers huit heures, la lune brillait de tout son éclat : nous faisons atteler de nouveau pour notre troisième et nocturne visite au Taj-Mahal.

Dès notre arrivée, nous donnons ordre aux gardiens de tout disposer pour l'illumination intérieure de la coupole ; et, pendant ces préparatifs, nous parcourons les jardins, les salles et les galeries vides et sonores du palais en grès rouge, à la droite du Taj, et nous restons longtemps assis et contemplatifs dans un des kiosques aériens qui dominent la Jumna. A cette heure et à cette lumière tranquilles, de nouveaux charmes se révèlent aux yeux et à l'âme devant le Taj-Mahal, par les fortes oppositions d'ombre et de clarté, par la splendeur et la douceur de la nuit dans ce climat, par le silence et par les vives senteurs qui émanent des jardins. L'œil n'est plus fatigué et ébloui, comme dans le jour, par les ardeurs d'un soleil impitoyable, par les violentes réverbérations de ces marbres éclatants : des détails nouveaux et nombreux se révèlent ; le monument entier semble grandir sous cette poétique et silencieuse lumière ; il se grave mieux dans la mémoire, et la sympathie pour la pieuse pensée qu'il consacre se ressent plus profondément.

Après avoir longtemps considéré le bel ensemble que présente extérieurement le monument principal et son merveilleux entourage, nous pénétrons sous la coupole assombrie, dans l'enceinte intérieure, au pied de la tombe de Noorjehan. On alluma successivement, à différents endroits, en bas, et à différentes hauteurs, sous la coupole, des feux bleus et roses qui produisirent un magique effet. Tous les détails intérieurs se découvraient; les incrustations de pierres de couleur se détachaient admirablement et chatoyaient aux yeux. Les légères et grandes guipures de marbre de la seconde enceinte faisaient un merveilleux effet à la lueur colorée qui brillait à travers elles. Les profondeurs aériennes de la coupole s'éclairaient d'une lumière douce et fantastique. Je ne pouvais me dissimuler que cette théâtrale illumination ne fût une sorte de profanation de ce lieu funèbre, mais je fis taire mes scrupules intérieurs pour jouir à mon aise d'un des plus magiques spectacles qu'il m'ait été donné de voir. Nous rentrons à l'hôtel après une journée bien remplie; et c'est avec plaisir que nous retrouvons le repos du lit, dont nous étions privés depuis Calcutta.

17 février. A cinq heures du matin, nous étions sur pied ; une voiture et quatre relais étaient commandés dès la veille pour nous conduire à 22 milles (35 kilom.) d'Agra aux ruines de Futtehpore Sikree, le Versailles du grand Akbar, à la fin du seizième siècle.

A onze heures, par une route assez monotone, et avec de détestables relais, nous étions arrivés au pied des collines de grès rouge, dont les masses pierreuses ont fourni les beaux matériaux de la plupart des édifices d'Agra. Nous avions devant les yeux un monticule assez élevé, couvert de constructions considérables, étagées par terrasses le long de la pente, et dont le faîte était couronné de dômes, de minarets et de pavillons d'un aspect fantastique se découpant sur l'azur du ciel. Une haute muraille en grès rouge, dont nous ne pouvions apercevoir tout le développement, renferme dans son enceinte de plus de 6 milles et demi de tour (10 kilom. 1/2), outre ces masses de constructions imposantes, des champs, des taillis épais, où les paons sauvages abondent.

Nous laissons sur la gauche le village de Futtehpore Sikree, et, franchissant l'enceinte par une porte monumentale, nous gravissons, à pied, une longue avenue, bordée des deux côtés de ruines considérables, et conduisant par une pente rapide sur une petite place, à l'entrée du palais d'Akbar. Là, nous trouvons quelques cipayes, faible garnison de ces ruines, des paysans, des chameaux accroupis sur leurs jambes ployées, et les gardiens de ces lieux.

Un pavillon, à toit plat, d'une architecture hardie et charmante, à peu près complètement garni de meubles européens, est mis à la disposition des visiteurs. C'était, autrefois, l'habitation d'un des ministres d'Akbar. Après une assez longue attente, nous voyons enfin apparaître sur la petite place notre voiture, traînée et hissée à grand'peine par les mauvaises rosses de notre dernier relais. On déballe notre cantine, bourrée de liquides et de solides avec une abondance toute britannique. Le tout est confié aux gardiens, qui, sous notre direction, préparent et nous servent un très-confortable déjeuner.

Il est tout à fait au-dessus de mes forces de décrire avec quelques détails les restes si imposants et si curieux du séjour favori d'Akbar. Trois siècles entiers ont passé sur ces constructions, sans y laisser de trop fortes traces. Le palais est désert, mais non en ruine; l'herbe pousse dans les cours et sous les portiques solitaires, mais la solidité des assises est restée inébranlable. Je ne croyais pas à une si entière conservation de cette royale demeure, lorsque, une heure auparavant, en gravissant l'avenue qui y conduit, je voyais, à droite et à gauche, les débris amoncelés des nombreuses constructions qui avaient, autrefois, abrité l'innombrable domesticité du grand empereur, ainsi que différents services publics, un vaste atelier de monnayage, entre autres. Futtehpore Sikree était une résidence d'Akbar, et non une simple habitation de plaisance. A compter de 1571, date de son achèvement, l'empereur y résida pendant les plus belles années de son âge mûr : de vingt-neuf ans à quarante-trois ans.

Il est bien difficile, sans un plan, de décrire d'une manière intelligible un pareil assemblage de cours, de pavillons, de terrasses, de fontaines, de portiques, de palais divers et isolés. Nulle symétrie générale n'existe dans ce vaste ensemble; l'unité de style y fait défaut : on est frappé de l'ampleur et de la majesté de certaines parties ; de la grâce, de la bizarrerie de certaines autres : tout intéresse, charme ou surprend.

Un des plus curieux édifices est le *Panch-Mahal*, — les Cinq Palais. Ce sont cinq étages carrés, superposés; chacun d'eux en retraite sur l'inférieur; laissant des quatre côtés une large terrasse à chaque étage, et formant ainsi une grande pyramide habitable : ce singulier édifice est supporté par de puissants piliers en grès rouge. Tout auprès, se trouve une cour pavée en carrés de marbre de deux couleurs : c'est, comme dans le palais d'Agra, un colossal échiquier, où la partie se jouait avec des pièces animées. Il y a aussi de ce côté du palais, qui était la zenana, une espèce de labyrinthe où les femmes de l'empereur jouaient à cache-cache : on voit aussi, en très-bon état, les grands bassins de marbre qui leur servaient de bains.

Un singulier petit pavillon, en forme de ruche, ou de clocheton aigu, très-curieusement sculpté, supporté par quatre piliers, rappelant par son style et ses ornements côtelés les temples hindous, est placé isolément dans cette partie des cours. C'était autrefois la demeure, ou la niche, d'un *gourou*, ou fakir hindou, qu'Akbar avait recueilli. Le saint homme demeurait continuellement accroupi entre les quatre piliers, en plein air, n'ayant pour abri du soleil et de la pluie que cette coupole pointue, espèce d'éteignoir de pierre; mais il avait vue sur la zenana et sur d'autres parties du palais; et, probablement, il joignait à son métier de saint celui d'espion intime du grand empereur.

Non loin de là s'élève un bâtiment isolé, avec coupole et deux rangs de fenêtres, ce qui lui donne, de l'extérieur, l'apparence d'avoir un premier étage; mais, à l'intérieur, il ne se compose que d'une seule salle carrée, à voûte élevée. Au centre de cette salle, un pilier massif, coiffé d'un énorme chapiteau sculpté, offrant à sa partie supérieure une large plate-forme ronde, s'élève au niveau d'une galerie intérieure qui s'applique en corniche aux parois de la salle, entre les deux rangs de fenêtres, et qui se renfle en paliers d'un quart de cercle, à chacun des quatre angles intérieurs. Une longue dalle en grès rouge, large de 1 mètre environ, joint chacun de ces paliers d'angles à la plate-forme isolée, formée par la tête du pilier central : une balustrade régnait au long de la galerie carrée, de ces ponts légers, et autour de la plate-forme. On arrive à cet ensemble aérien par des escaliers ménagés dans les encoignures de la construction. On rapporte qu'Akbar avait coutume de siéger sur la plate-forme du centre lorsqu'il traitait des sujets de religion ou de science avec les docteurs et les savants de sa cour, qui se tenaient à distance sur la galerie ou sur les paliers des angles.

Le palais de la fille du sultan de Stamboul, — une des épouses d'Akbar, — est remarquable par la multiplicité et la délicatesse des sculptures, dont partout la pierre est couverte. Le grès rouge a pris sous le ciseau les formes et les ornements les plus capricieux et les plus charmants.

Akbar, qui aimait la variété, avait aussi une épouse chrétienne, pour laquelle une habitation séparée avait été disposée. Au lieu des sculptures qui sont prodiguées dans toutes les autres parties du palais, ce sont des peintures à fresque qui ornent cette demeure. Le temps les a fortement endommagées ; elles sont, dit-on, l'œuvre d'artistes persans.

Dans les dépendances du palais, il y a de vastes écuries pour les chevaux et un parc pour les éléphants.

Un grand caravansérail, entourant un immense préau oblong, hébergeait les visiteurs étrangers et les courtisans. Cette cour intérieure est dominée, sur un de ses longs côtés, par la terrasse et le balcon, où tous les matins l'empereur venait recevoir le salam et les acclamations de la foule prosternée.

Akbar avait eu intention de fortifier la colline qui porte le palais, mais ce projet fut abandonné, à peine commencé ; on voit sur un des versants une porte imposante, flanquée de deux tours octogones. De chaque côté de l'entrée, en venant de la campagne, est sculpté un éléphant, plus grand que nature, sur une base élevée. Ces deux colosses ont perdu leurs trompes et subi des mutilations considérables.

En suivant, hors le palais, un rapide chemin pavé, entre des jadins étagés sur des voûtes béantes, et au milieu d'édifices en ruine, on arrive au bas de la colline, du côté opposé à celui par lequel nous sommes venus. Là, se trouve une tour bizarre, haute d'environ 30 mètres, et dont tout le pourtour dans toute sa hauteur est lardé et hérissé de six à sept cents défenses d'éléphants en saillie de plus de 1 mètre. C'est d'un effet peu gracieux. Toutes ces défenses ont leur extrémité sciée, ainsi que cela se pratique encore aujourd'hui pour les éléphants domestiques. Quelle était la destination de cette tour, terminée par un balcon auquel conduit un escalier intérieur ? Elle fut, dit-on, élevée sur la tombe d'un éléphant favori ; d'autres disent, en s'appuyant sur le nom que lui donnent les indigènes : « *Hirun Minar*, » — tour des Antilopes, — qu'Akbar du haut de cette tour perçait de flèches ces animaux, que les serviteurs pourchassaient et faisaient passer devant lui sur les pentes opposées de la colline.

Nous venions de consacrer à la visite de cet immense palais deux grandes heures, et il nous restait à voir la merveille de Futtehpore Sikree, le fameux *Durgah*,— le tombeau, — du sheik Selim Chishti, situé au sommet de la colline et dominant le palais d'Akbar.

Sheik Selim Chishti était un saint homme qui vivait en intimité avec les tigres, dont plusieurs habitaient avec lui une grotte sur cette même colline, où est maintenant son tombeau. Son renom vint aux oreilles d'Akbar, qui, frappé de sa sainteté et de sa profonde sagesse, fit construire, dit-on, le palais de Futtehpore Sikree pour devenir son voisin. Il le consultait dans toutes les occasions importantes. Ce fut par ses conseils, ses prières ou toute autre coopération, que le grand Akbar, qui n'avait pas d'enfants mâles, obtint un fils et un héritier de sa couronne, qui porta le nom de Selim, jusqu'au jour où il monta sur le trône, sous le nom de Jehanghir. A la mort du saint personnage, la reconnaissance et les regrets de l'empereur se manifestèrent par l'érection d'une splendide sépulture.

Dans une grande cour rectangulaire, de 140 mètres de long sur 130 de large environ, entourée d'un haut et noble portique à colonnes, s'élève, au nord, une espèce de chapelle isolée, en marbre blanc, semblable à la tombe d'Akmud ood Dowla, que nous avons visitée hier. Les mêmes dispositions extérieures et intérieures se retrouvent ici ; les mêmes merveilleuses dentelles de marbre, avec une variété et une richesse de dessin plus grande encore peut-être. Nous pénétrons dans la seconde enceinte de panneaux de marbre découpés, qui renferme la tombe de Selim Chishti, recouverte d'un drap de soie brochée, sur lequel sont journellement attachés des bouquets et des guirlandes de fleurs nouvelles. Un musulman, accroupi devant la tombe, marmottait, en se dandinant comme un poussah, les versets du Coran, dont il tenait un vieux manuscrit ouvert entre ses genoux écartés. Cette tombe est en grande vénération dans le pays, et surtout parmi les femmes qui ont le malheur d'être stériles ou de n'avoir point d'enfant mâle. Toutes les mailles du merveilleux réseau de marbre, qui entoure l'enceinte où est la tombe, sont, depuis le bas jusqu'à la portée de la main, couvertes et nouées de milliers d'effilés de toutes couleurs, et de longues mèches de cheveux, que les femmes qui désirent un fils arrachent à leurs vêtements ou à leur chevelure, pour les consacrer à ce saint de prolifique mémoire. Touchantes et naïves offrandes, dues pour la plupart à l'espoir, et beaucoup, dit-on, à la reconnaissance! Derrière ce riche et religieux monument, qui est adossé à la galerie ou portique du nord, on voit un grand nombre de tombes anciennes ou récentes. C'est un honneur, recherché par les fidèles croyants de la contrée, de reposer près et à l'ombre de la tombe vénérée du sheik Selim Chishti.

En avant du Durgah, et au centre de cet immense cloître, on voit une fontaine et un bassin pour les ablutions. Une mosquée à trois coupoles de face occupe le milieu de la galerie de l'ouest; car, relativement à Agra et à l'Inde en général, la Mecque est vers le couchant. En face, et au milieu de la galerie de l'est, trois coupoles, symétriques à celles de la mosquée, surmontent une porte d'un bel aspect extérieur, qui communique avec le palais.

Quand on se tient vers le centre de la cour, on est frappé des grandes et belles proportions des constructions qui l'entourent, et du parfait état de conservation et d'entretien qu'on y remarque.

Au milieu du long portique du midi, et en face le Durgah de

Selim Chishti, s'élève une porte monumentale, qui est certes une des plus nobles œuvres de l'architecture. De l'intérieur de la cour, on ne voit qu'un grand pylone, terminé, sur toute la ligne horizontale de faîte, par une suite de petits clochetons gracieux ; mais, en franchissant la porte, dont l'ouverture est de dimensions relativement modestes, on se trouve sur un vaste palier, et sous la demi-voûte ogivale d'une gigantesque baie, d'environ 40 mètres de hauteur, décorée d'immenses arabesques, de stalactites sculptées et d'inscriptions décoratives.

De ce perron, ouvert sur le ciel, la vue s'étend jusqu'à l'horizon lointain, et plonge, en bas, sur la fertile plaine et sur les habitations de Futtehpore Sikree, disséminées sous des masses de verdure. Un immense escalier, couvrant de ses longues marches en grès rouge la pente en contre-bas, descend rapidement et directement vers le pied de la colline. Je ne pouvais m'arracher à la contemplation de cette scène grandiose, où l'art et la nature concourent à un effet d'une singulière puissance religieuse. Cette porte est vraiment une des belles œuvres du génie humain ; et nous ignorons en Europe ces merveilles ! Avant d'avoir mis le pied dans l'Inde, je ne connaissais pas même le nom de Futtehpore Sikree, bien que je me sois toujours tenu à un certain niveau moyen de curiosité et d'information générales. Combien y a-t-il de nos savants et de nos artistes qui soient plus informés à cet égard que je ne l'étais alors ? Nous sommes tous, en Europe, très-familiarisés avec les œuvres des Grecs et des Romains ; et cela est juste, car les anciens sont pour nous d'excellents maîtres du beau. Mais, aujourd'hui que les distances sont rapprochées, les barrières abaissées, les routes et les sources ouvertes, pourquoi nos artistes n'iraient-ils pas chercher des inspirations et des leçons dans l'étude des admirables monuments que le monothéisme musulman a élevés dans ces lointaines contrées ? Depuis plus d'un demi-siècle, je vois exposer tous les ans par nos jeunes architectes, au Louvre ou à l'École des beaux-arts, des études et des restaurations des mêmes monuments de la Grèce et de l'Italie ; ne serait-il pas temps de varier un peu? Des artistes, patronnés par notre gouvernement, trouveraient auprès des autorités anglaises dans l'Inde toutes les facilités désirables ; et je promets à celui qui aurait la bonne chance d'être envoyé à Futtehpore Sikree une ample moisson d'études du plus haut intérêt, et un succès complet en Europe, en les publiant au retour.

Il se faisait tard; nous avions à revenir à Agra avec nos mêmes mauvais relais du matin. Il fallut encore une fois soulager nos cantines et charger nos estomacs. Après quoi, nous allons attendre la voiture sur la grande route, en descendant à pied la colline, à travers les ruines diverses et bien curieuses dont elle est couverte de ce côté. A nuit close, nous étions de retour à Agra. J'avais, pendant cette excursion, gagné à ma cause M. G., le plus actif de nos compagnons de voyage : tout ce qu'il avait vu à Agra et à Futtehpore Sikree l'engageait à pousser avec moi jusqu'à Delhi, où nous attendaient de nouvelles merveilles. Nos deux autres amis, enfermés dans les strictes limites d'un congé, ne pouvaient nous accompagner jusque-là. Il fut donc décidé que nous passerions encore ensemble la journée de demain pour aller visiter à Secundra la tombe d'Akbar, et que nous nous séparerions le soir, le capitaine B. et l'ingénieur C. pour retourner à Calcutta, et M. G. et moi pour aller à Dehli.

18 février. Une voiture de l'hôtel nous transporte de bonne heure à *Secundra-bagh :* c'est le nom du jardin au milieu duquel a été élevé le mausolée d'Akbar. Une bonne route en plaine, n'ayant de remarquable qu'un grand nombre de tombes de formes diverses, de l'un et de l'autre côté de la voie, nous

conduit promptement à une grande porte monumentale, formant pavillon, au milieu d'un des quatre côtés de l'enclos carré du jardin ; une porte pareille décore chacun des trois autres côtés de l'enceinte. De ces quatre portes-pavillons, d'environ 20 mètres de hauteur, partent quatre allées, pavées en grandes dalles, aboutissant chacune au bas et au milieu de chacun des quatre côtés de la grande plate-forme centrale et carrée qui sert de base au magnifique mausolée d'Akbar. Les espaces réguliers de l'enclos, entre ces allées et le mur d'enceinte, sont plantés en palmiers, bananiers, orangers, etc. Des bassins et des fontaines y distribuent l'eau en abondance.

Cette plate-forme en pierre blanche mesure environ 130 mètres de côtés. Elle forme, avec le mausolée, tout en grès rouge, sauf la partie supérieure en marbre blanc, une large pyramide à cinq étages, chacun en retraite sur l'inférieur, avec portiques d'arcades mauresques et terrasses extérieures. Quatre charmants pavillons isolés, à colonnettes et à coupoles, occupent chacun des angles de la deuxième terrasse. Le monument est terminé par une enceinte carrée, à ciel ouvert, formée par de hauts et minces panneaux de marbre blanc, fouillés et découpés à jour en admirables dessins, tous différents l'un de l'autre. Au centre de cette cour aérienne, qui domine les plus hauts arbres du jardin et toute la campagne environnante, un bloc massif de marbre blanc, taillé en forme de cercueil, et couvert de caractères arabes finement sculptés en relief, figure la tombe d'Akbar. Les quatre-vingt-dix-neuf appellations de Dieu y sont gravées en petits cartouches ronds ; elles sont également répétées sur les parois intérieures de l'enceinte.

Ces galeries, ces terrasses superposées, tout cet édifice dont les détails et les lignes sont innombrables et d'une exécution et d'un dessin si parfaits, ne sont que l'enveloppe extérieure d'une vaste et noble rotonde intérieure, à voûte élevée, où le jour pénètre à peine ; c'est sous cette sombre voûte que repose, dans un sarcophage modeste, la dépouille mortelle d'Akbar.

Je commençais à me familiariser avec les formes de l'architecture musulmane dans l'Inde. Je retrouvais dans les constructions de Secundra des dispositions et des détails déjà remarqués dans nos visites à Lucknow et à Agra. La grande entrée principale du *bagh* ressemble à la porte monumentale du jardin du Taj-Mahal. C'est un édifice considérable à plusieurs étages, avec chambres prenant jour par des fenêtres et balcons mauresques sur une grande et haute salle voûtée. C'est, en grand et en très-beau, la disposition intérieure de la *Torre de las Infantas* dans l'enceinte de l'Alhambra, que j'avais tant admirée jadis, et qui, aujourd'hui, me semblait si mesquine dans mon souvenir. Cette monumentale entrée est surmontée de deux tours ou minarets de marbre blanc, dont les sommets ont été abattus par les boulets d'anciens envahisseurs qui les avaient pris pour point de mire. La vue, du haut de la terrasse qui couronne cette porte, et du pied des minarets tronqués, est fort étendue. La plaine est plate, sans horizon accidenté. On n'aperçoit point la ville d'Agra, cachée par des massifs d'arbres rapprochés ; mais la coupole aérienne du Taj se détache au loin sur le fond un peu vaporeux du ciel, comme un immense globe d'ivoire, et à nos pieds des centaines de perruches criardes prennent leurs ébats à la cime des arbres, et se poursuivent sur les terrasses étagées du grand mausolée.

Auprès de Secundra-bagh s'élève la tombe de Myriam, — Marie, — l'épouse portugaise et chrétienne d'Akbar. Cette construction a été complétement défigurée par sa transformation en imprimerie, dirigée par la Société des missions de Secundra. L'église protestante et une école sont attenantes. Ces établissements ont beaucoup souffert pendant la rébellion de 1857.

Il était encore de bonne heure à notre retour à Agra ; et

comme nous n'avions pas encore visité l'intérieur de la ville, nous nous fîmes conduire sur la grande place, entre la mosquée de la Jumna et la forteresse. Il fallut mettre pied à terre pour circuler dans les rues étroites et peu nombreuses de la ville actuelle, qui n'a pas aujourd'hui dix mille habitants, après en avoir compté un demi-million au temps de sa splendeur. La rue principale, ou bazar, est assez animée. Les échoppes sont bien garnies de mille petits objets qui s'y fabriquent sur place, et devant la pratique, par les procédés les plus primitifs et avec une rare habileté de main-d'œuvre. Les indigènes n'ont ni fabriques ni manufactures : tout ce qui chez nous se produit en grande quantité et par des machines est exécuté ici à force de bras, ou travaillé à la main avec une adresse et une patience infinies.

Notre revue de la ville indigène fut bientôt faite. Rien qui soit digne de remarque, après les beaux monuments que nous avions vus dans la forteresse et dans la campagne, sauf quelques rares maisons, où des balcons et des fenêtres à ogive mauresque, en marbre blanc, indiquent qu'elles ont été construites dans des circonstances de luxe et de richesse qui n'existent plus maintenant.

Il nous restait encore une heure de jour ; elle fut consacrée, d'un commun accord, à aller faire au Taj-Mahal notre quatrième et dernière visite. Nous n'étions pas encore montés sur la terrasse qui termine la grande porte monumentale, donnant entrée dans le jardin. On embrasse de là une vue complète et singulièrement belle du monument principal, et de tout ce qui l'accompagne et l'entoure. J'ai bien peur de passer pour un rabâcheur, en insistant encore sur les beautés du Taj-Mahal, après les formules admiratives dont je me suis servi dans les pages précédentes ; mais qu'il me soit permis, en quittant pour la dernière fois la vue de ce monument, de dire qu'à mes yeux, c'est une des œuvres du génie humain, non pas parmi les plus grandioses, mais parmi les plus pures, les plus chastes et les plus parfaites.

A dix heures du soir, nous prenons tous les quatre l'embranchement particulier qui nous conduit à *Toondla junction*, sur le *East indian railway*, à 5 milles d'Agra (8 kilom.). C'est là que nous nous séparons. Nos deux compagnons anglais, l'ingénieur C. et le capitaine B., qui retournent à Calcutta, prennent immédiatement le train descendant; M. G. et moi, qui allons à Delhi, nous devons attendre environ cinq heures, le train montant vers Allyghur, où s'arrête, en ce moment, dans sa direction nord-ouest, la grande ligne du *East indian railway*.

Après le départ de nos amis, nous restons seuls, mon compagnon et moi, à la station de Toondla ; nous nous emparons de *the ladies waiting room*, — le salon des dames, — et je m'installe sur la table en acajou pour y dormir comme sur un lit de camp. Au moment où, suivant l'expression anglaise, « *I was making myself confortable* », M. G. me secoue et m'avise qu'il a perdu son domestique dans la bagarre du changement des trains. Il suppose que Pascual aura suivi avec le convoi descendant, qui emporte nos compagnons et leur domestique indigène. Heureusement, le télégraphe est installé dans l'Inde sur toutes les lignes de chemins de fer. M. G. demande à nos amis si Pascual est avec eux dans le train descendant; ils répondent négativement de la station de Cawnpore. Grande inquiétude de mon compagnon, car son *boy* a une partie de son bagage et toutes ses clefs. — Pascual était resté endormi dans le train qui nous avait amenés d'Agra, train faisant la navette entre cette ville et Toondla, et qui était reparti quelques minutes après notre arrivée, emportant les voyageurs à destination d'Agra. Il s'aperçut de son erreur, et revint à

Toondla assez à temps pour partir en même temps que nous pour Allyghur, vers quatre heures du matin.

19 février. Après avoir franchi, à très-petite vitesse, 49 milles et demi (79 kilom.), nous arrivons, vers sept heures du matin, à Allyghur, point extrême, pour le moment, de la grande ligne *East indian*. Il nous reste encore, jusqu'à Delhi, 89 milles (143 kilom.) à parcourir en voiture. Nous sommes assaillis, à la descente du wagon, par les agents des différentes compagnies de *Horse carriage dak*. M. G., qui a la décision prompte, traite avec le représentant de la Compagnie David, la même avec laquelle nous sommes engagés pour le retour d'Allahabad à Bénarès. Il nous en coûtera 50 roupies (125 fr.) pour aller d'Allyghur à Delhi, et retour. Le marché conclu et signé, nous indiquons le départ pour onze heures; et nous allons nous installer pour la toilette et le déjeuner au bungalow voisin.

A midi, nous étions de nouveau étendus, côte à côte, sur nos couvertures, dans une de ces boîtes roulantes, avec panneaux à coulisses, qui ont remplacé dans l'Inde les palanquins sur toutes les routes carossables. Le menu bagage était sous le plancher de la voiture; les malles, avec Pascual pour gardien, étaient perchées sur l'impériale.

Nous suivons une route plate, à travers un pays monotone, sans culture régulière. Dans certaines parties du trajet, nous mettons pied à terre là où la voie en réparation ne permet à nos misérables chevaux que l'allure au pas. Dans une de nos plus longues courses pédestres, la route passe en chaussée à travers un marais, au bord de grands étangs, à perte de vue, où s'ébattent d'innombrables troupes d'oiseaux aquatiques de toutes couleurs et de toute grosseur, des sarcelles, des pélicans, des oies sauvages, et, sur les bords, de grands échassiers gris. Une autre fois, dans un terrain herbu, parsemé de broussailles, nous apercevons à peu de distance des antilopes broutant l'herbe. A mi-chemin d'Allyghur à Delhi, vers la nuit, nous faisons halte dans un bungalow, où un maigre poulet, guilleret et chantant à notre arrivée, reposait, à notre départ, presque en entier dans nos estomacs, après avoir été, en moins d'une demi-heure, mal attrapé, mal tué, mal plumé, mal troussé, mal grillé, mal mâché et mal avalé.

# CHAPITRE VII.

*Delhi-Hotel.* — Palais de Delhi. — Sa dévastation actuelle. — La grande mosquée. — Reliques. — Bouse combustible. — Chandni-Chouk. — Fête de nuit. — Mariages précoces. — Campagne de Delhi. — Observatoire. — Tombeau de Sufder-Jung. — Le Koutoub. — Plongeurs. — Tombeau d'Humaioon. — Capture et mort des princes révoltés en 1857. — Le lieutenant Willoughby. — Ismaël-Khan. — Présents de noces. — Massage, etc., etc.

20 février. Ce n'est qu'à deux heures du matin que nous arrivons à Delhi. Le passage du pont de bateaux sur la Jumna nous réveille, car il faut payer une demi-roupie pour la voiture. Nous nous faisons descendre au centre de la ville, dans un nouvel hôtel, où nous ne sommes admis qu'après de longs pourparlers échangés de l'extérieur à l'intérieur, attendu l'heure indue à laquelle nous arrivions. Nous nous installons enfin ; et, au jour, je suis agréablement surpris de la vue animée et curieuse dont je peux jouir de la porte-fenêtre de ma chambre, s'ouvrant sur un charmant balcon mauresque, en marbre blanc, à fines découpures et à minces colonnettes. L'hôtel Smith ou *Delhi-hotel* était, avant la rébellion, la demeure d'un grand personnage de la cour du vieux roi de Delhi. Il est situé à l'extrémité du *Chandnee-Chowk* (Chandni-

Chouk), la plus belle rue de la ville, et à l'angle d'un carrefour principal. Devant mon balcon s'allonge une large rue sillonnée d'une foule bariolée ; boutiques et échoppes de chaque côté. Les costumes sont plus variés et moins ternes qu'à Calcutta ; ils couvrent plus la chair : on s'aperçoit qu'on est à 7 ou 8 degrés plus au nord, et à une plus grande élévation au-dessus du niveau de la mer.

La salle à manger de l'hôtel, autrefois salle de réception, est ornée de charmantes et délicates colonnes de marbre blanc; elle communique avec ma chambre par une portière en vieille et riche tapisserie. Tout le rez-de-chaussée est occupé par la famille de l'hôte : il y a profusion de marbres finement travaillés, de précieux détails de construction, de petites cours intérieures avec portiques, où le soleil ne pénètre jamais directement et où la fraîcheur réside.

Nous trouvons installé à l'hôtel un Anglais d'un certain âge, fonctionnaire dans l'Inde, en tournée de plaisir. Ce gentleman se joignit à mon compagnon et à moi pour visiter la ville. Comme il avait sa voiture et un domestique indigène, et que nous avions même train, et de plus un jeune cicerone du cru, étudiant le grec et le latin, nous faisions cortége partout où nous passions, et les soldats indigènes, assis devant les postes, se levaient à notre approche et nous faisaient le salut militaire.

Notre première visite fut au palais des empereurs du Mogol, dont Bernier, qui résida longtemps à la cour d'Aurengzeb, vers le milieu du dix-septième siècle, a laissé une si curieuse description. Toutefois, les choses sont bien changées depuis deux siècles; et surtout depuis la rébellion de 1857.

Le palais est complétement isolé de la ville par une haute et belle muraille crénelée, en grès rouge, ayant deux entrées principales, dont l'une regarde la ville, à l'ouest, à l'une des extrémités du *Chandnee-Chowk*, et l'autre s'ouvre au midi. A l'est, le palais longe la rive droite de la Jumna, qui, dans les fortes eaux, baigne le pied des hautes murailles. La route de Calcutta, entrant à Delhi par le pont de bateaux, est à l'angle nord-est du fort de *Selimgurh*, qui flanque le palais de ce côté; elle en contourne les murs, pour aller déboucher au commencement du Chandnee-Chowk, la grande artère de Delhi.

Toute la muraille, qui forme la vaste enceinte du palais, est d'une magnifique construction, et dans un excellent état de conservation. La porte du côté de Chandnee-Chowk est à elle seule un monument de l'effet le plus imposant. On n'y voit plus, comme au temps de Bernier, les deux éléphants de pierre et les statues qu'ils portaient; mais la disposition architecturale de cette entrée, la voûte à arcades, les vastes constructions qui la surmontent, sont encore les mêmes.

Quand on a dépassé cette longue et large voûte, on ne voit plus aujourd'hui, dans l'immense enceinte qui s'ouvre devant les yeux, que bâtiments écroulés, terrains fouillés et bousculés, démolisseurs et maçons à l'œuvre : un chaos et une ruine déplorables. Le temps n'a point travaillé à cette grande destruction. Tout ce palais fut construit sous Shah-Jehan, vers 1620, et la solidité des matériaux, — grès rouge et marbre, — semblait lui promettre de longs siècles de durée.

Avant la rébellion de 1857, le roi de Delhi, auquel l'Angleterre laissait un royal revenu et une autorité nominale, habitait et trônait dans cette enceinte, entouré d'une cour somptueuse et d'un attirail magnifique. Les splendeurs intérieures et extérieures, décrites par Bernier, sous l'empereur Aurengzeb, se voyaient encore, il y a huit ans, sous son faible et avili successeur.

La révolte armée, furibonde, sanguinaire; la répression énergique, furieuse et vengeresse; la guerre acharnée avec toutes ses horreurs, ont éclaté dans ce palais, et tout a été saccagé, abattu, ruiné par les boulets et la pioche; le trône renversé, le vieux roi dépouillé et jugé, et la royauté des Mogols abolie à jamais.

Ce palais qui, naguère, avec son aspect extérieur et guerrier, n'abritait que le faste et les splendides voluptés d'une cour asiatique, est converti par ses maîtres actuels en casernes, en arsenal, en forteresse. Le génie militaire renverse et nivelle tout ce qui est contraire à ses règles inflexibles, à ses exigences peu artistiques. Cependant quelques curieux restes de la splendeur passée on ttrouvé grâce, non entière, mais partielle, dans ces constructions et reconstructions nouvelles. Le divan *Aum*, salle de justice, où tous les jours, à midi, le souverain tenait audience, est entièrement conservé; mais, hélas! combien défiguré!

C'était une immense salle longue, appuyée d'un côté aux appartements royaux, et ouverte sur les trois autres côtés. La toiture était supportée par plusieurs rangs de piliers en grès rouge, anciennement couverts d'ornements en stuc et de dorures, aujourd'hui empâtés sous les couches successives d'un badigeon à la chaux. Au milieu de la partie adossée au palais, et à plus de 2 mètres du sol, s'élève une tribune, ou trône, avec baldaquin, appuyé sur quatre colonnes; le tout en marbre blanc et orné de précieuses et fines mosaïques représentant, en pierres de couleur, des fleurs et des dessins variés. Cette tribune communiquait avec les appartements royaux, et aussi, par un escalier de marbre, avec la grande salle en bas. Au pied de ces degrés, au-dessous et devant le trône, on voit une grande dalle de marbre blanc, autrefois couverte de mosaïques; c'est sur cette pierre que les secrétaires du vizir élevaient vers le trône et présentaient au souverain les prières et pétitions qu'on lui adressait, et qu'ils recevaient et enregistraient ses ordres.

Aujourd'hui, les côtés ouverts ont été murés entre les piliers du dernier rang; on y a ménagé des portes et des fenêtres. Les belles mosaïques ont été fouillées, éclatées et arrachées de leur gangue de marbre blanc. La salle entière et la tribune du trône sont occupées par les lits serrés d'une compagnie de soldats européens. Quand je la visitai, les militaires, en toilette d'intérieur, nettoyaient leurs armes; et toutes les pièces du fourniment étaient appendues aux piliers et aux murailles.

C'était dans la cour du divan *Aum* que le Grand Mogol passait la revue du fastueux attirail militaire, dont il aimait à s'entourer. C'était devant ce trône que les éléphants royaux, richement caparaçonnés, leur dos chargé de *howdas* d'or et d'argent, leur large front peint de couleurs voyantes, les oreilles ornées de queues d'yaks, et le col entouré de chaînes d'argent, à chaque extrémité desquelles pendait une petite cloche de même métal, venaient plier un genou au commandement de leurs mahouts, et pousser un formidable son en signe de salut et d'hommage au souverain, en élevant leur trompe puissante.

Non loin du divan *Aum*, on voit encore le divan *Khas*, salle de réception d'apparat. C'est un grand pavillon rectangulaire, isolé, tout en marbre blanc, élevé de plus d'un mètre du sol extérieur, et dont la toiture, couronnée de quatre petits clochetons à coupoles dorées, est supportée par plusieurs rangs de piliers, reliés entre eux par des arcs mauresques. Tous ces marbres sont constellés de fleurs et autres ornements en mosaïque de pierres de couleur du plus délicat travail, œuvre d'un réfugié bordelais à la cour de Shah-Jehan, mais grandement endommagée par la rapacité et l'avidité des envahisseurs et des curieux. Le plafond intérieur était jadis revêtu d'ornements en filigrane d'argent, travaillé par les orfévres de Delhi, qui excellent encore aujourd'hui dans leur industrie. A chacune des extrémités de la salle, on voit, sur la corniche intérieure, cette inscription persane, en lettres dorées, en relief : « Si le Paradis est sur la terre, c'est celui-ci; c'est celui-ci. » C'était dans cette salle que figurait le fameux trône « aux Paons », ainsi nommé, parce que le fond était formé par deux paons en or, avec queues éployées, où les perles, les saphirs, les rubis, les émeraudes, et autres pierres appropriées, imitaient la nature. Le siége, long de 2 mètres, était supporté par six pieds en or massif, incrusté de rubis, émeraudes et diamants; il était surmonté d'un dais d'or, à franges de perles, soutenu par douze colonnettes émaillées de pierres précieuses ; entre les deux paons, on voyait une perruche de grandeur naturelle, taillée, dit-on, dans une seule émeraude. Cette merveille de luxe et d'art a été jadis diversement estimée, depuis 25 millions de francs jusqu'à 150 millions. Bernier, dans son temps, lui donnait une valeur de 40 millions de roupies, soit 100 millions de francs. Inutile de dire que ce trône, enlevé par Nadir-Shah, lors de son invasion, n'existe plus aujourd'hui, et que tous ses éléments précieux et inaltérables sont dispersés dans le monde entier.

La salle de marbre a été préservée de la destruction par la destination de musée qui lui a été récemment donnée; on a joint par des murs, avec portes et fenêtres, le premier rang extérieur de piliers, sur les quatre faces, ce qui a formé une vaste et riche enceinte, dans laquelle on a placé une collection de divers objets, anciens et modernes, de science, d'art, de commerce, recueillis dans l'Inde, et surtout dans la province de Delhi. Grâce à cette destination, ce qui reste de la construction primitive et des précieuses mosaïques échappera au vandalisme actuel des touristes et des ingénieurs militaires. Sous le vestibule d'entrée, on a placé la croix et la boule en métal doré qui surmontait, avant la rébellion, l'église anglaise de Delhi. Quand les indigènes furent complétement maîtres de la ville, cette croix devint le point de mire de tous les fanatiques ; aussi est-elle, ainsi que la boule, criblée de trous de balles. Quand les Anglais reprirent Delhi, on répara l'église, et une nouvelle croix remplaça celle qui avait subi ces outrages.

Près le divan Khas, on voit encore une charmante petite mosquée en marbre blanc, avec coupoles dorées. C'était l'oratoire particulier de l'empereur et de sa famille. Avant la rébellion, cette partie du palais renfermait les bains de marbre de la Zenana, et de grands jardins ornés de divers pavillons et de fontaines. Tout est ruiné, bouleversé aujourd'hui ; les décombres ont tout envahi : on démolit, on rebâtit. La sécheresse et la monotonie conventionnelles des casernements anglais dans l'Inde vont remplacer la fraîcheur des bosquets, la variété des élégantes constructions qui composaient jadis la splendide demeure du plus fastueux souverain de l'Asie.

On est tout attristé de cette dévastation, et surtout des causes qui l'ont amenée. La vaste enceinte du palais de Delhi a vu jadis bien des crimes ; bien des flots de sang y ont été répandus ; mais, dans la dernière rébellion, combien d'innocentes victimes ont été massacrées dans ces murs par la fureur fanatique des insurgés ! Nous avons vu, dans les appartements de la grande porte d'entrée, les chambres où le commandant anglais de la place, le chapelain, sa jeune fille et une amie ont été égorgés. On nous a montré, dans les cours, l'endroit où quarante-cinq femmes et enfants ont été coupés en morceaux par le tranchant du sabre, sous les yeux des fils du dernier roi, qui regardaient et encourageaient cette horrible boucherie du haut d'une galerie.

En sortant du palais, notre seconde visite fut pour la grande mosquée de Delhi (Jumna Musjid), sans contredit un des plus beaux monuments du monde, et le mieux conservé de Delhi.

Cette mosquée, construite sous le règne de Shah-Jehan, dans la première moitié du xviie siècle, domine les maisons voisines et la ville entière, dont elle forme, de loin, le trait le plus saillant, par sa masse, ses deux minarets et ses coupoles. Elle s'élève sur une éminence rocheuse, isolée, dont la partie supérieure et les flancs ont été nivelés et taillés pour la recevoir, et pour ses hautes substructions. Elle forme un immense carré de constructions symétriques et régulières sur les faces est, nord et sud; on y monte par trois gigantesques escaliers, aboutissant chacun à une porte monumentale, au milieu de chacun de ces côtés. Ces magnifiques entrées donnent accès à un portique intérieur, entourant, de ces trois mêmes côtés, une vaste cour pavée de grandes dalles. Au milieu est un bassin de marbre blanc pour les ablutions. La mosquée, proprement dite, occupe tout le côté ouest de la cour; elle est oblongue, mesurant environ 65 mètres de longueur sur 40 de profondeur; trois coupoles de marbre blanc avec une flèche en métal doré la surmontent dans le sens de sa façade; à chacune des deux extrémités, un beau minaret, à bandes alternées de grès rouge et de marbre blanc, s'élance à plus de 40 mètres de hauteur. Les trois autres côtés de la cour sont fermés par une galerie en portiques, sur laquelle s'ouvrent les trois portes monumentales, déjà citées, dont la plus grande et la plus ornée est à l'est, en face la mosquée. Le grès rouge, si docile au ciseau et d'un si bel effet comme couleur, et le marbre blanc sont les matériaux qui composent presque exclusivement cet édifice, dont le dessin est d'une grande pureté et les proportions d'une sévère noblesse. L'ensemble est tout à fait imposant: quand de la place extérieure, qui entoure le monument, on monte un de ces majestueux degrés qui conduisent chacun à une des trois belles portes de la grande cour précédant la mosquée, l'esprit s'élève en même temps que le corps ; cette montée est déjà un acte religieux, une prière presque ; et quand on arrive dans l'enceinte vraiment auguste de ce sanctuaire, un grand respect vous saisit et vous absorbe. Le parvis intérieur, où se trouve le bassin des ablutions, fait presque toujours dans l'Inde partie intégrante de la mosquée, qui occupe, dans toute sa longueur et à portiques ouverts, tout un des côtés de la cour : la prière s'y fait aussi régulièrement que sous les voûtes qui abritent la Kibla. Pendant notre visite, une vingtaine de musulmans, disséminés et isolés, faisaient, en silence, dans cette vaste cour, leurs prières et leurs prosternations.

Du haut d'un des minarets on jouit d'un panorama fort étendu et d'un grand intérêt : la ville moderne est sous nos pieds ; nous suivons de l'œil son enceinte, et les hautes et belles murailles rouges du palais et de la forteresse de Selim-Gurh, qui la termine en pointe, vers le pont de bateaux. Au-delà de la rive gauche de la Jumna, la vue s'étend au loin sur une vaste campagne déserte, sans physionomie distincte ; mais, sur la rive droite et vers le nord, de nombreuses ruines, éparses au milieu de champs poudreux et désolés, attestent l'immensité de l'ancienne ville de Delhi et les tristes vicissitudes qui l'ont réduite à son état actuel : quelques tombes monumentales élèvent leurs élégantes et modernes coupoles au milieu de ces solitudes et de ces ruines de différents âges. A l'horizon extrême, du côté du nord, le gigantesque pilier du Koutoub dressait sur le ciel sa noire silhouette.

Nous avions parcouru en détail à peu près toutes les parties de ce beau monument, qui ne date que du milieu du XVIIe siècle, et dont la conservation, l'entretien et la propreté ne laissent rien à désirer. La communauté musulmane est ici plus nombreuse et plus riche qu'à Agra. Elle pourvoit aux soins de ses édifices religieux, depuis que le gouvernement de l'Inde ne les a plus à sa charge, comme avant la rébellion. Nous avions foulé de la semelle indigne de nos chaussures les marbres de la mosquée, profanation qui ne nous eût pas été permise avant 1857 ; il nous restait le désir de visiter un certain pavillon d'angle où se conserve un trésor de reliques vénérées : des poils, un manteau et des babouches du Prophète ; l'empreinte de son pied sur une pierre ; des poils de la barbe d'Ali Housein et quelques chapitres du Coran écrits par ce même Housein, etc., etc. Après bien des pourparlers, et aux séduisants éclairs d'une roupie neuve, on décida un vieux gardien de ces trésors à satisfaire notre curiosité ; il ne le fit qu'en rechignant, et je le soupçonne de nous avoir escamoté le plus curieux du programme. Au lieu de nous conduire au pavillon du nord-ouest, qui renferme les reliques du Prophète, il nous mena au pavillon en face : une énorme clef rouillée joua avec efforts dans une grande serrure grinçante ; la porte s'ouvrit sur une salle obscure : on alluma une bougie fumeuse, moitié cire, moitié résine, et notre homme tira d'un vieux coffre, à ferrures bizarres, quatre ou cinq paquets entourés d'enveloppes de soie fanées, simulant pauvrement le luxe. Il défit lentement ces bandelettes, qui se suivaient sans se ressembler, étant de différentes couleurs, et nous exposa une paire de vieilles savates racornies, puis un rouleau manuscrit, et, enfin, il tira d'un long et mince étui en carton, recouvert de soie à ramages, de la forme et de la grandeur d'un mirliton de 2 sous, un bâtonnet dont le bout, protégé par l'étui, portait en prolongement un petit cône de cire au sommet pointu duquel était implanté par la racine un poil roussâtre, contourné en point d'interrogation. C'était, nous dit-il, un poil de la barbe de Ali

Housein. Rien de moins édifiant que cette scène : notre démonstrateur était un long et sec vieillard courbé, dont le squelette était serré dans une sordide robe de soie à raies; un sale turban surmontait sa figure osseuse, et des lunettes rondes pinçaient son nez busqué. A voir l'air de componction narquoise avec lequel il nous présentait ce poil tortillonné, certain conte de La Fontaine me vint naturellement à l'esprit, et notre homme me représentait Satan, intervertissant les rôles, nous proposant le scabreux problème.

Il y avait encore bien d'autres paquets dans le vieux coffre, mais nous arrêtâmes la démonstration : mes deux compagnons quittèrent la mosquée, j'y restai seul pendant une heure encore, retenu par la beauté du monument, dont je repassais tous les détails, et par les scènes diverses que m'offraient les terrasses des maisons voisines, où s'ébattaient de beaux enfants aux riches costumes, et où je voyais, accroupies à l'ombre d'un mur, quelques femmes causant ensemble. La place qui entoure la mosquée forme, devant les grands escaliers de l'est et du sud, un carrefour très-fréquenté où viennent aboutir plusieurs rues populeuses. Il y a des échoppes en plein air; on y vend des volailles, des oiseaux chanteurs et toutes sortes de comestibles à manger sur place, ainsi que des bibelots divers, en vieux et en neuf. Les charlatans, les jongleurs, des fakirs y font cercle presque toute la journée, dans les parties à l'abri de la circulation ; car les voitures et les bêtes de somme s'y croisent continuellement. Je prenais plaisir à ces scènes si variées, quand j'en vis une tout à fait nouvelle pour moi. Un énorme buffle, gros et bien nourri, comme ils le sont presque tous dans l'Inde, venait de s'arrêter tout court dans la place; il faisait gros dos en arquant son échine, et projetait sa queue presque horizontalement. De plusieurs points de la place je vis accourir vers l'animal quelques femmes du peuple; une plus alerte ou plus voisine arriva la première près de l'arrière-train du buffle ; elle éleva ses deux mains vers certain orifice d'où commençait à lentement sortir un énorme bouchon jaunâtre qu'elle contint, attira et conduisit mollement, sans perte et sans rupture, jusqu'à extraction complète. Elle reçut tout chaud, dans son écharpe grise, liée autour de ses reins nus, ce fruit parfaitement moulé et consistant des entrailles du buffle, lequel, soulagé, s'éloigna sans tourner la tête. Les concurrentes avaient assisté à cette délivrance sans troubler cette *levatrice* d'un nouveau genre. Elles lui firent même, à plusieurs reprises, ouvrir son giron pour contempler le nouveau venu : c'était, à ce qu'il paraît, une rare et bonne aubaine pour cette pauvre femme ; il y avait matière suffisante à plusieurs galettes d'un combustible fort usité dans tous les pays où le bois et le charbon manquent. La fiente des grands animaux herbivores est recueillie ; on la mélange et on la pétrit avec toutes sortes de menus débris végétaux ; on en forme des plaques ou galettes qui, collées fraîches sur un mur exposé au soleil, se détachent quand elles sont sèches, et servent alors à remplacer le charbon de bois dans les usages domestiques. La fumée qui s'en exhale lors de la combustion n'a rien de trop offensant pour les yeux et les narines. En France, dans le Finistère et le Morbihan, j'ai vu fréquemment des murs entiers couverts de ces galettes singulières. Au Caire, c'est le combustible ordinaire pour la cuisine ; et je me rappelle avoir vu à la foire de Tantah, dans la basse Égypte, où je couchai trois jours sous la tente, au milieu d'un campement de plus de cinquante mille personnes, où les chameaux, les ânes et les chevaux abondaient, de bizarres luttes d'enfants des deux sexes se disputant les liquides déjections de tous ces animaux, qui sont au vert à l'époque de cette foire. A Madras, dans le dernier logement que j'occupai dans la ville noire, je plongeais, de ma terrasse, dans l'intérieur d'une petite cour occupée par une nombreuse famille dont tous les membres se livraient à la confection de ce combustible. C'était une véritable fabrique avec division du travail : les enfants, errant par la ville, rapportaient la matière première; les femmes pétrissaient, malaxaient des pieds et des mains la marchandise, la faisaient sécher, la détachaient; les hommes l'empilaient et l'emportaient sur leurs têtes en immenses panerées, dans les marchés ou chez leurs pratiques.

Je sortis de la mosquée, attiré par un vacarme musical et par une procession bariolée que je voyais monter la rue qui va du *Chandni-Chouk* à la porte du sud; je descendis par cette porte, et, peu après, je rencontrai ce cortége bruyant et singulier. C'était une troupe nombreuse de porteurs de présents de noce qui se rendait, musique en tête, du domicile du fiancé à celui de l'épouse. Tous ces objets, d'une grande variété, sont portés sur la tête dans des plateaux simulant l'or et l'argent; le clinquant, les cartonnages et les papiers coloriés, dorés, façonnés en petits édifices capricieux, comme nos anciens surtouts de table, font les frais de cet éclat trompeur. Il y avait sur les plateaux des étoffes et des mouchoirs de soie brochée d'or et d'argent; des fleurs artificielles, de petits jardins miniatures, cent oripeaux divers de toilette, puis, des pâtisseries et des confitures à l'infini. La plupart de ces objets sont recouverts de légères gazes colorées, avec semis de paillettes dorées. Je laissai filer devant moi ce curieux cortége, et je suivis une rue étroite habitée principalement par des orfévres et des joailliers qui travaillent avec une rare habileté les pierres et les métaux précieux dans d'obscurs et sordides rez-de-chaussée, ateliers et boutiques tout à la fois. Tout s'y fait à la main et par les procédés les plus primitifs; mais la patience et l'adresse suppléent à l'insuffisance de l'outillage. Tous ces quartiers me rappelaient certains bazars du Caire, où l'on est tout étonné de trouver des trésors de pierres précieuses et de joyaux d'or et d'argent dans des espèces de bouges où l'on hésite à entrer.

Le Chandni-Chouk, où je débouchai bientôt, traverse presque toute la ville. C'est une large rue, ayant une belle allée d'arbres au milieu, destinée aux piétons seulement. De chaque côté circulent la foule affairée, les bêtes de somme et les voitures. Presque toutes les maisons, à gauche et à droite de cette grande voie, ont leur rez-de-chaussée occupé par des échoppes et des boutiques ouvertes, où l'on voit, en cours d'exécution et en vente, les objets les plus disparates et les plus variés. Il s'y fabrique et s'y vend une bien grande quantité de babouches à pointe recourbée venant tomber sur le cou-de-pied. Rien ne paraît plus incommode; et, cependant, les neuf dixièmes des indigènes circulant dans Delhi traînent superbement ces savates prétentieuses; et dans quel état sont-elles la plupart! Il y a quelques belles maisons à droite et quelques édifices publics à gauche : le *Kotwallee*, résidence de la police locale, et la fameuse mosquée *Rooshum-ood-Dowla*, à petites coupoles de marbre dorées, où Nadir-Shah assista, impassible, au massacre des habitants de Delhi. Cent mille avaient déjà été égorgés quand le farouche conquérant se laissa fléchir et fit suspendre cette boucherie. On construit en ce moment dans le Chandni-Chouk un grand édifice destiné à abriter différents services publics.

J'avais remarqué, en passant sur cette promenade, une maison dont la façade présentait, à la hauteur du premier étage, une estrade provisoire ornée de draperies et de lampes. En face, et appuyé contre les arbres de l'allée centrale, se dressait un échafaudage en bois destiné à recevoir des lampions, de manière à bien éclairer la tribune opposée. J'y flairai quelque cérémonie pour le soir, et je ne manquai pas d'y venir après le dîner. Les lampions de l'échafaudage fumaient, l'estrade était brillamment éclairée; des musiciens du cru y faisaient tapage. Un jeune garçon, en costume de danseuse, les bras nus, une baguette à la main, la figure fardée et ornée de paillettes dorées, exécutait une danse lente à mouvements onduleux du corps, en élevant les bras, contournant les mains et, de temps en temps, pirouettant sur lui-même. Je m'arrêtai quelque temps à regarder les évolutions monotones de ce danseur à la mine effrontée. Il y avait peu de monde dans l'allée pour jouir de ce spectacle, qui, au reste, n'est que la *bagatelle de la porte*, l'annonce brillante de la fête intérieure. Je voyais effectivement, au fond d'un long passage s'ouvrant au-dessous de l'estrade et formant l'entrée de la maison, une vive lueur, et j'entendais un bruissement de fête. On entrait et on sortait : de riches *buggys* (cabriolets à deux roues) amenaient ou emmenaient des visiteurs, tous accompagnés de charmants petits garçons en costumes étincelants de broderies. Plusieurs de ces personnes me firent signe d'entrer. Parmi les curieux de la porte se trouvait, comme moi, un soldat anglais que j'interrogeai; il m'apprit que cette maison était celle d'un banquier indigène, riche, me dit-il, à 1 million de livres; qu'on y célébrait depuis quelques jours les fêtes du mariage d'un de ses jeunes fils, fêtes où tout le monde peut assister. Je n'osai m'aventurer seul dans cette foule, mais je revins à l'hôtel engager mes deux compagnons à venir avec moi. Ils vinrent en effet, et nous entrâmes tous les trois dans le lieu où se donnait la fête. C'était la cour, ou petit jardin intérieur de la maison, l'*impluvium*, entouré, comme on le voit à Pompéi, de galeries sur lesquelles s'ouvrent les appartements, et abrité du frais de la nuit par un *velarium*. Plus de la moitié de cette cour et des galeries était occupée par le public; sur l'autre partie, élevée en estrade, se tenaient, près le public et lui tournant le dos, les acteurs de la fête; en face d'eux, sous la galerie du fond, la famille, les amis et les invités; et, entre cette partie de l'assemblée et les acteurs, sur un riche tapis à couleurs voyantes, une jonchée de charmants petits garçons splendidement habillés, parents ou amis du jeune fiancé et fils des invités. A peine étions-nous placés dans un coin obscur, derrière la foule, qu'elle s'ouvrit pour nous, et nous fit avancer auprès de l'estrade, d'où nous fûmes signalés au père de famille, qui vint à nous, escorté de quelques autres personnes. Il nous fit monter près de lui et nous conduisit à la galerie du fond, au milieu de la riche assemblée. On plaça trois fauteuils devant le tapis où étaient accroupis les jeunes enfants, qu'on fit ranger des deux côtés afin que rien ne nous dérobât la vue du spectacle; un guéridon, avec sorbets et dragées, fut mis devant nous.

Le spectacle, au moment où nous prîmes séance, était une scène déclamée, avec force gestes violents et emphatiques, par trois et quatre acteurs, dont une femme, à voix criarde. Des musiciens, accroupis derrière eux, soutenaient, par une musique sourde, ce récitatif animé. Inutile de dire que nous ne comprenions rien au langage; seulement, d'après l'action, il devait y avoir, comme toujours en ce monde, un tyran, une victime, un protecteur. La femme était jeune, sèche, à teint jaune, la narine chargée d'un grand anneau, des fleurs naturelles dans sa chevelure d'un noir luisant; puis, tout le costume hindou traditionnel et actuel des femmes. Il y eut un moment d'intérêt *palpitant*. La femme se coucha à terre avec cris et signes de douleur. On tendit devant elle un grand châle jaune, les cris continuèrent derrière ce voile; la scène se poursuivait animée entre les autres personnages, et quand le châle fût tiré, au bout de quelques minutes, la femme parut debout, tenant en ses bras un poupon qu'elle faisait mine d'allaiter. Comme toutes ces actions déclamées sont tirées des poëmes religieux de l'Inde, nous venions probablement d'assister à quelque incarnation divine, qui, sans doute, avait apaisé les fureurs précédentes, et qui faisait dénoûment ; car, après un court échange de paroles tranquilles, les exécutants, acteurs et musiciens, se retirèrent, laissant le champ libre à d'autres exercices et quelque répit à l'assemblée. L'auditoire change souvent à ces sortes de fêtes qui, pendant une huitaine, se prolongent, depuis le coucher du soleil jusqu'à deux ou trois heures après minuit. Les scènes et les exhibitions varient également et se renouvellent à courts intervalles.

Pour nous, le spectacle le plus intéressant était la réunion même. Autour de la place d'honneur que nous occupions, et où je trônais au fauteuil du milieu par le privilége de ma vénérable barbe blanche, étaient groupés les invités, l'élite de la richesse à Delhi, dans toute la beauté du type et du costume hindous. Les mousselines blanches, les cachemires de couleur, y éclataient, en robes longues, en turbans aplatis, en ceintures, en écharpes. Quelle quantité de bagues et de pendants d'oreilles! quels énormes diamants, rubis et émeraudes! Cependant, hormis sur la scène, il n'y avait pas une femme dans l'assemblée : c'est derrière les jalousies des galeries supérieures que les belles curieuses prennent leur part secrète de la fête. A nos pieds, et accroupis sur le riche tapis devant nous, une trentaine de jeunes garçons, à la mine fraîche et éveillée, tous coiffés de calottes serrées, couvertes de paillettes et de broderies d'or et d'argent, vêtus de légers costumes, qui parent l'enfant sans l'entraver, partageaient leur mobile curiosité entre le spectacle et nous. En face, en bas, au fond de la salle, et derrière l'estrade, la foule des spectateurs dont nous ne voyions que les têtes mouvantes et diversement enturbanées.

Cependant de nouveaux acteurs étaient entrés en scène, accompagnés d'autres musiciens; car chaque troupe a ses instrumentistes particuliers. Ils représentèrent une scène comique où les bousculades, les culbutes et le dialogue excitèrent l'hilarité de l'auditoire, et surtout de nos charmants petits voisins, qui se tordaient de rire à nos pieds. Après cette courte farce, deux *nateh-girls*, ou danseuses, parurent avec leurs musiciens. L'une s'accroupit sur un des côtés de l'estrade, et l'autre s'avança sur le bord du tapis où se tenaient les enfants. Elle était petite et jeune, d'une figure régulière, douce et grave à la fois; les cheveux ornés de fleurs naturelles, le teint mat et presque blanc. Un corsage de soie rouge serrait sa poitrine, chargée de colliers à rangs redoublés et de brillants joyaux. De la ceinture aux pieds elle était enveloppée dans des enroulements lâches et touffus de blanche et légère mousseline, qui laissaient les jambes séparées, comme par un large pantalon, conservant son ampleur jusqu'aux pieds, entièrement recouverts et dissimulés.

Elle s'avançait et reculait, balançant la tête et le corps en mouvements lents, onduleux et modestes; elles levait et abaissait perpendiculairement ses bras nus et bien modelés, et fléchissait mollement ses mains fines et délicates. D'une voix singulièrement grave pour une si frêle créature, et un peu voilée, elle accompagnait ses balancements d'un chant monotone, mais bien rhythmé, et frappait par intervalles la mesure avec ses pieds nus, cachés sous la mousseline, au sourd bruissement des anneaux et des grelots que ces danseuses portent aux chevilles. Elle était belle à voir et à entendre; et j'y prenais grand plaisir. J'avais souvent entendu pareille voix et pareil rhythme dans mes différents voyages en Espagne. Quand elle eut fini, elle alla s'accroupir du côté opposé à sa compagne, qui se leva et commença par se détirer, comme un chat qu'on éveille; cette danseuse était plus grande, plus jaune, plus âgée, peu belle, et il était plus de minuit : nous songeâmes naturellement à nous retirer, et à faire cesser un peu de contrainte que notre présence causait probablement autour de nous. Après force poignées de mains, nous fûmes accompagnés à la sortie, comme nous l'avions été à l'entrée.

Le maître de la maison avait été pour nous d'une politesse pleine de dignité. C'était un homme grand et sec, d'une cinquantaine d'années, à figure très-intelligente : il portait de grandes lunettes rondes en argent; son costume était une robe longue et serrée en mousseline blanche, avec cachemire vert en écharpe, ses mains étaient couvertes de gants de fine soie grise. Il nous présenta plusieurs personnes de ses amis et de sa famille parlant l'anglais. Avec la curiosité naïve qui existe partout où la fréquentation des étrangers est rare, on s'était enquis de notre pays, de notre profession. Nous étions tous trois des curieux en tournée, et de patrie différente, l'Allemagne, l'Angleterre et la France. Un de nos interlocuteurs avait fait observer que nous représentions les trois plus grandes nations de l'Occident : la tête, le bras et le cœur de l'humanité, dans le siècle présent. Il avait lu, sans doute, cette classification dans quelque revue d'Europe, dans quelque traduction de l'allemand. Je ne sais si notre camarade Anglais fut content du rôle actif assigné à l'Angletérre. Pour moi j'acceptai volontiers pour la France la fonction vitale qu'on lui attribuait. C'est le cœur qui distribue le sang et le mouvement; c'est le foyer de la vie, et c'est du cœur que rayonnent et s'élancent toutes les grandes et généreuses impulsions. Quant à mon ami allemand, inutile de dire qu'il était était fier du *rôle capital* assigné à sa patrie.

J'oubliais de mentionner que, pendant un des repos, un petit bonhomme de huit à neuf ans s'était levé du groupe de jeunes garçons à nos pieds, et nous avait offert, à tous trois, un naïf et gracieux *shake hand*. C'était un des nombreux fils du père de famille : il était déjà marié depuis un an. Quant à son jeune frère, âgé de sept ans, dont on célébrait le mariage par les fêtes actuelles, nous ne le vîmes pas : il était, comme je l'ai dit, près de minuit; et, attendu cette heure avancée et la fatigue des réceptions des journées précédentes, il était déjà allé faire *dodo*. La mariée, âgée de quatre à cinq ans, en faisait probablement autant, au sein de sa famille. Ces mariages précoces sont une des plaies de l'Inde, dans les castes supérieures, où cet usage est le plus répandu. La cohabitation, il est vrai, n'arrive qu'avec la nubilité; mais la mort du mari constitue la jeune fille en état de veuvage, n'eût-elle que cinq ans. Elle ne peut plus se remarier sans déshonneur pour elle et pour sa famille, et sans perdre sa caste : *Inde mali labes!* désordres, contraintes, haines, jalousies, etc., etc.

21 février. Nous avions aujourd'hui une journée laborieuse à passer. Nous voulions, en parcourant la campagne au nord de Delhi, pousser jusqu'au *Kootub* (Koutoub), à 17 kilomètres de la ville, visitant, en allant par un chemin et revenant par un autre, quelques-unes des nombreuses ruines et des monuments divers épars dans la campagne, sur une étendue de 20 à 25 kilomètres, au nord. Nous louâmes pour la journée une calèche ; et, après un déjeuner matinal, nous sortîmes par la porte de Lahore, dans la direction du Kootub.

Aussitôt après les murs de l'enceinte actuelle, on franchit un vaste espace à peu près nu; puis, viennent de nombreux et misérables campements, en huttes de terre et en abris de toutes sortes de matériaux, autour desquels fourmille une population considérable de pauvres gens et de vagabonds. A 1 mille et demi de la ville ($2^k,400^m$) on trouve le *Junter Munter*, ou observatoire, bâti dans les premières années du siècle dernier par le Rajah *Jeysing*, de *Jeypore*, sous le règne de Mohamed-Shah. Les constructions diverses et séparées, qui composent cet observatoire, étonnent les Européens, habitués à des dispositions toutes différentes, dans les monuments consacrés aux observations astronomiques. Tout cet ensemble d'édifices, aujourd'hui sans emploi, couvre une étendue de terrain considérable, et se trouve dans un médiocre état de conservation. Plusieurs de ces constructions sont vraiment remarquables par leur forme, leur grandeur et la solidité des matériaux employés. Une des mieux conservées est un immense cadran, ou cercle équatorial, en pierres de taille, dont le gnomon s'élève, étroit et isolé, à la hauteur perpendiculaire de 18 à 19 mètres, sur une base de 30 mètres. Une longue série de marches, en pierres d'un seul morceau, suit l'hypoténuse, qui mesure 38 mètres, et conduit au sommet de ce gigantesque triangle. Toutes les parties, qui devaient recevoir les divisions, les graduations diverses, étaient en plaques de marbre blanc, dont il ne reste plus aujourd'hui que quelques fragments. Dans les dernières années du règne de la Compagnie des Indes, on dépensa quelques centaines de roupies pour prévenir la ruine des plus importants de ces singuliers édifices, qui témoignent d'un grand et généreux zèle pour la science astronomique, chez le Rajah puissant et éclairé qui les fonda, et chez les souverains qui, jusqu'à la conquête anglaise, les ont augmentés, entretenus et utilisés.

En poursuivant notre route, nous fîmes une halte et une longue visite au superbe mausolée de *Sufder Jung*, mort en 1756, vizir de l'empereur de Delhi. Ce monument s'élève au milieu d'un jardin carré, enclos par un mur de pierres. C'est une imitation, dans de moindres proportions, du Taj-Mahal à Agra, dont j'ai donné la description; et comme son modèle, il séduit l'œil et l'esprit par la beauté de la forme et des matériaux — marbres et grès rouge — et par la pureté du dessin. Au centre de la grande salle, sous la coupole, est le bloc de marbre blanc, finement sculpté, qui figure la tombe; mais c'est dans le vaste caveau, au-dessous de cette salle, que se voit le véritable sarcophage, recouvert d'un drap de soie, où sont renfermés les restes mortels de Sufder Jung, à la mémoire duquel ce splendide monument fut consacré par son fils, moyennant une dépense de 3 laks de roupies (750,000 fr.).

Le dernier roi d'Oude, qui vit dans la crapule à Calcutta, magnifiquement pensionné par l'Angleterre, est un descendant direct de Sufder Jung.

Les 10 kilomètres qui nous restaient à parcourir furent lestement franchis sur une bonne route, qui aborde et gravit les pentes douces de la colline longue et peu élevée où nous apercevions l'immense colonne, le Kootub, grandir à mesure que nous approchions. L'aspect du pays changeait peu sur ce parcours; quelques champs cultivés et de rares bouquets de bois. De près, comme de loin, les traits saillants de cette campagne sont de nombreuses ruines, la plupart informes. Nulle part, peut-être, sur ce globe, pareille étendue de terrain n'a été plus fouillée, travaillée, bouleversée par les invasions, les conquêtes, les refoulements de population, les révolutions soudaines et multipliées, les installations et les fondations capricieuses et précaires des despotes et des envahisseurs. Nulle part, peut-être, de plus grandes masses d'hommes ne se sont établies, heurtées, anéanties sur un si petit espace. Temples, forteresses, villes et villages, palais et tombeaux se sont élevés et ont disparu avec le flux et le reflux des grandes vicissitudes qui, souvent, ont agité de fond en comble un même règne, une même génération. La colline dont nous abordions le sommet est couverte de débris imposants qui attestent et les splendeurs et les malheurs des temps passés.

Bien avant la conquête musulmane, tout ce territoire était le siège d'une nombreuse population indigène, dont les souverains avaient élevé des palais-forteresses et des temples, encore debout en partie. Les conquérants, depuis les premières années du treizième siècle, et leurs successeurs, y ajoutèrent, sous l'inspiration de l'islamisme, grand nombre de ces monuments grandioses — tombeaux et mosquées — dont ils furent si prodigues dans cette partie de l'Inde, siége de leur domination.

Il serait difficile, sans une carte, de faire comprendre les positions respectives et l'enchevêtrement de ces constructions d'époques et de destinations différentes, dont il ne reste plus aujourd'hui que d'immenses ruines. Le gouvernement de la Compagnie des Indes a fait exécuter, il y a une quarantaine d'années, des travaux considérables pour sauver ces intéressants débris d'une destruction totale. Les terres, les décombres de toutes sortes, la végétation parasite et vigoureuse, qui les étouffaient sous un amoncellement progressif, ont été déblayés; le sol ancien a été mis à découvert; de belles plantations, de bonnes routes ont embelli, ombragé ces curieux monuments du passé, et ont rendu leur accès facile et agréable. La plus forte somme, environ 2,000 l. (50,000 fr.), a été consacrée à la restauration presque complète du cône gigantesque appelé le Kootub (Koutoub) que la foudre et les tremblements de terre avaient fortement endommagé. Ces réparations, faites avec une grande intelligence, ont rendu à ce monument presque toute sa beauté primitive. Il s'élève, isolé, sans plate-forme et sans embase, jusqu'à la hauteur de 80 mètres. Son diamètre au niveau du sol est de 16 mètres, et de 4 mètres seulement au sommet. Le chapiteau, qui le terminait jadis, n'a point été replacé; ce qui diminue de quelques mètres la hauteur qu'avait ce monument lors de son érection. Quatre balcons circulaires, en forte saillie, entourent, à des distances entre eux progressivement décroissantes, le fût de la colonne. Ils sont ornés, ainsi que les portes, tournées au nord, de ceintures d'inscriptions en relief, en grands caractères arabes. Tout l'étage inférieur, haut de 30 mètres, est à cannelures saillantes, alternativement rondes et angulaires; celles du second étage sont rondes; elles sont angulaires entre le second et le troisième balcon. Toute cette partie du monument, haute d'environ 60 mètres, est construite avec ce beau grès rouge, dont j'ai parlé si souvent. Les deux étages supérieurs forment le quart seulement de la hauteur totale; la construction en est unie, et les grandes inscriptions en relief, qui ornent et entourent les deux derniers balcons, sont en marbre blanc. Un escalier intérieur conduit au sommet de cette tour, sans rivale dans le monde. De ce point élevé, la vue embrasse, sans obstacle, un immense et plat horizon, parsemé de ruines et de monuments; vers le sud, les coupoles et la masse de la moderne Delhi se distinguent parfaitement.

Qu'est-ce que le Kootub? Une colonne de victoire, ou un minaret de la grande mosquée voisine? Est-ce une dépendance du Bhoot-Khanah, temple hindou sur lequel, au commencement du treizième siècle, *Kootub-ul-deen-Eibuk* greffa cette mosquée? Enfin ce monument est-il de construction hindoue ou musulmane? Ces questions sont encore aujourd'hui grandement controversées : bien de l'encre et bien des gros mots ont été échangés à ce propos. Victor Jacquemont attribue la construction de cette tour aux Hindous. Je ne puis me ranger entièrement à son opinion, et j'incline volontiers du côté de ceux qui pensent que le Kootub a été commencé et élevé jusque vers le premier étage, par les Hindous, comme annexe et dépendance du Bhoot-Khanah, dont il a suivi la fortune en recevant, comme cet édifice, la greffe musulmane; il devint alors, par les étages et les balcons surajoutés, le splendide minaret de la grande mosquée construite par Kootub sur les murailles et les piliers encore debout du temple hindou.

Ainsi, l'absence de soubassement ou de plate-forme, l'orientation de la porte au nord, la forme conique, les cannelures saillantes, certaines sculptures qu'on retrouve aussi sur tous les piliers du Bhoot-Khanah; tout, dans l'étage inférieur, indique le dessin et le travail hindous. Le reste, à partir du premier balcon jusqu'au sommet, tout en conservant l'allure imposée par la partie inférieure, est incontestablement musulman, ainsi que le racontent et le proclament, du reste, les grandes inscriptions ornementales, en caractères arabes. Quoi qu'il en soit, le Kootub est une œuvre merveilleuse, qui étonne et charme les yeux par la beauté grandiose de ses proportions et la perfection du travail. Il n'est pas attenant à la grande mosquée, preuve de plus à l'appui de l'opinion, que je partage, qu'il avait été commencé avant la conquête, comme annexe du temple ou palais hindou, dont l'enceinte encore debout s'élève à quelques pas de là.

Ce n'est pas une des moindres curiosités de cette colline que le Bhoot-Khanah, dont les piliers carrés sont chargés de figures et de sujets fantastiques, sculptés en relief, et dont les assises, ainsi que le plafond des voûtes plates, sont formés de pierres appareillées sans ciment, avec une telle précision, qu'on pourrait les démonter et les replacer autre part, sans perte et avec une régularité parfaite, comme s'il s'agissait des pièces d'un casse-tête chinois. Cette construction hindoue, temple et palais à la fois, remonte, dit-on, au neuvième siècle; elle formait un vaste carré avec colonnades entourant une cour, ou jardin de même forme. Lorsqu'après la conquête, Kootub-ul-deen-Eibuk construisit sa mosquée, on abattit tout un côté du Bhoot-Khanah qui se trouve aujourd'hui occupé par une suite d'arceaux mauresques, plus ou moins en ruines, sur une ligne de 125 mètres de longueur, engagée à chacune de ses extrémités dans les constructions du vieux palais hindou, avec lequel la mosquée fait corps au sud et au nord. Les trois plus grands arcs s'ouvrent majestueusement sur le ciel, et celui du milieu présente une baie de 7 à 8 mètres de large sur 18 de hauteur. La face intérieure du mur dans lequel ces arceaux sont découpés est couverte de grandes arabesques inscriptives, taillées en vif relief dans la pierre polie du revêtement. Dix mètres en arrière de cette magnifique façade, on voit les fondations d'une muraille pareille; rien n'indique qu'elle ait été élevée; et sur les arceaux encore debout, dont je viens de parler, on ne trouve aucune trace de voûte ayant pu exister. Cette mosquée était donc toute à ciel ouvert. La cour intérieure du Bhoot-Khanah lui servait de parvis fermé. C'est dans cette cour, et à quelques mètres du grand arc central, que s'élève le fameux pilier de fer (*Loha-kra-Lat*). C'est une fausse dénomination, car cette mince colonne, unie, sans beauté et sans ornements, a été fondue d'un seul jet avec un alliage qui se rapproche du bronze. Une bizarre légende, encore en honneur chez les Hindous, se rattache au Lohar-ka-Lat. Le souverain qui fit couler ce long cylindre ordonna de l'enfoncer dans le sol jusqu'à ce qu'il reposât sur la tête du serpent qui supporte le monde; et les prêtres lui promirent que sa famille régnerait aussi longtemps que ce pilier resterait en place. Prithi-Raj, dernier roi hindou, voulut s'assurer s'il reposait véritablement sur la tête du serpent; il le fit déterrer, et l'on trouva qu'une portion du sang et de la chair du reptile adhérait à son extrémité. Le charme fut ainsi rompu, et l'on attribua à ce manque de foi la ruine des espérances et des destinées de cette famille. Les Hindous croient encore aujourd'hui que ce pilier ne peut être enlevé ni renversé; et, à l'appui de cette croyance, ils citent la vaine tentative de Nadir-Shah, qui essaya de le détruire par le canon. On remarque, en effet, à la hauteur de 3 mètres environ, l'impression en creux produite par un boulet.

Bien d'autres monuments en ruine sont épars sur cette colline, des tombes surtout. La plus remarquable est celle du sultan Altamsh, qui régna dans la première moitié du treizième siècle, et qui établit à Delhi la capitale de son empire. Cette tombe, qui n'a jamais eu de coupole, dit-on, offre d'admirables échantillons de grâce et de noblesse dans sa construction et ses ornements.

A cent soixante pas environ au nord du Kootub, et non symétriquement, une seconde tour avait été commencée avec un diamètre à sa base de plus de 30 mètres. L'ambition du sultan Altamsh, son fondateur, était de construire un minaret ayant une hauteur double de celle de Kootub. Ce gigantesque et impossible projet ne reçut qu'un commencement d'exécution. L'œuvre a été abandonnée, soit par la pensée de ne pouvoir la mener à terme, soit par révolution politique : il n'en reste qu'une ruine informe et colossale.

Nous visitâmes avec beaucoup d'intérêt le *Khass-Killa*, forteresse construite par Prithi-Raj, le dernier des rois hindous de cette contrée, il y a environ sept siècles. Malgré la solidité de ses murs et les savantes combinaisons de ses approches et de ses défenses, cette forteresse fut prise d'assaut, après un immense massacre de part et d'autre ; Shah-boo-deen-Ghori devint alors maître du pays. Le malheureux Prithi-Raj, fait prisonnier et amené à Umballa, y fut mis à mort, après qu'on lui eut arraché les yeux. De nombreuses pierres tumulaires, qui datent de cette époque, couvrent le sol près du lieu de l'attaque, et témoignent encore, après sept siècles écoulés, de l'énergie de la lutte.

Il y avait longtemps que nous errions au milieu de tous ces débris si intéressants, allant et venant de l'un à l'autre, par des sentiers ombragés et entretenus en promenades publiques ; il fallut songer au retour. Notre guide et ses chevaux étaient allés s'abriter dans un village voisin, vers lequel nous avions vu se diriger bon nombre d'Hindous des deux sexes, à pied et en chars rustiques, traînés par des bœufs à bosse. Il y a dans ce village un pauvre temple moderne, où tous ces gens allaient porter leurs offrandes devant les bizarres et grossières images des vieilles divinités du pays. Nous entrâmes dans cette misérable église de campagne, où, sur de petits autels carrés, dans de ténébreux renfoncements, une pierre ronde, image du Lingam, ruisselait de l'eau dont les fidèles l'arrosent, en y répandant aussi des fleurs détachées et des grains de riz. Pour les Hindous, toute pierre, tout objet quelconque, ayant un bout arrondi, est un Lingam. Rien ne choque les yeux dans cette image infidèle ; et toute personne ignorant le sens et le mythe cachés sous ce grossier symbole ne voit là qu'une pierre informe, et pense que ces hommages et ces offrandes ne s'adressent qu'à la divinité accroupie, ayant la tête d'un éléphant, qui trône derrière les autels, rudement sculptée en pierre, et peinte en rouge, en bleu et en vert. Mes compagnons, protestants tous deux, témoignaient une sainte horreur pour ces pratiques ; ils auraient voulu briser et renverser ces idoles, et ils ne pouvaient retenir l'expression de leur mépris. Quant à moi, qui n'ai pas teté le lait de la vache à Colas, et qui, élevé dans la secte romaine, suis devenu sceptique et indifférent à force d'en voir les pratiques et les allures dans tous les sanctuaires les plus fameux de l'Europe, je ne m'irritais pas plus contre ces pauvres Hindous que je ne l'avais fait en Grèce, en Allemagne, en France, en Italie et en Espagne, etc., contre de pareils témoignages de foi naïve et de confiance crédule. Il est si consolant pour ceux qui souffrent en ce monde d'avoir un recours supérieur ! C'est un soulagement qu'on demande, une grâce dont on remercie. Sans doute, bien souvent la pensée qui pousse à ces offrandes, à ces *ex-voto* est personnelle et égoïste ; mais que de fois aussi elle est noble et généreuse !

Nous quittâmes à regret la colline du Kootub pour nous diriger vers Delhi, par un chemin autre que celui que nous avions suivi le matin, et nous gagnâmes un village, dont le nom m'échappe, proche le superbe mausolée de l'empereur Humaioon. Nous avions passé sur notre route plusieurs grands tombeaux, à coupoles revêtues de brillantes faïences : le lieu où nous arrivions est célèbre dans cette partie de l'Inde par les tombes vénérées qu'il renferme. La plus fameuse est celle d'un saint musulman, Nizam-ood-deen-Oulea. C'est une charmante construction, en marbre blanc finement ciselé, et surmontée d'une coupole gracieuse. Cette tombe est parfaitement entretenue ; bon nombre de dévots y récitent ou y lisent continuellement des versets du Coran : c'est un but de pèlerinage, et trois foires annuelles se tiennent dans ce village en l'honneur de ce saint. Nous visitâmes les tombes plus ou moins bien ornées, mais toutes en marbre blanc, de l'empereur Mahomet-Shah, du prince Mirza-Jehangheer, et celle de Jehan-Arra-Begum, la pieuse fille de Shah-Jehan, qui partagea la longue captivité de son père, et qui fut célèbre par ses vertus, son esprit et sa beauté.

A l'apparition de visiteurs européens, les ciceroni improvisés ne manquent pas dans ces lieux, si curieux pour nous. Une troupe de ces traîneurs de savates nous suivait partout ; mes deux compagnons, qui ont depuis longues années la pratique de l'Inde, ne ménageaient point ces indiscrets ; et c'est littéralement à la baguette qu'ils les écartaient. Des plongeurs, postés sur le mur d'une petite mosquée au pied duquel est une mare d'eau verdâtre, voulaient nous donner le spectacle de leur saut périlleux ; nous refusâmes cette exhibition, mais pour une plus surprenante. On nous conduisit dans la cour élevée d'une espèce de caravansérail, où se trouve une grande citerne, surmontée d'une voûte ayant une ouverture circulaire au sommet. L'eau est à 10 à 12 mètres en contre-bas ; plusieurs hommes s'y précipitèrent, à tour de rôle. Véritablement, ce plongeon a quelque chose d'effrayant par la hauteur de la chute, le bruit extraordinaire qu'elle produit, répercuté par l'écho de cette profondeur à demi obscure. Ces hommes remontent lestement par une suite de marches qui, de la surface de l'eau, mènent à un plan incliné par où, bêtes et gens, viennent puiser à cette citerne. Comme chaque plongeon nous mettait la main à la poche, il fallut modérer l'ardeur de ces hardis sauteurs, qui reparaissaient auprès de nous avec une prestesse incroyable, et tout ruisselants d'eau. En quittant ce village, nous visitons le splendide mausolée de l'empereur Humaioon. Il est placé dans un grand enclos entouré de murs élevés. Une plate-forme carrée supporte la construction que surmonte une magnifique coupole de marbre blanc. J'ai déjà eu occasion de décrire, dans les précédentes pages, quelques-unes de ces tombes monumentales, élevées sous l'inspiration de l'islamisme. Le Taj-Mahal, à Agra, en est le type le plus noble et le plus riche ; avant et après sa construction, rien de plus parfait en ce genre n'est sorti de la conception et des mains des artistes musulmans. Le mausolée d'Humaioon, antérieur au Taj d'un demi-siècle environ, présente les mêmes dispositions générales : grande salle sous la coupole, où se voit la tombe d'apparat ; caveau en dessous, où repose le corps dans un sarcophage modeste ; vastes dépendances autour de la salle principale. Humaioon, fils de Baber et père d'Akhbar, fut un des princes les plus remarquables de son pays et de son époque, par son courage et son savoir. Il eut à soutenir bien des luttes, et les vicissitudes de sa fortune offrent un puissant intérêt. Il perdit le trône, erra longtemps chez les princes, ses voisins, ne rencontrant dans ses revers que des amis et des alliés douteux; enfin, après mille traverses, il put reconquérir sa couronne. Il n'en jouit pas longtemps, car, au bout de six mois, il mourut, à 49 ans, des suites d'une chute qu'il fit dans un escalier de marbre, au moment où il se levait à l'appel de la prière. Akhbar, son fils et son successeur, lui fit élever ce superbe mausolée dans la dernière moitié du seizième siècle.

C'est là que, lors de la révolte de 1857, et de son énergique répression, le capitaine Hodson, par un coup de main hardi, vint s'emparer des trois princes indiens, chefs de la rébellion à Delhi, les instigateurs et les exécuteurs des atrocités inouïes commises sur des femmes et des enfants anglais. Ces princes, avec cinq à six mille de leurs serviteurs et de leurs partisans, occupaient le mausolée d'Humaioon et ses vastes dépendances. On était au 21 septembre, le lendemain du jour où le vieux roi de Delhi s'était remis aux mains des Anglais; le capitaine Hodson, à la tête d'une centaine d'hommes choisis, se présenta résolument devant les princes révoltés et leurs nombreux adhérents; il les somma de déposer toutes les armes qu'ils possédaient, et commanda aux chefs de se rendre sans conditions. Son audace en imposa tellement à cette foule que les armes furent remises, et les princes se livrèrent. Hodson les fit immédiatement acheminer vers Delhi, sur un chariot traîné par des bœufs, escorté par une partie de ses soldats; avec l'autre, il refoula et contint dans l'enceinte toute la masse de leurs serviteurs et partisans, et menaça de brûler la cervelle au premier qui ferait mine de bouger. En sortant, il plaça un poste de ses hommes à la grande porte de l'enclos, et il revint rejoindre, au galop, le convoi des princes prisonniers. On approchait de Delhi; la foule grossissait, hostile et frémissante;

le moment devenait critique. Cette capture importante, si audacieusement effectuée, pouvait échapper, et les rôles changer. Le déterminé capitaine n'hésita pas; il saisit la carabine-revolver d'un soldat, et, en trois coups de feu, il tua de sa main ces trois grands coupables, destinés au supplice. Cette décision subite et hardie déconcerta l'émeute prête à éclater, et rallia les hésitants. Hodson entra dans Delhi avec les trois cadavres, qu'il fit exposer publiquement au centre de la ville.

En quittant le tombeau d'Humaïoon, il nous restait environ 4 kilomètres à parcourir pour rentrer à l'hôtel. Toujours même aspect désolé de la campagne; des ruines de tous côtés. L'une des plus importantes, sur le chemin que nous suivions et à peu de distance de la ville, est le palais de Feroze-Shah, qui date du xiv$^e$ siècle. Au milieu des pans de murs écroulés et d'un amoncellement de débris s'élève un pilier de pierre d'un seul morceau, de 12 à 13 mètres de hauteur, planté au sommet d'une construction qui lui sert de base. D'où vient ce curieux monolithe, et par quels moyens a-t-il été hissé à cette place? Il est constant que l'empereur Feroze III fit transporter, à grands frais et par un immense travail, dans le palais qu'il faisait élever près de Delhi, ce singulier monument, déjà fort ancien, portant des inscriptions en vieux caractères que ne purent déchiffrer les savants de son temps, et sur lequel de fabuleuses légendes avaient cours dans le peuple.

Il était nuit quand nous rentrâmes à l'hôtel. Une troupe de *Christy's minstrels*, chanteurs comiques américains, venait d'arriver, et avait pris ses logements à côté des nôtres, se proposant de donner quelques représentations à Delhi. Ces messieurs avaient de bonnes manières et paraissaient de gais compagnons.

22 février. Il a fait un grand orage la nuit; au jour, il pleut à torrents, et la température est singulièrement rafraîchie. Je

reste une partie de la journée à mon charmant balcon mauresque en marbre blanc, donnant sur le carrefour de Futtehpoorie-bazar, où la circulation est incessante et très-animée. La voie publique n'est pas pavée et fort mal nivelée ; la pluie y forme de larges flaques d'eau et de boue, où les passants pataugent à qui mieux mieux, la plupart nu-pieds ; les plus cossus, en savates recourbées. Les haillons, dont la foule est vêtue, paraissent sordides et insuffisants sous ce ciel, aujourd'hui obscurci et inclément. Les femmes étalent leur écharpe grise devant leur poitrine, que ne protége pas assez la petite veste serrée et échancrée qui soutient le sein. Je vis porter sur les épaules d'une troupe d'Hindous de piteuse mine un cadavre enveloppé d'une sale étoffe jaune ; on allait le jeter dans la Jumna, qui participe de la sainteté du Gange, dont elle est le principal affluent ; ces porteurs marchaient bon pas, sous la pluie fouettante ; le mort ballottait sur la civière, et une foule de déguenillés suivait en marmottant des prières.

Le soleil ne tint pas longtemps rigueur : quelques-uns de ses rayons eurent bientôt essuyé la boue et séché les guenilles ; la couleur revint avec la chaleur, et la ville me sembla transfigurée. J'allai faire un tour au jardin public que l'on est en train de mettre sur un bon pied. Dans l'après-midi, nous faisons en voiture une longue promenade, en visitant d'abord le magasin ou arsenal situé dans l'intérieur de la ville. C'est là que, le 11 mai 1857, jour où l'insurrection triompha à Delhi, le lieutenant Willoughby, qui commandait ce poste important, fit sauter les poudres, au moment où les insurgés, qui avaient pénétré par plusieurs côtés dans l'enceinte des cours et des bâtiments, se livraient au pillage. L'explosion fut terrible. La masse des assaillants et l'héroïque poignée de défenseurs périrent dans le même tourbillon de feu et de décombres. Les traces de cette catastrophe sont aujourd'hui effacées, et la disposition des lieux un peu changée; mais tout ce local est encore affecté à l'emmagasinage de l'équipement et des provisions militaires. Maintenant que le palais fortifié de Delhi et ses vastes dépendances n'abritent plus, comme avant la rébellion, la royauté déchue des souverains du Mogol; maintenant que ce séjour enchanté du luxe et des pompes asiatiques a été converti en place de guerre, c'est sous la protection de ses murs et des casernes qu'ils renferment que sera placé le matériel militaire et la garnison de Delhi.

Nous sortons par la porte de Cachemire que l'armée anglaise enleva d'assaut, le 14 novembre, après l'avoir battue en brèche pendant une semaine: il y avait juste quatre mois que la révolte avait triomphé à Delhi. Il fallut cependant une autre semaine pour s'emparer de toute la ville, que les assiégés défendirent à outrance dans l'intérieur, où ils se barricadèrent à chaque recul; et, dès la première journée, le général Nicholson, qui commandait l'assaut, fut blessé mortellement. Nous passons près des points où avaient été établies les batteries de brèche, et nous arrivons par une bonne route sur la colline boisée qui domine la ville du côté de la porte de Cachemire. Pendant le long siége de Delhi, les Anglais occupèrent cette hauteur; et c'est à cette position avantageuse qu'ils durent l'heureuse issue de leur attaque; la place, n'ayant pu être investie, communiquait des autres côtés avec le pays insurgé. Nous faisons une halte à *Flagstaff's tower*, au sommet de la colline. C'est au pied de cette tour qu'après l'explosion soudaine de la révolte à Delhi, le 11 mai 1857, vinrent se réfugier tous les employés civils et militaires, leurs femmes et leurs enfants qui purent échapper à l'insurrection : vainement ils y attendirent de Meerut un secours annoncé; il fallut fuir et se débander avant que l'émeute triomphante ne vînt couper la retraite. De la plate-forme de cette tour peu élevée, la vue de la ville et de la campagne est fort belle; nous suivons, pour rentrer par la porte de Lahore, *the Ridge road*, sur la crête de la colline : vers la pente ouest, on construit un monument destiné à rappeler et à glorifier ce siége mémorable.

23 février. Promenade, le matin, au jardin public et dans les quartiers éloignés. Il y a toujours mille choses nouvelles et curieuses à observer pour un flâneur dans ces villes si différentes des nôtres. Nous avons eu, dans la journée, la visite d'un miniaturiste indigène, Ismaïl-Khan, qui nous a montré de charmantes vues, peintes par lui sur ivoire, des principaux monuments de Delhi, d'Agra, de Lucknow. C'est fait avec une légèreté de main surprenante et une grande perfection de ton et de perspective. Cet artiste, au reste, a une grande réputation à Delhi. Je lui offre 50 roupies (125 fr.) de cinq vues réunies sur une seule feuille d'ivoire de la longueur de la main; il en voulait 64 (166 fr.). Nous ne fîmes pas affaire : j'hésitais à emporter avec moi, dans mon long voyage, ces fragiles et délicates peintures. M. Gumpert, qui réside à Bombay, achète à Ismaïl-Khan pour 400 roupies (1,000 fr.), il lui fait en outre une commande de certaines vues du Taj-Mahal à Agra; déjà, hier, mon compagnon avait acheté pour 300 roupies de photographies. Comme on sait que nous devons partir le soir, il vient à l'hôtel toutes sortes d'industriels pour nous faire des offres de bijoux du pays, d'étoffes curieuses. Il y aurait de belles emplettes à faire qui feraient grandement ouvrir certains beaux yeux que je connais à Paris. Je ne me laissai point aller à la tentation; je n'étais encore qu'au début de mon voyage, et je ne voulais pas diminuer par des achats intempestifs la somme dont je pouvais disposer, et je ne voulais pas non plus grossir mon bagage. Je veux toujours en être maître, et pouvoir, en cas de besoin, le porter moi-même; je le simplifie donc toujours le plus que je puis. Je n'ai qu'une malle très-

portative, en cuir, et un sac de nuit large et solide : je puis prendre un colis à chaque main, et narguer les porteurs trop exigeants, ainsi que certains complaisants très-empressés, qui cherchent à vous débarrasser complétement et pour toujours des petits colis dont ils s'emparent.

J'ai repassé aujourd'hui une grande partie de la ville, et je suis allé m'installer en contemplation dans la grande mosquée : c'est vraiment beau, grand et religieux. Cette seconde visite ajoute encore au sentiment d'admiration que m'avait inspiré la première. Je vais ensuite revoir le palais plein de décombres et de reconstructions, puis le fort attenant de Selim-Ghur et le pont de bateaux par lequel nous sommes arrivés, et que nous reprenons ce soir pour retourner à Calcutta. Après avoir bien observé l'aspect de Delhi, en passant sur la rive opposée, je rentre par le pont et je circule dans des quartiers que je n'avais pas encore visités. J'y rencontre toute une procession de porteurs de présents de noces, coiffés de leurs plateaux contenant tout le bric-à-brac que j'ai déjà décrit, il y a trois jours ; toutefois, cette troupe était plus cossue : les gazes dorées, les fleurs artificielles, tous les oripeaux de ce cortége avaient plus de fraîcheur et meilleure façon. J'étais rentré fatigué de ma longue promenade et je m'étais jeté sur le dur et mince matelas, sans draps ni couverture, qui composait tout mon lit ; je commençais à m'assoupir, quand je sentis qu'on me serrait alternativement les pieds et les jambes. J'ouvris les yeux et je vis un grand diable de domestique indigène, mon boy à Delhi, qui me pétrissait silencieusement les membres ; il me massait : c'était une gracieuseté spontanée. Je le laissai faire, tout en lui indiquant par le mot « *gently* » de modérer l'étreinte de ses grands doigts osseux. J'éprouvai un grand bien-aise de ces magnétiques pressions, et la fatigue accumulée dans mes vieux membres par la vie agitée que je menais depuis mon départ de

Calcutta se dissipa subitement, et je me sentis tout dispos pour le départ du soir.

J'avais été bien tenté de continuer jusqu'à Lahore, dont je n'étais éloigné que de 4 à 500 kilomètres. J'aurais visité en route Umballa, Simla, Umritsur, côtoyant les premiers étages de l'Himalaya, où les Anglais ont établi leurs stations de santé, à Simla surtout, où le vice-roi passe toute la saison dangereuse. Des lettres intimes pour Lahore m'y promettaient un bon accueil; et j'aurais ensuite gagné Bombay par la communication qui existe entre cette ville et la capitale du Punjab, en profitant de la ligne bimensuelle de bateaux à vapeur qui montent et redescendent l'Indus. Je n'avais pu décider M. G., mon seul compagnon maintenant, à retourner par cette voie à Bombay, où il réside. Il avait besoin de revenir par Calcutta et Madras. N'osant pas m'aventurer seul dans cette expédition chanceuse, j'y avais renoncé; mais avec l'idée d'aller à Lahore, quand je serais à Bombay.

## CHAPITRE VIII.

En route la nuit. — Mauvais relais. — Un rajah en voyage. — Allyghur. — Allahabad. — Sarnath. — Seconde tournée dans Bénarès. — Immersions dans le Gange. — Un éléphant dans les rues. — Temple doré. — Puits sacré. — Vaches. — Brahmines. — Pont de bateaux. — Burdwan. — Le rajah, etc., etc.

A neuf heures, après avoir pris congé de nos compagnons d'hôtel et de notre hôte, qui s'était montré fort serviable pendant notre séjour, nous nous étendîmes, M. G. et moi, dans une voiture de *David's horse carriage Dak*, arrrêtée d'avance, et qui devait nous conduire en dix-huit heures à Allyghur, pour y prendre le chemin de fer d'Allahabad. Pascual, le boy de M. G., était juché sur l'impériale avec les bagages. Il faisait un magnifique clair de lune; nous suivîmes le Chandni-Chouk jusqu'aux murs crénelés du palais, d'une si fière tournure; puis, les laissant sur la droite, ainsi que le fort de Selim-Gurh, nous arrivâmes au pont de bateaux qu'on franchit au pas, après avoir acquitté un péage d'une roupie. Notre voiture prit alors sa petite allure de nuit, semblable à celle de jour; nous fermâmes, chacun de notre côté, la porte à coulisse de la voiture; et, durement, mais fraîchement étendus de tout notre long sur le plancher, secoués ou bercés par le modeste trottinement de deux maigres chevaux, le sommeil ne se fit pas attendre. La pluie de la veille avait fortement trempé la route ; cela nuisait à notre marche, mais, au moins, nous étions affranchis de l'affreuse poussière dont nous avions tant souffert en allant à Delhi. A chaque relais, le réveil était forcé ; car les malheureux chevaux, qui couchent à la belle étoile et se nourrissent de l'air du temps, mêlé de très-peu d'herbe sèche, ne se laissent pas attacher volontiers à la voiture ; le départ est une rude et bruyante affaire ; trois ou quatre Hindous, demi-nus, empoignent les chevaux au collet, et c'est à grand renfort de coups de trique et de gueule que se fait l'entraînement, tandis qu'on pousse la voiture par derrière et que le cocher se démène et crie sur son siége, agitant ses cordages et le fouet. Une fois la voiture lancée, les entraîneurs retournent à leur relais, et cela continue à aller comme sur des roulettes ; mais toute l'attention du cocher doit être de ne pas laisser perdre la force acquise : malheur à lui et à nous si les chevaux font un faux arrêt, au milieu de la nuit et de la route déserte, quand il n'y a ni bras ni gosiers de supplément pour remonter ces espèces de chevaux mécaniques : c'est le diable pour les enrouter de nouveau ; nous y passâmes une fois plus d'une demi-heure.

24 février. Le jour s'était levé, après une succession de relais plus ou moins bien franchis : j'ouvris la coulisse de mon côté ; le temps était beau, et, malgré le temps perdu et la petite allure de nos chevaux, nous avions, à sept heures du matin, parcouru 50 milles (80 kilomètres) en dix heures, sur les 80 milles qui séparent Delhi d'Allyghur. Nous fîmes une bonne station au Dak bungalow de Koorjah, où le bungalowman nous offrit des œufs, un vrai poulet encore sur ses pattes, de l'eau fraîche et tout le matériel des ablutions anglaises dans l'Inde. Tout cela fut utilisé à souhait ; et une heure après notre

arrivée, nous nous remettions en route. Nous avions remarqué au relais une foule d'hommes et de femmes mieux accoutrés que les pauvres diables qui habitent les masures ruinées qu'on rencontre de distance en distance le long de la route. Il y avait là de jolis costumes et de belles figures : c'était une partie des serviteurs d'un Rajah en voyage; ils avaient précédé leur seigneur et maître, et ils l'attendaient à ce relais. En effet, une demi-heure après notre départ du Dak bungalow, nous croisâmes, sur la grande route, le nombreux et bizarre cortége du Rajah. Il y avait en tête, et marchant sans ordre, une troupe de cavaliers avec des costumes variés, singulièrement pittoresques, et de fières tournures martiales, diversement coiffés de turbans aplatis de couleurs différentes; quelques-uns portaient des étendards, d'autres des cannes d'argent, des boucliers, des sabres recourbés. Après cette cohue à cheval, une troupe de serviteurs à pied se pressait autour de deux grands palanquins, recouverts d'étoffe rouge, portés à l'épaule par six hommes, trois en avant, trois en arrière. Dans le premier était un vieillard, dans l'autre un jeune homme, tous deux de bonne mine et drapés de cachemires rouge et vert — le Rajah et son fils, sans doute. Derrière les palanquins marchaient deux éléphants caparaçonnés, et portant chacun dans sa howdah cinq à six personnes de la suite; puis, venaient des chariots de bagages traînés par des bœufs. Une masse confuse et bariolée de gens à pied formait la queue de ce cortége, que nous eûmes le temps de bien observer; car notre voiture fut obligée de s'arrêter pour laisser passer cette foule qui occupait presque toute la largeur de la route.

A trois heures après-midi, nous étions au bungalow d'Allyghur, près la station du chemin de fer. Comme nous ne devions partir pour Allahabad qu'à huit heures, nous avions cinq heures à dépenser. Plus de la moitié de ce temps, je rougis de le dire, fut gaspillée à soigner et choyer le corps, *cette quenille* ; puis, frais et dispos par le *Shower bath,* bien lestés de pitance, nous allâmes faire notre visite à la ville sale et grouillante d'Allyghur : on y démolit cependant, avec intention d'élargir, de donner de l'air et d'assainir. Les chemins de fer seront les plus puissants civilisateurs de l'Inde. En ce moment, la grande ligne qui doit joindre Calcutta et Lahore sur un parcours d'environ 1,300 milles (2,100 kilomètres) s'arrête à Allyghur : dans quelques mois elle atteindra Delhi ; et deux ans après, Lahore. Nous circulons de côté et d'autre, et nous arrivons sur la place de la mosquée principale, d'assez belle apparence extérieure ; on construit sur les côtés de cette place des bâtiments peu élevés, en belle pierre blanche, avec arcades et terrasses ; ce sera le bazar. Nous nous arrêtons un moment à considérer un gentleman en habit gris, chapeau *idem,* enroulé de mousseline blanche, tenant un livre à la main et prêchant en langue du pays et d'une voix fort animée, au milieu d'un cercle peu nombreux d'indigènes.

C'est un *itinerant preacher ;* un de ces missionnaires volontaires, dont le zèle est souvent mal employé, et dépasse les bornes de leur capacité. Son entourage semble assez indifférent et se renouvelle constamment ; on vient, on regarde et on passe. Nous fîmes comme tout le monde ; et, d'ailleurs, nous ne comprenions pas la langue qu'il parlait. Ces prédications chrétiennes, faites en pleine place publique et sur les degrés des temples et des mosquées, au milieu de cette population musulmane et païenne, n'auraient pas été tolérées par les indigènes avant la rébellion. Aujourd'hui, l'Angleterre règne et gouverne ici : la prédication publique est sans danger. Je doute qu'elle fasse beaucoup de prosélytes sérieux et convaincus ; au contact prolongé avec les Européens, les Hindous deviendront comme eux, sceptiques et indifférents.

25 février. A huit heures du soir, nous partons pour Allahabad directement; nous sommes seuls dans un *sleeping-carriage :* le train est peu nombreux, cependant il dessert l'embranchement d'Agra et Cawnpore. Avant onze heures du matin (25 février), nous sommes à la station d'Allahabad, après avoir franchi 312 milles anglais (502 kilom.) en quatorze heures, et au prix de 29 roupies 4 annas en première classe (73 fr. 25). La deuxième classe est juste moitié moins, et en troisième il n'en coûte que 4 roupies 14 annas, soit 12 fr. 20 pour un parcours de 125 lieues.

La station est près des cantonnements anglais et à quelque distance de la ville; de beaux hôtels s'élèvent dans le voisinage du chemin de fer, dont le tronçon, joignant Allahabad avec Bénarès, sera livré à la circulation dans quelques jours. L'obstacle qui a retardé aussi longtemps la continuité de la grande ligne de Calcutta à Delhi, c'était le passage de la Jumna, qui se jette dans le Gange à Allahabad. On y achève en ce moment un pont monumental, qui sera une des merveilles de l'industrie moderne.

A notre arrivée, nous nous installons à *Great-Eastern branch hotel*, où, après un excellent déjeuner, nous faisons venir le commis de *David's horse carriage dak*, auquel nous exhibons le traité fait à Bénarès avec l'agent de cette compagnie, traité qui nous donne droit au retour d'Allahabad à Bénarès dans une des voitures de la compagnie; ce commis nous loue une calèche pour faire nos courses. Nous avions fait connaissance, il y a une dizaine de jours, à Cawnpore, avec un M. D..., qui réside à Allahabad; nous lui fîmes visite, et il insista pour que, le soir, avant de nous mettre en route pour Bénarès, nous vinssions dîner avec lui, ce à quoi nous consentîmes avec plaisir; nous visitons son écurie, fort bien montée de chevaux de prix : ceux de ces animaux qui réussissent le mieux dans l'Inde, viennent de l'Australie.

Lorsque nous étions passés le 13 à Allahabad, il se préparait sur la grève, au confluent de la Jumna et du Gange, et au pied de la forteresse, une foire dont nous avions aperçu les préparatifs. Aujourd'hui, tout était terminé; il ne restait plus que les traînards, les attardés, quelques tentes, des groupes de chameaux, et tous les signes d'un immense campement.

La forteresse d'Allahabad, qui commande la jonction des deux rivières, est une importante position militaire. Construite sur une grande échelle par les anciens souverains du pays, pour leur servir de résidence et d'abri, elle a reçu, depuis qu'elle est aux mains des Anglais, tous les perfectionnements et toutes les dispositions modernes. Du haut de ses murailles fort élevées, la vue s'étend au loin sur la plaine monotone que le Gange et la Jumna traversent obliquement, pour venir joindre leurs eaux au pied de ces mêmes murs. On visite dans l'enceinte de ce fort de curieux souterrains qui datent d'une époque très-ancienne, où de nombreux autels, très-bas, de forme carrée, taillés d'un seul bloc, ont, sur la partie supérieure et au centre, un renflement arrondi, formant une moitié de boule; autour, la pierre est évidée en rigole : c'est toujours le culte du Lingam. Des représentations bizarres et grossières de divinités hindoues sont sculptées dans ces souterrains. Tous les autels portaient encore des fleurs effeuillées, que les dévots étaient venus y répandre pendant la grande foire qui venait de finir; les couloirs étroits et obscurs, ainsi que le pied des autels, étaient encore humides de l'eau du Gange, dont l'effusion accompagne toujours l'offrande des fleurs et des grains de riz. L'entrée de ces souterrains avait été publique durant le grand rassemblement d'indigènes de ces jours derniers.

J'avais grand désir de visiter le pont en construction pour

le passage du chemin de fer. J'en avais entendu parler comme d'une œuvre très-remarquable, faisant honneur aux ingénieurs anglais. Il est placé sur la Jumna, un peu en amont du confluent ; dix piles en grès rouge traversent le lit ordinaire du fleuve ; mais, à chaque extrémité, un long viaduc, également en grès rouge, appuyé sur les rives escarpées, continue le pont jusqu'au niveau de la plaine, de l'un et de l'autre côté du cours d'eau. Un premier tablier, à moitié de la hauteur des piles, servira de passage aux piétons, aux bêtes de somme, aux voitures ; des rampes solidement construites et parfaitement ménagées sur les deux rives donnent un facile accès à ce premier tablier ; le second, fort élevé au-dessus, est destiné à la voie ferrée. Il n'y a de terminé que les piles et les deux viaducs : tout le reste de l'œuvre doit être en fer, en fonte, en tôle. Toutes ces pièces ont été préparées en Angleterre ; elles sont à pied d'œuvre ; on est en train de les monter, et le travail sera complété dans quelques mois ; la voie de fer est prête de Bénarès à Allahabad ; on a fait les essais ces jours derniers. Ce tronçon important de la grande ligne ferrée de Calcutta à Lahore n'avait été retardé qu'à cause du délai nécessaire pour asseoir les fondations, et élever les piles du gigantesque pont sur la Jumna.

Sauf le fort, avec ses hautes et belles murailles en grès rouge, aucun monument important ne témoigne de l'ancienne grandeur d'Allahabad, sous ses princes musulmans. Cependant il y a, dans une enceinte devenue jardin public, trois tombes élevées sur plate-forme, avec caveau, chambre supérieure, coupoles, tout cela d'un fort bon style et d'un bon effet, mais dans un grand état d'abandon. La place principale est assez animée, c'est le bazar ; nous y rencontrons la procession d'une pauvre noce musulmane, avec musique et saltimbanques en tête. Les tambourins et les flûtes criardes font tapage ; à tous les dix pas, la tête s'arrête et fait former le cercle; la foule s'accumule et nous ne pouvons voir les évolutions, qui font rire l'assistance tumultueuse et avide.

M. D..., chez lequel nous dînons, est inspecteur du chemin de fer; il habite un bungalow près les cantonnements et la station du chemin de fer. C'est un homme jeune, d'une belle et sympathique figure; sa femme et son fils sont en ce moment en Angleterre, et il songe à aller bientôt les rejoindre. Nous avions déposé nos bagages chez notre hôte; à huit heures, notre voiture vint nous chercher; il faisait un beau clair de lune; la route était meilleure que lorsque nous l'avions suivie, en sens contraire, onze jours avant; les chevaux marchaient mieux; nous avions les paupières lourdes, l'estomac satisfait; le sommeil vint bien vite. A neuf heures du matin, nous étions à l'hôtel Smyth, nous n'avions employé que treize heures pour faire les 125 kilom. (78 milles) qui séparent Allahabad de Seroor, où sont les cantonnements anglais et les deux hôtels. La ville de Bénarès, ainsi que je l'ai dit à ma première visite, est située à 3 milles du plateau, où sont les établissements européens, l'église anglaise et les casernes.

26 février. Après notre installation dans les mêmes chambres que nous occupions le 13, et le repas obligé, une voiture à siége, une vraie calèche, nous conduit vers les ruines très-curieuses de Sarnath, à environ 3 kilom. des cantonnements, et en pleine campagne. Nous quittons la voiture pour suivre à pied des sentiers qui nous mènent au bas d'un monticule factice, surmonté d'une construction octogone, à parois verticales. De loin, cette masse semble se tenir en équilibre sur la pointe du monticule, qu'elle dépasse tout autour. De près, on s'aperçoit que ce sont les fouilles, faites au pied du monument, qui produisent cet aspect singulier d'une masse énorme reposant sur une base étranglée. Toute la colline artificielle qui lui sert

de support est composée de débris de pierres et de briques ; elle a été bouleversée et fouillée dans tous les sens, depuis bien des siècles, à la recherche des prétendus trésors qu'elle cachait dans son sein ; on a découvert, au centre, un caveau dans lequel on pénètre par une trouée faite dans le flanc de cette colline. Il est maintenant à moitié rempli de matériaux éboulés ; la voûte est percée et communique avec la grande chambre occupant seule l'intérieur de la construction octogone. Que pouvait être ce monument ? Un tombeau sans doute. Tout revêtement extérieur a disparu, il ne reste plus qu'un solide massif en briques et petites pierres noyées dans un dur mortier. Les murs de la chambre supérieure ont une épaisseur considérable.

Non loin de cette ruine est un étang sacré, ou petit lac, ayant une partie de ses bords couverte d'une riche végétation d'arbres puissants, qu'on est toujours sûr de trouver dans le voisinage d'un temple hindou. Il en existe un, en effet, de petites dimensions et sans caractère, sous ces ombrages, avec un escalier descendant au lac. Tout le terrain environnant est couvert de débris de terre cuite et de briques. On prétend qu'il y eut là jadis un immense couvent bouddhiste, qui fut détruit quand le brahmanisme redevint dominant dans ces contrées.

Nous visitons, en continuant notre promenade, une autre grande ruine au milieu de fouilles considérables. C'est une haute tour conique dont le sommet a été tronqué. Elle devait être revêtue de parements en grandes pierres. Toute la partie supérieure en a été dépouillée, et montre à nu le gros œuvre, où les plantes parasites croissent et tombent en guirlandes du sommet croulant. La partie inférieure, mieux conservée, offre une suite de sculptures très-frustes, d'un faible relief, sur de grandes dalles de grès, formant un revêtement d'une solidité et d'un travail remarquables ; malheureusement, cette partie du monument a souffert, de la part des hommes et du temps, d'irréparables dommages. Plus de moitié du bel appareil extérieur a été arraché ou mutilé. On a fouillé pour parvenir aux fondations; et le plein de la construction, composé de puissantes pierres taillées, et superposées sans ciment, apparaît dans toute sa solidité. De profondes excavations ont été pratiquées à quelques pas de ce monument, et, partout, on a mis au jour d'énormes assises de pierres. Il est probable que ces vieilles ruines ont servi de carrières aux constructeurs des palais, des temples et des mosquées de Bénarès : on trouvait là de magnifiques matériaux, prêts à être employés. Un temple hindou moderne est à quelques pas de cette tour. Il nous faut bien des pourparlers et une longue attente pour nous faire ouvrir la porte de l'enclos qui précède ce temple, fort peu remarquable.

En quittant Sarnath, notre voiture nous conduit dans Bénarès, vers le bazar, où nous mettons pied à terre, les rues trop étroites ne permettant pas, à mon grand contentement, la circulation en calèche. J'aurais aimé à flâner seul, et à l'aventure, à travers les rues si curieuses de Bénarès. Dans les unes, silence complet; pas de boutiques, pas de métiers en action; les portes et les fenêtres extérieures fermées; la vie est probablement à l'intérieur. Dans les autres, vers le bazar, cent industries en mouvement, dans de petites boutiques, de basses échoppes, sans aucune fermeture le jour, sans rien qui les sépare du passant. Tout s'y fabrique à la main, par les procédés et avec les outils et les engins les plus primitifs, mais avec une adresse et une patience qui rendent le travail parfait; le tour pour le bois, l'ivoire ou le métal est mu par une corde enroulée sur un axe horizontal ou vertical; un aide, accroupi, tire alternativement chacun des bouts de la corde, tandis que l'artisan promène son outil sur la pièce à tourner. Les pieds sont souvent de la partie dans ces industries. La position accroupie, qui est la posture générale, les met de niveau avec les mains et les rend compagnons du travail. La chaussure fixe ne les a jamais déformés ; et les ablutions fréquentes, faciles et obligées, leur donnent autant de netteté qu'aux mains. Ils aident au travail en prenant, tenant et replaçant les objets à eur portée.

L'industrie la plus bruyante et la plus fréquente à Bénarès est celle qui emploie le cuivre rouge ou jaune, pour le battre, le tourner et le façonner en plateaux de toutes dimensions, en aiguières, en lampes et, principalement, en vases grands ou petits, à panse arrondie, à col étranglé et à rebord épanoui ; ces vases, polis et brillants comme de l'or, servent à puiser l'eau dans le Gange, à la boire, à la verser sur soi dans les ablutions, ou sur les autels dans les temples. Il y en a d'aussi petits qu'un verre ordinaire ; c'est l'objet qu'on remarque le plus fréquemment aux mains d'un Hindou. Les passementiers, les brodeurs, les tailleurs, les orfèvres, etc., exercent aussi leur métier en public.

Nous faisons aujourd'hui une revue rapide, sous la conduite de ce même domestique indigène de l'hôtel, qui nous avait pilotés dans Bénarès, à notre premier passage. Comme il ne parlait pas l'anglais, c'est par signes que nous correspondions, et à l'aide d'une liste des noms des monuments que nous voulions visiter. Nous circulons dans des quartiers qui me rappellent le Caire et son immense labyrinthe de rues étroites ; mais ici, les maisons sont mieux construites et en matériaux plus solides.

Notre guide nous conduit à l'observatoire ancien, bâti autrefois par un Rajah de Rajpootna. Il est situé dans la ville, au milieu d'un massif de maisons occupant près du Gange une déclivité rapide. La partie que l'on visite se compose de terrasses de niveaux différents, auxquelles on accède par de petits escaliers. C'est là qu'on trouve, en meilleur état qu'au vieil observatoire de Delhi, toutes les constructions et dispositions spéciales à ces sortes de monuments chez les musulmans de l'Inde : cadrans immenses, arcs divers; puis, des lignes, des divisions, des signes à l'infini — vrai grimoire pour ceux qui, comme moi, s'occupent bien peu d'astronomie rétrospective, et même d'astronomie moderne. Cet observatoire, aujourd'hui sans emploi, ne m'intéressait guère : j'aimais bien mieux le spectacle varié dont on jouit du haut des terrasses, qui dominent une courbe du fleuve en amont, la campagne au loin, et le coin de la ville où elles sont situées. Il y a là des maisons échelonnées jusqu'au bord de l'eau; un petit temple, hors d'équilibre, à clocheton côtelé et pointu; des chantiers de grands bois; des dépôts de marchandises variées, amoncelées en plein air; des groupes d'hommes accroupis en cercle; des chameaux affaissés sur leurs jambes repliées sous leur corps; à la rive, toute une flotte de bateaux de formes et de grandeurs différentes venant du haut pays; et sur les longs escaliers, qui mènent dans l'intérieur de la ville, des files d'hommes et de femmes descendent et montent les humides degrés de pierre pour aller puiser et emporter dans leurs vases de cuivre poli l'eau sainte du Gange.

En quittant les terrasses de l'observatoire, nous remarquons que tout le reste de l'édifice sert maintenant de caravansérail : la cour et les galeries intérieures sont encombrées de ballots; des marchands y ont leur gîte : ce sont des musulmans; car l'Hindou, emprisonné dans sa caste, n'a point la liberté d'allures que le commerce exige. Nous traversons de nouveaux quartiers en allant rejoindre notre voiture pour retourner à l'hôtel Smyth.

Nous nous proposons de faire demain une visite plus complète à cette ville si curieuse. Nous terminons notre journée par une promenade au jardin public des cantonnements, près notre demeure. Il est parfaitement tenu ; et les Anglais qui le dirigent cherchent à y acclimater des plantes d'Europe. Un grand personnage indigène, de belle tournure et en costume splendide, parcourt ce beau jardin avec une suite nombreuse. Dans la soirée nous sommes assaillis à l'hôtel par une foule d'industriels nous offrant toutes sortes de curiosités, d'étoffes, etc.

27 février. A six heures du matin, la calèche nous attend, ainsi qu'un guide parlant un peu l'anglais ; nous traversons les grands espaces voisins de l'hôtel où sont les cantonnements anglais et toutes les industries qu'ils font vivre ; et nous nous dirigeons, comme nous l'avions fait à notre premier passage, vers l'extrémité nord de la ville, en amont du Gange, dans l'intention d'y prendre une barque, et de passer encore une fois en revue les aspects si variés et si curieux qu'offre Bénarès, dans toute la partie dont le fleuve baigne les singulières substructions. Sur notre route nous passons devant le Collége Brahmanique, édifice isolé, de construction moderne, s'élevant sur une pelouse, au milieu d'un parc, et portant au plus haut point, dans son architecture indécise, bâtarde, éclectique, le cachet anglais.

Il y a dans ces hauteurs de la ville, qui en sont les faubourgs aristocratiques, un grand nombre de belles habitations, au milieu de jardins dont les hautes murailles bordent la route. Ce sont des résidences temporaires de princes ou riches Hindous de toutes les parties de la presqu'île, pour lesquels c'est un point d'honneur de vanité ou de religion d'avoir un palais dans la ville sainte, pour l'époque des grandes solennités, ou pour y finir leurs jours sur les bords du fleuve sacré qui absorbera leurs cendres.

Nous passons, mais, cette fois, sans y entrer, devant le

temple des Singes ; et nous en voyons quelques-uns qui flânent en amateurs sur les murs voisins — c'est en l'honneur et en mémoire de Hooniman, le grand singe qui a conquis l'île de Ceylan pour Rama, que ces vilaines bêtes sont entretenues dans ce temple et respectées dans la ville. Sur les grands degrés du bassin carré, quelques Hindous et une seule femme font leurs ablutions matinales. De là, vers le point du fleuve où nous devions prendre une barque, on traverse de pauvres quartiers, entrecoupés de jardins mal clos et de champs ; c'est la lisière de la ville que nous devons contourner, car il ne faut pas penser à la ligne droite, au chemin le plus court, avec une voiture, tant les rues du centre sont étroites.

A l'aide de notre guide, le marché est vite fait avec deux bateliers ; notre cocher est renvoyé pour nous attendre à l'autre extrémité de la ville et nous commençons à descendre lentement le fleuve, serrant la rive d'aussi près que peuvent le permettre les nombreuses barques de toutes dimensions qui y sont amarrées. Bénarès, ainsi que je viens de le dire tout à l'heure, sert de résidence temporaire à tous les grands personnages professant le culte de Brahma ; c'est, dans les jours de fête religieuse, le rendez-vous de pèlerins, qui y viennent de toutes les provinces par bandes innombrables. Il n'est donc pas étonnant que, hors le temps de ces grands rassemblements, l'immense partie de la ville, qui se développe le long de la rive gauche du fleuve, paraisse relativement déserte ; les palais sont inhabités, les *gauts* ou degrés de pierre, que lave l'eau du fleuve, n'ont que de rares baigneurs ; les terrasses étagées des petits temples, les gradins et les paliers qui, du bord de l'eau, montent aux palais, tout ce vaste décor, si varié, si irrégulier et si pittoresque, semblent froids et inanimés dans les temps ordinaires ; quand, au contraire, dans les jours de fête, ils peuvent à grand'peine contenir la foule sans cesse renouvelée qui les couvre. Il y a, cependant, affluence aujourd'hui sur les marches du *gaut*, près la mosquée d'Aurengzeb. C'est un des endroits les plus curieux de la ville par la diversité et la singularité des édifices qui s'échelonnent sur la pente rapide qui descend au fleuve. Bon nombre de personnes se baignent ; la plupart sur les degrés publics : quelques-unes seulement, et surtout les femmes, dans des compartiments ouverts sur le Gange et faisant partie de l'étage inférieur des maisons qui le bordent. Mais tout se passe décemment et en silence, bien que les sexes ne soient point séparés. Comme l'immersion est une pratique religieuse, habituelle, quotidienne même, pour ceux qui sont à portée d'une eau quelconque, c'est un devoir, un besoin, plutôt qu'un plaisir : rien donc qui se rapproche de ces ébats turbulents et de cette folâtrerie égrillarde qui accompagneraient infailliblement, sous nos climats et avec nos mœurs, de pareilles réunions aquatiques. Les hommes sont complétement nus dans l'eau ; les femmes avec une simple étoffe, entourant le bas du corps, et avec une écharpe étendue devant le sein ; elles développent et replacent tout cela dans l'eau ; et, en sortant, elles se couvrent de vêtements secs, faisant adroitement tomber ceux qui sont mouillés. Le costume est peu compliqué dans ces pays — encore, étions-nous dans la saison froide — il se compose d'une longue bande d'étoffe de coton, enroulée autour de chaque cuisse, couvrant aussi le ventre et le côté opposé, et venant s'arrêter à la ceinture : les femmes y ajoutent une écharpe, passant sur une épaule, serrée autour des reins, dont elles étalent les plis sur leur poitrine. Rien ne doit être cousu dans le vêtement inférieur de l'Hindou, fidèle à sa loi religieuse ; aussi le pantalon, ou le jupon, sont-ils en abomination chez l'un et l'autre sexe. C'est après avoir passé devant la mosquée d'Aurengzeb que nous laissâmes notre bateau pour nous engager, sous la conduite de notre guide, dans un dédale de petites rues, qui nous conduisirent au bazar; nous venions de marcher pendant une centaine de pas derrière un éléphant, qui bouchait littéralement toute la rue étroite que nous suivions ; il avait, paraît-il, beaucoup de connaissances dans le quartier, car il s'arrêtait souvent, prenant à une porte, recevant à une autre ; il portait une howdah d'assez piètre apparence, recouverte d'étoffe rouge, et n'étant occupée par personne; le mahout, assis sur le col de l'animal, une jambe repliée et l'autre pendante, le dirigeait par la pression de son talon, et aussi à l'aide de la voix.

Une rue de côté nous avait permis d'arriver au bazar, sans suivre plus longtemps la piste de cet incommode flâneur. Le bazar, ou quartier marchand, est fort animé ce matin ; j'y passe en revue bien des petites boutiques, tandis que mon compagnon fait quelques emplettes. La couleur locale commence à se mélanger un peu des teintes d'Europe. Outre une affreuse petite halle, récemment construite en style gréco-romain par quelque malencontreux soi-disant architecte européen, l'invasion des produits anglais est flagrante : Birmingham, Leeds et Manchester étalent dans toutes les échoppes leurs quincailleries et leurs cotonnades. Toutefois, les industries du pays dominent encore, car une foule de menus objets, exposés en vente, se fabriquent, comme je l'ai déjà dit, sur place et sous les yeux des acheteurs.

Ce qui m'intéressait le plus dans Bénarès, c'était son caractère de ville sainte, et les pratiques religieuses dont elle est le théâtre. J'insistai pour revoir le *Golden temple*, où nous avions, à notre premier passage, il y a quinze jours, été décorés de colliers de fleurs. Nous nous arrêtons en route chez un artisan ou artiste, qui taille dans le marbre ou la pierre toutes les divinités hindoues : c'est une vraie fabrique ; il y en a de toutes les laideurs et de toutes les dimensions, depuis la statue de grandeur humaine jusqu'à la figurine à mettre dans la poche.

Au *Golden temple*, ce matin, les cours, les couloirs, les enfoncements, les recoins étaient encombrés d'une foule pressée, marchant nu-pieds sur les dalles ruisselantes; les petits autels étaient inondés d'eau et couverts de grains de riz et de feuilles de fleurs; impossible d'approcher de la fontaine sacrée. La porte étroite, sur la rue, était obstruée de deux courants contraires; mais, grâce à notre costume européen, ou à la crainte de notre contact impur, le vide se faisait devant nous; les femmes surtout manifestaient un singulier effroi et se tournaient la face contre les murs.

En traversant la rue, nous entrons dans une autre enceinte où la foule des visiteurs ou pèlerins est moindre que dans le Temple doré : c'est l'hospice où l'on héberge un grand nombre de bœufs et vaches consacrés, qui erraient naguère à travers la ville, nuit et jour, et qui causaient de nombreux accidents. La race bovine est en grande vénération chez les Hindous; malheur à qui maltraite devant eux ces animaux, auxquels les légendes et les croyances religieuses assignent un caractère sacré; l'Hindou utilise leur travail et leur lait, mais il tient en abomination ceux qui se nourrissent de leur chair : c'est un sacrilége à ses yeux : aussi, l'indigène musulman, qui n'a pas ce scrupule religieux, lui est-il odieux à l'égal de l'Européen.

Les bœufs et vaches que contient cette enceinte—qui est aussi un temple — fourragent l'herbe et les feuillages que les dévots apportent. Toujours les mêmes offrandes d'eau, de fleurs et de grains de riz sur les petits autels carrés dont la pierre supérieure porte au centre un renflement arrondi en demi-boule. C'est le Lingam, ou principe créateur, placé presque toujours devant une figure de Siva, troisième personne de la Trinité hindoue, l'élément destructeur : ces images sont le symbole de la vie et de la mort s'aidant, se reproduisant et se remplaçant mutuellement. Il y avait dans ce temple un brahmane assis sur une estrade peu élevée, ayant à portée de sa main un vase contenant de la couleur rouge ; il y trempait le bout du doigt et marquait d'une tache ronde, juste au-dessus du nez, le front de tous ceux qui venaient se présenter à lui. Inutile de dire que la sébile à la menue monnaie était placée à côté du pot à couleur : donnant, donnant — c'est un peu la règle partout, à Bénarès comme à Rome. Ce prêtre, à belle prestance et à figure intelligente, ne nous voyait pas de bon gré circuler dans son église ; son regard peu bienveillant nous suivait partout ; nous lui causions évidemment une désagréable distraction ; et, peut-être, lui avons-nous fait mettre le doigt dans l'œil à plus d'une de ses pratiques.

En sortant, nous suivons la file des dévots des deux sexes, de fort piètre apparence, presque tous gens de la campagne, encombrés d'enfants, de besaces, de bâtons, de vases pour l'eau, de tout petits sacs ou sachets pour le riz ; car cette offrande se fait parcimonieusement, et, pour ainsi dire, grain à grain. Non loin du Temple doré, en descendant l'étroite rue, nous nous trouvons, avec la foule, près d'un grand hangar couvert, sous lequel est un vaste puisard, entouré d'une balustrade à hauteur d'appui, recevant, par des conduits souterrains, le trop-plein de la fontaine sacrée du Temple doré, qui, de là, s'écoule probablement dans le fleuve. La balustrade est constamment entourée de dévots qui jettent à profusion des fleurs dans ce puits, également sacré. La surface de l'eau en est cachée, et il s'en exhale une affreuse odeur de marécage et de putréfaction ; car toutes ces offrandes végétales, incessamment jetées, s'y corrompent aisément ; et, peut-être, ne les enlève-t-on jamais. Ce qui rend les exhalaisons de cette eau plus abondantes et plus fortes, c'est qu'elle est sans cesse agitée et troublée par la quantité de vases, petits ou grands, attachés à des cordes que les pèlerins y plongent et en retirent pleins. Ils boivent sur place cette eau corrompue; ils en emportent dévotement au loin, pleins de confiance dans son efficacité pour certains usages, physiques ou spirituels.

Sous ce hangar sont campés et groupés bon nombre de pauvres gens. Trois fakirs déguenillés, maigres et hideux, barbouillés de bleu et de blanc, les cheveux longs et emmêlés, sont accroupis dans des recoins; un d'entre eux nous poursuit de ses regards haineux, en marmottant. Tout près du hangar, quelques vieux arbres ont le pied entouré d'une banquette de terre peu élevée; des femmes y circulent autour du tronc, semant quelques feuilles de fleurs jaunes ou blanches, quelques grains de riz, s'arrêtant pour verser au pied quelque peu de l'eau qu'elles portent dans un petit vase; elles baisent l'arbre et continuent ainsi longuement, passant d'un arbre à un autre. J'aurais voulu rester longtemps spectateur de ces curieuses pratiques qu'on retrouve encore aujourd'hui à peu près les mêmes dans le catholicisme en Europe, mais il nous fallait hâter notre dernière visite à Bénarès, car notre départ était arrêté pour ce soir, à quatre heures. Nous circulons encore quelque temps au milieu de ce quartier où les temples, presque tous de petites dimensions, sont contigus les uns aux autres. Les Hindous considèrent cette partie de la ville sainte de Bénarès comme l'endroit le plus sacré du monde entier.

En retournant vers le bazar, notre guide voulut nous faire entrer dans quelques-unes des habitations de rajahs absents. Nous eûmes grand'peine à nous faire admettre dans une seule, au centre de la ville. C'était une vraie prison obscure, un magasin poussiéreux de toutes sortes de vieilleries et de bric-à-brac, dépareillé et discordant, d'un arrangement et d'un pêle-mêle risible; parmi les objets d'Europe nous remarquons un vieux paysage enfumé, dans un mince cadre jadis doré : ce qui le distinguait spécialement à nos yeux, c'est qu'il était accroché le ciel en bas ; la maison en brique au premier plan avait l'air de piquer une tête dans les nuages, et les arbres du fond étaient en position pour faire de même. Nous ne pûmes pas, à l'aide de notre guide, faire comprendre aux gardiens, qui nous montraient orgueilleusement ces misères prétentieuses, que le tableau devait être pendu en sens contraire ; ils le trouvaient très-bien ainsi, n'y comprenant probablement rien.

En allant regagner notre voiture, qui nous attend dans un faubourg, nous nous arrêtons encore devant quelques-uns des métiers qui s'exercent dans les échoppes ouvertes ; et toujours nous admirons la patience et l'adresse de ces artisans qui produisent un travail d'une perfection remarquable avec des outils et une installation grossiers et incommodes. Ainsi devait s'exercer l'industrie en Europe au moyen âge, quand elle était renfermée dans les villes, sous la protection de leurs fortes murailles. Dans l'endroit où nous rejoignons notre voiture, on broie le blé à la manière antique, entre une meule conique fixée dans le sol et une meule concave qui coiffe la première, et qu'on fait tourner à l'aide d'un bâtonnet transversant son sommet. Tout se fait à la main, ainsi que le blutage dans des tamis divers. Nous rencontrâmes deux éléphants de bonne maison, très-bien caparaçonnés, et portant chacun cinq à six personnes dans leurs riches howdahs.

Après notre retour à l'hôtel, et un arrêt de quelques heures, que j'employai à circuler dans les monotones et trop réguliers cantonnements anglais, ainsi qu'aux lestes préparatifs du départ, la même calèche, retenue pour la journée, nous conduisit à la station du chemin de fer, située, comme je l'ai dit, à 3 milles et demi de l'hôtel Smyth (5 kil. 1/2), sur la rive droite du Gange, en aval de la ville. Le pont de bateaux était tellement encombré de lourdes voitures traînées par des buffles, de petits ânes et de chameaux chargés, formant deux courants contraires, que notre voiture, avec ses allures pressées, y produisit une vraie bagarre; notre cocher, tout fier de l'importance des personnages qu'il conduisait, ne se contentait pas de faire claquer son fouet, mais avec une rapide libéralité il en distribuait une grêle de coups sur bêtes et gens, et les faisait dévier, rebrousser, regimber; la confusion était au comble, il y avait de quoi nous faire jeter au fleuve sacré. Enfin, après dix minutes de bousculades, le pont fut franchi. La station est voisine, en haut du talus élevé qui forme de ce côté l'encaissement naturel du Gange : nous y trouvâmes Pascual avec nos bagages envoyés à l'avance. On travaille activement à la grande gare dont j'ai parlé à notre arrivée, le 12. Il y a sur le chantier une fourmilière d'ouvriers indigènes et une foule de bêtes de somme et de chariots portant les briques, la chaux, la pierre : cela nous expliquait l'encombrement du pont; car une grande partie de ces matériaux vient de la rive gauche.

Il fait encore jour quand le convoi part de la station de Bénarès, qu'un embranchement de 6 milles (9 kilom. 50) joint à Mogul-Seraï, avec la ligne principale de *East Indian railway,* allant de Calcutta à Lahore. Nous sommes tous les deux seuls dans un *sleeping carriage;* nous n'avons pris nos billets que jusqu'à Burdwan, où nous devons arriver demain, à pareille heure. La campagne me parut assez monotone dans ce premier parcours. D'ailleurs, le jour baissait, et je ne pus remarquer, pendant le peu de clarté qui restait, que cinq éléphants montés par leurs mahouts, suivant à la file une route à peu près parallèle au chemin de fer; mais bientôt l'éloignement fit confondre ces grosses masses mouvantes et obscures dans la ligne des grands arbres sous lesquels elles s'avançaient.

28 février. On dort confortablement dans un *sleeping carriage* : au petit jour nous étions à Jumalpore ; quelques lignes de collines rompent ici l'uniformité de la plaine ; nous en retrouvons encore près de l'embranchement de Rajmahal. La voie de fer est là peu éloignée du cours du Gange ; nous le suivons pendant presque toute la journée, apercevant à 2 ou 3 kilom. au loin, sur notre gauche, tantôt une ligne d'eau étincelante, tantôt seulement la pointe blanche de quelques voiles. La chaleur est accablante dans cette vaste plaine, et la poussière fort gênante : il en coûte cher de s'arrêter aux rares *refreshment rooms* (buffets) de la voie — 2 roupies (5 fr.) pour un verre de bière et une côtelette.

A cinq heures du soir nous descendions à la station de Burdwan, à 67 milles de Calcutta (108 kilom.). Il n'y avait plus qu'une seule chambre disponible à l'unique hôtel près le chemin de fer : mon compagnon la prit, et je trouvai un gîte plus modeste au *Dâk bungalow* voisin, situé sur une pelouse, couverte en ce moment par un campement nombreux d'indigènes des deux sexes, escorte et domesticité de quelque personnage important, logé comme moi au bungalow.

Quand la nuit fut venue, j'observai longtemps ce curieux bivouac, en circulant autour. Les groupes les plus rapprochés du bâtiment communiquaient, par d'incessantes allées et venues, avec l'intérieur, fortement éclairé, où se tenait le maître, sans doute. Vers neuf heures, les portes se fermèrent ; les groupes épars restèrent couchés à la belle étoile ; quelques feux furent allumés pour éloigner les carnassiers rôdeurs dont ces vastes plaines abondent ; mais le calme et le silence furent longtemps à s'établir dans cette foule disséminée où retentissait incessamment le tapotement et le grincement d'une musique monotone, accompagnant des chants nasillards et lentement traînés. J'étais depuis plus d'une heure sur la modeste couchette du bungalow que j'entendais toujours cet ennuyeux tapage. La nuit fut mauvaise; un rat, que je voyais courir bruyamment sur ma natte, ne me laissait pas fermer l'œil; les chacals glapirent toute la nuit, alléchés par l'odeur des cantines et des reliefs du bivouac, ou agacés par la musique.

29 février. Au jour, je fus sur pied, je trouvai mon rat dans mes habits, mais sans dommages; je lui ouvris la porte et il fila. Le bivouac était levé; plus personne sur la pelouse: l'herbe foulée, la cendre des feux et quelques débris épars témoignaient seuls qu'une foule avait campé là. A sept heures je vais prendre le thé du matin avec M. Gumpert; une voiture nous attend. Nous commençons notre tournée par la villa du Rajah de Burdwan, qui renferme une ménagerie célèbre dans l'Inde. Les lions, les tigres, etc., bien que renfermés comme chez nous, ont une plus fière tournure. Une belle lionne y allaitait ses lionceaux de quelques jours; et, dans la même et vaste loge, un magnifique lion, le père sans doute, passait et repassait devant les barreaux de fer. Un jeune et frêle Anglais, de mise élégante, visiteur comme nous, croyant faire preuve d'une indomptable audace devant des étrangers — nous parlions en français, mon compagnon et moi — se mit à agacer la lionne avec une longue badine. Je n'ai jamais rien vu de plus majestueusement terrible que la colère et les rugissements étouffés de ces deux puissantes bêtes. Notre jeune brave continuait sa prouesse à l'abri des épais barreaux de fer; nous insistâmes pour qu'il cessât cet indigne jeu. Il se retira tout fier, et sans doute persuadé qu'il venait de dompter toute une famille de lions.

Les immenses jardins qui renferment cette ménagerie sont parfaitement entretenus : différents enclos, sous de magnifiques ombrages, sont destinés aux animaux paisibles, aux oiseaux, dont la collection est des plus curieuses; aux singes, dont quelques-uns sont apprivoisés et en liberté sur les arbres du jardin : un, entre autres, tout noir et très-petit, vrai caricature-miniature de l'homme, est très-familier avec les visiteurs. Malheureusement il est muet, comme tous ses semblables, et ce n'est que par signes qu'on peut causer avec lui. J'ai rarement vu une mine plus éveillée, des yeux plus intelligents.

Sur un des côtés d'un vaste bassin carré, avec balustrades, grands escaliers, talus en pierres taillées, s'élève la villa du Rajah, construction moderne dans le goût italien. Nous en visitons l'intérieur, distribué suivant les exigences du climat et meublé avec luxe à l'européenne.

A quelque distance de ce beau parc et de cette ménagerie, dont l'entretien mensuel est de 800 livres sterling (20,000 fr.) — 240,000 fr. par an — nous allons visiter un vaste enclos carré, renfermant, adossés à ses quatre murs, cent huit petits temples consacrés à Siva, la troisième personne de la Trinité hindoue. Tous sont bâtis symétriquement et renferment un petit autel avec lingam devant une figurine de Siva ; chacun de ces édicules est coiffé de son petit clocheton en forme de ruche ; tout l'extérieur et l'intérieur de cette enceinte, soigneusement gardée, est peint en blanc. Le sol de l'enclos est un jardin à compartiments réguliers, avec une grande allée sur les quatre faces intérieures ; chaque temple ayant son entrée sur cette allée. C'est le père adoptif du Rajah actuel qui a fait construire cette fantaisie religieuse.

Par d'assez bonnes routes, sous de merveilleux ombrages, et en passant devant bon nombre de cases, cachées sous un vert fouillis de vigoureuse végétation, nous entrons dans la ville de Burdwan, où se trouve le palais du Rajah, immense construction moderne, un peu étouffée par une prodigieuse quantité de dépendances et de bâtiments de service : l'intérieur, meublé dans le goût européen le plus somptueux, renferme une suite de grandes salles de réception, où les ornements de marbre, les statues et les glaces abondent, mais en belle et noble disposition. Une grande galerie contient une collection de portraits, peints ou gravés, en pied ou en buste, des grands personnages contemporains. La place d'honneur, cela va sans dire, est pour la reine Victoria. Le Rajah actuel y est représenté plusieurs fois, tantôt avec le riche costume indigène de son rang, tantôt en sévère uniforme, mi-parti de l'Inde et d'Europe. Il a une belle figure d'un très-noble type. C'est un homme jeune encore, et je l'ai vu hier à la station, où il prenait pour Calcutta le wagon que nous quittions. Les appartements sont meublés avec le luxe le plus raffiné. En somme, plus d'un souverain d'Europe envierait ce palais et ses richesses, ainsi que les revenus du Rajah, qui est le plus grand propriétaire de l'Inde ; son domaine n'a pas moins de 70 milles de long sur 50 de large (112 kilom. sur 80 kilom., quelque chose comme 560 lieues carrées). Il paye au gouvernement de l'Inde 400,000 livres sterling par an (10 millions de francs). Toutes ses richesses, après sa mort, retourneront à l'État, car il est sans enfant ; et, étant lui-même fils adoptif du dernier Rajah, il ne jouit pas du droit d'adoption. C'est un riche héritage et une belle espérance pour le gouvernement de l'Inde. C'est, dit-on, un fantasque personnage que ce Rajah ; la dernière salle, par nous visitée dans le palais, est consacrée à un culte particulier de son cru, ni hindou ni chrétien, une espèce de déisme platonique et méditatif qu'il professe en tiède amateur : aucun ornement, aucun signe extérieur dans cette salle ; des siéges et une espèce de tribune pour faire une lecture ou un sermon. Sa devise, fournie sans doute par quelque vieil humaniste anglais, est : *Deo credito : Justitam colito.*

La ville de Burdwan n'offre rien de remarquable après le palais et ses dépendances. Nous quittons notre voiture pour pénétrer là où elle ne pourrait le faire, et afin de n'écraser personne dans les quelques rues où la foule entoure à toute heure les débits de comestibles variés. Nous nous présentons à la porte d'un petit temple hindou, situé au fond d'une cour ; on nous en refuse l'entrée, à moins de quitter nos chaussures. On est moins exigeant à Bénarès : mon compagnon s'offusque de ce refus et blasphème en anglais Brahmah, Vischnou et Siva ; il a tort ; ici on se déchausse avant d'entrer au temple ; en Europe on se décoiffe — l'un vaut l'autre — et il n'y a pas de quoi s'irriter contre l'observance de ces habitudes et de ces prescriptions.

Ce que j'ai le plus admiré à Burdwan, c'est l'abondance des eaux, et la magnificence de la végétation qui en résulte. A notre retour vers la station, nous reprenons nos gîtes respectifs ; et à cinq heures du soir nous sommes en wagon pour aller coucher à Calcutta. Nous rencontrons à l'embarcadère le révérend Banerjee, le ministre protestant indigène, passager avec nous sur l'*Aden*, dans notre voyage de Madras à Calcutta. Outre sa grande, jeune et maigre fille, qui se pimentait si fort aux repas du bord, il était escorté de sa femme, d'une nichée d'enfants et de trois ayahs (nourrices indigènes) ; il fallait un compartiment entier pour ce parfait patriarche, avec ce commencement de tribu. Nous fîmes donc route à part. A huit heures et demie, nous arrivions à Howrah sur la rive droite de l'Houghly ; le bateau à vapeur de service nous transportait en face, à la station de Calcutta ; et, peu après, nous étions installés, tous deux, au *Great Eastern hotel*, dans *a family room*.

## CHAPITRE IX.

Second séjour à Calcutta. — Grève des porteurs de palanquins. — Banknotes. — Mon boy. — *China-bazar*. — Barrackpore. — Descente en bateau sur l'Hougli. — Cadavre flottant. — Chandernagor. — Son état actuel. — Son peu d'importance politique et commerciale. — Retour à Calcutta. — Embarquement à bord de la *Cheduba*.

---

1ᵉʳ mars. Notre appartement se compose d'un grand salon, donnant sur un vaste corridor intérieur, d'une chambre sur *Old court house street*, la plus belle rue de Calcutta, tout près du palais du Vice-Roi; attenant à cette chambre est la cuve aux ablutions, avec robinet d'eau pour le *shower bath*. C'est un immense établissement que ce *Great Eastern hotel*, autrefois *Wilson-hotel* : j'ai déjà dit, à mon premier passage, avec quel capital énorme la société fondatrice avait commencé son exploitation. Il est vrai, je le répète, qu'une partie de ce capital est consacrée à un entrepôt de denrées et marchandises d'importation, dont les magasins occupent tout le rez-de-chaussée, sur une étendue considérable. Ce n'est pas un mauvais calcul de la part de cette société d'avoir cette deuxième corde à son arc ; en effet, le plus grand nombre des nouveaux arrivants au Bengale, en quête, ou pourvus d'une position, deviennent, soit à Calcutta, soit dans les provinces, les pratiques de l'entrepôt commercial, après avoir été les clients de l'hôtel. Un autre établissement du même genre, tenu sur un aussi grand pied, *Spence's hotel*, situé de l'autre côté de *Government house*, partage, en concurrence avec le *Great Eastern*, presque toute la clientèle des voyageurs, aspirant à la *respectabilité* et ne regardant pas à la dépense.

Les porteurs de palanquins et les cochers de voitures de louage sont en grève en ce moment. J'avais été étonné, ce matin, en allant faire une promenade avant déjeuner, de ne pas voir, devant l'entrée de l'hôtel, l'essaim importun de ces industriels, qui me poursuivaient, à mon premier passage, de leurs offres fatigantes, toutes les fois que je sortais à pied, comme c'est mon plaisir et mon habitude. Je n'avais plus entendu me crier aux oreilles, à chaque coin de rue devant lequel je passais : *Palkee, Sir, Palkee,* ou *Gharree, Sir, Gharree*. La cause de cette grève était un tarif publié par la police locale, réglant à l'heure, ou au mille, le prix du transport en palanquin ou en voiture. C'était aujourd'hui, premier mars, que ce nouveau tarif devait être mis en vigueur. Cette mesure était excellente et dans l'intérêt de tous ; des nouveaux arrivants surtout, qui devaient subir les exigences irrégulières et exagérées de ces indigènes, qui ne comprennent pas l'anglais. Le tarif était également rémunérateur pour les porteurs et les cochers ; enfin, c'était l'ordre remplaçant l'arbitraire.

Vers deux heures, au moment où je lisais les journaux après le tiffin, un grand brouhaha s'éleva dans la rue ; je me mets à la fenêtre, et je vois s'avancer une foule compacte de trois à quatre cents indigènes, marchant tranquillement et poussant, de temps à autre, un cri confus. C'étaient les porteurs de palanquins et conducteurs de gharries qui allaient chez le chef de la police protester contre le nouveau tarif. Nous apprîmes, le soir, que ce magistrat avait maintenu sa mesure, en déclarant à ceux qui ne voudraient pas l'accepter qu'on ne pouvait pas les y contraindre, mais qu'on les ferait conduire dans leurs provinces respectives. Ces gens s'étaient retirés sans désordre.

M. G., avant notre départ pour Bénarès, avait promis à un de ses amis, directeur de la banque du Bengale, de dîner chez lui, à notre retour. Ce Monsieur avait été mon compagnon de *berth*, à bord de l'*Aden;* je fus compris dans l'invitation, et c'était pour aujourd'hui ; il fallut mettre l'habit noir. La chère fut bonne ; les convives sérieux — tous financiers. On ne parla que *shares, premiums, dividends,* etc., mais on but copieusement avant, pendant et après le repas, qui fut long et solennel.

2 mars. C'est demain que le vapeur français *l'Érymanthe* part pour Pointe de Galle, emportant la correspondance pour la France ; j'achève le matin une lettre et je vais la porter à la poste. La grève est finie ; je suis assailli des importunités des porteurs de palanquins. J'ai fait visite chez M. Van G., sans rencontrer personne ; j'ai un peu circulé par la ville anglaise que je trouve bien monotone, et je suis revenu sur le quai de l'Hougli, où mille scènes curieuses me retiendraient, si ce n'était la chaleur et la poussière qui me forcent à rentrer. M. G., mon compagnon, devant partir, demain, par le bateau français pour retourner à Bombay, sa résidence, en passant par Madras, je l'ai longtemps attendu pour lui faire mes adieux ; car son intention était de se rendre, ce soir, à bord ; le départ ayant lieu de très-bonne heure, le lendemain matin, et la distance de l'hôtel à *Garden reach*, où stationnent les bateaux à vapeur, étant de plus de 3 kilomètres. Lorsqu'il fut arrivé, vers les quatre heures, je n'avais plus le temps de faire une prome=

nade projetée, je me décidai à l'accompagner à bord de l'*Erymanthe*, où je le laissai, après l'avoir présenté aux officiers avec qui j'avais fait une courte connaissance sur le même steamer, de Pointe de Galle à Pondichéry, six semaines auparavant. Le commandant Jehenne, un de mes compagnons de voyage de Marseille à Pondichéry, n'était pas à bord en ce moment. Je regrettai de ne pouvoir pas lui présenter mon ami, et me rappeler à son souvenir; car c'est un de ces hommes qui font honneur à la marine française par leur instruction et leurs bonnes manières. Je fis à M. Gumpert un cordial adieu, me promettant bien, si j'allais à Bombay, de le revoir avec plaisir. Nous avions fait très-bon ménage ensemble dans toute notre tournée, et sa compagnie m'avait été aussi agréable qu'utile; car, seul, je n'eusse jamais pu me tirer d'affaire dans cette pointe, si rapide et si intéressante, que nous venions de faire jusques à Delhi. Pascual retournait aussi, avec son maître, à Bombay. La même voiture, qui nous avait menés à *Garden reach*, me remporta, seul, à *Great Eastern;* le gong retentissait dans les longs corridors de l'hôtel quand j'arrivai, et je ne fis qu'un saut de la voiture à la table.

3 mars. Je m'étais décidé, en revenant de Delhi à Calcutta, à continuer par mer jusques à Singapour, remettant à mon arrivée en cette ville la détermination de ma direction ultérieure. Bien qu'il y ait des correspondances régulières et directes entre Calcutta et Singapour, je préférais de beaucoup allonger la course en prenant le steamer qui, tous les mois, accomplit le voyage de Singapour et retour, faisant escale à Rangoon, Maulmein, Poulo-Penang et Malacca. Cet itinéraire me séduisait fort. Je m'arrêtai donc à l'idée de le suivre, et je fis toutes mes dispositions en conséquence : le départ était affiché pour le 7. On m'avait prévenu ce matin à l'hôtel que si je gardais pour moi seul le petit appartement que j'occupais

avec M. G., j'aurais à le payer 10 roupies par jour (25 fr.). Je renonçai à ce luxe; et je pris, au même étage, *a bachelor's room*, d'un prix plus discret; de sorte que je n'eus plus à payer, pour chambre et repas, que 7 roupies par jour, sans le vin ou la bière, qui se payent à part.

Ceci réglé pour les quatre jours que j'avais encore à passer au Great Eastern, je songeai à la question financière. Outre de l'argent, ou plutôt de l'or français, et le crédit circulaire que je tenais du comptoir d'escompte de Paris, j'avais de l'or anglais, et 100 livres en banknotes; je voulais faire ressource de cette valeur au moment de quitter le Bengale, sans perdre sur le change. J'allai au bureau du comptoir d'escompte de Paris, où ces Messieurs ne voulaient me prendre mes banknotes, par faveur spéciale et comme leur recommandé, qu'à un taux que je considérais comme usuraire. J'avais été de bonne heure chez M. Van G., sans le trouver; j'y retournai après le déjeuner; la réception fut aussi cordiale qu'à mon premier séjour; je lui exposai mon désir de changer en roupies mes billets de la banque d'Angleterre, sans trop grande perte. Cela ne fit pas un pli; ces banknotes étaient, suivant lui, fort recherchées par tous ceux qui retournent en Europe; et il offrait de me prendre, au pair, à raison de 10 roupies par livre sterling, tout ce que je voudrais changer.

En rentrant à l'hôtel, je rencontre le bon M. Roberts; il venait d'arriver de Darjeeling, où il s'occupe de plantations de thé : c'est une fureur maintenant dans l'Inde, et cette culture prend une extension incroyable, au pied de l'Himalaya. Je fus enchanté de retrouver cet excellent homme, dont la société m'avait été si agréable dans le voyage de Suez à Pondichéry; il logeait au Great Eastern, et il se mit à ma disposition pour les quelques jours que j'avais à passer à Calcutta. Lui, aussi, m'offrit de prendre, au pair, tout ce que j'aurais de banknotes. Il les recherchait souvent, quand il avait quelques remises à envoyer en Angleterre.

Sur le désir que je lui manifestai d'aller, avant mon départ, à Barrackpore et à Chandernagor, il m'offrit de m'accompagner, et nous convînmes de partir, samedi soir, par le *Eastern Bengal railway*.

J'avais repris mon vieux boy musulman, qui me servait très-exactement, et dont j'avais grand besoin pour mes courses en voiture, pendant lesquelles il montait avec le cocher, ou se tenait derrière; et lorsque j'allais en palanquin, il suivait à pied. J'ai déjà fait remarquer que nous ne parlions pas le même anglais; aussi, dans la direction que je voulais donner à mes promenades par la ville et aux alentours, il y avait quelquefois de grands malentendus; mais, toujours, il trouvait moyen de me faire arrêter devant un marché; et, là, il y faisait sa petite provision dans un mouchoir à carreaux bleus; puis, sa maison se trouvant toujours sur notre chemin, il y déposait son paquet, et la voiture continuait. Je me rappelle que le dimanche où j'allai voir les grandes baignades des indigènes, et où je descendis à tous les gauts ou grands escaliers, il fit ce jour-là une ample provision de choux, qu'il me pria très-humblement de lui permettre de déposer dans la voiture. C'était un marché surprenant qu'il venait de faire : « *very cheap, very cheap,* » marmottait-il, et il m'assurait qu'on vendait ces choux deux fois plus cher dans son quartier.

Je fis aujourd'hui en voiture une longue promenade hors la ville, à l'est du fort William. Dans un village, près d'un canal communiquant avec le fleuve, il y avait un dépôt considérable de toutes sortes de denrées et d'ustensiles de ménage sur la berge et près des grands bateaux qui les apportent; mon homme trouva là une belle occasion de faire des marchés superbes. Pour suivre à pied une pauvre et bruyante noce, j'avais laissé la voiture sous de grands arbres ; quand je revins, je la trouvai encombrée de poterie et de légumes. Bien que je ne sois pas trop esclave du respect humain, il me déplaisait fort de rentrer dans le *respectable* quartier que j'habite avec un pareil attirail. Je grondai mon boy, qui me disait humblement : *very cheap, sir, very cheap.* Enfin, je fis mettre la poterie à fond de cale ; et le cocher, ami et coreligionnaire de mon boy — son copartageant, sans doute — trouva une étoffe pour dissimuler les légumes ; de cette manière, le pavillon couvrait la marchandise. Nous partîmes, moi trônant à l'arrière de la calèche découverte ; toutefois, au beau milieu du Maidan, je mis pied à terre pour rentrer à l'hôtel, et je laissai le boy et son second conduire la cargaison au port, c'est-à-dire dans sa maison, lui recommandant d'être exact pour l'heure du dîner, car le jour commençait à baisser. Il n'y manqua pas ; le gong n'avait pas fini de retentir dans l'hôtel qu'il était à la porte de ma chambre pour m'escorter à table. J'allai finir le reste de la soirée chez M. Van G. Comme il s'occupe de photographie, je lui proposai de m'exécuter en pied, sur carte de visite ; il me donna rendez-vous pour demain matin, à dix heures.

4 mars. Il a terriblement plu toute la nuit ; aussi, je fais une promenade matinale sans poussière, et sans soleil ; c'est toujours sur le Strand, au bord de l'Hougly, et jusques à l'embarcadère du East indian railway, en face Howrah, que je pousse ma flânerie du matin. Il y a là mille scènes curieuses à observer sur la rive si animée du fleuve ; embarquement et débarquement de marchandises, encombrement de navires et de barques, baigneurs sur le bord ; et, devant Howrah, une incessante traversée d'une rive à l'autre de grands bacs à vapeur, surchargés d'indigènes, dont l'arrivée et le départ donnent lieu à une foule de petits incidents comiques ; car la marée monte et descend de plusieurs mètres devant Calcutta :

il faut donc établir des communications mobiles entre la rive et les bacs; de là, des poussées, des chutes, des sauts dans l'eau de tous ces Bengalais des deux sexes, qui ne craignent pas de mouiller la chaussure qu'ils n'ont pas, et le vêtement qu'ils n'ont guère. A dix heures, M. Roberts m'accompagne chez M. Van G., où je pose en costume de voyage; d'abord, debout; puis, assis. Dans le portrait en pied, j'ai l'air d'être embroché verticalement; dans le portrait assis, j'ai un faux air de famille avec moi-même. En somme, c'est mal réussi, à cause de la mauvaise disposition de la lumière, que l'artiste ne sait pas atténuer, ni diriger à son gré, comme nos bons photographes en Europe. Je risque fort de n'être pas reconnu par mes enfants à Paris, sur ce mauvais portrait que je paye 20 roupies (50 fr.).

Je vais quitter mon costume de voyage pour ma tenue de ville, qui me pèse beaucoup par cette chaleur; je prends un palanquin et je me fais porter au consulat de France, où M. Lombard me fait un cordial accueil. Il était en train de tancer vertement un capitaine de navire marchand qui avait tellement maltraité un jeune mousse que ce dernier s'était sauvé; le capitaine promit de ne plus malmener le jeune déserteur. M. L. m'invite à déjeuner pour demain. Je vais de là au bureau de *British India steam navigation company*, arrêter ma place jusqu'à Singapore, pour le départ du 7 au matin. Je paye la totalité du prix : 300 roupies (750 fr.) pour tout le passage, en premières (*first cabin*).

J'avais rendez-vous avec M. Roberts, pour faire un tour, à pied, dans la partie populeuse de Calcutta, que je n'avais pas encore bien visitée. Nous commençons par le *China-bazar*, immense marché de même genre que le Temple à Paris, où la foule est plus compacte, les marchands plus importuns, presque tous Chinois, et où sont exposées en vente des masses de saletés et de vieilleries sans nom, défroques — chaussures, vaisselle, quincaillerie, le tout mêlé de quelques marchandises soi-disant neuves et avec un faux air d'Europe. Un peu plus loin, nous parcourons un bazar indigène beaucoup plus curieux par la population qui le fréquente et l'habite. Le *China-bazar* a pour clientèle de vendeurs et d'acheteurs toute la basse population civilisée, tous les matelots des navires d'Europe et d'Amérique, si nombreux dans l'Hougly ; dans l'autre bazar, on ne voit que des Bengalais, qui fourmillent et se coudoient dans de longues et étroites ruelles, bordées d'échoppes et de baraques en bois et en nattes du plus piteux aspect, proie facile pour le feu et les ouragans ; on y respire à plein nez les odeurs et les puanteurs les plus variées et les plus étranges. Le soir nous attrape dans ces labyrinthes si curieux. Nous rentrons dîner ; et malgré les alléchements de l'ouverture du théâtre Saint-James, où l'affiche promet un *hornpipe*, je me sens peu d'humeur à me remettre en route, à huit heures et demie ; je préfère mon lit.

5 mars. A neuf heures du matin, je suis au consulat, où je déjeune avec M. Lombard et son chancelier, M. Jacquemin, jeune homme fort distingué ; nous avons fait, tous les trois, une longue séance de bonne causerie. M. L. doit faire, sous peu, un voyage en France ; il est bien vu aux Tuileries, car c'est un compagnon des aventures de Strasbourg et de Boulogne. Il se plaint, avec raison, du rôle mesquin et de la petite figure qu'un consul général de France fait à Calcutta avec 50,000 fr. de traitement. Il faut, sur cette somme, payer un loyer qui en absorbe le tiers ; et comment soutenir, avec le reste, la dignité de son poste dans un pays et dans une ville comme Calcutta, où les dépenses de tenue de maison sont le triple de ce qu'on y consacre en Europe ? Il faut, ici, pour un consul général, même célibataire, chevaux de selle, voitures, palanquins et

toute la série indispensable de domestiques de tous degrés et de toute fonction : c'est tout un monde de valetaille à payer. Le luxe des hauts fonctionnaires anglais, des riches négociants et des rajahs indigènes est porté à un point inconnu en Europe. Aussi, les traitements, les fortunes, les affaires sont-ils sur une grande échelle. Quelle figure peut faire, avec 50,000 fr. et toutes ses charges obligatoires, un consul général de France, l'invité forcé de toutes les grandes réunions officielles ou privées ?

A l'appui de ces doléances, je me rappelais que M. Gumpert me disait qu'à Bombay, où le luxe et l'effort extérieur pour *paraître* sont, au moins, aussi grands qu'à Calcutta, il avait souvent plaint le pauvre consul de France, dont le traitement est de 20,000 fr. seulement, obligé de décliner toutes les invitations, et de lésiner sur toutes choses, pour joindre les deux bouts.

M. L... me remit une lettre pour le consul français à Singapore, et je le quittai très-reconnaissant du bon accueil qu'il m'avait fait à Calcutta. Je me fis conduire par mes porteurs à la poste et au strand, où je retirai chez Mac Kinnon and C° mon billet de cabine pour le départ du 7. On me donna le numéro 2 dans une cabine à deux lits, dont le numéro 1 était pris sous le nom du général Lane. J'avais promis à M. Van G... d'aller lui faire mes adieux, en tiffinant avec lui et madame, à trois heures. Le tiffin, ainsi que j'ai déjà eu occasion de le dire, est, dans l'Inde, le repas intermédiaire entre le déjeuner et le dîner : à l'hôtel, il était servi à une heure après midi. C'est un repas à la fourchette ; on s'attable donc trois fois par jour, à neuf heures pour déjeuner, à une heure pour *tiffiner,* à six heures et demie pour dîner, sans préjudice du café au saut du lit et du thé avant d'y entrer.

Je pris congé définitif de M. et Mme Van G..., qui avaient été excellents pour moi, à mes deux passages à Calcutta; et à quatre heures j'étais à l'hôtel, attendant M. Roberts, avec lequel je devais aller ce soir à Barrackpore. Je me dépouillai de mon costume de visites pour prendre ma livrée de voyage dans laquelle je me trouvai plus à la légère et mieux à mon aise. Je réglai avec mon vieux boy; et je lui fis cadeau, à sa grande joie, d'un tarbouche rouge, à belle houppe de soie bleue, qui, en 1857, avait fait sur mon chef, alors un peu moins chauve, le voyage du Caire en Nubie, et de Nubie en Syrie; qui avait eu à Esneh, dans la haute Égypte, les honneurs d'un couplet dans une improvisation arabe; qui avait assisté, fixe sur ma tête, au miracle du feu sacré, le samedi saint, dans l'église du Saint-Sépulcre, à Jérusalem. J'expliquai à mon boy tous ces mérites, et il reçut ce tarbouche avec componction : le cadeau venait à point. J'ai dit que cet homme était musulman, et qu'au lieu de coucher sur une natte en travers de ma porte, dans le corridor, comme tous les autres domestiques, il allait coucher chez lui. En m'apportant, le matin, à six heures, ma tasse de café, il déposait dans un coin de ma chambre la mousseline d'un blanc douteux qui entourait un vieux tarbouche râpé et sans mèche, de couleur incertaine, et il se coiffait d'un blanc turban hindou, à bords larges et aplatis, uniforme de tête de tous les boys de l'hôtel; le soir, en s'en allant, il reprenait sa livrée de musulman. Je lui donnai, en outre, une petite gratification; car il ne m'avait rien pris, probité rare chez ces boys; il ne m'avait pas laissé chômer de glace à table, d'assiettes chaudes et de cure-dents. Son ambition eût été de me suivre en Chine; et il eût volontiers abandonné femmes et enfants pour cette échappée lointaine. Après un humble salam de sa part, et un cordial « *God bless you* » de la mienne, nous nous quittâmes pour toujours.

J'avais gardé mon palanquin; M. Roberts avait aussi le sien

à la journée, nous allâmes de conserve à la gare de *Eastern Bengal railway*, pour nous rendre à Barrackpore. Au prix du nouveau tarif, la journée de neuf heures d'un palanquin se paye une roupie 4 annas (3 fr. 25), ce qui n'est, certes, pas cher ; la demi-journée de cinq heures, 12 annas (1 fr. 87). M. Roberts, qui parle le jargon des porteurs, mit bien vite à la raison les miens, qui voulaient me surfaire.

Le trajet de Calcutta à Barrackpore est de 14 milles ($22^k,500$), et s'accomplit en 40 minutes. Cette dernière ville est moderne, de création anglaise ; et, ainsi que son nom l'indique, « ville des casernes », c'est la station militaire de Calcutta ; elle est aussi la résidence de campagne du Gouverneur général des Indes, et d'une grande partie des hauts fonctionnaires du Bengale.

M. Roberts devait dîner et passer la nuit chez un compatriote et un homonyme ; et moi, à l'hôtel ; puis, le lendemain matin, nous devions aller à Chandernagor, situé à 5 ou 6 milles, en amont, sur l'Hougly.

Le soleil se couchait à notre arrivée à Barrackpore ; nous trouvons à la station M. et M$^{me}$ R., dans une calèche, attendant mon compagnon. Je voulais me rendre de suite à l'hôtel ; il me fallut monter dans la voiture, faire un tour dans le parc, pendant qu'il faisait encore jour, et prendre place à côté de M$^{me}$ R. J'étais tout honteux de mon costume de voyage ; je priai qu'on excusât le sans-gêne et l'impropriété de cette tenue, ne m'étant pas attendu à la bonne fortune qui m'arrivait. La voiture passe devant l'hôtel et nous emporte au galop de deux beaux chevaux dans le magnifique parc de la résidence du Gouverneur général, situé sur le bord du fleuve. Il y avait musique militaire, jouant, un peu solitairement, pour le plaisir d'une vingtaine de personnes à pied, et d'autant de cavaliers et d'amazones. Le Gouverneur général, sir Th. Lawrence, se promenait bourgeoisement, à pied, en paletot gris. Nous faisons une pause auprès de la musique ; puis, une course rapide dans les belles allées qui serpentent à travers des pelouses fraîches et des massifs d'arbres d'une puissante végétation ; quelques amazones intrépides nous croisent en galopant à fond de train, à travers les gazons, sur une piste capricieuse. La nuit est arrivée ; nous sortons du parc ; et je pense qu'on me conduit à l'hôtel ; mais, par une aimable trahison, on me fait descendre à l'habitation de l'ami de mon compagnon, et je me laisse de bonne grâce contraindre à accepter son hospitalité complète — la table et le lit.

6 mars. Nous devons repartir ce matin à huit heures et demie, aussi suis-je sur pied dès le petit jour, afin d'aller parcourir le parc que je n'ai vu, hier soir, qu'à la tombée de la nuit. Je sors seul, c'est dimanche aujourd'hui ; et je laisse mon compagnon avec le *prayer book*, qui ne le quitte jamais. Le parc, à cette heure matinale, est délicieux de fraîcheur ; il côtoie sur une longue étendue la rive gauche de l'Hougly. J'y admire surtout un *banian tree*, qui n'a pas plus d'une vingtaine d'années et qui occupe déjà, par ses troncs multiples, un terrain considérable, ombragé par ses voûtes de verdure. Le banian laisse pendre de ses branches de longs filaments, ou sarments déliés, qui prennent racine quand ils atteignent le sol ; la séve s'établit alors, et ils forment autant de troncs vivants du même arbre, émettant aussi des branches qui, à leur tour, laissent pendre de pareils sarments, cherchant à s'enraciner. Le terrain se garnit ainsi, de proche en proche, de tiges vivantes, de longueur, de grosseur et d'espacement variables, portant des branches touffues et vigoureuses, et de tout cet ensemble, sans cesse envahissant, il résulte un fantastique labyrinthe, au milieu duquel on peut circuler sous une ombre épaisse.

Il y a dans le parc de Barrackpore une ménagerie, des enclos pour les animaux paisibles, des étangs ou bassins pour les oiseaux aquatiques, les tortues, etc. Je rencontrai mes hôtes, mari et femme, faisant une cavalcade matinale sous le grands arbres du parc. Nous nous retrouvâmes bientôt autour de leur table, où ils avaient fait préparer, pour mon compagnon et moi, un déjeuner avant l'heure ordinaire.

Comme je viens de le dire, c'était dimanche ; or, ce jour-là, les trains partant de Calcutta sur cette ligne sont réduits à deux seulement pour Barrackpore, et à un seul au-delà de cette dernière ville, où il passe à huit heures et demie. Nous n'avions donc pas le choix ; et, d'ailleurs, partant demain pour Singapore, je voulais rentrer le soir même à Calcutta. Après les remercîments pour l'hospitalité si imprévue et si cordiale que j'avais reçue de M. et M$^{me}$ R., je pris avec mon compagnon le seul train montant ; et nous nous arrêtâmes, 10 milles plus loin, à la station de Nyehattee. De notre pied léger, nous gagnons en dix minutes la rive de l'Hougly, par une route qui relie le fleuve à la voie ferrée. Là, nous faisons prix avec deux jeunes garçons pour nous descendre, dans une barque couverte, à Chandernagor, situé sur la rive droite, à 5 milles en aval (8 kilom.). Le soleil est déjà terriblement chaud, aussi sommes-nous à l'abri du toit en nattes de notre bateau, qu'un des rameurs dirige à l'avant, l'autre à l'arrière.

On aperçoit au loin, sur la droite, dans la brume lumineuse, Chandernagor, qui fait assez grande figure, à distance. Nous n'avançons pas vite ; car, en ce moment, le courant paraît incertain, avec une tendance à rebrousser ; c'est la marée qui se fait sentir, et qui va déterminer, tout à l'heure, le mouvement en amont. Cette circonstance nous contrarie : nous avions compté retourner par eau à Calcutta, après une pause convenable à Chandernagor : quatre à cinq heures nous suffisaient, si le flot nous eût été favorable ; cela devenait impossible puisque la marée devait monter jusqu'à quatre heures. Il nous restait la ressource du train unique de l'*Eastern Bengal railway*, passant, à six heures du soir, à Samnuggur, village en face Chandernagor.

Nous approchions lentement de cette dernière ville, où nous apercevions distinctement le drapeau français flotter au sommet d'une tour carrée, près le bord de l'eau. Les rives de l'Hougly sont vraiment belles, vues du milieu du fleuve. Les villages sont rapprochés ; de grands arbres les dominent et les ombragent ; bon nombre d'habitations isolées sont presque cachées sous un fouillis de splendide végétation ; mais tout n'est pas fête pour les yeux : à peu de distance de Nyehattee, notre rame d'avant frappa sur une masse verdâtre, qui s'enfonça sous le coup, reparut aussitôt en tournoyant et en longeant le bord du bateau ; c'était le cadavre nu, flottant et tuméfié d'un enfant : de pareilles rencontres sont fréquentes dans les cours d'eau de l'Inde.

En approchant de Chandernagor, on s'aperçoit que les masses de constructions qui, de loin, faisaient un certain effet grandiose, sont la plupart en ruines. Nous débarquons à un des grands escaliers qui montent directement du fleuve à la belle esplanade qui le borde, et qu'on appelle le Strand ; c'est aussi le nom du quai à Calcutta. La tour peu élevée, sur laquelle se déploie le drapeau tricolore, est ornée d'une horloge ne marchant plus ; elle fait partie, ainsi que d'autres bâtiments et jardins longeant le quai, de la résidence officielle de l'autorité française. D'autres grands escaliers font communiquer le Strand avec le fleuve, et servent aux indigènes pour aller y puiser l'eau et pour leurs immersions quotidiennes.

Chandernagor est une ville déchue, plus encore que Pondichéry. Beaucoup de grandes constructions en briques, qui ne remontent pas à plus d'un siècle, et qui devaient avoir bonne tournure en leur temps, attestent, par leur délabrement et leur abandon actuel, la décadence et la misère de ce comptoir, jadis si florissant.

Nous avions déposé à l'hôtel Nielly notre petit bagage, et nous circulions sous la chaleur du jour par les grands espaces et les rues désertes de la ville, dont les noms sont indiqués en français. Les maisons, basses, séparées par des jardins, disséminent la population et ne donnent dans le beau quartier, habité par les Européens, que de rares passants. C'est en aval du fleuve que se trouvent les habitations principales, l'église catholique, les deux hôtels; en amont, au contraire, réside la masse de la population indigène.

Le marché était très-animé, encombré de gens, et de toutes sortes de marchandises; mais les fruits, les légumes et autres comestibles, variés à l'infini, en innombrables petits lots, ayant chacun sa vendeuse, formaient la grande majorité des objets exposés. Quelques rares échoppes abritaient certaines denrées, mais tout le reste était étalé dans la poussière, en plein soleil, sous la garde des vendeuses, accroupies sur leurs talons, les genoux à la hauteur de leur menton. Le débraillé de ces femmes, jeunes et vieilles, n'est, certes, pas un attrait; on a peine à circuler au milieu de ces étalages peu ragoûtants et de la cohue qui s'y forme.

Au sortir de cette foule poussiéreuse, nous arrivons vers un endroit de la rive que le flot montant n'avait pas encore envahi. Un rassemblement de porcs, de chiens, de corbeaux et de vautours s'y disputaient des charognes, humaines sans doute, échouées sur la vase. Un peu plus haut, dans un enclos ouvert du côté du fleuve, des hommes presque nus, attisant un foyer, brûlaient un cadavre dont on apercevait la forme noircie, au milieu des tisons; nous nous hâtâmes de passer outre, car le vent nous portait les senteurs nauséabondes de cet horrible bûcher. Il y a près de là, sur le bord du fleuve, un temple hindou, devant lequel nous avions passé, en barque, en venant de Nyehattee, et qui faisait fort bon effet, de loin, avec ses clochetons allongés; de près, c'est délabré, chancelant, abandonné. Toute cette partie de la ville, où abonde la population indigène, ne brille ni par la régularité, ni par la propreté extérieures; dans les ruelles où les chariots peuvent passer, le sol est un lit de poussière ; on y enfonce à mi-jambe. Quel cloaque ce doit être dans la saison des pluies! Cependant on rencontre, même dans ces quartiers, quelques vieilles maisons en briques, à tournure européenne, qui témoignent que l'ancienne prospérité et le luxe ne se bornaient pas aux alentours du palais du gouverneur.

Dans les premières années du règne de Louis XV, alors que Calcutta n'était encore qu'un misérable assemblage de huttes de terre, Chandernagor, sous l'autorité française, comptait plusieurs milliers de maisons solidement construites, et des fortifications respectables, tant sur le fleuve que du côté de l'intérieur. Aujourd'hui, ces défenses et la plupart de ces maisons sont autant de ruines. Le territoire français borde l'Hougly sur une longueur de 3 kilom., et sur une profondeur un peu moindre ; c'est une possession de 7 à 8 kilom. carrés, entièrement enclavée dans le domaine, aujourd'hui réel, de la couronne d'Angleterre. Quelle importance commerciale ou politique peuvent avoir maintenant ce que nous appelons emphatiquement les établissements français de l'Inde, points disséminés et à peine perceptibles dans l'immense étendue des possessions anglaises? Encore, Pondichéry, Carikal, Mahé, etc., situés sur les côtes, ont libre accès à la mer; mais Chandernagor, à 30 kilom. au-dessus de Calcutta, la capitale politique et commerciale de l'Inde, ne peut faire ni figure ni concurrence. Avec la liberté commerciale aujourd'hui proclamée, les négociants français sont mieux placés dans les grands centres d'affaires, à Calcutta, à Madras, à Bombay, qu'ils ne le seraient à Chandernagor, Pondichéry ou Mahé. Au reste, ces comptoirs, jadis si prospères, ne vivent plus que dans le passé; rien ne leur rendra leur ancienne activité. Le plus clair des revenus des établissements français dans l'Inde. ce sont les 4 laks de roupies (un million de francs) que les Anglais nous payent pour ne produire ni sel ni opium. Quant à l'importance politique, elle est fort modeste et ne donne aucun ombrage au gouvernement britannique, qui sait fort bien qu'à la moindre querelle avec la France, tous nos établissements dans l'Inde lui reviendraient, sans coup férir.

Pendant longtemps Chandernagor a servi de refuge aux mauvais payeurs de Calcutta, qui venaient y narguer leurs créanciers, en échappant, sur ce sol français, à la juridiction anglaise. Je ne sais si cet asile inviolable existe toujours; mais nous avons vu à l'hôtel Nielly quelques jeunes Anglais, qui menaient grand train la dépense, buvaient le champagne à grands verres, et qu'on nous signala comme des échappés de Calcutta, depuis une quinzaine.

Vers cinq heures, après une visite aux différents gauts ou escaliers de l'Hougly, où les immersions continuent toute la journée, nous prenons un bateau pour nous rendre à *Samnuggur*, un peu en aval de Chandernagor, mais sur la rive gauche du fleuve. La station de l'*Eastern Bengal railway* est proche l'endroit où nous débarquons; à six heures, le train descendant y passe; et, une heure et demie après, nous arrivions à notre hôtel de Calcutta, où le dîner était fortement entamé.

Nous avions lestement mené notre petite expédition; je résolus de ne pas attendre au lendemain matin pour aller m'installer à bord du steamer sur lequel j'avais pris passage pour

Singapore. Aidé de M. Roberts, je fis toutes mes dispositions, réglai mon compte, et, avant neuf heures, j'étais sur la *Cheduba,* à l'ancre près l'embarcadère de *Babou Ghat,* assez voisin de l'hôtel. M. Roberts m'avait accompagné à bord, et ce fut avec une vraie peine de cœur que je quittai, peut-être pour ne plus le revoir, cet excellent et digne compagnon dont l'esprit sérieux, le caractère sincère et serviable avait gagné toute ma sympathie.

Bon nombre de passagers étaient déjà à bord. Je devais occuper la couchette numéro 2 dans la cabine numéro 1; l'autre couchette était louée au général Lane. Ce monsieur était déjà couché, et la porte fermée; il est, dit-on, fort malade; le capitaine n'était pas à bord; la nuit était belle, je m'installai sur le pont, d'où les moustiques me chassèrent, et j'allai passer la nuit sur un divan, dans la salle à manger, fort étroite.

## CHAPITRE X.

Les passagers de la *Cheduba*. — Traversée. — Embouchure de l'Irrawady. — Naufragés. — Rangoon. — Costume des femmes. — La grande Pagode. — Sa description. — Jardin public. — Quartier et temples chinois. — Église catholique. — Le marché aux comestibles. — Traversée. — Femmes birmanes à bord. Amherst. — Embouchure du Salween. — Maulmein. — Éléphants travailleurs. — Grande Pagode, etc., etc.

7 mars. On part avec le jour, aussitôt après l'arrivée du capitaine avec la malle. La *Cheduba* est un des plus petits steamers de la Compagnie de *British India steam navigation;* il est de la force de 120 chevaux et charge 650 tonnes. La dunette de l'arrière est élevée; elle forme à peu près le tiers de la longueur du navire. Nous sommes environ vingt passagers de première classe, dont huit sont : Mac Cullum, sa femme, son fils et cinq écuyers. Cette troupe équestre américaine était depuis plus d'un mois à Calcutta, où elle avait établi son cirque sous une grande tente dans le Maidan, près la colonne Ochterlony. Deux jeunes juives, et le mari de l'une d'elles, occupaient une même cabine; un ménage anglais, un autre de sang mêlé, le général, quelques jeunes gens et moi nous complétions le personnel en *first cabin*.

Dès que le capitaine fut délivré de la manœuvre et des soins divers du départ, je lui adressai ma requête, mon billet à la main. La porte de la cabine était toujours fermée. Le capitaine s'entremit très-gracieusement, et alla parlementer avec ce terrible général, que je croyais un très-mauvais coucheur. Peu d'instants après, je vois venir à moi, dans un grand manteau bleu doublé de rouge, un homme grand et maigre, à figure fatiguée, mais intelligente et aimable, qui m'explique que c'est par un malentendu que je n'ai pas pu avoir mon lit cette nuit ; que désormais la moitié de la cabine est à ma disposition ; il me demande où est mon bagage, il le fait immédiatement porter par son boy dans notre chambre commune, et nous devenons tout à fait bons amis.

Le bateau marche bien ; je repasse en revue ces rives dont l'aspect animé m'avait frappé en arrivant à Calcutta : mêmes scènes sur les bords ; villages fréquents ; grands fours à briques ressemblant à des pylones égyptiens ; nombreux vaisseaux et remorqueurs ; oiseaux de mer et de proie qui accompagnent notre navire, en passant et repassant comme des flèches.

Quand les rives s'écartèrent et devinrent confuses par l'éloignement, je commençai un roman de Thackeray : *Great Expectations*. A table nous sommes fort gênés, bien que plusieurs passagers n'y dînent pas — les deux juives, entre autres. Le vin et la bière ne sont pas compris dans la nourriture à bord ; il faut les payer à part : une roupie la bouteille de bière, 2 roupies le vin. La cuisine est détestable, le service irrégulier. L'avant du bateau est occupé en grande partie par les chevaux du cirque de Mac Cullum et par son matériel ; quelques Chinois, une famille birmane et des jeunes enfants forment un campement au milieu de leurs coffres et de leurs nattes, entre la cheminée et la dunette, du haut de laquelle nous sommes aux premières loges pour observer tout le train-train de leur vie intime.

J'ai pris langue avec deux jeunes gens dont l'un va occuper une position d'ingénieur aux îles Adaman, où le gouvernement anglais cherche à apprivoiser la population, encore à peu près sauvage. Les deux juives sont jeunes, elles doivent être sœurs : l'une est déjà mère, et a son mari à bord ; l'autre est assez bien de figure, avec des yeux très-beaux et très-grands qu'elle allonge encore avec de la couleur noire. Leurs longues robes d'étoffes de soie, à rayures variées, sont serrées sur leur corps comme des gaînes ; une large échancrure part des épaules jusqu'au dessous de la gorge, qui pointe en avant dans une forme très-belle, mais cachée sous un fichu de soie, qui presse et sépare chaque sein, et qui peut permettre le mensonge : elles sont chaussées de petits souliers vernis fort coquets et de bas brodés à jour ; leur démarche et toute leur allure est ondoyante et gracieuse. A la nuit nous quittâmes le pilote.

8 mars. Le lendemain matin, nous sommes hors de l'eau jaune et nous naviguons dans l'eau bleue du golfe de Bengale. Rien de nouveau à bord. Le capitaine est un excellent homme ; tous les passagers de première sont très-convenables ; on trouve à qui parler avec profit et agrément. Mon compagnon de chambrée, le général L., est un homme de cinquante-cinq à soixante ans, usé par le climat de l'Inde, où il sert depuis longues années ; il va chercher, plus près de l'équateur, une température plus égale et plus saine que celle du bas Bengale. J'ai continué *Great Expectations*. Ce roman offre peu d'intérêt, mais il y a de jolis détails.

9 mars. Le temps est toujours beau et la chaleur très-forte. La cuisine continue à être aussi mauvaise, et l'eau que l'on sert est tiède. La ournée se passe en lectures et en causettes avec l'un et l'autre ; mon compagnon ne monte pas sur le pont.

Au matin du 10 mars nous sommes de nouveau dans des eaux basses et jaunes, à l'embouchure de l'Irrawady.

Nous avons quitté la direction du sud-est, et nous remontons vers le nord. A dix heures, nous prenons un pilote : des rives basses et boisées s'aperçoivent, à droite et à gauche, du large estuaire d'eau terreuse que nous remontons rapidement, emportés par la marée. Nous dépassons bon nombre d'embarcations, grandes et petites, qui montent ou cherchent à descendre le fleuve. Nous laissons sur notre droite, à deux portées de fusil, un brick naufragé, entouré d'épaves flottantes; la mâture seule, encore chargée de tout son gréement, cordages, vergues et voiles, dépasse la surface de l'eau. A ce moment, deux barques, couvertes de monde, que nous avions vues faire force de rames pour se trouver sur notre passage, nous hélèrent, ne pouvant parvenir à nous atteindre, et agitèrent des étoffes diverses. Le capitaine fit stopper, et nous fûmes bientôt accostés par ces deux embarcations, chargées de l'équipage et des passagers du vaisseau naufragé. On les reçoit à bord au nombre d'une vingtaine, et les deux barques retournent avec quelques hommes vers le bâtiment pour en essayer le sauvetage, à marée basse. Il y avait environ deux heures que ce malheur était arrivé : ce brick était à l'ancre sur une amarre trop courte, lorsque la barre ou mascaret a monté subitement et l'a retourné sur le flanc; il s'est empli et a sombré, toujours retenu par son amarre. L'équipage et les passagers étaient des Chinois et des Birmans, et, parmi ces derniers, une jeune femme affreusement laide. Le capitaine et le second étaient Anglais. Ils nous dirent qu'il manquait six personnes parmi celles embarquées. Ils espéraient que les barques renvoyées sur le lieu du naufrage pourraient en recueillir quelques-unes.

Nous continuons à remonter rapidement le fleuve dont les rives se rapprochent. On aperçoit au loin quelques grandes pagodes en forme de poire, qui élancent dans l'air leur longue pointe dorée; une ligne de grandes constructions et de vaisseaux semble fermer le fleuve à l'horizon, devant nous ; c'est Rangoon, où nous arrivons vers quatre heures du soir, et où la *Cheduba* s'amarre à un *wharf* en pilotis, sur la rive gauche de l'Irrawady.

L'aspect de Rangoon n'a rien de bien remarquable, sauf deux grandes pagodes d'apparence et de forme singulières et nouvelles pour moi ; maisons basses et couvertes en tuiles, beaucoup de constructions neuves, d'établissements récents sur les deux rives, chantiers, magasins, hautes cheminées répandant des torrents de fumée noire. Une masse d'indigènes à demi nus et une foule mêlée, en costumes divers, stationnent sur le débarcadère. Nous laissons ici les deux juives et le mari : elles avaient revêtu, avant l'arrivée, des robes très-éclatantes, et la plus jeune avait les oreilles, le cou, la poitrine ornés de joyaux d'or, de pierres précieuses, et les doigts chargés de bagues. Mac Cullum et sa troupe descendent également ici, où ils sont attendus pour y donner quelques représentations.

Aussitôt après le dîner, je vais seul faire ma première inspection de cette ville naissante qui s'accroît immensément. Partout des constructions nouvelles ; les rues sont larges, trop larges même, et se coupent à angles droits ; l'un des principaux croisements forme une grande place au milieu de laquelle, sur une plate-forme carrée de 2 à 3 mètres de hauteur, s'élève à plus de 20 mètres un colossal dôme s'allongeant en pointe aiguë, terminée par une espèce de mitre ronde en métal doré d'où pendent des chaînes avec clochettes : on ne voit pas d'entrée à ce singulier édifice ; est-ce un tombeau ? est-ce un temple ? Il est de construction récente et doit être de peu antérieur à la dernière occupation de Rangoon par les Anglais en 1852. Avant cette époque, le souverain birman résidait dans cette ville, qui cependant avait été prise une première fois en 1824 et restituée après une paix signée.

L'emplacement de la ville birmane devait être sur la colline où se voit la grande pagode. Toute la disposition, le dessin, la construction de la ville actuelle sont modernes, et sur une large échelle; mais il s'en faut que tout l'espace désigné soit occupé. Toutefois, il faudra peu de temps, au train dont les choses vont dans ces contrées inexploitées et si riches, quand l'industrie civilisée — on ne peut pas dire européenne, car les Américains prennent part à la curée — vient s'y installer avec ses capitaux et sa hardiesse. Je parcourais à grands pas, avec une curiosité avide, ces larges rues poussiéreuses où circulait une population d'un type nouveau pour moi, moins beau et moins élevé que celui des Hindous. Je fus arrêté un moment par une grande foule, escortant un homme nu qui se débattait sous l'étreinte de quatre ou cinq Birmans, peu vêtus, qui l'entraînaient je ne sais où. Je continuai à suivre la rue principale sur laquelle s'ouvre, à droite et à gauche, tout un quartier chinois; le rez-de-chaussée des maisons, fort basses, mais assez bien bâties, est occupé par des boutiques, dont la façade est bariolée de papiers jaune-orange, couverts de caractères chinois.

Le costume des femmes birmanes est assez singulier : elles ont les épaules et les bras complétement nus ; une large bande ou écharpe de couleur, passant sous les aisselles et comprimant les seins, s'enroule autour des reins et de la poitrine ; pas de chemise, pas de jupon ; le bas du corps est couvert, par derrière, par une pièce d'étoffe de coton ou de soie, souvent fort riche de dessin et de couleur, qui s'arrête et se fixe à la ceinture, croisant par devant suffisamment pour cacher ce qui doit l'être, mais libre à moitié de sa hauteur, permettant le mouvement des jambes pendant la marche, et les laissant voir, très-souvent, beaucoup plus haut que le genou. Rien de plus simple que ce vêtement composé de deux pièces d'étoffes différentes, l'une longue, l'autre carrée, sans attaches, sans cordons, sans coutures. Je vis plusieurs femmes — pas des plus jeunes — qui s'étaient dispensées du vêtement supérieur; je le regrettais pour mon compte, car ce qu'elles laissaient en liberté, au lieu de ce maintien calme et ferme qu'on aime à voir, ne montrait que mollesse et affreuse mobilité. Quand je retournai à la *Cheduba*, à la nuit tombante, on débarquait les chevaux de Mac Cullum.

11 mars. La marée s'élève à une grande hauteur à Rangoon, et surtout en ce moment de nouvelle lune : quand je veux sortir le matin de bonne heure, le *wharf* se trouve à 2 mètres au moins en contre-bas du sabord ouvert : il n'y a pas d'échelle, car la machine embarque des monceaux de sacs de riz qui couvrent le quai; je m'élance sur une pile de sacs et je suis bientôt à terre, me dirigeant vers un marché aux comestibles que j'avais remarqué hier soir. C'est un édifice couvert et non complétement achevé. Il y avait foule de vendeurs et d'acheteurs indigènes ou chinois, au milieu d'un brouhaha étourdissant, et des senteurs les plus hétérogènes, où dominait le parfum du poisson frais, frit, séché, avarié, etc. Il y a des tas de fruits et de légumes nouveaux, de petites figurines grotesques en sucreries coloriées; des masses tremblotantes de gelées noires, brunes ou jaunes, lisses et luisantes, qui se débitent au détail, par tranches assez consistantes : on prépare et on consomme sur place. Je restai longtemps dans ce singulier bazar, observant les scènes variées qui se produisent à chaque instant. On y voit circuler d'affreuses femmes très-débraillées, et quelques-unes propres, jeunes et de bonne tournure, avec le costume si singulier que j'ai déjà décrit.

Sur la rive de l'Irrawady, au-dessus du débarcadère, il y a de nombreuses barques qui chargent et déchargent des montagnes de riz. Je retourne au bateau pour le déjeuner; la marée avait baissé considérablement pendant ma longue promenade, et je pus rentrer à bord presque de plain-pied avec le *wharf*; l'eau, en se retirant, laisse un dépôt abondant de vase jaunâtre.

Il y avait sur le quai, près de notre bateau, deux voitures d'assez belle apparence, stationnant depuis le matin et attendant la pratique; j'en pris une, après avoir fait expliquer au cocher birman, par un indigène qui parlait l'anglais, la promenade que je voulais faire. La voiture était pareille aux *gharries* de Calcutta, mais beaucoup plus propre; elle portait un numéro très-apparent, et, dans l'intérieur, un tarif imprimé en anglais, indiquant le prix à la course ou à l'heure. Le pittoresque s'en va grand train ! J'avais rêvé éléphant, je trouvais un fiacre !

Je montrai l'heure à ma montre au cocher, qui avait une bonne et jeune figure, bien joviale, et qui me répéta bon nombre de fois « *yes, Sir*, » et nous partîmes au galop de son petit cheval à tous crins. Les routes sont bonnes, malgré la poussière; on voit que les Anglais sont là. Je fus bien vite rendu au bas de la colline, au sommet de laquelle s'élève la grande pagode, l'une des plus célèbres de la Birmanie. Je quittai la voiture et m'engageai sous un long portique, suivant en ligne directe, par des rampes douces et régulières coupées de paliers successifs, la pente de la colline jusqu'à une première plateforme immense. Cet escalier-portique est couvert de toits à bords retroussés, soutenus par des colonnes de bois ou de briques récrépies. A chaque palier, un nouveau toit s'étage en saillie sur le précédent, dont le faîtage ne suit pas une pente parallèle à celle de la portion d'escalier qu'il recouvre. Les colonnes des quatre ou cinq premiers étages sont dorées dans toute leur hauteur; toutes les autres, jusqu'à la deuxième et dernière plate-forme, sont peintes en rouge obscur. Les marches sont en mauvais matériaux, briques sur champ ou petites pierres noires, le tout mal appareillé et en médiocre état. L'escalier continue sa même direction en ligne droite, à travers la première plate-forme ; il monte, par une même suite de degrés et de paliers, jusqu'à la deuxième plate-forme, où s'élève la colossale pagode, et se termine par un pavillon carré, espèce de porche ornementé à la chinoise, avec force dorures, bois peint découpé, figurines bizarres, lanternes, etc., de plain-pied avec la vaste terrasse à laquelle il donne accès. Quelques femmes affreuses, sordidement enveloppées, vendent dans ce pavillon, ouvert des quatre côtés, des fleurs, des petits papiers dorés, des sucreries peu appétissantes, etc., etc.

En sortant de là, on se trouve au pied de la pagode, occupant le centre d'une terrasse carrée de 3 hectares environ de superficie, solidement soutenue sur chacun des côtés par une escarpe en brique qui descend jusques à la première plate-forme, et qui est coupée sur le milieu des quatre faces, par les quatre grands escaliers montant vers le temple, dont le plus riche et le plus fréquenté est celui que je venais de suivre. La terrasse supérieure, et la première plate-forme, étaient, avant l'occupation anglaise, garnies de canons, soit pour des salves dans les fêtes religieuses, soit pour la défense de la ville et du fleuve, qu'on domine de ces positions élevées.

Me voici donc sur la terrasse, au pied de cette immense et singulière pagode, que je me sens tout à fait incapable de décrire, tant la forme et les ornements en sont bizarres, et en dehors de nos conventions classiques d'architecture. Essayons cependant. La base ou socle de l'édifice est un quadrangle massif de 3 à 4 mètres de hauteur, dont les côtés, de 70 mètres environ, sont parallèles à ceux de la terrasse. Au milieu de chacune des faces, et dans le même axe que chacun des grands escaliers, une chapelle — un temple plutôt —

avance en forte saillie, sur le terre-plein, son vestibule ouvert ; tandis que l'autre extrémité s'enfonce dans le massif. Par cette disposition, l'uniformité des longues façades de la base est rompue ; et chacun des quatre angles avance, entre deux vestibules, son arête verticale, dont le sommet supporte une colossale statue d'animal, à figure humaine, un sphinx, la face tournée vers l'extérieur, et dans l'axe de l'angle. Comme escorte à ces sphinx, six dragons fantastiques, disposés en ordre aigu, trois de chaque côté, sur les murs en retour d'équerre, remplissent l'espace entre chaque angle et chaque temple. Cette décoration symétrique, de quatre sphinx et de vingt-quatre dragons, est du plus saisissant effet. Derrière ces figures, et en retraite ascendante, rétrécissant le carré, s'élèvent trente-deux clochetons allongés, neuf pour chaque face, — ceux des angles servant pour deux côtés. Dans chacune des quatre rangées, le clocheton du milieu, placé au-dessus de chacun des quatre temples, est plus haut et plus orné que les autres ; sa pointe se termine par cette mitre ronde en métal, dorée et découpée à jour, dont j'ai déjà parlé à propos du monument qui est sur la place de Rangoon.

C'est sur cette immense base carrée, si fantastiquement décorée, que s'élève, au-dessus d'une série montante de degrés rentrants et entre-croisés, le gigantesque dôme doré, en forme de poire très-allongée, lançant à une hauteur prodigieuse sa pointe effilée, qui supporte, comme en équilibre, une grande mitre, ou tiare ronde, dorée, découpée à jour, frangée de chaînes et de clochettes. Voilà pour l'extérieur.

Entrons maintenant dans un des quatre temples, placés symétriquement en face le débouché de chaque grand escalier. Dès le seuil du vestibule, l'œil embrasse tout l'intérieur. Le jour, qui n'y pénètre que par l'entrée n'ayant ni porte ni clôture quelconque, éclaire d'une lumière diffuse les bizarres magnificences du sanctuaire, dont les dimensions n'excèdent pas 25 mètres en profondeur, 15 en largeur et 6 en hauteur. Six gigantesques statues de Bouddha, trois de chaque côté, sont adossées aux murs latéraux. Ces statues de marbre blanc sont entièrement dorées, sauf la face et les mains. Le Bouddha est représenté assis, dans l'attitude de roideur et d'impassibilité, qui est de convention religieuse dans toutes les figures sculptées de cette incarnation divine ; les jambes nues croisées au niveau du siége ; la main droite étendue sur le genou droit ; la gauche ouverte, la paume en dessus, et placée devant le corps ; la face, dont les yeux sont baissés, exprime cette placide sérénité, qui est le suprême attribut de la béatitude éternelle. Chacun de ces colosses est flanqué de deux petites statues en pied, entièrement dorées ; au fond du sanctuaire, tout luisant d'or, dans trois niches profondes sont placées trois statues de Bouddha, en même attitude que celles déjà décrites ; et, à 2 ou 3 mètres en avant, deux statues en pied, entièrement dorées, plus grandes que nature, ayant la même expression impassible, sont placées chacune sur un piédestal. Tout est luisant et éclatant dans ces temples ; car nulle part le mensonge de la dorure n'a été plus prodigué. Ils sont tous les quatre de mêmes dimensions et d'une même décoration générale à peu près. Dans chacun d'eux, je vis quelques Birmans accroupis sur leurs talons, marmottant leurs prières en se dandinant.

L'immense terre-plein au milieu duquel s'élève la grande pagode que je viens d'essayer de décrire, est couvert, en outre, d'une grande quantité de petites pagodes, ou pavillons — une trentaine environ — abritant des statues dorées de Bouddha ; deux de ces pavillons couvrent et supportent deux grandes cloches, chargées d'inscriptions birmanes ; on voit, de place en place, quelques grands mâts en bois curieusement travaillés, peints en rouge, ornés de petites glaces ; quelques dragons, faisant d'horribles grimaces, sont postés comme au hasard. J'errai longtemps au milieu de toutes ces splendides bizarreries, et des magnificences un peu ternies d'un culte en décadence. Il est vrai de dire que Rangoon n'est plus la capitale du royaume ou de l'empire birman. Devant l'occupation étrangère, le souverain actuel a transféré sa capitale dans l'intérieur du pays; et le luxe de son trône ne se reflète plus, comme autrefois, sur les temples de Rangoon. Les matériaux employés à ces édifices ne peuvent en assurer la durée, et, l'abandon aidant, la ruine arrivera vite; elle commence déjà.

Du haut de cette terrasse, la vue embrasse un horizon immense. L'Irrawaddy, dans toute son ampleur, étend sur la gauche, en aval de la ville, sa nappe jaunâtre, et s'enfonce sur la droite, sous les masses verdoyantes d'une végétation qui ne s'arrête jamais. La campagne est couverte d'arbres et de champs en culture, près de la ville. Sur la terrasse même où je me trouve, il y a quelques arbres d'une magnificence inconnue dans nos climats.

J'avais passé plus d'une heure au milieu de ce merveilleux spectacle de la nature et de l'art religieux, j'étais fatigué d'attention; la chaleur était odieusement pesante, — pas un souffle d'air. Je regagnai ma voiture, qui m'attendait au pied du grand escalier, que je descendis avec une lenteur mesurée, pour ne pas accroître la transpiration — le supplice des Européens dans ces pays. Mon cocher, en me revoyant, me fit un signe qui voulait dire : C'est beau, n'est-ce pas ? Je lui répondis plusieurs fois : *yes, yes,* c'est ainsi que nous dialoguions. Il me fit un autre signe d'intelligence ; et je vis, après être monté, qu'il prenait une autre route que celle par laquelle j'étais venu. Il me conduisit, de son chef, dans un nouveau jardin public, tout fraîchement dessiné dans le goût anglais, où dans quelques années, grâce à l'énergie de la végétation sous ce climat, la flore du pays brillera dans tout son éclat.

Mon cocher me ramène à l'embarcadère par un grand détour. Partout on construit et les rues s'alignent symétriquement. Je remarque quelques anciennes cases d'indigènes, soutenues comme sur des échasses; on y monte par une légère échelle, qu'on peut retirer; on se trouve ainsi à l'abri de l'excessive humidité du sol et des animaux rôdeurs pendant la nuit. J'avais vu de pareilles habitations dans un climat bien différent — dans le nord de la Norvége.

Après la sieste, faite dans ma cabine pendant la grande chaleur du jour, je repris vers quatre heures ma course à pied à travers la ville, du côté du quartier chinois. J'entre dans un charmant petit temple, tout flambant neuf; on y travaille encore; une vraie chinoiserie, pimpante, brillante, vernissée, dorée; c'est petit, mais d'une coquetterie chinoise adorable : médaillons et bas-reliefs en faïence, ou en porcelaine émaillée; sujets et dessins bizarres; grotesques figures; sanctuaire très-orné; et, dans la niche centrale, un dieu terrible, singulièrement accoutré, et les yeux hors de la tête. A quelques pas de là, un autre temple chinois est en pleine construction; de l'autre côté de la rue (*China-Street*), un théâtre chinois en planches; grandes affiches en papier couleur orange à la porte. Il faut que la colonie chinoise soit prospère à Rangoon pour subvenir aux frais de ces édifices et des nombreuses maisons qui s'élèvent dans ce quatier. Les rues qui coupent à angle droit les grandes voies parallèles à la rivière sont désignées par numéros.

J'entendais depuis quelque temps une cloche tinter, je me dirigeai du côté d'où venait le son; je trouvai la petite église catholique ; j'y entrai dans l'espérance d'y voir sœur Madeleine, cette belle et naïve religieuse de Saint-Joseph-de-l'Apparition, avec laquelle j'avais fait la traversée de Suez à Pondichéry. Il y avait peu de monde dans l'église ; un prêtre nasillard, escorté de quelques enfants de chœur indigènes, singulièrement accoutrés de blouses blanches, faisait des stations, ou le chemin de la croix, s'arrêtant devant divers petits tableaux appendus aux parois de l'église pour y réciter une oraison latine, avec une prononciation espagnole ou italienne, et pour y chanter un ou deux versets qu'accompagnaient les voix fortement timbrées des enfants de chœur. Je ne vis pas la sœur Madeleine dans la très-rare assistance. Il était tard, la nuit arrivait : je n'avais pas le temps de m'enquérir d'elle ; et, probablement, la *Cheduba* partirait le lendemain matin. Je regagnai le bord, à la nuit.

12 mars. Le départ des Mac Cullum a fait de la place aux premières. Je quitte mon camarade de chambrée, le général, et je prends pour moi seul une cabine libre, à deux lits. Ces Mac Cullum sont Américains. Ils vont aller en Chine, puis en Australie, à New Zealand, et rentreront par San Francisco. Il faut qu'ils fassent de bien belles recettes pour couvrir les frais d'un pareil vagabondage, à travers le monde entier, avec huit chevaux et un matériel considérable, aux prix exagérés des passages dans ces mers, nouvellement ouvertes à la navigation à vapeur, où la concurrence n'a pas encore fait baisser les tarifs.

La *Cheduba* a quitté le wharf, où elle payait 100 roupies par jour (250 fr.); elle s'est mise en rivière ; elle est entourée de chalands chargés de sacs de riz, qu'elle engloutit dans sa cale.

Le départ n'étant indiqué que pour l'après-midi, à cause de l'importance du chargement à prendre, j'allai faire un tour à terre. Ma barque arriva presque en même temps qu'une autre fort propre, couverte d'un toit rond en nattes. Les deux hommes qui la conduisaient étaient, comme tous les indigènes, nus du buste et des jambes; mais l'étoffe, qui leur servait de caleçon, était propre et de même couleur à tous deux; ils avaient chacun un béret pareil; c'était toute leur livrée. Il sortit de cette barque deux femmes; la moins jeune, la maîtresse, avait le costume birman que j'ai déjà décrit, mais en très-belles étoffes de soie, et une petite camisole ouverte, en coton blanc, recouvrait son buste; l'autre, plus jeune, la servante, avait le même costume, mais en coton; elle portait une corbeille et une ombrelle. Toutes deux avaient des fleurs rouges naturelles dans leur noire chevelure. Elles sautèrent à terre, la servante ombragea sa maîtresse avec son parasol, je les suivis; elles allaient à ce marché couvert, si curieux, où j'avais, hier, passé quelques bons moments de flânerie observatrice; c'était là, précisément, où j'avais intention de diriger ma promenade ce matin. J'y revis les mêmes scènes; les deux femmes, que j'avais suivies, s'arrêtaient à chaque pas, si souvent, et faisaient de si longues conversations, que je quittai leur piste, et passai à d'autres séductions, qui ne manquaient pas dans ce singulier bazar, où la variété des denrées et des acheteurs formait pour moi un spectacle fort curieux.

La vue des petites consommations sur place me plaisait beaucoup. Il y avait dans les angles du marché, en dehors du courant de la circulation, quelques femmes indigènes, assises sur le sol, entourées chacune d'un groupe de jeunes garçons, également assis par terre, tournés vers elles, et recevant dans de petits bols un liquide roussâtre, où nageait un mélange de menus fragments de choses méconnaissables pour moi — légumes ou chair? Était-ce une distribution charitable ou payée? Je ne sais; toujours est-il que les places n'étaient pas longtemps occupées; et le nombre était grand des surnuméraires debout, attendant un vide dans le groupe. Ces femmes n'étaient pas de la première, ni même de la dernière jeunesse. Deux, entre autres, n'avaient point l'étoffe qui entoure et serre le buste sous les aisselles; et, ni elles, ni les assistants, ne se préoccupaient le moins du monde de l'affreux étalage, qui me faisait détourner les yeux. Il y en avait une, paraissant fort rechignée, qui gourmandait d'une voix très-animée ses jeunes pratiques, et ne se faisait pas faute de leur appliquer sur la tête de bons coups de sa grande cuiller de bois, qu'elle replongeait ensuite dans le potage.

Après avoir musé une heure et demie par la ville, sous mon parapluie parisien, promu dans ces climats à la dignité de parasol, la chaleur me fit réfugier à bord. Le chargement se faisait toujours à force, et ce n'est qu'à quatre heures après midi que nous pûmes partir. La marée descendait vivement depuis quelque temps, et à peu de distance de la ville nous ne trouvâmes plus assez d'eau pour continuer notre route, surtout avec la nuit qui arrivait à six heures; on mit à l'ancre pour attendre le flot suivant. Nous avions pris bon nombre de pasagers d'entre-pont : des Birmans des deux sexes, avec des tas d'enfants nus, des Chinois, mais pas de Chinoises; car, dans cette race active, les hommes seuls s'expatrient, et vont chercher fortune au loin.

Sur les deux rives nous apercevions des feux sur de grands espaces : ce sont les jungles que l'on brûle, pour ensuite pouvoir cultiver la terre.

13 mars. Toute la nuit, le fleuve a été couvert d'un brouillard fort épais qui ne s'est dissipé qu'au jour, et qui ne nous a permis de reprendre notre marche que vers huit heures du matin. Nous sommes toujours dans les eaux jaunâtres et épaisses de l'Irrawady : les oiseaux de mer nous escortent; bientôt nous

perdons de vue la terre, à notre gauche. Vers le soir, nous nous arrêtons en vue du feu de Amherst.

Les Chinois font ménage ensemble dans les compartiments qu'ils se sont ménagés parmi des coffres et des ballots à l'arrière de la cheminée. Ils sont quatre et ont l'air assez cossu. Ils tirent leurs provisions de longs paniers ronds en bambou, fermés par des cadenas. A l'avant, il y a quelques Chinois de bas étage et une foule de Birmans de pauvre aspect; je ne m'aventurais pas souvent de ce côté, car il y régnait une malpropreté et un encombrement qui me repoussaient.

Je quittais rarement la dunette, qui couvrait le salon et les cabines, et qui était protégée jour et nuit par une tente. Un jeune ménage birman, et une jeune femme seule, avaient obtenu la faveur de ne pas rester à l'avant, où il n'y avait que des hommes et l'équipage, toujours fort nombreux sur ces bateaux à vapeur. Avec le ménage birman sont deux enfants complétement nus; l'aîné n'a pas deux ans et court partout, sous la surveillance du père; le plus jeune, de sept à huit mois, rampe à quatre pattes, se soulève, tombe, se relève avec une énergie de mouvements extraordinaire dans un si petit être. La mère, très-jeune et très-vigoureuse de formes, mais que le mouvement du bateau fatigue sans doute, se tient toujours sur sa natte, accroupie ou couchée dans toute la simplicité du costume birman; toutefois, une camisole blanche, très-courte et très-ample, lui cache le buste, tant bien que mal. Le marmot rampant est toujours prenant et quittant les seins gonflés de lait, passant de l'un à l'autre, les foulant des pieds et des mains, s'y vautrant, culbutant, regrimpant. La mère, passive ou endormie, se prête à ce manége par des positions et des mouvements de pur instinct. Cet allaitement, par trop naïf ou naturel, ravalait à mes yeux la dignité humaine, et je ne voyais plus là qu'une femelle et son petit.

Par contre, à l'autre bord du bateau, je retrouvais la femme. La jeune Birmane, dont j'ai parlé tout à l'heure, était très-jolie; nous avions tous remarqué le soin qu'elle prenait de sa personne, sa coquetterie dans l'ajustement de ses enveloppes, de sa belle et luisante chevelure noire, sa grâce et son élégance naturelle; elle voisinait avec les quatre Chinois de l'arrière : nous la supposions une *biche* de la presqu'île transgangétique. Elle allait à Maulmein, notre première étape; et, comme le trajet se fait en vingt-quatre heures, nous devions y arriver le lendemain de notre départ de Rangoon.

Notre jeune Birmane, dans l'espoir d'un débarquement matinal, s'était mise, dès six heures du soir, à procéder à une toilette à fond. Appuyés sur la balustrade de la dunette, un jeune Anglais et moi, nous suivions tout son petit manége. Elle avait pris dans son bagage un paquet d'une écorce qui, battue avec l'eau, produit une mousse abondante, et nous l'avions vue agiter longtemps ce mélange dans un immense plat de bois; elle le plaça dans un recoin un peu à l'écart, et, s'étant mise à genoux devant, elle frotta et lava longtemps son visage, son col, ses bras, ses épaules, qui se couvraient de flocons d'écume blanche, puis sa longue chevelure. Enfin, l'obscurité se faisant, elle défit l'enveloppe qui serrait sa poitrine et se livra à un savonnage effréné de toute cette partie de son corps, qui restait ainsi sans voile aucun, de la ceinture à la tête : c'était une compensation des affreuses exhibitions du marché de Rangoon. Elle remit autour de son buste la longue bande d'étoffe rouge qui, en trois ou quatre tours, le couvrit entièrement jusqu'au-dessous des aisselles; puis, elle changea de position, mit littéralement les pieds dans le plat, et, grâce à l'enveloppe inférieure qui est tendue de la ceinture au bas de la jambe, par derrière, et qui croise librement par devant, elle put, sans grande indiscrétion, compléter son savonnage : d'ailleurs, la nuit était arrivée.

Nous venions de prendre un pilote, mais il n'osa pas s'aventurer par l'obscurité dans les bas-fonds qui obstruent l'embouchure du Salween qu'il nous fallait remonter; la lune, à la veille de son premier quartier, ne montrait qu'une lumière insuffisante et qui allait manquer. Il fut donc décidé qu'on ne repartirait que le lendemain matin.

14 mars. Effectivement, à la pointe du jour, on lève l'ancre, et nous approchons rapidement d'Amherst, nouvel établissement anglais, placé à l'embouchure du Salween, à l'abri d'un promontoire boisé du plus gracieux effet. Les cases d'indigènes et les constructions nouvelles garnissent le rivage, entremêlées et ombragées par de beaux arbres ; derrière, s'élèvent des collines boisées, et, sur le promontoire, on bâtit un belvédère en forme de pagode. Nous avons contourné d'immenses bas-fonds, et nous longeons la rive gauche en remontant le fort courant d'eau jaunâtre que la marée descendante emporte vers la haute mer; la rive droite est encore loin sur notre gauche, elle est beaucoup plus basse que l'autre.

Je ne pus bien me rendre compte de la direction nord que nous suivions maintenant qu'à l'aide des belles cartes du capitaine. Le fleuve, au lieu de déboucher perpendiculairement à la côte, avait un cours presque parallèle; le chenal navigable était fort étroit et d'une direction capricieuse, au milieu d'un labyrinthe de bas-fonds de sable et de vase; aussi, nous avancions avec précaution, et bientôt l'eau vint à nous manquer. Ce n'était qu'à marée pleine que la *Cheduba*, fortement chargée, pouvait remonter jusqu'à Maulmein. Il fallut encore s'arrêter à peu de distance de la rive gauche, et rester à l'ancre jusqu'au moment où la marée, qui descendait encore, aurait, en remontant, mis un peu plus d'eau sous notre quille.

Ce fut un grand désappointement pour tout le monde, car nous n'étions plus qu'à quelques milles de Maulmein, et tous les préparatifs de débarquement avaient été faits par les passagers ayant cette destination. La jeune Birmane avait mis ses plus belles enveloppes, et des fleurs dans sa chevelure curieusement retroussée. Sa peau jaune et lisse luisait comme un satin; toute sa personne était rayonnante. Les quatre Chinois avaient fait peau neuve, en revêtant de larges pantalons de cotonnade bleue et des camisoles d'un blanc éclatant. Les plis fortement marqués indiquaient que ces vêtements étaient fraîchement délivrés de la pression du coffre; la queue de cheveux tressés, qui prend naissance sur le sommet de leur tête, et qui, pendant le voyage, était enroulée autour de leur crâne rasé, avait été lâchée dans toute sa longueur mensongère, et elle dépassait de beaucoup l'endroit où les autres animaux la portent ordinairement. Ils étaient chaussés de hauts souliers à bateau, et chacun avait à la main un éventail servant également d'ombrelle.

Ce ne fut qu'après six heures d'attente que nous reprîmes notre route. Bien des embarcations plus légères nous avaient dépassés; les unes, à la voile, louvoyant contre la marée et descendant le fleuve; les autres, portées par le flot qui montait rapidement, se dirigeaient à la rame. A cinq heures après midi, nous nous arrêtons devant Maulmein, au beau milieu de la rivière, fort rétrécie maintenant, et nous n'accostons pas le wharf ou débarcadère, construit en solides pilotis.

La ville, située sur la rive gauche, se présente merveilleusement bien, au pied de collines boisées; ses maisons neuves, la plupart en bois, s'étendent le long du fleuve, au milieu de jardins et d'arbres. Nous avions passé devant de grands chantiers de bois et des scieries à la vapeur, où sont empilées, au bord de l'eau, des quantités considérables de grosses pièces de bois de teck, que les forêts jusqu'alors inexploitées de la Birmanie fournissent en abondance. Ce bois, très-dur et peu altérable, est le plus estimé pour les constructions maritimes ; c'est, jusqu'à présent, le principal article d'exportation du port de Maulmein.

Quelques maisons d'un aspect civilisé se remarquent çà et là, et, sur les hauteurs voisines, les pointes de quelques pagodes.

Le Salween, à Maulmein, s'étend et s'enfonce de tous côtés : on se croirait dans un lac parsemé d'îles et entouré de promontoires. Ce premier coup d'œil est saisissant. Il est trop tard pour songer à aller à terre ce soir ; et, comme la *Cheduba* reste encore demain ici, je remets ma visite. Il y avait cependant un attrait, ce soir, à Maulmein : une compagnie de musiciens et comiques américains, prennant le titre de « *The original Christy's minstrels*, » donnaient en ce moment leur dernière représentation ; le bruit de la musique venait jusqu'à nous. C'était une belle occasion de voir un échantillon considérable de la population civilisée de Maulmein. Toutefois, je restai sagement à bord, lisant ou causant, quand la nuit fut tout à fait venue.

Le général va beaucoup mieux ; c'est un homme aimable et instruit ; il a fait la guerre dans ce pays ; il était à la prise de Rangoon, en 1852 ; il y a trente ans qu'il sert dans l'Inde, et il en connaît parfaitement le fort et le faible. Un autre passager, avec qui j'aime à causer, est un docteur noir. C'est un Hindou de sang mêlé, d'une taille puissante et d'une belle et placide figure. Il a fait ses études en Angleterre, et, depuis quelque temps, il exerçait la médecine à Calcutta ; il est accompagné de sa femme qui est Anglaise, et de trois jeunes garçons, ses fils, taillés sur le modèle du père. M. N... est un homme qui paraît excellent, causant bien et posément ; il y a peut-être un peu d'affectation, de *cant* dans sa tenue et sa conversation, mais il connaît également bien l'Inde, et il y a plaisir et profit pour moi à causer avec lui. Son projet est de trouver dans les nouveaux établissements des Anglais sur ces côtes un endroit favorable à la santé affaiblie de sa femme, et où il puisse en même temps exercer sa profession.

15 mars. Je ne puis me lasser d'admirer la position de Maulmein, vue de la rivière. Il y a de tous côtés une telle splendeur de végétation, une telle variété d'aspects dans les caprices de ces rivages, que l'homme n'a jamais dirigés, ni réprimés; dans les ramifications du fleuve se prolongeant sous des voûtes de verdure; dans les échappées de lointains vaporeux; dans les collines étagées, couronnées de pagodes, et dont les dernières pentes viennent plonger dans le fleuve, avec leurs neuves et coquettes maisons à demi cachées sous une immense feuillée; tout cela est tellement beau, tellement saisissant, que nul décor, fait à plaisir, ne peut en donner une idée.

J'avais peur d'être désenchanté en allant à terre; il n'en fut rien, et tout, pendant la longue promenade que je fis en voiture avec le docteur noir et ses enfants, me confirma la beauté et la richesse de la nature dans ce pays.

Nous avions pris, pour aller au débarcadère, une des grandes et belles barques du pays, qui, depuis le matin, se tenaient au nombre de cinq ou six aux flancs de la *Cheduba*, amenant ou attendant des passagers; ces embarcations, couvertes d'un toit en nattes de bambou à l'arrière, sont parfaitement tenues et manœuvrées par des indigènes.

A terre, nous trouvâmes une voiture, dont le cocher pouvait se faire comprendre de mon compagnon. Nous désirions voir les grands chantiers de bois devant lesquels nous avions passé hier soir : des éléphants, nous avait-on dit, y travaillent au transport des pièces de bois. Nous suivons une belle route, un peu poussiéreuse, parallèle au fleuve, abritée par de beaux arbres, et des deux côtés de laquelle les habitations nouvelles en bois de teck s'élèvent, presque sans lacunes, sur 2 ou 3 kilomètres, dans des enclos séparés, la façade des maisons bordant la route. Elles sont presque toutes occupées par des Chinois, exerçant un métier quelconque. Leur propreté, la régularité de la construction, la belle couleur du bois, leur donnent tout à fait bon air. Cette route, très-habitée et très fréquentée, qui conduit aux principaux chantiers, deviendra, plus tard, une des rues de Maulmein, car cette jeune ville paraît prendre un développement rapide. De fréquents ruisseaux, d'une eau abondante et rapide, descendent des collines voisines, et vont se jeter dans le Salween, en traversant perpendiculairement la route sous des ponceaux.

Notre cocher nous mène au chantier le plus important, occupant un immense enclos sur le bord du fleuve. Les bois de teck arrivent de l'intérieur du pays par eau, en billes énormes et en grume. Une machine à vapeur met en mouvement, sous de grands hangars, des scies verticales ou circulaires, pour équarrir les grosses pièces de bois, et les débiter en madriers ou en planches. Cette usine est organisée comme le sont partout ses pareilles; mais, ce qu'on ne trouve pas ailleurs, ce sont les puissants et intelligents serviteurs qui coopèrent au travail de ce chantier. A notre arrivée, deux éléphants étaient à la besogne; trois autres, sous un abri voisin, fourrageaient un énorme tas de feuillage, amoncelé devant eux; c'était un relais au repos. Ces animaux, dirigés par leur mahout, assis sur leur cou, ont pour fonction de porter les pièces de bois, de les ranger et de les empiler. Les grosses pièces de bois en grume sont traînées par eux avec des chaînes, comme le pourraient faire des chevaux ou des bœufs; mais, une fois la pièce arrivée où elle doit être rangée, c'est l'éléphant qui la pousse ou la soulève avec sa trompe, et la fait parvenir à la place qu'elle doit occuper. Quant aux pièces à équarrir ou à débiter, après les avoir menées sur le chariot mécanique qui doit les entraîner vers les scies dévorantes, l'éléphant les prend au sortir de la machine, les transporte et les empile.

Les bois débités, les madriers, les planches, sont, selon leur poids, pris isolément, ou plusieurs à la fois. Pour saisir son fardeau, l'éléphant se baisse et passe dessous ses défenses, rendues plates par ce travail, ou pour ce travail; avec sa trompe, il l'enserre et le maintient, puis, le soulevant presque perpendiculairement au-dessus de sa tête — ce qui lui fait faire la plus affreuse figure, avec sa lèvre inférieure pointue et tombante, et sa grande bouche béante, si curieusement surmontée — il le porte ainsi élevé, et le met en place avec une adresse, une aisance merveilleuses, avec un calme et un sang-froid imperturbables. Quand la pile est trop élevée, ou la charge trop lourde pour être mise de volée, l'animal dresse debout, contre la pile, la pièce qu'il a portée; puis, la prenant par le bas avec sa trompe, il la soulève à hauteur voulue — toujours appuyée contre la pile — il la pousse ensuite jusqu'au niveau convenable, et la range avec soin, et avec une régularité parfaite. Tout ce travail, si mesuré, si intelligent, s'exécute sans gestes, ni cris, ni sévices de la part du mahout, qui, perché sur le cou de l'énorme bête, n'a d'autre moyen d'action et de direction que la pression de son talon sur le derrière de l'oreille de son docile esclave. Vingt chevaux feraient à peine le travail de force que deux éléphants peuvent faire : et que de brutalité en gestes et en cris serait dépensée pour les y contraindre! Quant au travail intelligent, l'éléphant seul, parmi les grands quadrupèdes, est capable de le produire, à l'aide de sa trompe si adroite et si forte.

Je restai longtemps à voir travailler ces puissants ouvriers que l'homme a dressés à son service. Quelle preuve plus manifeste du pouvoir qui nous a été donné sur la nature, et de notre souveraineté réelle sur tous les êtres de ce globe, que l'obéissance presque raisonnée et volontaire de ces colosses, que ni l'aiguillon, ni le joug, ni le mors ne contraignent! Quand on voit, juché au sommet de cette énorme masse vivante, l'être chétif et minime qui la dirige et la commande, on sent bien que le pouvoir est dans l'intelligence; toutefois, on tremble à l'idée d'une révolte possible de l'esclave contre le maître.

Avant de reprendre notre voiture, après être sortis de ce chantier, où j'aurais volontiers passé quelques heures, nous fîmes une promenade à pied vers une pagode, cachée sous un fouillis de végétation, et à laquelle on arrive par un escalier direct, en briques croulantes; tout y est délabré et à l'abandon; ce qui me frappe, c'est l'exubérance de la végétation, qui n'est jamais au repos dans ce climat.

Nous entrons dans une maison voisine, entièrement en bois de teck et nouvellement construite; l'ameublement est d'une simplicité primitive; des nattes en bambou, des bancs, des ustensiles et des plats en bois : tout y est propre et luisant. La forme générale de ces maisons est celle d'un chalet suisse; toits inclinés et saillants, se joignant sur la façade; une grande salle sur pilotis dans le bas, sous laquelle l'air peut circuler; au-dessus, une vaste chambre, sous l'abri triangulaire du toit, ouverte entièrement sur le devant, et n'ayant pour clôture et pour limite, de ce côté, qu'un balcon en bois sur toute la façade.

Tout est à l'air dans ce pays, l'intérieur des habitations et les habitants aussi, qui n'ont de vêtement que par bienséance et non par besoin.

Les femmes ont le même costume qu'à Rangoon; elles me semblent généralement mieux et plus coquettes.

Nous visitons longuement, à notre retour vers la ville, le

marché aux comestibles. C'est une construction assez considérable, donnant d'un côté sur la route ou rue principale, de l'autre, sur le fleuve, où elle s'avance sur pilotis élevés ; ce qui permet l'arrivée et le transport par barques des denrées diverses, à toute hauteur de l'eau. Ce marché est fort bien approvisionné en légumes, fruits variés, poissons en quantité, masses gélatineuses, sucreries gluantes et noirâtres, tout cela fort peu appétissant. Il y a d'assez jolies vendeuses ; comme l'heure du coup de feu matinal est passée, nous sommes à peu près les seules personnes étrangères à l'établissement, aussi les choses se passent comme chez soi ; quelques-unes de ces dames font leur toilette sur place, se peignent, se mettent des fleurs dans les cheveux. L'une d'elles, le buste nu, avait grand'peine à ajuster convenablement une grappe de fleurs rouges dans ses noirs cheveux, en tenant de la main gauche un petit éclat de miroir de deux pouces carrés tout au plus — à Paris, on lui eût payé une armoire à glace. A notre seconde tournée de son côté, les fleurs étaient parfaitement posées, et elle s'occupait activement à se farder le visage en jaune ; devant elle était une grande écuelle de bois, pleine de cette émulsion dont j'avais vu, deux jours avant, la jeune passagère birmane de la *Cheduba* se servir pour se savonner le corps.

Nous avions quitté notre voiture ; il nous restait à voir la grande pagode, située sur une hauteur voisine du débarcadère ; nous fîmes la course à pied. Après avoir passé sous les murs de l'enclos où l'église catholique est bâtie, on arrive au pied d'un long et très-roide escalier, non abrité, comme à Rangoon, par des toits, et montant en droite ligne à la plate-forme, où s'élève le temple. Les abords de cet escalier et les côtés sont garnis de pavillons divers, d'estrades, de réduits ou chapelles de formes variées, construits en bois, très-capricieusement ciselé à jour, et couverts de toits étagés, et à bords retroussés.

Plusieurs de ces pavillons sont anciens et menacent ruine ; d'autres sont récents, et quelques-uns en construction. Il faisait une chaleur moite et lourde ; et ce fut pour tous, jeunes et vieux, une pénible corvée que de gravir, sous le soleil, cet escalier si roide, si dégradé et si long, bien qu'il y ait quelques paliers pour repos et pour abri. Le dernier étage est presque vertical. Arrivés à la plate-forme, notre premier besoin était de nous reposer à l'ombre ; une estrade voisine nous offrit un abri propice.

Quelques prêtres bouddhistes, de piteuse apparence, accroupis sur leurs talons dans un recoin de l'estrade, et qui roupillaient sans doute en ce moment, engourdis par la chaleur ou l'extase religieuse, se mirent, à notre apparition imprévue, à se dandiner en sursaut, et à nasiller des patenôtres, qu'ils faisaient semblant de lire sur des feuilles de bananier. J'aurais parié qu'ils les tenaient à l'envers, tant ils paraissaient stupéfiés et ahuris par notre intrusion subite, en pleine ardeur du milieu de la journée.

Du haut de cette estrade abritée, la vue était merveilleusement belle et variée ; à nos pieds nous apercevions, à vol d'oiseau, tout l'établissement catholique ; l'église est isolée au milieu d'une enceinte de murs, auxquels s'appuient intérieurement diverses constructions de peu d'élévation : ce sont les écoles, l'hospice, le logement des employés et des sœurs. C'est à la tête de cet établissement hospitalier que doit être la sœur Philomène, la compagne de sœur Madeleine, que je n'avais pas eu le temps de visiter à Rangoon. Sœur Philomène était de beaucoup la plus âgée des deux. Nous les avions prises à Suez, et je les avais quittées à Pondichéry, continuant leur route pour Calcutta, d'où elles étaient venues, un mois avant, par le dernier voyage de la *Cheduba*, l'une, la plus jeune, à Rangoon pour son début sous les tropiques ; l'autre, la plus âgée, à

Maulmein, où elle venait reprendre la direction de bienfaisance et d'éducation de la maison catholique.

Plus bas que ce grand enclos, et au-delà d'une masse de verdure, à travers laquelle pointaient quelques toits de la ville, le fleuve étendait ses puissantes ramifications, arrosant sur notre droite une immense vallée, dont les limites se perdaient au loin dans de lourdes vapeurs. Auprès de nous, de côté et derrière, s'élevaient des collines boisées, sur l'une desquelles, s'avançant comme un promontoire, a été nivelée la plate-forme qui supporte la pagode que nous étions venus visiter, et qui est incomparablement moins ornée et moins importante que celle de Rangoon. On faisait, en ce moment, de grandes réparations à l'extérieur, fort endommagé par de nombreuses dégradations; et, dans le sanctuaire, on redorait les statues de Bouddha, grattées au vif. Le monument était encombré d'échafaudages, mais tout le dôme allongé était libre; sa pointe terminale s'élevait à une grande hauteur; et l'espèce de couronne en métal doré et découpé qu'elle portait en équilibre, laissait échapper des petites clochettes qui la frangent un continuel tintement, agréable et doux, semblable au gazouillement lointain d'une troupe d'oiseaux. Ce qu'il y a de particulier dans ces sortes de monuments, c'est que le dôme, renflé en bas et singulièrement allongé, qui en forme la partie principale, et qui caractérise la pagode birmane, n'a pas de voûte à l'intérieur, communiquant avec les chapelles, ou sanctuaires, placés dans la vaste base carrée et très-peu élevée qui le supporte.

Il fallait songer à regagner la *Cheduba :* la chaleur était excessive; aussi fîmes-nous notre descente avec toute la lenteur possible. En rentrant sous les abris de verdure de Maulmein, nous rencontrons le capitaine qui nous indique le départ pour quatre heures du soir; et, nous voyant couverts de sueur et altérés, il nous engage à entrer dans la maison, sur le seuil de laquelle il était ; c'est une fabrique de *soda-water*, de limonade ; et, par une extension, on y vend en gros tout ce qui se boit et se mange. Le maître de l'établissement est un gentleman de bonnes manières, faisant de grandes affaires avec les navires qui viennent à Maulmein ; il nous fit servir de la limonade et quelques demi-bouteilles d'*Allsop's pale ale.* Nous en usâmes largement, pensant bien payer notre consommation, mais notre argent fut refusé — c'était une gracieuseté et non pas une vente. A quatre heures, nous nous rendions à bord avec le capitaine, dans son canot ; et dix minutes après, la *Cheduba* quittait Maulmein, dont j'avais été enchanté, et qui me plaisait bien plus que Rangoon.

## CHAPITRE XI.

*The Christy's-minstrels.* — Traversée. — Poulo-Penang. — Promenades. — Routes. — Système anglais. — Alexandra-Hotel. — Le général L\*\*\*. — La ville. — Chinois. — Ananas. — Malacca. — Le détroit de Singapour. — Débarquement. — La ville. — Jardin de la Société horticole. — Embarquement sur le *Java*. — Les passagers. — Régime à bord. — Détroit de Banca. — Arrivée à Batavia.

---

Le nombre des passagers de première est augmenté de huit personnes — toute la troupe des *Christy's minstrels*, plus une dame, la femme de l'un d'eux, dit-on. Ils vont à Singapore, à Java, en Chine, puis en Amérique, quand la guerre sera terminée. J'avais rencontré à Delhi une troupe rivale, prenant le même nom. Je gardai seul la cabine que j'occupais, malgré le surcroît de passagers.

Nous étions partis avec la marée descendante; mais, à la fin de la journée, il fallut encore arrêter en rivière; l'eau très basse ne permettait pas de franchir, en toute sécurité, les bas-fonds de l'embouchure du Salween. La nuit fut passée à l'ancre; le matin (16 mars), on repart de bonne heure; nous repassons devant Amherst, dont la position est si pittoresque; à dix heures, nous sommes hors de l'eau jaunâtre, et nous naviguons dans l'eau verte et transparente, après avoir doublé sur notre gauche la pointe où s'élève le phare d'Amherst. Nous avons repris la direction du sud ; la mer est calme, la chaleur pesante. Pendant toute la journée nous avons la terre à bâbord.

Le 17 mars, nous continuons à longer, de loin, la côte de la presqu'île siamoise ; nous sommes dans l'eau bleue : toujours même calme et même chaleur ; les poissons volants deviennent communs ; îles aperçues à l'est, et bon nombre de voiles dans toutes les directions : on voit que nous approchons d'un des passages les plus fréquentés de la grande navigation, une des grandes routes du globe — le détroit de Malacca.

Le soir, les *Christy's minstrels*, pour se tenir en haleine, répètent quelques morceaux de chant. Ce sont des gens sûrs d'eux-mêmes, habitués à chanter ensemble des choses faciles et agréables.

Le 18, même temps, même navigation calme. J'ai lié conversation avec quelques-uns des artistes américains. Ce sont les mêmes qui ont donné à Paris, il y a quatre ou cinq ans, des représentations dans un casino de la Chaussée d'Antin, rue du Helder ou rue Taitbout, exécutant des danses et des gambades de nègres, avec de prodigieux tours de force sur le violon. Le soir, ils ont organisé un concert sur le pont, couvert jour et nuit d'une double tente. Un duo de violoncelle et de violon sur les motifs de Lucia, de Donizetti, a été parfaitement joué.

Le 19 au matin, Poulo-Penang, ou l'île du Prince de Galles, est devant nous, à l'horizon ; et la côte à l'est, que nous avions perdue de vue hier, reparaît de nouveau.

Je consulte les belles cartes du capitaine Baxter pour bien me rendre compte de la position. Un détroit de quelques milles sépare l'île de Penang de la presqu'île malaise, dont la côte est fort basse en cet endroit et couverte de cocotiers. A mesure que nous approchons, l'île semble se détacher du continent, et laisse voir le détroit qui les sépare ; l'eau y est peu profonde. De longues files de pieux, apparaissant à la surface, près la côte, supportent d'énormes filets, destinés à la pêche des requins qui fréquentent ce passage.

Poulo-Penang, lorsqu'on vient du nord, présente une masse de montagnes boisées jusqu'à leur sommet, presque constamment couronné de nuages. A deux heures, nous jetons l'ancre à deux encablures du *wharf*. On avait supprimé aujourd'hui le tiffin et avancé le dîner de deux heures, de sorte que nous pûmes aller à terre, aussitôt le steamer arrêté. Je prends avec le docteur noir et ses enfants une des voitures stationnant vers la jetée, et nous nous faisons conduire à un hôtel (*a family hotel*) indiqué à mon compagnon. C'est une charmante maison, élevée sur perron, entourée de verdure et de fleurs, très-propre et très-confortable intérieurement. M. N. se résout, à l'aspect séduisant de Penang et de cette maison, à y faire étape pendant quelques mois.

Auprès de cet hôtel, l'église anglaise est placée dans un square parfaitement tenu, entourée d'un jardin garni de fleurs. J'admirai ce cachet de luxe et de *confort* que les Anglais savent imprimer à leurs établissements, à leurs résidences.

Après ses conventions arrêtées pour son loyer, M. N. remonte dans la voiture, et nous allons faire une promenade de quelques milles dans la campagne, par d'excellentes routes, au milieu d'une splendide végétation, jusqu'à une cascade qu'on nous avait fort vantée. La route carrossable s'arrête au pied de la montagne. Il y a là tout un campement d'indigènes, avec relais de poneys et de chevaux de selle pour les deux sexes, chaises à porteurs, abris pour les voitures. Le tourisme anglais est organisé dans ce charmant petit coin du monde, à plus de 1,000 lieues de l'Europe, comme il l'est en Écosse ou en Suisse.

Ce n'est pas seulement la cascade que dessert la bonne route que nous avions suivie : la montagne fort élevée, au pied de laquelle elle s'arrête, porte vers son sommet des plateaux très-accidentés dont les Anglais, maîtres de l'île, ont fait depuis peu une Suisse en miniature, où croissent les végétaux d'Europe, où les eaux sont abondantes et fraîches, l'air vif et pur, la température constamment modérée. Sur ces hauteurs, de nombreux cottages sont disséminés, au milieu de jardins, de pelouses, sous les ombrages séculaires de la forêt qui couvre la montagne. Presque tous les résidents anglais y ont une résidence : la spéculation s'en mêle ; on y construit à force, en matériaux légers que fournit abondamment le pays. Dans quelques années, le sentier qui conduit à ces hauteurs, et qui n'est praticable qu'aux piétons et aux chevaux, sera converti en belle route ; et, la réclame aidant, le *Sanatarium* de Poulo-Penang sera des plus fréquentés.

Les poneys, chevaux et litières que nous avons vus au bas de la montagne, attendent, pour les transporter à destination, les voyageurs qui arrivent de la ville en voiture. En revenant à pied de la cascade — qui est presque à sec en ce moment — nous trouvons à la station, où nous venons de reprendre notre voiture, un vieil Anglais de bonne tournure et deux jeunes filles assez jolies, mais pâles, qui se disposent à gravir la montagne, le monsieur à cheval, les *misses*, chacune sur un fauteuil, placé entre deux grands leviers de bambous, appuyés sur les épaules de deux solides Malais, l'un en avant, l'autre en arrière : un relais d'hommes attend à une certaine distance, et deux autres coolies escortent à pied pour donner aide, en cas de besoin. Deux jeunes Anglais, arrivant à cheval de la ville, prennent ici des poneys, qui rejoignent en trottinant la première caravane. Voilà comme c'est confortablement organisé dans ces pays que nous croyons sauvages ; mais la race anglo-saxonne est là merveilleusement représentée, comme partout ailleurs où elle s'implante, par d'actifs et aventureux pionniers, pouvant en toute liberté, sans lisières comme sans entraves de la part de la mère patrie, employer leur ardeur et leurs capitaux. Des journaux libres, de bonnes routes, c'est toujours par là que débute toute colonisation anglaise. Ce procédé a réussi à Poulo-Penang, où la prospérité et la richesse se manifestent de toute part. Il y a même excès sous certains rapports.

L'exploitation des voyageurs se fait dans les hôtels avec le même cérémonial et la même emphase qu'en Angleterre ou en Suisse. A peu de distance de la cascade, en revenant vers la ville, nous nous arrêtons à un nouvel établissement de bains, tenu sur un grand pied, quant au tarif : *Alexandra-Hotel*. Voilà déjà le nom de la nouvelle princesse de Galles mis en réclame : il est vrai que Poulo-Penang s'appelle, sur les cartes anglaises, île du Prince de Galles. Outre l'attrait du nom, la maison affecte encore le luxe et la *respectability*. Il y a des nattes partout, des fleurs dans l'escalier, et, dans le salon, qui cumule aussi la destination de *news-room*, une table chargée de brochures et journaux, des étagères bien garnies, sofas, pankas, etc., etc. Le *waiter* a un petit air précieux et discret ; la *chambermaid* semble être à ressorte ; la maîtresse de la maison et ses filles sont vaporeusement habillées. Toute cette tenue se paye : un déjeuner *sec* (*drinkables not included*) 1 dollar, et notez que le dollar vaut ici, en ce moment, 6 fr. en monnaie française ; une bouteille de *pale ale*, un demi-dollar. Il y a des bains d'eau douce dans cet hôtel, et c'est sa raison d'être sur cette route. Une grotte naturelle reçoit de la montagne, contre laquelle la maison est adossée, une quantité d'eau détournée de la cascade, suffisante pour alimenter un bassin où il y a 5 ou 6 pieds d'eau : c'est le *plunge bath* pour les hommes. Il y a pour les dames des réduits séparés où sont construites de grandes cuves carrées de granit, qui me rappelaient les tombes des Apis dans le Sérapéum de Sakkara, mais elles ne sont pas ici d'un seul bloc. Ce bain froid coûte un quart de dollar ; c'est le dollar américain ou mexicain qui est ici la monnaie du pays, il se divise en cent parties appelées *cents*. La roupie de l'Inde ne vaut, à Penang, que 45 cents ; la pièce de 5 francs française, de 80 à 90 cents.

Nous retournons à Penang après une pause de 1 dollar et demi à Alexandra-Hotel ; en passant sur une place, notre voiture s'ouvre difficilement un chemin à travers une foule compacte de Chinois, rassemblés pour jouir d'une représentation qu'on allait donner sur une estrade couverte, assez élevée, et dressée en face d'un temple chinois qui occupe le milieu d'un des côtés de la place. Seul, j'eusse fait arrêter la voiture ; mais mon compagnon ne se souciait, ni pour lui ni pour ses enfants, de la vue de ces sortes de spectacles. A l'hôtel, nous trouvâmes le général, installé dans une belle chambre et couché. Il avait été bien fatigué par la chaleur des derniers jours, et il s'était décidé à rester à Penang, avec l'espoir, s'il parvenait à surmonter sa faiblesse actuelle, de se faire transporter dans un des cottages de la région tempérée de l'île, dont le docteur lui prédisait la bienfaisante influence sur sa constitution affaiblie. Je lui fis mes adieux et je le quittai à regret. Nous avions eu souvent ensemble de longues conversations, depuis notre départ de Calcutta ; il s'était toujours montré homme aimable et de bonne compagnie. Entre deux vieillards, comme lui et moi, la conversation roulait principalement sur le temps passé, sur les beaux jours de notre jeunesse, sur ce que nous avions vu dans notre âge mûr, lui en Asie, où il avait guerroyé pendant trente ans, moi en Europe et dans la banlieue, où j'avais flâné plus longtemps encore, du nord au midi, de l'orient à l'occident. Nous ne manquions donc pas de sujets de causeries, sans compter le thème éternel et favori sur lequel les hommes entre eux, jeunes ou vieux, exécutent d'interminables variations — les femmes. Le général les avait toujours beaucoup aimées, et il n'en parlait qu'avec estime et respect. Si l'âge avait éteint le feu sacré, les cendres en étaient encore brûlantes. Il se plaignait que le délabrement de sa santé ne lui permît plus de vivre dans la société polie et élevée qu'il avait toujours fréquentée, et il attribuait à ses campagnes la perte de ses forces, les défaillances de son estomac : « *Fructus belli,* » m'avait-il dit une fois, et je lui avais donné de ces deux mots la gaillarde traduction des loustics français, « *fruit des belles.* » Il avait souri et n'avait pas dit non. Trente années du climat de l'Inde, la guerre dans vingt campagnes différentes, les femmes ! c'était plus qu'il n'en fallait pour un pareil champion — un seul de ces fléaux avait eu raison d'Hercule !

20 mars. J'étais rentré à bord, hier, à la nuit close. J'allai seul à terre le matin, et je me mis à circuler dans toutes les rues de Penang. Il y a de charmantes maisons chinoises, très-propres extérieurement, décorées d'ornements de faïence émaillée ; elles doivent appartenir à de riches négociants. La population chinoise est dominante dans la ville ; mais, comme les femmes chinoises ne s'expatrient pas, on ne voit que des hommes. Tout le commerce de détail, toutes les industries usuelles sont exploitées par eux. Les Malais sont perdus dans ce flot de Chinois : on y aperçoit quelques rares Indiens de la côte de Coromandel, à la peau bronzée, dont les femmes, enveloppées d'étoffes de couleurs éclatantes, doivent avoir un métier tout particulier.

Les marchés sont bien approvisionnés en denrées de toute sorte ; les légumes et les fruits y abondent, ainsi que des gelées blanches ou jaunâtres qui se découpent et se débitent par petits cubes ; gros vermicelles cuits d'une blancheur engageante ; quantité de cuisines portatives, fumantes et très-achalandées ; des masses de poissons séchés, bouillis, frits, etc. Il se fait un grand débit de viande de porc, très-appétissante.

Le principal marché donne, d'un bout, sur la rue la plus fréquentée ; de l'autre, sur la rade. Il se termine, à cette extrémité, par une estrade couverte, s'avançant au-dessous de l'eau à la marée haute. C'est là qu'on dépouille de leur peau et qu'on dépèce les requins que les bateaux amènent des pêcheries, où ils sont assommés aussitôt pris. Il y a sur cette estrade des monceaux de requins et d'abominables raies gluantes. Des Chinois et des Malais, presque nus et tout ensanglantés, armés de haches et de longs couteaux, taillent, coupent, dépouillent, éventrent et vident ces immondes bêtes. Il se fait là un affreux lotissement de leurs différentes parties ; c'est horrible à voir : ce qui ajoute au dégoût de cette boucherie, c'est la malpropreté de l'estrade, jamais lavée à fond, bien que l'eau soit à moins d'un mètre au-dessous. Il y a sur ces planches et dans les recoins une couche de gros asticots grouillants, engendrés dans cette pourriture : aussitôt les poissons débarqués, ils en sont envahis et couverts.

Heureusement cette laideur est tout à fait exceptionnelle à Penang ; les rues, les boutiques, les étalages en plein air, ont généralement bon aspect, et la partie de la ville où résident les Européens est charmante ; les ombrages et la verdure entourent les habitations, chacune isolée dans son jardin ; les routes sont en parfait état ; l'apparence extérieure indique une prospérité croissante. Le coin de l'île, que j'avais, hier, parcouru en voiture, paraît d'une grande fertilité. La principale culture est le bétel, dont les feuilles vertes sont un article d'un emploi général ; elles servent à envelopper les fragments de noix d'Arek, mêlés de chaux en poudre, que mâchent continuellement les Malais des deux sexes, ce qui leur rend les dents noires, et donne à tout l'intérieur de leur bouche une couleur rouge de sang, peu agréable à voir, lorsqu'ils parlent.

Après une circulation suffisante, pour me bien mettre dans la tête la physionomie de Penang, je songeai au retour vers la *Cheduba*. Comme je n'avais pas de menue monnaie pour payer le bateau, et que j'avais grande envie d'acheter un des beaux ananas dont je voyais des monceaux exposés en vente, je m'approchai d'un jeune marchand chinois, de la variété grasse, à bonne figure épanouie ; et lui montrant des *cents* dans sa sébile à monnaie, puis deux beaux ananas dans le tas, je lui demandai en anglais le prix ; il me montra ses deux mains ouvertes, et, comme il ne lui manquait aucun doigt, c'était 10 cents ; je montrai huit doigts seulement, et voulus lui en faire plier deux ; il tint bon, en riant à faire disparaître ses petits yeux bridés, sous ses joues saillantes. Je n'avais que des roupies ; j'en pris une neuve et toute brillante, et, toujours par signes, accompagnés d'un dialogue en anglais de ma part, en chinois de la sienne, la valeur de ma roupie fut fixée à 45 cents, c'était le taux légal ; le marché fut conclu, je reçus 35 cents, et j'allais emporter mes deux ananas, un sous chaque bras, quand un gamin du pays, qui m'avait suivi depuis longtemps, et à qui je n'avais rien donné, faute de monnaie, s'empara de mon emplette, marchant devant moi très-allègrement, sûr de faire connaissance avec quelques-uns de mes cents, depuis qu'il m'avait vu en recevoir, et qu'il me rendait service. J'eusse été fort embarrassé sans lui, car je n'aurais pu me servir de mon parasol ; et, de la ville à la barque, j'avais à traverser, sous le feu du soleil, un assez long espace ; nous fûmes contents l'un de l'autre.

Ce ne fut qu'à trois heures après midi que nous partîmes. Le capitaine avait amené à bord quelques jeunes gentlemen de Penang, qui dînèrent joyeusement avec nous. Une grande barque, qui devait les ramener, suivait à la remorque. J'eus une longue conversation avec un de ces Messieurs sur l'île et ses produits. Depuis que le courant commercial s'est porté vers l'extrême Orient, par suite des traités faits avec la Chine et le Japon, la navigation à vapeur a pris un développement considérable dans ces mers. Le détroit de Malacca, qui est une des grandes routes du monde, est maintenant régulièrement sillonné par une foule de bateaux à vapeur, dont la plupart font escale à Poulo-Penang, reliant ainsi cette île au mouvement général de progrès qui signale notre époque. La population y a doublé en peu de temps, et la culture du bétel a pris une grande extension sur ce sol d'une fertilité merveilleuse, où cette plante sarmenteuse prospère, comme nulle part ailleurs. La partie de la presqu'île Malaise, qui regarde Poulo-Penang, est très-favorable à la production de la canne à sucre. De nombreux capitaux européens sont en ce moment appliqués à cette culture, ainsi qu'à l'exploitation des autres richesses végétales et minérales, si abondantes dans ce coin fortuné du globe.

La *Cheduba* filait rapidement dans l'étroit canal qui sépare l'île de la côte basse en face, toute couverte d'une végétation touffue, qui commence là où le flot expire. A notre droite, nous passions en revue les hauteurs boisées de Poulo-Penang et les charmants îlots qui s'en détachent. On aperçoit au bord de l'eau, au milieu de roches noirâtres éboulées, de délicieuses conques de sable fin, que des cocotiers surplombent et ombragent. C'est un vrai décor d'opéra.

Vers cinq heures, nos visiteurs nous quittent et descendent dans leur barque, que nous remorquions. Une bonne brise du sud gonfle leur voile aussitôt qu'elle est déployée, et les emporte rapidement en sens contraire de la route que nous suivions.

*T'is Sunday,* nos *minstrels* se taisent; mais les conversations vont leur train.

21 mars. Nous sommes toujours dans l'eau verte; il y a peu de fond, et on jette souvent la sonde; nous rencontrons et nous dépassons bon nombre de navires vers l'entrée du détroit de Malacca, où nous nous engageons vers midi, longeant la côte à l'est; il a plu ce matin, il vente assez fort. Une lourde vapeur obscurcit l'horizon, qui, du reste, n'est jamais pur vers cette époque de l'année; mais, toutefois, nous apercevons assez distinctement et échelonnées plusieurs hauteurs considérables à notre gauche. Le soir, par un beau clair de lune, nous jetons l'ancre à 3 ou 4 milles de la ville de Malacca.

22 mars. Le capitaine Baxter m'avait, hier soir, prévenu qu'il irait de bonne heure à terre le lendemain; aussi, à six heures, j'étais paré; trois des *Christ'ys minstrels* viennent avec nous dans le canot, que six de nos matelots manœuvrent vigoureusement. Malacca se présente fort bien du côté de la mer; nous nous dirigeons vers le débarcadère, en laissant sur notre droite une longue jetée en pilotis, qui part d'un terre-plein sur le rivage, où sont placés deux canons.

Un groupe de canonniers indigènes, commandés par deux officiers anglais, s'exerce en ce moment au tir. La cible est placée au loin dans la mer; nous entendons le sifflement des boulets, et nous voyons jaillir l'eau auprès du but. Nous approchons vivement du rivage; en face de nous s'élève le monticule qui porte le mât des signaux, en avant d'une vieille église portugaise, sans toit, qui couronne cette colline. A gauche, la ville ancienne, avec ses toits en tuile et ses premières maisons sur pilotis. Nous débarquons sur un quai planté d'arbres; le capitaine nous donne rendez-vous, à la même place, à dix heures pour retourner à bord, et chacun de nous se sépare pour suivre sa fantaisie; la mienne me porte vers de charmantes maisons que j'avais aperçues au bas de la colline des signaux; puis, je m'engage dans une belle route bien ombragée, bordée de cottages à demi cachés sous les cocotiers et les bananiers, au milieu de parterres de fleurs, limités par des clôtures élégantes. Quelques boutiques, tenues par des Chinois, avec enseignes et inscriptions verticales, en lettres rouges ou dorées, montrent qu'ici, comme à Penang, le commerce de détail est aux mains de cette race entreprenante. Je m'avançai assez loin dans la direction du sud, sur cette route délicieusement bordée de jardins et d'habitations; puis, revenant sur mes pas, je laissai encore à gauche la colline des signaux qui abrite, sur le versant qui regarde le midi, une ancienne fortification, des casernes, et, dans le bas, un champ d'exercice. Il y a là bon nombre de maisons modernes, ou plutôt de cases indigènes, et, parmi ces dernières, quelques grandes constructions servant de résidence et de magasin aux commerçants européens. J'entrai dans une petite église catholique, parfaitement tenue; puis, continuant ma route, je gagnai la ville ancienne en traversant un marché couvert, copieusement garni de denrées diverses, mais surtout de poissons de toutes sortes, nourriture de prédilection des Chinois. Un pont de bois traversant un étroit canal, tout couvert de grandes barques venant de l'intérieur, conduit à la vieille ville hollandaise, bâtie sur la rive droite de ce canal, ou cours d'eau, qui débouche dans la mer. En suivant une longue rue parallèle, fort animée par le commerce de détail, on s'aperçoit que la quincaillerie, les cotonnades et les faïences anglaises sont mêlées, en proportion majeure, aux productions indigènes; l'extrémité de cette rue débouche du côté de la mer, dans *Heeren Street,* bordée des deux côtés de belles maisons occupées par de riches négociants chinois. Un pont en fer, de récente construction anglaise, avec inscription commémorative, traverse le canal à son issue dans la mer, et vient aboutir au pied de la colline des signaux, non loin du quai où nous avions abordé.

Je me trouvais ainsi avoir fait le tour de ce monticule vers le sommet duquel je me dirigeai, pour y jouir, à l'ombre de quelques beaux arbres, d'un repos que j'avais bien acheté par une promenade de deux bonnes heures.

Une vieille église portugaise, dont le toit a été effondré, élève ses murailles ruinées au point culminant de cette colline; l'herbe a envahi tout le sol intérieur, elle cache les tombes renfermées dans cette enceinte, et celles qui extérieurement se pressaient contre ses murs. Je me couchai sous un énorme banian, qui couvrait un large espace de son ombre épaisse, et je restai là plus d'une heure dans une béate contemplation du beau spectacle qui s'offrait à mes regards du haut de cet observatoire.

Devant moi le détroit, où la *Cheduba* reposait au loin, entourée d'un essaim d'embarcations indigènes de toutes grandeurs, et dont la plupart avaient des voiles en nattes. A ma droite, la vieille ville avec ses toits de tuiles rouges, et ses maisons s'avançant sur l'eau, supportées par d'énormes pilotis; puis, le rivage se courbant gracieusement vers le nord, et la forêt des cocotiers semblant prendre naissance dans l'eau. Pendant mon repos, je vis passer à l'horizon, et se dirigeant vers le sud, un grand bateau à vapeur; c'était le *Cambodge*, des Messageries impériales.

A dix heures, j'aperçois mes compagnons se dirigeant vers le canot qui nous attend auprès du quai, je les rejoins, et, une demi-heure après, nous étions tous réunis à la table modeste du bord. Le chargement et le déchargement s'étaient effectués fort lentement, car la plage, très-basse devant Malacca, forçant à se tenir très au large, le va-et-vient des embarcations et des allèges est d'une grande lenteur. Nous avons pris ici une riche famille de sang mêlé : deux dames, la mère et la fille, et deux jeunes gens, plusieurs chevaux et domestiques, etc.; ce n'est qu'à cinq heures que nous pûmes partir.

Le passage du *Cambodge* renouvelait mon incertitude sur la direction que j'avais à prendre, une fois arrivé à Singapour. Deux voies s'offraient à moi, aller de suite en Chine avec le *Cambodge*, ou aller immédiatement à Java, avec le bateau hollandais, qui part le lendemain de l'arrivée des vapeurs français et anglais. Un des jeunes gens que nous avions pris à Malacca, et qui partageait ma cabine, me conseilla fort d'aller immédiatement à Java; et c'est dans cette idée que je commençai une lettre à mon fils.

Le 23 au matin, nous passions entre les petites îles bien boisées, dont la pointe de la presqu'île malaise est entourée, et nous apercevions le *Cambodge*, qui a dû s'arrêter pendant la nuit — car il avait hier une avance de sept ou huit heures sur nous — serrer le côté de près ; il allait au port neuf, où les Messageries impériales ont leur station et leur dépôt de charbon; nous allions, au contraire, en pleine rade, devant la ville, là où nous apercevions de nombreux navires à l'ancre. La *Cheduba* se faufila adroitement dans ce labyrinthe, et vint s'amarrer à bonne distance du quai, sur une bouée appartenant à la Compagnie *British India steam navigation.*

A peine étions-nous arrêtés, qu'une nuée de barques entourent notre bateau, et, dans un clin d'œil, le pont fut envahi par un essaim de coolies, au milieu de la confusion des bagages, un peu pêle-mêle, sur le pont. Ne connaissant pas la distance à parcourir par la barque que j'allais prendre, et à quel endroit de la ville se trouvait l'hôtel d'Europe, où j'avais été conseillé de descendre, je fis prix avec un des mécréants qui avaient pris d'assaut la *Cheduba*, pour me conduire du bateau à vapeur à l'hôtel, moyennant 20 cents (environ 1 fr. 50). Je m'installai dans le canot, où quatre grands Malais, demi-nus, m'avaient enlevé, avec mon bagage, par-dessus les autres embarcations qui se pressaient autour de l'échelle. Mon entrepreneur, qui voulait raccoler d'autres passagers, se fit longtemps attendre; enfin, il vint seul, et le canot partit. Comme je cherchais la monnaie pour tenir prêts les 20 cents promis, mon homme se mit à dire que nous étions convenus de 2 dollars; et, en me montrant deux doigts crochus, il répétait très-haut : *Two dollars, Sir, two dollars!* Indigné de cette mauvaise foi, je lui sautai sur le dos, et lui appliquai quelques vigoureuses calottes, avec d'affreux jurons français. J'étais dans une colère qui m'effrayait moi-même. Les Malais, qui manœuvraient la barque, n'avaient pas vu sans un certain contentement, que trahissaient les regards échangés entre eux, la correction que j'avais infligée à ce mauvais garnement, qui, avec quelques-uns de ses pareils, grâce à quelque peu de mauvais anglais qu'ils baragouinent, se font les intermédiaires entre les bateliers et les voyageurs, et exploitent à leur profit les uns et les autres. Mon homme ne s'était pas rebiffé, et, quand la barque accosta le quai, il s'esquiva lestement, en me jetant pour défi ces mots : *Two dollars, Sir, two dollars!* Deux des bateliers prirent mon bagage, et, sur mon indication, nous nous acheminâmes tous trois vers l'hôtel d'Europe, en suivant une belle esplanade, ombragée d'arbres le long du rivage.. Le trajet en barque avait été long; la course à pied fut au moins d'un kilomètre; je compris que 20 cents n'étaient pas assez, et je priai le maître d'hôtel d'indiquer lui-même le prix, qu'il fixa à 1 dollar. J'appris que le bateau hollandais partait le lendemain à huit heures du matin pour Batavia; je me décidai de suite à profiter de cette occasion.

Après un rapide déjeuner, où je vis figurer sur la table des fruits jusqu'alors inconnus pour moi, et, entre autres, les délicieux mangostains, que Singapour produit presque toute l'année, je pris, à la journée, au prix d'un dollar, une voiture fermée, très-confortable. J'allai porter à la maison Renard une lettre que je tenais du chef de cette maison à Paris; j'y reçus de M. Sp..., qui dirige le comptoir de Singapour, un excellent accueil et les offres de service les plus aimables. Il me donna des recommandations pour Batavia et pour le capitaine du bateau hollandais le *Java,* partant demain matin. Il me fallut aller au consulat de Hollande pour y faire viser mon passe-port, que, depuis mon départ de Paris, je n'avais pas tiré une seule fois de mon portefeuille. J'arrêtai ensuite mon passage pour Batavia, au prix de 52 dollars (à 6 fr. le dollar, 312 fr.); on ne put m'assurer de cabine.

Toutes ces affaires réglées, il me restait encore deux heures avant le dîner, je les employai avec ma voiture à circuler dans Singapour, fort grande ville, s'étendant de jour en jour. Les Chinois forment la presque totalité de la population. Le port intérieur ne contient que des barques d'un très-petit tonnage, et une quantité immense d'embarcations légères, très-propres, et très-bien manœuvrées par des Chinois, au buste nu, au large pantalon de cotonnade bleue, et coiffés de véritables chapeaux chinois.

Ce port est traversé, près de la mer, par une passerelle fixe en bois, et, vers son extrémité, par un pont suspendu, accessible aux voitures. Ces deux ponts relient la partie ancienne et commerçante de la ville avec les quartiers nouveaux, s'étendant parallèlement au rivage, au pied de la colline, où s'élève une forteresse anglaise et le mât des signaux. De charmantes habitations, entourées de jardins où croissent les plus beaux végétaux de la flore de l'équateur; les églises catholiques et protestantes, les hôtels, les consulats, une pelouse verte entourée de barrières, une longue et belle promenade côtoyant la mer et servant de corso, où, le soir, les cavaliers et les équipages circulent, pendant que la musique militaire exécute un prétendu concert; tout cela donne à cette partie nouvelle de la ville une physionomie civilisée bien différente de celle que je m'attendais à trouver à Singapour.

Ce qui me plaisait le plus était la ville ancienne avec sa population chinoise affairée, ses boutiques curieuses ; mon cocher malais me conduisit vers un temple chinois que je visitai en détail : c'est fort petit, mais il y a une si prodigieuse quantité d'ornements divers, de figurines, d'émaux à personnages en relief, de sculptures en bois, de bronzes ciselés, de dorures, de peintures, que cet ensemble défie toute description et vous tient ébahi par la variété, la richesse, le fini et le caprice du travail.

Je profitai du temps que j'avais encore à dépenser pour me faire conduire à 2 ou 3 kilomètres de la ville, au jardin de la Société agricole et horticole : la route est charmante, ombragée, entretenue en bon état et très-fréquentée, car les négociants européens, qui ont leurs comptoirs en ville, n'y résident pas ; ils habitent, aux environs, de jolis cottages dont la route que je parcourais dessert le plus grand nombre. On y rencontre quelques cases occupées par des Chinois et des Indiens de la côte de Madras, vendant des légumes, des fruits, des boissons. Devant une de ces boutiques, quelques Malais assemblés regardaient la danse de deux personnages, dont l'un, entièrement vêtu d'étoffe serrée de couleur verte, face et cheveux verts, figurait un dieu de l'Inde; et l'autre, tout de jaune habillé, face et chevelure de même couleur, représentait une déesse hindoue. Ils accompagnaient leurs mouvements lents d'un chant bien rhythmé, mais monotone.

Le jardin de la Société horticole est parfaitement tenu ; il y a des arbres de toute beauté, qui existaient sur le terrain avant qu'il n'ait reçu cette destination récente. La végétation ne se repose jamais à Singapour; aussi peut-elle produire des merveilles, si l'industrie de l'homme vient à son aide, et lui donne en abondance l'eau, qui fait souvent défaut dans cette pointe extrême et insulaire de la grande presqu'île malaise.

Je retrouvai au dîner de l'hôtel d'Europe M. Sp., de la maison Renard ; il a visité une partie de la Cochinchine, et il m'engage fortement à y faire un séjour d'un mois, me promettant un vaste champ d'informations et d'excursions curieuses. A huit heures du soir, il partit par le *Cambodge*, arrivé ce matin ; sur ce même vapeur se trouvait M. Léon Roches, ancien consul de France à Tunis, que j'avais vu dans cette ville en 1859 ; il allait en mission au Japon. Après le dîner, qui se fait aux lumières toute l'année, car le soleil se couche à six heures tous les jours, et la nuit arrive presque sans crépuscule, j'allai faire une promenade dans l'ancienne ville, où quelques boutiques chinoises sont bien illuminées : comme je dois, à mon retour de Java, consacrer deux ou trois jours à Singapour, j'ai tout vu un peu superficiellement aujourd'hui, et je suis rentré de bonne heure pour remanier mon bagage et me préparer au départ du lendemain matin (1).

24 mars. Dès le jour, à six heures du matin, il y a grand remue-ménage sous le grand vestibule ouvert de l'hôtel. Huit Hollandais, à destination de Batavia, sont arrivés hier par le *Cambodge*, et ont logé à l'Europe ; il y a, de plus, avec eux un Français. Ils ont des montagnes de bagages, car tous vont à Java pour y occuper des positions fixes. Une douzaine de coolies et de bateliers, avec cordages et leviers de bambous, atten-

---

(1) Chap. XVIII, second séjour à Singapour.

dent le signal pour s'emparer des malles et ballots, et les porter dans les barques qui sont amarrées en face l'hôtel. J'ai demandé à ces voyageurs, qui tous parlent le français, à m'adjoindre à eux, ce qui m'a été gracieusement accordé ; mais j'ai grand' peine à soustraire mon modeste et simple bagage aux griffes d'un robuste Malais, qui s'était emparé de ma malle et ne voulait pas la remettre au coolie que j'avais, sur sa bonne mine, honoré de ma confiance.

Après le payement de l'écot, qui n'est pas mince (3 dollars pour un jour (18 fr.) ; plus, 40 cents pour la bière), le départ se fait un peu en confusion ; tous mes compagnons ont des bagages de toutes sortes, dispersés entre les mains et sur les épaules d'une foule de gaillards dont le nombre s'accroît à chaque instant. Il faut avoir l'œil au guet pour qu'il ne s'égare rien dans cette cohue criarde et tumultueuse. Nous étions convenus de ne prendre qu'une seule barque pour les passagers et le menu bagage, et une autre pour les ballots : cela ne faisait pas le compte des bateliers, qui auraient bien voulu ne mettre qu'un voyageur et un colis par barque ; aussi, lors du départ, ils se disputèrent entre eux, et, comme il fallait passer sur deux ou trois bateaux pour atteindre celui que nous avions choisi, et dans lequel quelques-uns de nos compagnons étaient déjà installés, ils cherchèrent à faire tomber à l'eau les derniers arrivants, au nombre desquels j'étais, en écartant les bateaux. J'évitai assez heureusement le plongeon, et je rejoignis mes nouveaux amis après avoir, dans la bagarre et mes mouvements de défense, enfoncé le toit de bambou d'une des barques hostiles. Il y avait loin de la plage de l'hôtel d'Europe à l'endroit où le *Java* frémissait sur ses ancres et jetait des torrents de fumée noire, accompagnée de bouffées de vapeur. L'embarquement se fit sans trop d'encombre.

Le *Java* est fort petit, ses aménagements s'en ressentent :

je ne me plains donc pas d'avoir une couchette dans le salon, à la poupe, au lieu d'être renfermé dans une des boîtes étroites qui, sous le nom de cabines, entourent la salle à manger, séparée du salon. Le capitaine est un pur sang hollandais, trapu, rougeaud de figure, blond de cheveux, physionomie ouverte et franche; il porte l'uniforme de la marine royale hollandaise, dont le *Java* fait partie.

A huit heures, nous quittions l'ancrage de Singapour, et nous festonnions notre route à travers les navires de toutes grandeurs dont la rade est couverte. La ville se présente bien, vue de la mer. Les traits saillants sont la colline où s'élève le Sémaphore, et l'église anglaise, à peine achevée, dont la masse blanche en pierres de taille et le clocher pointu se détachent au bord de la mer sur le fond de verdure qui l'encadre. De la rade, on aperçoit des terres de tous côtés, îles et îlots bien boisés.

Nous passons près de deux grandes jonques chinoises, peintes en rouge, à poupe et à proue surélevées; on me montre à quelque distance un grand vaisseau démâté et couvert d'un toit; c'est un magasin à poudre du commerce. Comme Singapour est port franc, et que les Anglais ne s'inquiètent jamais de la qualité de l'acheteur, pourvu qu'il paye comptant, c'est ici le grand arsenal de la piraterie malaise et chinoise. On me disait hier qu'il y avait chez les négociants plus de 100,000 fusils à vendre, des canons et de la poudre en quantité : singulière civilisation que la nôtre, où les commerçants vendent ostensiblement des armes aux brigands que les gouvernements, de leur côté, cherchent à anéantir!

Il fait un peu de vent; le *Java* paraît assez bien marcher; tout se case et se range à bord; l'ordre succède à la confusion de l'embarquement.

Les repas paraissent ici être la grande affaire; dès huit

heures, lors de notre arrivée, la table était mise, c'était le petit déjeuner; à midi, commence le grand déjeuner; il y a environ quinze personnes à table, presque tous Hollandais et Allemands. Je suis effrayé de l'énorme quantité d'aliments qu'absorbent ces pantagruéliques estomacs; et, tout cela, pêle-mêle sur la même assiette, où s'élève pour chaque convive une arlequinade de riz, de légumes, de poissons, d'œufs durs, de volaille; on fait circuler un plateau à neuf compartiments, contenant des sauces inconnues, des condiments énergiques, qui aident à la digestion de cette masse d'aliments divers. Nos Hollandais se conduisent vaillamment à table, sous la conduite du corpulent capitaine, qui sabre les bouchons et enfonce les platées de *curry*. Le vin et la bière circulent, sans supplément de paye; le traitement est plus abondant et plus généreux qu'à bord de la *Cheduba*. Le café et les liqueurs se servent sur le pont.

Après ce grand exploit gastronomique du milieu de la journée, chacun se retire dans sa cabine, pour la sieste. On reparaît sur le pont, en costume de nuit, vers trois heures, pour le thé; puis, on se rhabille une heure avant le dîner. A ce moment, un plateau de liqueurs, de sirops divers, de bitter, est placé en permanence et chacun se sert à sa convenance; vers six heures le dîner, très-copieux et très-bien arrosé; puis encore, café, thé ou liqueurs.

Je ne pouvais me faire à ce régime; dès le premier jour, le petit déjeuner avait fait tort au grand, et le grand au dîner. Un jeune Français, allant se charger d'une éducation à Java, faisait, comme moi, la petite bouche, et nous étions tous deux ébahis de la capacité des estomacs de nos compagnons, qui, pour le reste, étaient fort convenables et très-bienveillants. La soirée se passa gaiement, la mer était belle, la nuit splendide; nous étions à l'équateur, et nous allions passer la ligne dans quelques heures, — ce qui ne nous empêcha pas d'aller dormir, sans crainte du réveil humide et bruyant dont quelques-uns de nos compagnons menaçaient les novices.

25 mars. Le lendemain matin nous étions dans l'hémisphère austral; il n'y avait pas eu de baptême, nos matelots étaient tranquilles; Neptune et le père Tropique n'avaient pas paru : les dieux s'en vont! Le temps continue à être beau ; nous longeons Banca sur la gauche, et Sumatra est au loin sur la droite.

Mêmes exploits de bouche qu'hier, pendant toute la journée. J'ai plaisir à causer avec mon compatriote, M. M. Il laisse percer une petite pointe de jésuitisme et de naïveté, ce qui ne lui fait aucun tort à mes yeux. J'estime bien mieux cette candeur de foi et d'inexpérience, je n'ose pas dire d'ignorance, que l'outrecuidance ignare, la sottise imperturbable et prétentieuse dont nos jeunes compatriotes donnent trop souvent l'exemple à l'étranger, et dont j'avais vu, à bord du *Mœris*, il y a trois mois, de déplorables échantillons chez de jeunes Français, qui n'étaient pourtant pas des commis-voyageurs. M. M. est instruit, littéraire, la tournure de son esprit est sérieuse; ses livres favoris sont l'*Imitation* et les *Confessions de saint Augustin*; il aime et sollicite les discussions religieuses: nous nous y livrons courtoisement, et, comme toujours, nous rentrons chacun dans notre camp, après des passes d'armes plus ou moins longues.

J'ai pour compagnon, dans le salon où je couche, un Anglais, M. C., établi à Batavia, qui a beaucoup voyagé en Chine, au Japon, aux Philippines, en Australie. C'est un homme d'une cinquantaine d'années, instruit et de bonnes manières, parlant parfaitement le français. Il y a profit et plaisir à converser avec lui.

Notre navigation s'accomplit d'une manière fort agréable;

nous sommes peu nombreux, et tous de bon accord ; le temps est beau, la nuit calme et étoilée : je ne me suis jamais senti si bien vivre que dans cette traversée tranquille, au milieu de compagnons sympathiques et bienveillants.

Le lendemain 26, même navigation, même copieux repas, mêmes causeries ; nous faisons toujours bonne route, et nous approchons rapidement de Java ; nous passons près d'îlots bien boisés, et, avant la nuit, nous sommes en rade de Batavia ; nous avons franchi 600 milles en cinquante-huit heures. On laisse tomber l'ancre à bonne distance de la côte basse, couverte de végétation, dans l'eau rougeâtre que verse la rivière de Batavia, le Tjiliwong, et qui salit la mer à plus d'un mille.

Le *Java* tire deux coups de canon, et nous voyons s'avancer un petit bateau à vapeur, qui vient prendre les passagers et les colis pour les transporter à la douane, à travers les atterrissements produits sur cette côte par les torrents qui y débouchent. Un chenal d'une vingtaine de mètres de largeur, entre deux levées étroites, s'avance au milieu de ces bas-fonds, et verse à la mer une eau chargée de terre ocreuse, et de débris abondants de végétaux. Tous les ans, il faut consolider et avancer ces jetées, tant les atterrissements sont considérables. L'ancienne Batavia s'éloigne ainsi du rivage ; une végétation vigoureuse s'empare de ces plages nouvelles, et crée entre la ville et la mer une bande de marécages d'une grande insalubrité.

Le petit bateau à vapeur, après nous avoir tous pris à son bord, avec nos bagages, s'engage dans ce chenal, et nous dépose à la douane, située sur la rive droite. Il était nuit. La visite fut assez douce, et pour la forme seulement. Nous devions aller presque tous à l'hôtel des Indes, tenu par un Français. Son fils se trouvait à la douane pour y raccoler les passagers, je fus expédié le premier ; ce jeune homme plaça moi et mon bagage dans une calèche, conduite par un indigène en robe rouge et coiffé d'une espèce de cuvette dorée. La voiture partit assez rapidement, passa sous une grande porte et circula dans quelques rues désertes, éclairées au gaz ; puis, elle s'engagea dans une interminable avenue, bordée, à gauche par un canal ; à droite, par des arbres et des maisons clairsemées, mais fort bien éclairées au gaz, dont je voyais les becs se prolonger indéfiniment en ligne droite. Sans cet éclairage civilisé, je me serais cru emporté au loin pour y être dévalisé par mon Javanais, avec lequel je ne pouvais échanger un seul mot. Nous passâmes devant quelques maisons très-basses, de charmant aspect, dominées par de grands arbres, qu'illuminaient, en dessous, la vive lumière du gaz, et les lampes suspendues au plafond des vérandas.

Enfin, au bout de 4 à 5 kilomètres de cette course nocturne, la voiture entra dans une petite place carrée et s'arrêta, au fond, devant les marches d'une véranda resplendissante de lumières. C'était l'hôtel des Indes ; les autres voyageurs arrivèrent bientôt ; les logements furent distribuées et le souper servi. J'étais à Java, un des rêves que j'avais caressés tant de fois dans le cours de ma vie !

# CHAPITRE XII.

L'hôtel des Indes. — Régime de vie. — Colporteurs chinois. — Habitations des Hollandais. — Les indigènes. — La vieille ville. — Fête particulière. — Place, colonne et inscription de Waterloo. — Église catholique. — Canaux ombragés. — Restaurant chinois. — Guillaume Tell. — Le capitaine du Menado. — Maison d'un riche chinois. — Musée ethnographique. — Préparatifs de départ.

27 mars. Au jour, je suis charmé de la position de l'hôtel et de ses dispositions extérieures spacieuses et commodes. Ce que j'avais pris, hier soir, en arrivant, pour une petite place, est la cour intérieure ou plutôt le jardin. Il débouche sur la route de Batavia par deux issues, sans clôtures, séparées par un petit pavillon dépendant de l'hôtel; de chaque côté de ce préau, et perpendiculairement à la route, s'allonge, presque au niveau du sol, une galerie couverte, formant portique sur le jardin, et donnant jour et accès aux chambres, qui se suivent comme les cellules d'un cloître. Au fond, et parallèlement à la route, le corps de logis principal, avec une belle véranda ornée de glaces, de lustres, de divans, et pavée de beaux carreaux de marbre; puis la salle à manger, vaste et aérée; par derrière, les bâtiments de service, les écuries, les remises, et tout un

campement d'indigènes, domesticité nombreuse de l'hôtel. Au centre du jardin, une rotonde, surmontée d'un réservoir, abrite les cabinets de bains froids, avec baignoires en marbre et robinet de douches. De beaux arbres, au feuillage touffu, dominent toutes ces constructions isolées.

J'occupe une chambre ouvrant sur la galerie du sud—l'exposition fraîche de ce côté de l'équateur. Auprès de ma porte, comme à toutes les portes, le long de la galerie, une table et deux fauteuils en cannes sont placés extérieurement. Ces galeries abritées du soleil, et ouvertes d'un côté, ainsi que les vérandas, jouent un grand rôle dans la vie des Européens à Java.

C'est Pâques aujourd'hui. Rien ici ne me le rappelle. Je vais de bonne heure, et sous le parasol, reconnaître les abords de l'hôtel, en continuant la route suivie, hier soir, depuis Batavia. Le canal, endigué entre deux murailles de pierres, avec ponts, passerelles, escaliers descendant à l'eau, longe cette route bordée de charmantes habitations. A peu de distance de l'hôtel, il se détourne à gauche, on le franchit par un pont en fer, à voitures; il coule alors entre deux routes, bordées chacune, d'un côté, par des jardins où s'abritent sous la magnifique végétation de ce climat, dirigée par le goût hollandais, les délicieuses et coquettes demeures des négociants, employés, ou fonctionnaires européens. Les deux rives du canal sont ombragées par des rangées d'arbres touffus. Rien ne manquerait à la beauté de ces routes si l'eau, qui coule impétueuse et abondante, entraînant toute sorte de débris végétaux, n'avait l'affreuse couleur jaune opaque de l'épais limon qu'elle charrie.

Je ne poussai pas loin ma promenade en remontant le cours du canal, car la chaleur humide était insupportable. Je rentrai pour m'installer à mon aise dans mon logement, que je prévoyais devoir garder une dizaine de jours. Je ne savais trop quelle direction j'allais prendre. J'avais désir de visiter l'île de Java, mais, déjà, on m'avait effrayé par l'énumération des embarras et des dépenses d'une pareille excursion à faire, seul, dans l'intérieur du pays, où il faut créer, à force d'argent, les moyens de transport, et traîner avec soi bagages, literie, tente, escorte, guides, serviteurs. Une tournée un peu complète n'eût été praticable, pour un voyageur à ressources modestes, comme je l'étais, et non muni de recommandations puissantes, qu'autant que j'aurais pu trouver ou attendre l'occasion d'une tournée de quelque fonctionnaire public, qui aurait bien voulu me laisser profiter des facilités officielles de sa caravane.

D'un autre côté, je m'étais laissé séduire par la perspective d'une tournée maritime dans les Moluques. Une fois par mois, il part de Batavia un bateau à vapeur affecté au service public, à la correspondance et au transport des passagers dans l'archipel des Moluques. On attendait prochainement à l'hôtel des Indes le capitaine d'un des deux bateaux qui sont affectés à ce service, car cette tournée dure de 40 à 45 jours. Il devait repartir une semaine après son arrivée : on me le signalait comme un bon compagnon, Français, de Marseille, connaissant bien tous ces parages, où il navigue depuis 20 ans. L'occasion était bonne, et le projet me souriait ; j'y fixai ma pensée dès le premier jour, et ce fut le sujet de mes enquêtes et de mes conversations avec les voyageurs, mes compagnons, et avec l'hôte et son fils, Français tous deux, qui me dirent beaucoup de bien du capitaine Couteron, et m'engagèrent à attendre son arrivée.

Il y a eu ce soir une terrible averse, qui a duré plus d'une heure. A voir l'effrayante quantité d'eau qui s'est précipitée des nuages en ce court espace, j'ai pu comprendre comment se forment les atterrissements considérables à l'embouchure des torrents dans la mer; comment les montagnes et les collines se ravinent et vont ensabler les vallées et augmenter la zone des terres basses et marécageuses qui borde la mer devant Batavia.

Il y a beaucoup de monde à l'hôtel. J'y ai retrouvé MM. W... et F..., le pianiste et le violoncelliste que j'avais connus à Calcutta chez M. Van G... Ils ont déjà donné deux concerts, et ils en préparent un dernier.

La table n'est pas mauvaise ici, le vin et la bière se payent à part. On compte par florin de Hollande valant 2 fr. 15 : la table et le logement, 5 florins (10 fr. 75); une bouteille de vin ordinaire, 2 florins; une voiture pour la demi-journée, 4 florins, etc.

28 mars. Maintenant que j'ai passé une journée entière ici, je suis au courant du régime et des habitudes. On vit toute l'année à l'air, mais à l'ombre; on se garde ici du soleil plus que chez nous de la pluie; on ne se renferme dans la chambre que pour dormir, soit la nuit, soit le jour pendant la sieste; encore les fenêtres, sans vitres, ne sont-elles closes que par des persiennes. Le lit, comme dans l'Inde, se compose d'un matelas-galette, très-dur, recouvert d'un seul drap et de deux petits traversins également durs; l'un, dans le sens ordinaire, pour la tête; l'autre, libre, est posé sur l'unique drap, dans le sens de la longueur du matelas. Ce traversin supplémentaire, qu'on pourrait appeler un camarade de lit, est d'invention hollandaise; je ne l'avais pas vu dans l'Inde. Sa destination est, généralement, d'être placé, pendant le sommeil, soit entre les bras, soit entre les jambes, soit sous le dos ou sous le ventre. Pour la nuit, ou pour dormir dans le jour, on revêt un costume complet : large pantalon avec ceinture à coulisse, en légère étoffe de coton, de couleur bariolée et sombre; légère camisole

blanche en coton; pas de chemise; rien à la tête. Tel est le costume de nuit pour les hommes; celui des femmes est à peu près semblable; le pantalon est remplacé par le *sarong;* c'est une pièce de coton carrée, sans couture, à dessins compliqués, d'une couleur obscure, qui entoure et serre la taille sous la camisole, cache le milieu du corps et les jambes, et tombe à la cheville. C'est le même vêtement, mais plus ample, que celui que j'avais vu aux femmes de Rangoon et de Maulmein. Ce costume de nuit est très-modeste pour les deux sexes; il est agréable et commode, aussi le garde-t-on une partie de la journée.

Dès le matin, on sort sur la galerie, les pieds nus dans des babouches chinoises, et on s'installe sur un des fauteuils à la porte de la chambre; les domestiques indigènes, en longue robe de cotonnade rouge, viennent, aussitôt qu'un voyageur est sorti de sa chambre, placer sur la table extérieure un plateau avec des œufs à la coque, une tasse de café, des petits pains. Peu à peu, toutes les tables se garnissent, les personnes qui se connaissent voisinent et font porter leur plateau sur la table de celui qu'elles visitent. On cause, on se repose; ces fauteuils extérieurs ont des bras, avec rallonges, sur lesquelles on étend les jambes, en les écartant et en se renversant sur le dossier; si un ami vient vous visiter dans ce moment, on peut dire qu'on le reçoit à jambes ouvertes — les hommes seuls, on le pense bien, se permettent ces écarts de tenue. Après ce petit déjeuner et en attendant le grand, qu'on sonne à midi, la plupart des habitants de l'hôtel restent en costume de nuit; on s'habille pour ce repas auquel, généralement, les dames n'assistent pas, préférant ne faire qu'une toilette par jour, pour la promenade, précédant d'une heure le dîner, qui se fait aux lumières.

Après le déjeuner de midi, on revêt encore le costume de nuit pour faire la sieste jusqu'à trois heures; on reparaît alors sur la galerie, et les plateaux de thé commencent à circuler. C'est l'heure où la cour est envahie par une foule d'industriels chinois, ayant chacun un indigène robuste pour porte-balle. Les objets variés du commerce de ces colporteurs sont répartis et équilibrés aux deux extrémités d'un levier de bambou, dont le milieu repose sur l'épaule du porteur. Le Chinois tient ordinairement à la main, et pour la montre, quelques-uns des objets les plus demandés; mais les profondes poches de son large pantalon de coton bleu et de sa veste blanche, la coiffe de son chapeau de paille, recèlent tout un monde de menus articles de toilette et d'usage journalier. Pour la plupart, ces objets sont de fabrique anglaise, et proviennent des vastes dépôts de Singapour, qui est port franc, et d'où la contrebande la plus active rayonne sur tout ce coin du monde. Ces Chinois ont une adresse et une ténacité surprenantes pour amadouer la pratique et forcer la vente; il est rare qu'un de ces négociants au petit pied ne parvienne pas à voir la couleur de votre argent, pour peu que vous soyez entré en pourparlers ou en signes avec lui. Il n'est rien de ce que vous pouvez désirer qu'il ne trouve à l'instant, soit dans ses vastes poches, soit dans les paquets de son porte-balle.

Quand la grande chaleur du jour est passée, et que le soleil descend presque verticalement vers l'ouest, ceux qui n'ont pas pris la douche froide le matin se rendent à la rotonde des bains, située, comme je l'ai dit, au milieu du jardin. C'est pour chaque personne l'affaire de dix minutes au plus. Rien d'agréable et de tonique comme ce *shower bath*; malheureusement, l'eau, pompée du canal voisin, est toujours rougeâtre et terreuse. A cinq heures et demie, on sort pour les promenades, soit en voiture, soit à pied; et, quand le soleil est couché, la plupart des Hollandais se promènent tête nue. A la nuit, qui arrive vite sous cette latitude, le gaz s'allume partout; les vérandas resplendissent, ainsi que les salles à manger. C'est après le dîner, et fort tard, qu'ont lieu les réunions. particulières, les concerts, les spectacles.

Sur l'indication du jeune Français avec lequel j'avais fait la traversée de Singapour à Batavia, M. M..., j'ai cherché aujourd'hui, dans ma promenade matinale, l'église catholique. Je vais fort loin, toujours remontant le cours du canal ; arrivé à une écluse, dont les portes ouvertes laissent échapper dans une autre direction une imposante masse d'eau jaunâtre, qui bouillonne et tourbillonne impétueusement, je m'égare et reviens à l'hôtel par des détours et de belles routes bien ombragées, bordées de jardins et de maisons coquettes.

Suivant moi, les Hollandais entendent beaucoup mieux que les Anglais les nécessités et les convenances de l'habitation sous ces climats. Dans l'Inde, les Anglais importent les fastueuses demeures aristocratiques de leur île, froide et nébuleuse : les grandes constructions, les grands parcs, les pelouses immenses, les massifs. Le Hollandais, ici, place sa maison, petite et proprette, sous les beaux ombrages des grands arbres du pays, et il l'entoure d'arbustes et de fleurs. Ce n'est pas un parc, c'est un jardin qu'il aime à créer autour de sa demeure.

J'eus aujourd'hui tout le loisir de bien observer les indigènes. Ils sont loin d'être beaux, et bon nombre d'entre eux ont une physionomie et des traits si semblables à ceux de certains singes, qu'on est tenté de croire qu'à une époque plus ou moins éloignée, il y a eu un croisement quelconque dans les deux races.

Les hommes sont vêtus d'une robe ou chemise de coton de couleur, sans ceinture, fermant au col. Les femmes, presque toutes de petite taille, comme dans tous les pays où la nubilité est précoce, paraissent vives et enjouées. Elles sont plus couvertes que dans l'Inde. Les canaux dont j'ai parlé servent de lavoirs et de bains aux indigènes; il y a, de distance en distance, des escaliers dont le palier, au niveau de l'eau, est constamment occupé par des femmes qui se baignent ou qui lavent. Quand elles vont se livrer à l'une ou l'autre de ces occupations, elles remontent leur sarong au-dessous des aisselles, sans quitter encore leur camisole blanche ; elles se sanglent ainsi au-dessus du sein et sous les bras; puis, elles quittent la camisole, soit pour se plonger dans cette eau terreuse qui est de la couleur de leur peau, soit pour laver sur le bord de l'eau, en ayant les épaules et les bras nus. Elles se rhabillent fort modestement en s'entourant d'un sarong sec, sous lequel elles font tomber celui qu'elles avaient à l'eau, et elles reprennent leur camisole : cette pratique de se serrer au-dessous des bras déprime la gorge, qui, dans ces pays, n'a que trop de tendance à tomber; cela fait mal à voir.

Arrivé avant-hier soir, à la nuit, je ne connaissais pas encore la ville de Batavia, que j'avais traversée aux lumières pour venir prendre gîte à l'hôtel des Indes, dans cette partie un peu éloignée de la mer, où tous les Européens résident. Depuis longtemps la vieille ville de Batavia, dont l'insalubrité s'accroît de jour en jour, ne leur sert plus de demeure. Les comptoirs, les bureaux, les entrepôts, les magasins, tout l'établissement commercial, en un mot, y est resté. La population fixe, encore très-nombreuse, se compose entièrement d'indigènes et de Chinois, et parmi ces derniers il y en a de fort riches. C'est à quelques kilomètres de la ville et de la mer, dans une grande et belle plaine, coupée de canaux et de routes superbes, que tous les Européens, négociants ou fonctionnaires, ont leurs habitations, la plupart charmantes et confortablement installées, sous de beaux ombrages et au milieu des fleurs. Tous les jours non fériés, toute la colonie mâle européenne, négociants, commis, employés, se rendent en voitures, plus ou moins élégantes, vers dix heures du matin, à Batavia, où les comptoirs, magasins et bureaux restent ouverts jusqu'à quatre heures; alors commence le retour, et la vieille ville se trouve, jusqu'au lendemain, à dix heures, livrée aux Chinois et aux Javanais. Tout le monde a sa voiture, même les simples commis. Les appointements, il est vrai, sont considérables. Nous avions à bord du *Java* un jeune Hollandais, venant d'Europe, engagé pour premiers émoluments dans une maison d'ici, à 700 florins par mois (1,505 fr.)!

Après le déjeuner, je pris à l'hôtel une calèche pour aller à Batavia porter mes lettres et voir la ville. J'engageai M. M., qui partait demain pour Samarang, à m'accompagner.

Nous descendîmes rapidement vers la ville. Le canal, à droite, roulait une eau jaunâtre, chargée d'immenses débris de végétaux, et, entre autres, des bananiers entiers, entraînés par les suites de l'orage d'hier. Ces arbres s'accumulaient aux poteaux des différentes passerelles, et des hommes s'occupaient à les dégager et à les livrer au fil de l'eau.

Nous arrivons vite à Batavia, qui a un certain aspect propre et régulier. Les aquatiques Hollandais se sont trouvés là, jadis, dans leur élément; les canaux, les écluses, ont été par eux distribués par la ville, afin de permettre aux chargements et déchargements de se faire par bateaux, à portée des magasins et entrepôts situés sur les quais.

Ma lettre de crédit circulaire du Comptoir d'escompte de Paris m'indiquait pour correspondant à Batavia M. Maintz, qui, le jour de l'arrivée du *Java*, était venu avec le petit bateau à vapeur au-devant de quelques-uns de ses amis, mes compagnons depuis Singapour. Je lui avais alors été présenté à titre de crédité sur sa maison. Il me fit, aujourd'hui, l'accueil le plus aimable et se mit, ainsi que ses commis, à ma disposition, et il se chargea de remplir les formalités pour le dépôt de mon passe-port à la police.

J'allai remettre à la maison C., l'une des plus importantes de Batavia, une recommandation que je tenais de mes correspondants de Singapour. . . . . . . .

Après ces présentations, nous reprîmes notre voiture ; et, à la sortie de la ville, nous nous faisons arrêter sur une grande place, où se tient un marché chinois fort animé, nous circulons à pied au milieu des cuisines flambantes ; les pratiques abondent, et la consommation sur des tables, abritées du soleil, est très-active. Le poisson sec, ou frit, ou bouilli, est l'article le plus demandé ; puis, une foule de pâtes ou gelées tremblantes de toutes couleurs, fruits à profusion, et, entre autres, d'énormes pamplemousses, espèces d'oranges, grosses comme des melons.

A peu de distance de ce marché, et sur le chemin suivi ce matin, nous descendons encore de voiture devant une maison d'assez belle apparence, située au fond d'une cour. Il y avait à l'entrée un rassemblement ; nous franchissons la foule, et nous nous avançons vers la véranda, ornée de fleurs, où deux danseuses javanaises, serrées sous les aisselles par un ample et flottant sarong de couleurs et de dessins éclatants, les épaules et les bras nus, roidissent, renversent et crispent leurs mains et leurs doigts, en faisant onduler leurs bras étendus, en passant et repassant l'une autour de l'autre. Jaunes et maigres, avec la figure impassible, elles ont l'air de cadavres galvanisés ; de temps en temps elles glapissent et miaulent sur un ton très-aigu ; tout cela, au bruit d'une musique de timbres de métal, frappés par une dizaine d'indigènes, accroupis sous la véranda. C'est une fête à l'occasion de quelque heureux événement de famille. Un autre orchestre est placé dans un autre endroit de la cour, et alterne sans doute avec d'autres acteurs.

Nous continuons notre excursion jusqu'à la place Waterloo, un peu au-delà de l'écluse et des ponts, où j'avais poussé, le matin, ma lente promenade à pied ; c'est une vaste pelouse carrée, bordée de belles routes ombragées, dont l'une longe une grande construction sans caractère, le palais du Gouvernement. Sur chacun des côtés parallèles entre eux, et perpendiculaires à ce palais, s'aligne une suite de maisons basses, régulières, bien tenues, avec galerie ouverte sur la place ; ce sont les casernes pour les soldats européens — la milice indigène n'exigeant pas ce luxe d'habitation.

Au centre de la pelouse s'élève une disgracieuse colonne écourtée, sans chapiteau, surmontée d'un petit animal informe, auquel le vent, ou les oiseaux, ont fait une crinière de brindilles et d'herbes vertes ou desséchées ; on ne sait, à première vue, si c'est un lion ou un caniche ; mais la place porte un nom que le Lion Néerlandais revendique, et cette colonne, érigée en 1818, est décorée d'une inscription qui proclame en latin, à quiconque vient flâner autour de sa base, que la bataille de Waterloo a été gagnée par les Belges et le prince d'Orange. Il est de croyance assez généralement reçue que les Anglais et les Prussiens, Wellington et Blücher, ont bien un peu été mêlés dans cette affaire. L'inscription n'en dit mot.

La voici dans sa curieuse contexture :

IN ÆTERNAM CELEBERRIMI DIEI

XII ANTE KAL. JULII A. D. 1815.

MEMORIAM

QUO

FORTITUDINE ET STRENUITATE BELGARUM EORUMQUE INCLYTI DUCIS

WILHELMI FREDERICI GEORGII

LUDOVICI, PRINCIPIS ARAUSIACI

POST ATROCISSIMUM IN CAMPIS WATERLOÆ PROELIUM, STRATIS

ET UNDIQUE FUGATIS GALLORUM LEGIONIBUS,
PAX ORBI RELUXIT
HOC MONUMENTUM SUB PATROCINIO PRINCIPIS WILHELMI
FREDERICI CAROLI, SACRUM FECIT CONSOCIATIO WATERLOICA
BATAVIÆ.
A. D. 1818, ETC., ETC.

Voilà un échantillon des matériaux que l'épigraphie fournit à l'histoire!

C'est près de cette place que le théâtre, la salle de concert, la poste aux lettres et l'église catholique sont situés. Il y avait peu de monde dans cette dernière, à l'office de l'après-midi; les femmes et les hommes sont séparés; beaucoup de sang mêlé chez ces catholiques.

Au retour à l'hôtel, je passai le reste de la journée avec M. M., qui part demain matin par le bateau de Samarang ; c'est un excellent jeune homme, modeste et instruit — chose rare!

29 mars. Il vient aujourd'hui, avant de partir, me trouver sous ma galerie, pendant que je fais à ma porte, en costume de nuit, le premier déjeuner ; je lui dis bien cordialement adieu, en lui souhaitant toutes les chances désirables de fortune et de santé.

La journée s'est passée en quelques courtes promenades à pied, et à pas lents, car la chaleur et la transpiration excessives interdisent tout mouvement un peu vif. C'est toujours sur les routes ombragées, qui bordent les différents canaux par lesquels l'eau du haut pays a été distribuée et dirigée vers la mer, que j'aime à prendre le peu d'exercice que je puis supporter, sans trop de fatigue ; les allées sont vraiment charmantes ; on ne peut rien rêver de plus gracieux que quelques-unes des habitations qui les bordent. Les nombreux groupes de femmes qui lavent ou se baignent, la chevelure pendante, les bras et les épaules nus, ne manquent pas d'originalité et de piquant pour un Européen. Ces canaux, fréquemment endommagés par l'impétuosité de l'eau, dont l'écoulement est savamment réglé par des écluses, sont presque continuellement en réparation; et c'est avec des pierres madréporiques, si abondantes sur cette côte, qu'on fait les endiguements. Il y avait non loin de l'hôtel un énorme tas de ces pierres : la plupart auraient figuré avec honneur dans nos musées de minéralogie.

C'est demain courrier d'Europe, j'écris à ma famille ma onzième lettre, et je me plains de n'avoir rien trouvé ici. Le soir orage et tonnerre.

30 mars. Promenade habituelle le matin; ma barbe blanche me fait remarquer des indigènes et effraye les femmes et les enfants : que serait-ce si elle était bleue? Au retour, et comme tous les autres jours, je prends ma douche; puis, après le déjeuner, la sieste sur le lit, en compagnie d'*Horace* et de *Dante*, mes bréviaires ordinaires : il est rare, en voyage, que je passe une journée sans avoir lu, à bâtons rompus, quelques passages de l'un ou de l'autre.

M. Maintz, mon correspondant ici, m'a donné une introduction au cercle de Batavia, situé très-près de l'hôtel, et appelé *Harmonie*. C'est un bel et spacieux établissement où j'ai déjà passé quelques bonnes heures à parcourir les journaux français et anglais. J'ai assisté, le soir, au concert donné par MM. W. et K., mes compagnons à l'hôtel et mes anciennes connaissances de Calcutta. Il y avait pas mal de monde, bien que le prix des billets fût de 5 florins (10 fr. 75). J'étais allé à pied, je suis revenu de même, et cependant la course était assez longue.

Au retour, je pris plus de plaisir qu'au concert à m'arrêter longtemps — et il était près de minuit — devant un restaurant chinois, qui avait aujourd'hui pendu la crémaillère, et qui inaugurait, par la musique et les danses indigènes, son nouvel établissement. J'avais déjà remarqué, dans ma promenade du matin, une certaine animation devant cette maison et des préparatifs de fête. Toute la journée, il y a eu musique et scènes animées par différentes troupes qui alternent, et qui sont composées de danseuses indigènes de très-petite taille, très-nubiles, malgré leur apparence enfantine, et de quelques musiciens indigènes faisant résonner, en les frappant, une série de plaques de métal, disposées horizontalement sur un châssis en bois.

Il y avait encore foule, malgré l'heure tardive, quand je m'arrêtai devant cette maison, splendidement éclairée, intérieurement et extérieurement. Une balustrade mobile, à hauteur d'appui, tenait à distance les curieux de la rue; plus de moitié de l'espace libre devant le rez-de-chaussée de la maison était garni de petites tables isolées, avec nappes bien blanches, éclairées par des candélabres portant des bougies protégées contre l'air extérieur par des verres évasés en calice. Pareilles tables se voyaient dans l'intérieur : les unes et les autres étaient presque toutes occupées par des Chinois, en blanches camisoles, la queue déployée, jouant gravement aux cartes ou aux échecs, en attendant un repas en préparation. Dans l'autre partie de l'espace, protégé par la balustrade, et sur une natte couvrant le sol, deux danseuses, de petit échantillon, exécutaient, nu-pieds, des passes et des mouvements lents, poussaient de temps en temps des miaulements aigus, en renversant et crispant leurs mains étendues et leurs doigts chargés de bagues ; elles étaient couvertes de beaux sarongs, les épaules et les bras nus : leur luisante et noire chevelure s'enroulait presque verticalement sur leur tête, en une longue spirale, mêlée de fleurs blanches et jaunes, et se terminait par des aigrettes dorées, tremblantes et scintillantes. D'autres femmes, pareillement attifées, attendaient, accroupies sur les nattes, leur tour d'entrer en danse ; elles marquaient la mesure en frappant, avec un tampon à manche, un petit gong et des planchettes de bois qui produisaient un son doux et moelleux. Je m'arrêtai assez longtemps à observer cette grave et monotone gaieté, séduit plutôt par l'étrangeté, pour moi, des acteurs et des mouvements que par l'animation de la scène. Tout cela semblait froid et compassé ; mais, en jetant les yeux dans la cuisine flamboyante qu'on apercevait du dehors, il y régnait une clarté de feux de broches et une agitation de marmitons chinois du meilleur augure pour les invités. Dans une partie reculée de cette cusine échauffée, des dieux chinois, en posture terrible, grimaçaient derrière des cierges allumés, des lanternes ballonnées et des petits bâtonnets rouges, placés verticalement et brûlant lentement par leur bout supérieur. Après une demi-heure de ces bagatelles de la porte, je repris ma course solitaire et pédestre vers l'hôtel des Indes, où j'arrivai un peu fatigué de ma journée.

31 mars. Il fait une chaleur lourde et il brouillasse. La végétation, qui ne se repose jamais ici, s'emporte et éclate par cette brûlante humidité. Après la douche matinale, les œufs et le café, je vais faire une course vers la vieille ville, toujours à pied ; c'est mon système, car je me promène pour voir et flâner, et non uniquement pour changer de place. En approchant de la ville, la rivière canalisée qui longe la route se divise en plusieurs branches éclusées, distribuant l'eau de côté et d'autre, et mettant en mouvement diverses usines. Je gagne par un long détour ma promenade favorite vers l'église catholique, et je rentre, avant midi, très-fatigué et en transpiration extraordinaire ; aussi, le grand déjeuner et la sieste ensuite me remettent un peu. J'ai passé le reste de la journée et la soirée

au cercle. Un violent orage avec trombe d'eau éclate à la nuit.

1ᵉʳ avril. On a affiché à l'hôtel l'annonce de l'opéra de *Guillaume Tell* pour ce soir. Je vais retenir une place moyennant 5 florins 50 cents (11 fr. 85 c.), et je me livre dans la journée, par une chaleur semblable à celle d'hier, à tous mes exercices ordinaires de bain, de table, de promenade, de lecture et de sieste.

Après le dîner, je me rends à pied au théâtre, situé entre la place Waterloo et un canal, non loin du restaurant chinois, inauguré hier. Rien dans l'apparence extérieure de l'édifice n'indique un théâtre; on a suivi avec raison les exigences du climat. La salle est vaste, aérée, ouverte de tous côtés. On voit bien, on est bien vu; on peut circuler aisément de toutes places. De la cour et du quai, où stationnent les voitures et les domestiques, on entend aussi bien le chant que dans la salle même. *Guillaume Tell* a été pauvrement exécuté par une troupe française qui joue le vaudeville et l'opéra.

C'est une plaisanterie de représenter sur de si pauvres scènes, avec des moyens d'exécution dérisoires, ces grands opéras, écrits pour les premiers théâtres du monde; cela devient caricature et ridicule. Le ténor, dont la voix est assez belle, mais qui manque d'intelligence, avait un costume de danseur de corde italien, un vrai troubadour de bal masqué; le baryton impuissant et poseur; la première chanteuse à voix aigre : en somme, cela était pitoyable. Il y avait du monde, car la colonie européenne se fait un point d'honneur de soutenir le théâtre, en prenant les places en location pour la saison. Les Hollandaises que j'ai vues à Batavia ne valent pas celles que j'avais trouvées, jadis, tant à mon goût à Rotterdam et à la Haye. Je partis après le deuxième acte; aussi bien étais-je en mauvaise disposition de santé; je commençais à payer mes exercices quotidiens de promenade à pied : j'arrivai exténué à l'hôtel et je fus malade toute la nuit.

2 avril. On m'avait menacé de la dyssenterie si je continuais, comme je l'avais fait, à circuler, sous le parasol, pendant la chaleur du jour. Je croyais bien, ce matin, la menace vérifiée : j'étais d'une telle faiblesse que je ne pouvais me tenir debout. Je restai tranquille toute la journée, tantôt sur mon lit, tantôt à mon fauteuil de la galerie; je ne mangeai pas; quelques amis de l'hôtel vinrent me tenir compagnie; on m'aboucha avec le capitaine Couteron, qui venait d'arriver de sa tournée des Moluques et qui devait repartir le 7. Sa conversation me confirma dans le désir que j'avais de faire avec lui sa prochaine tournée. Il me donna rendez-vous pour aller, demain, visiter son bâtiment, le *Menado*, qui est en rade de Batavia, et pour faire les démarches nécessaires avant mon embarquement. Le repos de toute cette journée me remit sur pied; et, aujourd'hui 3 avril, je ne me ressens plus du malaise de la veille.

A sept heures du matin, j'allai trouver le capitaine Couteron, qui loge sur la même galerie que moi; sa voiture était devant sa porte. Nous fûmes lestement à Batavia, près de l'échelle de la douane, où nous attendait un canot avec six rameurs malais, en costume blanc à liséré rouge et ceinture d'étoffe jaune. Je pris place sur le drap avec M. Couteron; les six rames s'abattirent, et nous fûmes lancés vigoureusement dans le chenal endigué, qui débouche au loin dans la rade. Il vente très-fort; nous croisons de grandes barques de pêcheurs qui rentrent poussées par le vent et qui rasent la surface de l'eau de la tranche de leurs sabords, inclinés sous la pression et le poids d'une énorme voile oblongue, en natte. Nous atteignons bientôt le *Menado*, joli petit bateau à vapeur appartenant à M. Cores de Vries, riche armateur hollandais, qui a l'entreprise des communications à vapeur des possessions hollandaises entre elles, dans ces parages. Les aménagements du *Menado* sont convenables ; on doit y être fort bien à dix ou douze passagers seulement. Le capitaine Couteron m'a l'air d'un bon enfant, et nous faisons vite connaissance. Une vingtaine de bâtiments sont à l'ancre dans la rade, que le vent agite fortement.

Nous revenons, à la rame, en compagnie d'un jeune kakatoës blanc que le capitaine a rapporté de son dernier voyage pour en faire cadeau à une dame du demi-monde, chez le père de laquelle nous nous arrêtons, au retour. Après un petit quart d'heure d'attente pour le maquillage, la dame paraît tout enluminée, en peignoir blanc ; elle grasseye, le papa grasseye, le capitaine de même ; ils sont tous trois Français, de Marseille : je le suis « de la capitale, » comme ils disent ; on causotte, on prend un doigt de curaçao ou de parfait amour, et, après la livraison du kakatoës, quittancée par un baiser faux teint, nous remontons en voiture et regagnons l'hôtel. Chaleur, orage, sieste et promenade, comme tous les jours, séance au cercle.

4 avril. Après le déjeuner, je loue une voiture pour aller à Batavia retenir une place pour Soerabaya, par le *Menado ;* au bureau, on m'annonce que toutes les cabines sont prises et qu'il y a dix personnes en supplément, inscrites avant moi. Je vais conter ma mésaventure à M. Maintz, mon correspondant ; il me donne un de ses commis, parlant français, pour m'accompagner dans ma tournée par la ville. Je porte à M. P., que je n'avais pas trouvé la première fois, la lettre de recommandation de M. Renard de Paris, son oncle. Il me propose une lettre pour un négociant de Banda : chez M. C. et C$^e$ on me promet une lettre pour le gouverneur des Moluques, à Amboine.

Je retourne me faire inscrire à la suite des surnuméraires du *Menado*. Mon jeune cicerone, qui a beaucoup d'obligeance démonstrative, me mène voir un vieux canon hollandais, couché à terre, sans affût, près d'une porte de la ville. Les femmes javanaises l'honorent d'un culte particulier. La culasse est entourée de petits oripeaux, de lanternes de papier, suspendues à des bâtons fichés en terre, de godets et de tessons huileux, où, le soir, on allume des mèches en bourre de coco ; c'est toujours le culte du Lingam. Les Malais prétendent que ce canon est venu là tout seul, et que si l'un d'eux mettait son bras dans la gueule, elle se fermerait sur ce bras sacrilège.

Nous visitons l'église protestante de la vieille ville ; quelques tombes d'anciens gouverneurs sont placées dans l'enclos qui entoure le temple. La maison de ville, sur la principale place de Batavia, est une lourde construction, ayant, extérieurement et intérieurement, le vieux cachet hollandais. Dans une rue voisine, mon jeune guide me fait remarquer un grand assortiment de cercueils, destinés aux Chinois, qui forment la majeure et la plus riche partie de la population de l'ancienne ville hollandaise. Ces cercueils, d'une forme très-bizarre, sont creusés dans un tronc d'arbre, et le couvercle, qui s'y adapte de la manière la plus précise, reforme le corps de l'arbre, moins l'écorce, avec des évidements et des renflements de convention.

J'avais remarqué dans une rue, transversale à la grande rue, une maison avec une véranda fermée d'un vitrage ; et, en face, de l'autre côté de la rue, un orchestre sur une estrade élevée. Cette maison est celle du plus riche Chinois de Batavia ; il marie un de ses enfants ; et, depuis huit jours, il y a, tous les soirs, fête intérieure ; et musique et danse au dehors. Mon jeune guide me fait entrer dans cette maison, dont il connaît le maître ; tout y indique une grande richesse. La première grande pièce, après la véranda vitrée, est entièrement meublée à l'européenne avec une grande profusion, mais en objets de pacotille, ou disparates : fauteuils, canapés, tables de styles différents, pendules à troubadours, gravures françaises — la Mort de Poniatowski, Napoléon, la Confession du brigand, etc. A la suite de ce salon immense, dallé en marbre, est une espèce d'impluvium, avec bassin carré de marbre blanc au milieu. Là, les meubles chinois les plus riches abondent, en bois doré, verni, en bronze, et, au fond, un sanctuaire chinois, orné de divinités grotesques, de dragons et ornements fantastiques, tout brillants de dorures et de vives couleurs. Au moment où nous allions sortir, le maître arrive en fort belle calèche, chevaux et attelage splendides. Mon compagnon me présente, et j'échange des poignées de main avec ce riche magot, qui s'informe de moi et de ma nationalité; mon jeune guide le satisfait en hollandais; et, sans doute, il m'aura fait passer pour un mandarin de Paris, à bouton distingué, car je m'aperçois au salut obséquieux du Chinois, à ses mines pincées et penchées, que j'ai grandi dans son estime. Il me prend par la main et me fait repasser dans la grande salle, contenant tout le bric-à-brac européen dont j'ai parlé tout à l'heure, et me répète avec une certaine emphase vaniteuse : *Paris, Paris.* Là-dessus, pantomime admirative de ma part, saluts et nouvelles poignées de main pour prendre congé.

Je remonte en voiture, et, sur les indications de mon cicerone, mon cocher javanais me fait revenir à l'hôtel par une longue et belle route détournée, qui me montre de nouveaux aspects des environs de Batavia et de nouveaux exemples de la riche végétation javanaise. J'entre, à mon retour, dans la chambre du capitaine C..., auquel je raconte la mauvaise chance que j'ai eue de trouver toutes les cabines du *Menado* retenues, et dix surnuméraires avant moi. Il me promet de tâcher d'arranger les possibilités avec mon désir.

Le soir, au théâtre, et devant une salle pleine, on joue *Une femme qui se jette par la fenêtre* et le *Caïd;* ces deux pièces, qui sont dans les moyens de la troupe actuelle, sont assez bien rendues.

5 avril. Mon malaise m'a repris cette nuit ; j'ai dû avoir recours à ma couverture de voyage, car je me sentais une espèce de frisson. Je suis allé cependant, le matin, faire un tour au Musée Ethnographique, situé près l'hôtel, dans les bâtiments du cercle ; j'y trouve, comme directeur, un Hollandais avec lequel j'ai causé, hier, au théâtre. La collection est intéressante, et offre des échantillons de toutes les armes dont se servent les indigènes de l'archipel Indien, de leurs outils, ustensiles et instruments divers. Une récente et victorieuse expédition des Hollandais contre un des princes soulevés de Bornéo a fourni, comme trophée, des armes curieuses, et surtout de nombreux instruments de musique, timbres, plaques de laiton, gongs de toutes dimensions, dont quelques-uns ont un mètre de diamètre. Quelques statues en pierre basaltique, représentant Bouddha, avec cheveux crépus et un chignon au-dessus de la tête, sont d'une très-belle exécution ; elles proviennent des ruines de de Bouro-Boudo : mon malaise ne me permet qu'une courte station dans ce musée, que je me promets de revoir.

6 avril. C'est demain que part le *Menado* ; je suis toujours dans l'intention de m'y embarquer, malgré mon indisposition actuelle. Je vais en voiture à la ville ; M. Maintz, dont l'obligeance est très-grande pour moi, me promet différentes lettres pour ma tournée ; il m'ouvre un crédit sur Soerabaya et Macassar.

Au bureau de M. Cores de Vries, je trouve le capitaine, qui m'engage à me faire inscrire pour Soerabaya ; c'est dans cette ville que réside ordinairement M. de Vries, et c'est là que sont ses chantiers et son établissement principal. M. Couteron me conseille de m'adresser directement à lui pour le voyage des Moluques, quand je serai à Soerabaya, dernière relâche du *Menado*, à Java. Ici, la tournée complète est cotée à 800 florins (1,720 fr.). J'arrête donc, moyennant 100 florins (230 fr.), ma place jusqu'à Soerabaya. M. S..., de la maison C. et C$^e$, me remet une lettre pour le gouverneur général des Moluques à Amboine. Avant le grand déjeuner, je suis de retour à l'hôtel et exténué. J'ai à peine la force de terminer une lettre pour Paris; je la remets à M. Maintz, qui m'apporte un grand nombre de recommandations pour les différentes relâches du *Menado*. Le soir, je suis d'une telle faiblesse, que je puis à peine faire ma malle, en plusieurs séances. Je laisse ici toute la partie de mon accoutrement, dont je ne dois point avoir besoin dans la tournée du *Menado*, et je simplifie le plus que je puis mon bagage.

## CHAPITRE XIII.

Le *Menado*. — Les passagers. — Traversée. — Samarang. — Douane. — Hôtel du Pavillon. — Promenade. — Détroit de Madura. — Soerabaya. — Hôtel des Pays-Bas. — Négociation pour la tournée des Moluques. — La ville. — Le jardin public. — Concordia. — L'arsenal. — Les ateliers de forge de la marine. — Fabrique de glace, etc., etc.

---

7 avril. Dès six heures, je me rends en voiture à la douane, à l'entrée de Batavia, du côté de la mer. Le même petit steamer qui m'a mené, il y a dix jours, du *Java* à terre, attend les voyageurs du *Menado* pour les transporter à bord. Il y a déjà foule et encombrement de bagages — c'est une vraie cohue. MM. W... et K... sont du voyage; ils vont donner des concerts à Samarang. Le capitaine m'avait, hier, mis en rapport avec M. Bédier, négociant et vice-consul de France à Samarang et il nous avait promis de nous négocier une cabine. A sept heures, le petit bateau démarre, et, en vingt minutes, il transporte à bord du *Menado* la masse confuse de voyageurs et de colis dont il était encombré : ce fut, pendant un moment, un désordre extrême ; puis, tout se casa à peu près. C'était la cabine du second que le capitaine avait destinée à

M. B… et à moi. Ce Monsieur ayant été blessé, hier, dans un abordage de voitures, ne peut se tenir debout. Je lui laisse donc l'entière disposition de la cabine, ne me réservant que le droit d'y abriter mon bagage. M. B…, créole de Bourbon, est un charmant homme, à figure très-sympathique ; nous sommes bientôt amis. La confusion régnait encore au moment où le *Menado* leva l'ancre, et fit route d'abord au nord, pour sortir de la baie ; puis, à l'est, avec une vitesse très-modérée. C'est un mauvais marcheur, dit-on, mais solide. Toute la dunette, au-dessus du salon et des cabines, est couverte de passagers de première classe, dont un tiers n'a pas de cabine, et je suis du nombre ; les bancs, les chaises ont été accaparés ; le temps est splendide, pas de vent, pas de mer. Les quelques dames hollandaises à bord sont parées comme des châsses ; quatre passagers, et non les plus jeunes, sont tout de blanc habillés, gants blancs, souliers blancs ; je n'ose les frôler de peur de les salir. Ils doivent changer de pantalon et de veste deux ou trois fois par jour, pour se maintenir immaculés sur le *Menado*, dont la toilette du matin a été fortement avariée par le désordre et les malpropretés d'un embarquement aussi confus. La plupart des autres passagers sont en modeste tenue de voyage, quelques-uns même assez débraillés.

Il y avait environ une heure que nous cheminions ; le classement, ou mieux, le tassement des colis et des voyageurs était presque effectué, quand le capitaine me tira à part et me remit la clef d'une cabine qu'il avait tenue en réserve jusqu'à ce moment, et dont il m'assura l'unique possession. Je me trouvais ainsi un des mieux partagés du bord, très-confortablement casé, seul, dans un belle cabine. Je remerciai bien vivement le capitaine de cette gracieuseté, que je devais sans doute à ma barbe respectable et à ma qualité de compatriote. J'étais désormais tranquillisé pour les nuits à passer jusqu'à Soerabaya ;

l'encombrement devait cesser à ce port, car la presque totalité des passagers, négociants ou fonctionnaires, ne quittaient pas l'île de Java; les communications par terre étant plus dispendieuses et plus longues que la voie de mer, les bateaux à vapeur qui font le service de la côte sont toujours très-encombrés.

On parle d'un chemin de fer de Batavia à Samarang et à Soerabaya; mais les personnes bien informées pensent que le gouvernement hollandais met peu de bonne volonté à contenter sur ce point le désir et l'espoir de ses administrés de Java. Les études sont faites, le tracé déterminé; le gouverneur doit, dit-on, poser la première pierre sous peu, et la dernière le plus tard possible. La Hollande, qui retire annuellement 40 millions de florins, net, de ses possessions en Asie, a grand peur de troubler, par des nouveautés, les sources d'un si beau revenu, qui lui permet de faire bonne figure en Europe, sur ses tourbières et ses marécages, avec les richesses produites par ses possessions tropicales. La colonie européenne, qui exploite Java et les autres îles, se plaint de l'âpreté de la Hollande et de sa fiscalité. On voudrait voir ces trésors, qui vont se dépenser à des milliers de lieues de là, dans un intérêt étranger, appliqués au développement des ressources naturelles, si abondantes, de ces beaux pays. On commence à rêver l'autonomie, et à se plaindre que la direction des affaires de ces importantes colonies soit en Europe, et entre les mains de ministres qui n'en connaissent ni les besoins, ni les ressources, ni les facultés, et qui ne les considèrent que comme un domaine qu'on peut surmener et pressurer outre mesure, sans jamais rien faire pour en accroître la prospérité.

Notre navigation est très-tranquille; le *Menado* ne file que six nœuds, et, encore, on lui fait honneur en lui attribuant cette vitesse; les repas à bord ont été fort confus et la chère mauvaise; il a fallu faire deux services, car la table ne pouvait contenir tous les ayants droit.

8 avril. Le lendemain, le temps a continué calme et chaud : nous longions, à droite et à quelques milles de distance, la côte nord de Java, qui présente quelques pics assez élevés, ayant la forme de cônes de volcan ; mais les lourdes vapeurs qui chargent l'île ne permettent pas de distinguer nettement les profils. L'air n'a point de transparence comme sur les côtes d'Italie ou de Grèce. Nous devions arriver, à quatre heures après midi, à Samarang ; ce n'est qu'à huit heures du soir qu'on a jeté l'ancre dans la rade ouverte, à bonne distance de terre. La plupart des voyageurs, arrivés à destination, quittent le *Menado*, malgré l'obscurité de la nuit, et prennent des barques du pays, dont un grand nombre entoure notre bateau. Le capitaine et M. B. m'engagent à attendre à demain matin.

Le 9 avril, au matin, je pars avec le capitaine dans son canot ; notre ami, qui a beaucoup de bagage, prend une barque et nous faisons route ensemble vers l'embouchure de la rivière de Samarang, qui verse à la mer une eau terreuse, salissant au loin la rade. C'est à peu près la même position qu'à Batavia ; seulement, la côte, au-delà des atterrissements et des marécages qui bordent la mer, est plus accidentée, et le terrain se relève plus vite en belles collines couvertes de végétation. De même qu'à Batavia, la rivière, enfermée entre deux digues artificielles, s'avance dans la mer et forme, à travers la plage basse, le chenal que suivent les barques de toutes grandeurs qui remontent à la ville ou en descendent. Il y a beaucoup d'animation sur ce chenal.

A la douane, où les bateaux s'arrêtent, une voiture attendait le capitaine ; elle nous conduisit, à travers la ville chinoise, à l'hôtel du Pavillon, tenu par un Français, M. L. Toutes les chambres sont prises : le capitaine, qui est ami de la maison, aura pour sa nuit un lit de camp; on m'offre l'hospitalité d'un fauteuil pour la sieste de la journée, et je retournerai coucher à bord, le soir. M^me L. est de Paris; elle a été modiste ici et y a fait sa pelote : c'est une femme d'une quarantaine d'années qui a dû être fort bien; elle m'accueille gracieusement à titre de Parisien, et je m'installe, à l'ombre, sous une véranda où se tient la famille, et l'on se met à causer France, et Paris surtout, que M^me L. connaît bien et paraît regretter beaucoup. Il y a là une Hollandaise, parlant français. Ces deux dames sont en sarong et en camisole. L'hôtel est nouvellement installé et sur un bon pied; M. L. me le démontre dans tous ses détails; il veut joindre à son exploitation une grande boulangerie pour la colonie européenne, nombreuse et riche; il a de vastes projets et traite les constructions et les affaires en grand. Il y a deux ans seulement qu'il a commencé, sans capital; il espère, dans deux années, avoir fait son affaire et se retirer en France — le rêve de tous nos chercheurs de fortune, loin de la patrie. M. L. était prestidigitateur avant de se mettre hôtelier. Il a jeté bien de la poudre aux yeux dans son premier métier; il s'en est peut-être un peu jeté à lui-même en ce moment, car il paraît fasciné par des espérances qui me semblent exagérées.

Après un temps de repos et de causette, je vais faire un tour dans la ville hollandaise, où sont les comptoirs et les bureaux; je circule dans un marché en plein air, où les provisions de toutes sortes, fruits, légumes, œufs, volailles, sont vendues par une foule de femmes indigènes, en plus grand nombre que les acheteurs. La chaleur extrême me force à me réfugier bientôt à l'hôtel, où je reprends ma place à l'ombre et à la causette.

Vers midi, le capitaine et moi nous allons faire visite à M. B., à son magasin, qui est aussi le consulat de France. Ce monsieur, qui a des manières charmantes et pour lequel je me sens une sympathie sincère, me fait, pour le retour de mon voyage, les offres les plus polies d'hospitalité complète. En face de sa maison habite un vieux philosophe français, qu'il nous mène visiter. M. P. est un véritable original, musicien, chimiste, antiquaire, astronome, faisant tout et sachant tout. Sa demeure, encore tout humide d'une récente inondation, est un magasin confus, une collection désordonnée des objets les plus disparates. qu'il rassemble sans aucune idée de spéculation. Au déjeuner de l'hôtel, je retrouve MM. W. et K., débarqués hier soir, et qui ont fait ce matin leurs visites officielles à l'effet d'obtenir la permission d'organiser un concert.

Après la sieste, faite sur un fauteuil à bascule, dans le salon de l'hôtel, je vais prendre le thé avec la société de M. L. et les deux dames ; puis, je fais en voiture une longue promenade sur les principales avenues bordées de beaux arbres, où sont situées les habitations des négociants ou fonctionnaires. La villa du Résident est en belle position : elle est bien ombragée et d'un aspect fort agréable, au bout d'une longue route d'arbres magnifiques, qui sert de corso aux riches habitants.

L'aspect de la campagne est splendide ; les charmantes maisons qui y sont éparses me confirment dans l'idée, que j'avais prise à Batavia, de la supériorité des Hollandais sur les Anglais dans l'installation de leurs habitations dans ces climats ; ils donnent moins à l'ostentation, à la grandeur, et resserrent et condensent l'ombrage et les fleurs autour de leurs demeures.

Après une longue et bonne tournée, je revins prendre congé de mon hôte et de mon hôtesse, qui est une aimable personne. Depuis qu'elle est mariée elle se croit toujours enceinte, mais elle n'est que grosse, car l'embonpoint de la cinquantaine l'envahit. La nuit arrivait ; je me fis conduire, en passant par la ville chinoise très-animée, à la douane, où je pris seul un bateau manœuvré par trois Malais, armés de pagaies. Deux de ces hommes rament le dos tourné à l'avant ; le troisième se tient à l'arrière, et la rame en palette, appuyée sur un des côtés de la barque, lui sert de propulseur et de gouvernail : il ventait fort, la mer était clapoteuse, la nuit tout à fait venue ; mes rameurs faisaient de grands efforts ostensibles contre le vent, et prêtaient un peu le flanc pour embarquer un peu d'eau, afin d'exagérer à mes yeux la difficulté de la traversée et de faire grossir à 2 florins le florin et demi que je leur avais promis. J'arrivai au *Menado* un peu mouillé.

10 avril. Le lendemain, à huit heures, le capitaine C. revint à bord avec la poste ; nous avions pris beaucoup de passagers pour Soerabaya, des militaires surtout, trois dames et des enfants. Il y a toutefois moins de confusion qu'au départ de Batavia. Le vent était tombé, la mer était très-calme ; le *Menado* reprit son allure hollandaise, lente, mais régulière ; et nous continuâmes à suivre, à bonne distance, la côte nord de Java, qui ne nous présenta, pendant toute la journée, qu'une masse de nuages amoncelés.

Le 11, au matin, nous sommes dans le détroit de Madura, entre cette île et Java ; et, avant midi, nous jetons l'ancre devant Soerabaya. La plage est basse, la rivière endiguée comme à Batavia et à Samarang. Il y a grand mouvement dans la rade ; c'est là que les Hollandais ont établi le principal arsenal maritime de leurs possessions orientales : il y a quelques navires de guerre en rade et bon nombre de grandes barques. La ville de Soerabaya est située sur les deux rives endiguées de la rivière, et à 1 mille au plus de son embouchure. Je me fis transporter à l'hôtel des Pays-Bas, situé sur le quai, en face un débarcadère. L'hôte, petit Hollandais de cinquante ans, à figure débonnaire, ne parlait ni anglais ni français : j'essayai en mauvais allemand, l'entente n'était pas plus parfaite ; il fit venir sa fille, jeune et forte personne, de pâte ferme, qui parlait assez français pour me négocier une chambre et faire payer mes bateliers. L'hôtel me plut au premier abord par sa position, par sa distribution et son air de propreté cossue. A peine étais-je installé qu'on sonna le déjeuner, où la femme et la fille de l'hôte présidèrent en costume du matin, sarong et camisole. Le soir, le dîner se fit aux lumières, et ces deux dames étaient dans toute la contrainte et la rigueur du costume européen.

La journée se passe ici comme à Batavia : longues séances sur des fauteuils à tangage, sieste après le grand déjeuner, promenade avant la nuit; après le dîner, réunion, musique, etc.

Le *Menado* ne devait repartir pour sa tournée ordinaire des îles Moluques que le 15 au matin; j'avais devant moi quatre journées pour négocier mon passage et bien voir Soerabaya. Le capitaine C., qui a sa résidence ordinaire ici, devait me présenter le lendemain matin chez M. Cores de Vries, le roi des mers de ces parages. Les chantiers et tout l'établissement principal de ce riche armateur sont situés ici, en face de l'hôtel et sur la rive droite de la petite rivière de Soerabaya, si animée dans son cours à travers la ville et sur les quais dont elle est bordée. Les bateaux à vapeur de M. Cores de Vries desservent toutes les possessions hollandaises dans ces mers. Ces communications régulières ont augmenté de beaucoup les rapports commerciaux des îles entre elles et avec le monde entier ; mais elles ont également augmenté en proportion beaucoup plus grande le nombre des trafiquants, des intermédiaires, des parties prenantes : aussi, bien que les affaires ici soient en général beaucoup plus considérables et plus actives qu'avant l'établissement de la navigation à vapeur, les fortunes ne sont plus ni aussi rapides ni aussi sûres que par le passé, et bien des désastres commerciaux ont suivi les spéculations hasardées et effrénées dont ces pays ont été récemment le théâtre.

12 avril. Le capitaine, qui vient de bonne heure me chercher avec sa voiture, m'apprend que M. Cores de Vries est absent de Soerabaya; il m'engage à l'accompagner à bord du *Menado*, où il a rendez-vous avec M. Schmitt, l'*alter ego* de M. de Vries. Nous remontons le quai de la rive gauche pour aller, par l'unique pont à voiture, gagner la rive gauche, habitée par la colonie chinoise et la population indigène assez agglomérée; nous descendons tout ce quartier parallèle au cours de la rivière, et nous traversons, sous une allée ombreuse, le cantonnement des officiers hollandais, composé de petites maisons proprettes, entourées de verdure et de fleurs. Sur les glacis d'un fort, qui défend la rive droite, de nombreuses cantines et abris en bambous, tenus par des femmes indigènes, offrent à la garnison mêlée de ce fort tous les plaisirs du boire et du manger, en surcroît de la gamelle, y compris les conversations plus ou moins criminelles. A quelques pas de là, sur la route qui borde le quai, on voit quelques cases en clayonnage de bambous, espèces de ruches, où des abeilles d'un nouveau genre vont butiner à l'entour, et surtout dans la rade, à bord des navires de guerre ou de commerce. Nous en rencontrons, ce matin, sur une grande barque pontée, un essaim revenant d'une expédition nocturne, à bord d'une frégate hollandaise récemment arrivée. Le gouvernement paterne de ces îles permet ce butinage.

En suivant le quai, on arrive aux belles résidences des officiers supérieurs de l'arsenal maritime, dont les grands bâtiments et le bassin viennent ensuite. Le canot du capitaine est amarré auprès d'un des escaliers dont le quai est garni du côté de l'eau. Le chenal endigué de la rivière est bien moins long ici qu'à Batavia ou à Samarang; il y a peu de plage basse et d'atterrissements à l'embouchure de la rivière; aussi la ville commerçante et la résidence des Européens sont-elles confondues dans un même ensemble, à moins d'un kilomètre de la mer, la salubrité de la ville n'étant pas compromise par une côte marécageuse, comme dans les deux autres villes. Nous trouvâmes M. Schmitt à bord. Je lui remis ma lettre pour M. Cores de Vries, et le priai d'en prendre connaissance, en lui expliquant le désir que j'avais de faire, avec le *Menado*, la tournée des Moluques, et l'espoir qu'il voudrait bien me faire une réduction sur les tarifs. M. Schmitt fit le meilleur accueil à la lettre très-bienveillante pour moi que je tenais, par ricochet, d'un ami intime de M. Cores de Vries. Il me promit un rabais de 40 p. 100 sur le prix de la tournée complète, avec retour à Batavia. C'était mieux que je n'espérais. Il m'offrit, en même temps, des lettres pour les agents de la maison dans les différents ports de relâche, et pour le Gouverneur général des Moluques, à Amboine, et le Président, à Banda, etc.

Cette affaire réglée au gré de mes désirs, je retournai à terre avec le capitaine et M. Schmitt, et dans la journée j'acquittai le prix entier de mon passage, moyennant 400 florins (860 fr.), de Soerabaya à Batavia, par le tour des Moluques. J'avais payé 100 florins pour venir de Batavia ici; la tournée complète me reviendrait donc à 500 florins (1,075 fr.) pour six semaines de navigation.

Après le grand déjeuner et la sieste, je louai une voiture et j'allai porter à la maison Van L. une lettre de M. Maintz, mon correspondant de Batavia. On y fait le meilleur accueil, et on m'ouvre, sans que je le demande, un crédit sur une maison de Macassar. Visite, ensuite, chez le capitaine C., qui possède une fort belle habitation, garnie de femmes et d'enfants. Il m'accompagne au jardin public. On sort de la ville par une porte avec bastion, et fossé rempli d'eau. La route continue à travers des habitations un peu mêlées, javanaises, chinoises et européennes, et passe devant la demeure modeste du Résident hollandais. Le jardin public est un fort petit parc, bordé d'un côté par la route, de l'autre par la rivière, et, des deux bouts, par des cases d'indigènes et des clôtures en bambous. Il est fort bien tenu et renferme, dans de petits enclos, et sur ses pièces d'eau, quelques animaux paisibles et des oiseaux domestiques. On voit là deux coqs sauvages, indigènes de Java, tout à fait semblables à nos coqs de basse-cour. Je fus abordé dans ce jardin par M. Kerkhoven, un de mes quatre compagnons hollandais sur le *Mœris* et l'*Alphée*, de Marseille à Pointe-de-Galle. J'eus peine à le reconnaître, tant il était changé, maigri et pâli. Il relève d'une furieuse attaque de dyssenterie, qui a failli l'emporter : c'est un homme charmant et instruit avec lequel j'avais eu plaisir à converser pendant notre traversée et dont la rencontre me fut très-agréable. Nous nous donnons rendez-vous pour demain, afin de faire ensemble la visite de l'arsenal et des ateliers de la marine. Il habite près le jardin et nous l'y laissons continuer sa promenade. Il attribue la maladie à laquelle il vient d'échapper aux longues courses qu'il faisait à pied, à son arrivée à Java. Il a su, me dit-il, par un de nos compagnons, qui m'a vu à Batavia, que je m'étais livré à un pareil exercice, et il me recommande d'être extrêmement prudent à cet égard.

Au retour dans la ville, le capitaine me fait entrer à Concordia; c'est le cercle aristocratique des Européens. Il me présenta à un des membres, qui parle parfaitement le français, et qui m'inscrit sur le livre des étrangers. Je m'installe de suite à table, où quelques numéros des Illustrations françaises et anglaises me mettent un peu au courant des choses d'Europe, jusqu'au 27 février, six semaines en arrière ; je ne levai la séance qu'à sept heures, pour aller dîner.

13 avril. M. K. vient à l'heure indiquée ; une voiture nous mène par la route que j'ai suivie hier avec le capitaine, à l'extrémité du quai de la rive droite, à l'entrée de l'arsenal. Nous nous présentons au directeur qui, après dix minutes de causette pour la forme, nous donne un planton pour nous accompagner partout.

Cet arsenal est fort bien tenu, avec toute la régularité militaire, jointe à la propreté hollandaise. Il est pourvu, mieux qu'on ne saurait le croire pour un établissement si éloigné de l'Europe, de tout ce qui est nécessaire pour la construction, la réparation et l'armement des navires de guerre : cales couvertes, bassins à flot, dock flottant, machines à mâter, magasins et chantiers, etc. Lors de l'expédition anglo-française en Chine, deux de nos navires de guerre, qui avaient éprouvé des avaries considérables, s'arrêtèrent à Soerabaya, dans leur retour en Europe, afin de s'y refaire avant de continuer leur voyage vers le Cap. Ils trouvèrent dans cet arsenal des facilités telles et des moyens si complets de réparation et d'armement que le ministre, en France, leur expédia l'ordre de retourner en Chine reprendre leur poste de campagne, au lieu de revenir en Europe, comme c'était probablement l'espoir assez général parmi les deux équipages. Cet arsenal, qui a pris de grands développements, demande à être complété dans son unité par la concentration et la réunion, dans la localité que nous visitions en ce moment, des ateliers de forges, fonderie, construction de machines, qui sont installés loin de là, au centre de la ville.

Un des fléaux de ces contrées, dont cet arsenal redoute et subit le plus les attaques, c'est la fourmi blanche. Nous autres Européens nous avons peine à comprendre les énormes et rapides ravages d'un si petit insecte. Une fois introduites dans une pièce de bois, quelles qu'en soient la force et la compacité, ces fourmis s'y propagent et y pullulent; elles rongent et évident l'intérieur, s'assimilent la substance du bois, et n'y laissent qu'un labyrinthe d'innombrables et légères cloisons, où elles circulent par légions, sans que rien, extérieurement, ne dénote leur présence. A un moment donné, la pièce de bois, poutre ou solive, se rompt et s'évanouit en poudre, laissant écrouler tout ce qu'elle soutenait.

Dans notre longue visite, je trouvai les officiers de la marine hollandaise pleins de courtoisie et d'instruction. On nous engagea à visiter, en ville, les ateliers de machines, forges et fonderies. A notre retour à l'hôtel, je prends rendez-vous avec mon compagnon pour demain, afin de compléter par cette inspection nouvelle la bonne idée que nous avons déjà conçue de l'importance de l'établissement maritime des Pays-Bas, dans leurs belles possessions des Indes orientales.

J'ai fini ma journée à ma correspondance, et en faisant une tournée un peu complète dans le quartier de la rive droite, avec laquelle on communique, ainsi que je l'ai dit, par un pont à voiture, en amont de l'hôtel des Pays-Bas, et par de petits bacs gratuits, qui font la navette d'un quai à l'autre. La plus grande et la plus importante partie des établissements publics et privés est située sur la rive gauche, dans l'intérieur de la ville. C'est sur l'autre rive que demeurent les Chinois et les indigènes. Ces derniers sont musulmans; la religion hindoue, puis le bouddhisme, ayant été remplacés à Java par l'islamisme, avant la conquête par les Européens, Portugais et Hollandais. On voit de ce côté de la ville bon nombre d'hommes coiffés de turbans et revêtus de cafetans de couleur. Une petite mosquée, avec minaret fort peu élevé, se remarque dans la rue principale de la rive droite. J'allai passer une heure le soir, avant dîner, à Concordia.

14 avril. J'ai visité aujourd'hui, avec M. K., les ateliers de

forges et de fonderie de la marine militaire. C'est une grande usine, bien outillée, et bordant d'un côté, en amont du pont à voitures, la rivière de Soerabaya, dont le cours, le long de cet établissement, est intercepté par des chaînes et des poutres, et sert de bassin à flot. La presque totalité des nombreux ouvriers qui travaillent le fer est indigène, et les chefs hollandais reconnaissent leur adresse, leur intelligence et leurs aptitudes diverses. C'est un rude labeur, sous ce climat brûlant, que de forger le fer et de le transformer en machines et engins de toute sorte; les ouvriers européens n'y pourraient durer. C'est ce grand établissement qu'il est question de réunir à l'arsenal, visité hier, dont il fait partie, il est vrai, mais séparé par 3 à 4 kilomètres de distance. En sortant de cette grande fournaise, où la vapeur ronfle, où le fer grince et les marteaux battent sans cesse, nous allons visiter un établissement privé d'un genre tout opposé : une fabrique de glace par l'éther sulfurique, établie ici depuis un an seulement. Le jeune Anglais qui la dirige nous fait, avec une grande complaisance, la démonstration de tout le procédé. Il est curieux, sous cette température constante de 30 degrés, jour et nuit, surchauffée encore par la machine à vapeur, qui fonctionne dans l'usine, de voir la glace se former en quelques instants. Cette machine fait le vide dans une capacité, où l'éther, en se vaporisant, produit un froid très-intense, qui sert, d'une part, à reconstituer l'éther à l'état liquide, et, de l'autre, à refroidir au-dessous de zéro une certaine quantité d'eau fortement salée, coulant constamment dans une rigole, où sont plongées, à la suite l'une de l'autre, une vingtaine de petites caisses de fer-blanc, ayant 30 à 40 centimètres de carré, sur une épaisseur de 4 à 5 centimètres. Ces petits caissons sont remplis de l'eau douce, filtrée dans l'établissement, qu'il s'agit de congeler. L'eau salée, après son passage sur toutes les caisses, dont elle a abaissé la température, en élevant la sienne, est reprise par la machine, et refroidie de nouveau par la vaporisation de l'éther, puis remise en contact avec les caisses plates renfermant l'eau douce; c'est un mouvement et un circuit continuels, où le même éther et la même eau salée fonctionnent sans interruption. La glace ne se produit pas simultanément dans toutes les caisses et à la fois, mais à tour de rôle pour chacune et suivant la place occupée dans la série. Quand une caisse est congelée, on retire de ce moule la plaque nette et transparente de belle glace, qu'on emmagasine dans un coffre à double fond, sur de la sciure de bois. Cette usine fonctionne jour et nuit; elle fabrique aussi de la limonade gazeuse, du soda-water, dont on fait grand usage dans ce pays. Le kilo de glace se vend de 20 à 25 centimes. La consommation s'accroit journellement, soit au détail, soit à l'abonnement. A Madras, à Calcutta, à Singapour et à Batavia, j'avais toujours trouvé la glace en abondance dans les hôtels; ce sont de grands navires américains qui l'apportent en blocs énormes, taillés, en hiver, sur les lacs du nord des États-Unis: on a peine à comprendre comment une telle spéculation peut être lucrative, avec un chargement si encombrant, d'une valeur relativement faible, et un aussi long voyage.

Comme je devais repartir demain, de grand matin, avec le *Menado,* je fis, en sortant de la fabrique de glace, mes adieux à M. K., qui reste ici chargé, par une compagnie, de faire les études et les démarches nécessaires pour installer l'éclairage au gaz, comme il existe déjà à Batavia. Encore un de ces excellents amis temporaires, comme j'en ai souvent trouvé en voyage, dont on se sépare avec d'autant plus de regret que l'éloignement de la patrie, l'âge différent, les directions diverses, laissent peu d'espoir d'une rencontre ultérieure. Paris, il est vrai, est le premier point de ralliement du globe; c'est toujours là que j'ai donné rendez-vous à ceux avec lesquels, dans tant de courses lointaines, une sympathie réciproque m'avait lié, et j'ai souvent eu le plaisir d'y revoir, contre toutes mes espérances, de bien anciennes et bien distantes connaissances.

J'allai achever ma correspondance avec ma famille, car devant m'éloigner demain, pour plus d'un mois, de Java, où les communications avec l'Europe sont plus régulières et relativement fréquentes, je voulais ne pas partir sans laisser ici mes lettres pour Paris, que le prochain paquebot emporterait à Batavia. Après ce devoir accompli et mes lettres affranchies jusqu'à Singapour, j'allai faire une promenade au jardin, hors la ville, et, au retour, je m'arrêtai à Concordia jusqu'au dîner. Je comptai avec l'hôte et je retins un bateau pour me rendre au *Menado*, demain, de bonne heure.

## CHAPITRE XIV.

Embarquement. — Les passagers. — Le docteur B. — Ile de Célèbes. — Débarquement. — *Logement Célèbes.* — Macassar. — Habitations des indigènes. — Réception officielle de la princesse de Tanété par le gouverneur. — Promenade en voiture. — En mer. — Détroit de Sapy. — Ile de Timor. — Koepang. — Les indigènes. — Le Résident. — Temple chinois. — En mer. — Dilly. — Marché improvisé. — Les Portugais. — En mer.

———

15 avril. A sept heures du matin, ma barque, conduite par trois rameurs, descendait lestement entre les deux rives empierrées du jaune et rapide cours d'eau qui traverse Soerabaya. Les baigneurs des deux sexes encombraient, à cette heure matinale, les échelles de bois et les escaliers de pierres qui descendent à l'eau. Sur le bord, à droite, et vers la mer, entre le fort et l'arsenal, là où se trouve un campement de belles de nuit indigènes, la chair se montre généreusement aux escaliers, quand il s'agit de descendre ou de remonter, après avoir quitté l'enveloppe ou pour la reprendre ; l'eau rougeâtre et épaisse est un impénétrable voile pour toute partie du corps qui s'y trouve plongée. En avançant vers le *Menado*, qui fume, et qu'une vingtaine de barques entourent, nous croisons deux bateaux revenant de l'escadre en station, et ramenant au bercail

les brebis qui s'en sont écartées la nuit. Les chevelures noires et brillantes sont déployées ; on les retresse, en remplaçant les fleurs fanées par des fleurs nouvelles.

Je reprends à bord du *Menado* ma cabine n° 18. Le nombre des passagers est fort restreint ; nous avons pris à Soerabaya deux jeunes femmes de demi-sang et le mari de l'une d'elles. Ces dames sont jolies pour des brunes aussi foncées. Il n'y a pas moyen, en parlant de leurs charmes, d'évoquer les roses et les lis ; c'est à d'autres métaphores qu'il faut avoir recours. Toutefois, elles ont de bien beaux yeux et d'admirables dents !

On part à huit heures, dans la direction de l'est, et toute la journée nous naviguons dans les eaux salies par les rivières descendant des montagnes de Java et de Madura, et charriant des masses de végétaux flottants. Nous avons toujours cette dernière île sur notre gauche, tandis que, sur la droite, la côte de Java s'enfonce au sud. Le second, qui parle assez bien français, me prête quelques cahiers des *Guêpes* d'Alphonse Karr. Une petite brochure parisienne, « *Ces Petites Dames* », lui paraît un bel échantillon de notre littérature légère. Il y a quelque esprit et beaucoup de méchanceté ; mais il faut être de Paris et au courant de la chronique théâtrale pour comprendre ces choses.

Le 16, au matin, nous sommes hors le canal de Madura : on aperçoit au loin cette île, sur la gauche ; l'eau est redevenue bleue. Nous ne filons que six nœuds par une mer belle et placide ; toute la journée, le temps a été chaud. Maintenant que nous ne sommes plus dans des parages civilisés, la tenue à bord est tout à fait sans façon ; nous avons laissé à Soerobaya nos derniers élégants, aux vêtements couleur de neige ; on garde son costume de nuit presque toute la journée, et les dames paraissent sur le pont en sarong et en camisole, les pieds nus dans leurs babouches et les cheveux lâchés. J'ai causé en mauvais allemand avec un Prussien, fort original, qui me répond en plus mauvais français. Nous convenons, de suite, de parler chacun dans notre langue, ce qui nous est plus facile et plus intelligible réciproquement. C'est un naturaliste collectionneur pour les musées des Pays-Bas. Il retourne à Ternate, sa résidence ordinaire, d'où il doit, prochainement, partir pour une excursion scientifique sur les côtes de la Nouvelle-Guinée. Le D$^r$ B... est long, sec et plat; il a dans toute sa face, ornée d'une barbe, grande et rare, des tics continuels qui font grimacer sa bouche large et démantelée et ses gros yeux saillants et hagards, sous de fortes lunettes de myope. Il passe une partie de son temps à faire, tout d'une pièce, des longueurs sur le pont, les bras en barre de fer, les mains et les doigts crispés; il est vêtu d'un petit paletot d'orléans noir, étriqué, dont le collet, celui de son gilet, sa cravate et le col de sa chemise forment quatre étages, visibles et superposés, au-dessus desquels sort encore un long bout de cou, supportant le casse-noisette à surprise qui lui sert de tête. Le bas de son pantalon, par derrière, est toujours pris dans les quartiers en pointe de sa chaussure. C'est un vrai grotesque, qui ne peut parler ni agir, sans grimaces et crispations nombreuses; bonhomme au demeurant, et fort instruit : il me rappelait notre célèbre physicien Ampère, si fameux par ses grimaces et ses distractions, dont j'avais, dans ma jeunesse, suivi le cours au Collége de France et éprouvé quelquefois les naïves excentricités.

Un des plaisirs, le soir, en mer, est la contemplation du ciel étoilé; l'esprit s'élève et s'égare dans les effrayantes profondeurs du firmament; on passe des heures entières en rêveries attrayantes qui, toutefois, ne se terminent pas sans un peu de fatigue et de dépit, par l'immensité des problèmes et l'incertitude des solutions. Le ciel, ici, la nuit, n'est pas aussi brillant que je l'avais vu sous le climat sec de la haute Égypte. La transparence de l'air est toujours un peu ternie par l'humidité dont il est saturé. Orion et la grande Ourse ne jetaient pas plus d'éclat que dans nos belles nuits d'été, et la Croix du sud me semblait au-dessous de la réputation de splendeur que les voyageurs lui ont faite dans notre hémisphère boréal. Certes, les deux constellations que je viens de nommer l'emportaient sur elle en éclat.

17 avril. Même temps calme, même allure lente du *Menado;* même vie, monotone, à bord, et même chère, passablement mauvaise. Le capitaine, avec lequel je suis au mieux, me fait partager son vin, d'une marque supérieure. Le cuisinier prépare, exprès pour moi, des volailles bouillies, car on en sert, tous les jours, qui paraissent en carton, tant elles sont desséchées au feu.

Le 18, au matin, nous sommes en vue de l'extrémité sud de la grande et singulière île de Célèbes, et nous nous dirigeons sur Macassar, un des points occupés par les Hollandais. Sans les lourdes vapeurs qui pèsent à l'horizon, vers la côte, on devrait jouir d'un beau spectacle aux abords de Macassar, car le relief de l'île, de ce côté, semble singulièrement accidenté, et, malgré la brume épaisse, on aperçoit au loin des plans successifs de collines et de montagnes puissantes.

A huit heures, nous abordons la ville de Macassar, dont les maisons hollandaises et les cases indigènes s'étendent parallèlement à la côte. Il n'y a point ici, comme à Batavia, à Samarang et à Soerobaya, une rivière s'échappant par un chenal au milieu de plages basses et marécageuses; les habitations viennent border le rivage; quelques navires de guerre hollandais, dont la mission est de faire la chasse aux pirates malais qui, naguère encore, infestaient ces parages, sont en station dans la rade et fort près du rivage. Comme il n'y a qu'un courrier par mois, son arrivée est un événement qui met en émoi toute la ville ; aussi, la foule encombrait-elle un débarcadère nouveau, aboutissant à une esplanade couverte d'arbres, près la forteresse ; toutefois, le *Menado*, ayant un fort chargement à laisser ici, se dirigea sur la gauche, vers l'ancien débarcadère, plus près du centre de la ville et des magasins. La foule, aussitôt, de prendre, en courant à terre, cette direction, car c'est à qui pourra communiquer le premier avec le *Menado*. La manœuvre fut un peu longue ; enfin nous accostâmes le débarcadère par le flanc de tribord, et la mêlée devint générale entre ceux qui voulaient venir à bord et ceux qui voulaient aller à terre. Pendant tout le temps employé à accoster, nous étions à une dizaine de mètres d'une petite enceinte carrée, en clayonnage de bambou, s'avançant sur la mer : c'est le bain pour les deux sexes. L'estacade de bambous défend des requins et non des regards : au reste, les femmes se baignent ici, comme à Batavia, avec le sarong sous les aisselles.

Quand la cohue et la confusion furent un peu dissipées, le capitaine m'engagea à aller loger à terre, car le *Menado* devait, après avoir déchargé ses marchandises, aller faire son charbon à 2 kilomètres du débarcadère, à l'extrémité de la ville, et on ne devait repartir que le 22 au matin. Sur ses indications, je me dirige vers l'esplanade dont j'ai parlé tout à l'heure, et je trouve sans peine, mais non sans grande transpiration, l'hôtel unique de Macassar, sous le nom de *Logement Célèbes*. Je m'adresse au maître, jeune Hollandais de bonne tournure ; il ne parle ni français ni anglais ; je lâche mon allemand de pacotille pour retenir une chambre ; puis, accompagné d'un Malais du *Logement*, je retourne à bord prendre mon bagage, que je fais immédiatement tansporter dans la chambre retenue. Ces trois courses précipitées, bien qu'elles n'exigeassent qu'un quart d'heure chacune, m'avaient exténué ; mais j'avais eu raison de faire diligence ; car, à mon retour au *Logement*, toutes les chambres étaient prises, et on refusait des passagers du *Menado*, qui furent obligés de rester à bord. Ma chambre, au rez-de-chaussée, était fraîche, très-humide et obscure ; la grande fenêtre, abritée du jour et du soleil par un auvent surbaissé, s'ouvrait sur un petit enclos couvert de végétaux du pays, où dominaient les bananiers et les cocotiers, vrai fouillis de verdure, dont la fraîcheur caressait la vue. Mon premier soin fut de quitter mon costume civilisé, très-léger cependant, et de revêtir le pantalon *morisque* et la camisole de nuit, et de me jeter, pour me mettre en équilibre avec la température de ma chambre, sur le dur lit de ces pays, que je ne puis m'empêcher de comparer à une planche à repasser. Un vieux Malais, à figure de macaque, premier garçon du *Logement*, baragouinant, fort vite, un anglais très-mêlé, vint me donner l'ordre du jour : le petit déjeuner était passé ; à midi et demi, le grand, et à sept heures et demie, le dîner, avec thé intermédiaire, après la sieste.

Le *Logement Célèbes* est un petit hôtel fort propre, bien situé, sur une promenade ombragée de grands arbres touffus, avec chaussée au milieu et contre-allées. En face, et au-delà du travers de ce boulevard, s'étend une grande prairie où paissent, attachés à des cordes retenues par des piquets, des chevaux, des vaches et quelques biches. L'hôtel du Gouverneur hollandais est situé sur la même promenade, à quelques pas du *Logement*, et du même côté. L'église protestante hollandaise lui fait face. La table est bien meilleure qu'au *Menado*. La plupart des pensionnaires sont des officiers ou des employés civils de la colonie.

Après la sieste, et quand l'ardeur du soleil est un peu passée, je commence, à pas lents, une longue promenade, en remontant le boulevard qui passe devant le *Logement*. Les hommes, ici, sont autrement vêtus qu'à Java; le vêtement inférieur est toujours un sarong, serrant le milieu du corps, mais le buste est entouré d'une espèce de *plaid* ou écharpe, en cotonnade, à dessins de tartan, rouges et roses. Leurs longs cheveux sont relevés et ramassés en chignon, au sommet de la tête; comme ils sont sans barbe, on les prend à distance pour des femmes, et beaucoup sont coiffés, en outre, d'un madras à rayures, s'élevant en pointe. Quant à l'autre sexe, le sarong et la camisole, plus, quelquefois, l'écharpe en tartan, sont tout leur accoutrement. Je rencontre dans ma promenade deux casoars domestiqués, qui picorent gravement devant les maisons. En m'orientant, j'arrivai, par quelques détours, dans la principale rue parallèle au rivage de la mer, et qui, partant de l'esplanade, près la forteresse, se continue en ligne droite sur environ 2 kilomètres. Ce sont d'abord des constructions en maçonnerie avec toits en tuile, demeures et magasins des Européens et des Chinois; puis, vient une interminable suite de cases en bambou, formant boutiques, bazars et marchés divers. Cette partie de la grande rue est grouillante de population indigène, hommes, femmes et enfants, tous fort laids; j'y croise une femme musulmane, la figure couverte, accompagnée de trois suivantes portant le parasol et des paniers. L'une d'elles est une jeune fille, ceinte de son sarong autour des hanches, mais tout son buste, voilé d'une gaze brune transparente, est d'une forme irréprochable. Ma barbe blanche fait ici sensation; les enfants crient en me voyant, les gamins rient, les femmes se détournent : décidément la singularité est gênante.

Dans les rues, ou plutôt les routes, qui s'éloignent de la mer, il y a de charmantes cases d'indigènes, construites en bambous, dont les parois, les portes et les fenêtres, tressées en fines lanières, ou entrelacées en tiges menues, ressemblent à nos délicats ouvrages en osier. Il y a une tendance évidente à la symétrie, à la décoration, au luxe même, dans ces agencements fantaisistes et coquets des diverses parties du bambou. Ce végétal est un trésor pour ces pays chauds et humides ; il y pousse en touffes d'une vigueur prodigieuse, dont les mille tiges, à partir du sol, s'élancent et s'écartent en jets immenses, comme la gerbe d'un bouquet de feu d'artifice. On fait tout avec le bambou : des poutres, des solives, des pieux, des seaux, des nattes, des toiles, etc. Presque toutes ces cases sont abritées sous l'épais et vert feuillage des grands végétaux des régions équatoriales ; c'est d'une fraîcheur délicieuse ; elles sont généralement sur des échasses ; et, en cela, elles ont l'avantage sur les maisons bâties à l'européenne, dont le rez-de-chaussée, qui souvent forme toute l'habitation, est d'une humidité fort malsaine.

En rentrant à la nuit, et jusques à l'heure tardive du dîner, je reste sous la véranda, où le plateau de liqueurs et de bitter circule, ainsi que le numéro du journal de Macassar d'aujourd'hui (*Makassaarsch handels en advertentie blad*), annonçant l'arrivée du *Menado,* et contenant les noms des passagers. Le capitaine, qui est venu, ce soir, au logement, ne sait pas encore précisément quand nous repartirons.

19 avril. Après le petit déjeuner, qui consiste en café, sardines, jambon et beurre fondant, j'ai fait une tournée à pas lents dans les parties de la ville que je n'avais pas visitées hier ; mêmes jolies habitations hollandaises, et délicieuses cases d'indigènes. La chaleur me fait rentrer pour ne repartir que vers quatre heures, où je m'avance assez loin dans la campagne, couverte de rizières et de plantations. L'horizon est borné, au loin, par de hautes et belles montagnes. Je reviens par un cimetière chinois, où les tombes forment de petits hémicycles gazonnés. Il ne serait pas très-prudent de s'aventurer

à plusieurs kilomètres de la ville, car les Hollandais, bien qu'affectant la suzeraineté sur toute cette partie de Célèbes, ne sont maîtres, de fait, que du territoire que protégent leurs canons et leurs forts. A deux lieues de Macassar est un petit État indépendant, Goa — ne pas confondre avec le Goa des Portugais de la côte du Malabar —, dont le Roi a fait un traité avec le gouvernement hollandais. On se plaint fort, ici, de ce roitelet, qui donne asile à tous les malfaiteurs de la colonie, par son voisinage et sa tolérance intéressée, et dont les sujets peuvent, en quelques heures, la nuit, venir rapiner sur le territoire hollandais, et se réfugier sur les terres de Goa. Le gouvernement néerlandais hésite à détruire et à annexer le petit royaume de ce malandrin : les Anglais ne feraient pas tant de façons.

Il y a en ce moment, à Macassar, une princesse, veuve, souveraine de Tanété, autre petit État indépendant, situé par-delà les montagnes, au sud de la ville. Elle est hébergée, avec sa suite nombreuse, dans une grande habitation où le gouvernement hollandais reçoit et traite ses grands vassaux indigènes. C'est demain que la princesse sera reçue en audience par le Gouverneur, pour y renouveler foi et hommage à la Hollande, ainsi que cela se pratique ordinairement tous les ans. Il y a deux années, sans doute à cause du veuvage de la princesse, que cette cérémonie n'a pas eu lieu.

Pendant ma promenade, un M. D. W., de la maison Van L., de Soerabaya, est venu pour me voir, d'après avis reçu de mon arrivée par ses associés de Java. Il a laissé sa carte ; je regrette fort qu'il m'ait prévenu. Aussi ce matin (20 avril), de très-bonne heure, je vais le trouver à son bureau, au milieu de magasins encombrés de marchandises diverses. Il me reçoit très-cordialement et me fait mille offres de services obligeantes. Il insiste pour venir me prendre vers quatre heures, avec une voiture, afin de faire une tournée un peu complète dans la petite partie du territoire, accessible aux voitures. En rentrant, le capitaine m'apprend que, le *Menado* devant compléter son chargement dans la journée, on partira ce soir, 20, au lieu du 22, au matin, comme cela avait été arrêté d'abord.

La réception de la princesse de Tanété était annoncée pour dix heures du matin. Un peu avant l'heure indiquée, une compagnie de soldats européens, parfaitement équipés, sortit de la forteresse, voisine du Logement Célèbes, tambour en tête, et vint se poster à l'entrée du petit jardin de la maison qu'habite le Gouverneur, sur la promenade dont j'ai parlé. Toutes les autorités civiles et militaires de la colonie, l'état major de la corvette de guerre, en station, se rendirent à ce modeste hôtel, où flottait le grand pavillon royal des Pays-Bas. La plupart des pensionnaires du Logement faisaient partie de ce monde officiel. J'étais, avec quelques autres passagers du *Menado*, en très-bonne place, sur le bord de la chaussée.

Bientôt, nous entendons un bruit sourd et confus, et nous apercevons au loin, du côté de la mer, le cortége qui s'avance, sous l'ombre des grands arbres. En tête, deux indigènes portent chacun horizontalement, sur le ventre, un long tambourin, qu'ils frappent à tour de bras, dans ce rhythme arabe que j'ai si souvent entendu en Égypte. Une troupe de sujets de la princesse marche sur deux files écartées, quelques-uns, avec de mauvais fusils à pierre, le plus grand nombre, armé de piques, dont le fer droit et allongé est couvert d'une gaîne, et dont la hampe, vers le haut, est ornée d'une touffe de crins blancs. Ces soldats ont le buste nu, les pieds aussi ; ils portent une espèce de sarong ou caleçon bleu, court et ample, serré au-dessus des hanches par une étoffe enroulée en ceinture, sous laquelle se cachent leurs *criss*, ou poignards malais. Ils sont coiffés de mouchoirs de coton à rayures jaunes et rouges, s'élevant verticalement sur la tête, avec une crânerie et une fantaisie étranges et variées. Tous ces hommes sont jeunes, trapus, à figures énergiques, et peu agréables. Entre ces deux files qui marchent, viennent différents groupes d'indigènes, composant la cour de la princesse, dont le plus curieux est une troupe d'une trentaine de jeunes filles, chantant par intervalles. Elles sont enveloppées d'un sarong de couleur, depuis les pieds nus jusqu'à la hanche, et le haut de leur corps est recouvert d'une ample chemisette de gaze transparente d'une couleur rose brun, à manches larges et pendantes, laissant parfaitement voir toutes leurs formes supérieures et leurs bras. Derrière ce groupe, sont les grands officiers de la couronne, sans doute, les pieds et le buste nus, ayant le bas du corps enveloppé de ceintures et de sarongs plus distingués que le commun de la bande, et portant des armes plus brillantes. Vient ensuite une calèche découverte, au-dessus de laquelle un homme, juché par derrière, tient étendu un vaste parasol, abritant la princesse, assise seule dans la voiture ; à ses pieds, et sur le devant, sont accroupies trois matrones, mises comme elle, ses dames d'honneur, sans doute. Dans une autre calèche fort modeste, pareillement abritée d'un parasol doré, l'héritier du trône, jeune mioche à la mamelle, est tenu et entouré par ses *babous,* ou nourrices. Il est coiffé d'un bonnet biscornu, à pointes, en soie, de plusieurs couleurs avec dorures, assez semblable au bonnet bien connu du clown Auriol. Un groupe serré de soldats, de même échantillon que le reste de l'escorte, ferme le cortége. Tout cela marche solennellement, avec autant de sérieux et d'importance que le font les analogues en Europe. Le cortége s'arrête et se masse devant le jardin du Gouverneur, où le piquet d'honneur, sous les armes, forme la haie, jusques au vestibule de l'hôtel. Les calèches s'arrêtèrent devant la grille, les tambours battirent aux champs, et la princesse, aidée de ses femmes, mit pied à terre. Elle est coiffée de ses cheveux noirs, sans aucun ornement ; son sarong, en tartan de soie, où le rouge domine, est orné par le bas d'une frange en torsade d'or ; ses pieds nus sont chaussées de mules brodées ; le haut du corps est chastement couvert d'une veste de velours, bleu foncé, broché de grandes fleurs, fermant au col. Des plaques brillantes, des colliers d'or, descendant sur la poitrine, complètent son costume, qui est riche et d'assez bon goût. C'est une femme maigre et de taille moyenne, entre trente-cinq et quarante ans ; elle ne manque pas d'une certaine dignité gracieuse, et elle rend, aussi bien qu'on peut le faire en Europe, en pareille position, les saluts qu'on lui adresse. Elle s'avance lentement, sous son grand parasol, dans l'allée du jardin, entre la haie des soldats européens, appuyée sur le bras d'un indigène, en habit noir — l'inteprète officiel —. Elle n'est suivie que de son jeune fils, porté sous un autre parasol, des grands dignitaires et de la troupe de jeunes filles. Toute la foule armée reste en dehors de la grille du jardin. Je me mêle au groupe entrant. Le Gouverneur, représentant le suzerain, ne bouge pas d'une semelle de la grande salle de l'hôtel, où il est entouré des autorités et des gros bonnets de la colonie.

La princesse et quelques personnes de la suite entrèrent seules dans cette salle. Je restai dans le vestibule véranda avec l'escadron volant de la reine, le seul véritable attrait de ce cortége pour un Européen. J'eus tout le loisir de voir ce singulier groupe, qui, se sentant sous les regards de quelques civilisés présents, et avec la conscience de sa quasi-nudité, se serrait comme un troupeau de brebis craintives, tout en examinant d'un œil curieux et étonné les splendeurs modestes du vestibule et des salles voisines, qu'aucune clôture ne dérobait à leurs yeux. L'audience dura vingt minutes. Je sortis avant la fin, pour revoir le cortége en marche. Tout se passa comme à l'arrivée, sauf une salve de cinq coups de canon, tirée de la forteresse voisine, dont le bruit effaroucha le timide troupeau féminin : elles se bouchaient les oreilles avec de singuliers signes d'effroi. Bientôt, toute cette foule, en s'éloignant, s'enfonça sous l'ombre des grands arbres, et ne présenta plus qu'une masse confuse dominée par les deux grands parasols qui se balançaient au-dessus des calèches. Je la suivis des yeux jusque vers la mer, où elle tourna à droite, pour parcourir dans toute sa longueur la grande rue de Macassar.

A déjeuner, on me prévient que le *Menado* partira vers sept heures du soir, et qu'il faudra l'aller prendre au bout de la grande rue, opposé à l'esplanade. J'allai de suite, en pleine chaleur du jour, et sous l'inséparable parasol, prévenir M. D. de ce changement ; il persista dans son intention de venir me prendre pour la promenade projetée, et pour me conduire ensuite jusqu'au bateau : je rentrai à l'hôtel en affreuse transpiration. La sieste me remit : je bouclai mon bagage, comptai avec l'hôte, à raison de 6 florins par jour, et j'attendis sous la véranda mon obligeant correspondant, qui fut exact à l'heure indiquée, avec une calèche plus belle que celle où trônait, ce matin, la princesse de Tanété. Le cocher malais, coiffé d'une brillante cuvette de fer-blanc verni, rouge et or, tenait en bride deux petits chevaux, à l'air fringant et obstiné, qui partirent lestement, dès que nous fûmes installés, avec mon bagage.

En laissant sur la gauche l'église protestante, nous suivons une route entre de belles habitations et la prairie qui s'étend jusqu'aux fossés de la forteresse. Nous atteignons une grande agglomération de cases d'indigènes, au milieu des ombrages les plus touffus et les plus charmants. On y rencontre aussi des maisons civilisées, cachées sous les arbres. C'est l'heure où la chaleur est tombée : on joue, on babille dans les jardins, la population circule. Ainsi qu'à Java, les femmes indigènes portent les jeunes enfants à cheval sur la hanche : leur longue écharpe, passant sur leur épaule opposée et sous le derrière de l'enfant, le soutient dans cette position, à portée du sein, et lui laisse la liberté des bras, le marmot se cramponnant autour d'elles.

Après quelques méandres dans ces routes ombreuses, nous nous trouvons du côté de la citadelle opposé à la ville. La milice indigène y campe avec femmes et enfants; car, dans ces pays, le célibat, imposé à nos soldats, est impossible : nous passons entre la mer et le fort, et, traversant l'esplanade, nous gagnons la grande rue de Macassar, que nous suivons dans toute sa longueur, jusqu'à l'endroit où le *Menado* stationne, achevant son chargement de charbon.

Dans la ville, la population mêlée fourmille à cette heure tardive de la journée : les bazars et boutiques sont encombrés. Devant une maison chinoise, une fête de famille a provoqué de brillantes démonstrations extérieures; des lanternes rouges ballonnées sont suspendues et des mâts dressés, avec petits drapeaux flottants; des figurines habillées grimacent horriblement. Il y aura splendide illumination à la nuit. Nous avons passé devant l'habitation temporaire de la princesse de Tanété : la foule en mouvement y abonde. Notre calèche s'arrête auprès de l'embarcadère. Je pris congé de mon complaisant cicerone, avec promesse de le revoir au retour du *Menado*, à Macassar, à la fin de la tournée autour de Célèbes, que nous allions commencer.

Après m'être réinstallé dans ma cabine, comme il me restait encore plus d'une heure avant le départ, j'allai muser dans cette extrémité presque sauvage de l'établissement hollandais, où les cocotiers forment une forêt touffue, sous laquelle se cachent des cases d'indigènes. Toute la partie qui borde la mer est habitée par des pêcheurs; et, devant chaque cabane, une immense tige de bambou, dressée à peu près verticalement, laisse pendre jusqu'à terre un grand filet, allongé comme une bourse vide, suspendu, pour y sécher, à son extrémité élevée. Je restai longtemps dans ce petit coin si pittoresque, allant et revenant, n'osant pas m'aventurer un peu plus loin, car l'obscurité était complète et les chiens grondaient à mon passage. Tout était paré à bord quand j'y retournai, et, au coup de canon de huit heures, tiré de la forteresse, le *Menado* s'ébranla, et, repassant devant la ville, où brillaient quelques lumières, il prit sa route à l'ouest.

Le 21, au matin, nous avons tourné la pointe sud-ouest de Célèbes, laissant Tannakéké à notre droite, et nous marchons au sud, en passant à l'est des Postillons, groupe de petits îlots. Toute la journée la navigation a été très-lente, car, en approchant du détroit de Sapy, nous avons contre nous un très-fort courant, que le *Menado* surmonte avec peine. Je n'ai jamais vu tant de poissons volants qu'aujourd'hui. J'ai repris mes pénibles dialogues, bilingues, avec le docteur B., mes causeries avec le capitaine et le second, tous deux assez friands du croustillant, et je repasse, comme toujours, dans mes moments tranquilles, mes deux bréviaires, *Horace* et le *Dante*.

22 avril. Je me suis levé à deux heures dans la nuit, sur l'invitation du capitaine, pour assister au passage du *Menado* dans le détroit de Sapy, fort resserré entre Sumbawa, à notre droite, et Comodo, à notre gauche.

Il fait un grand clair de lune; notre lourd bateau lutte péniblement contre le courant qui nous porte sur des récifs voisins dont nous voyons l'écume et entendons le bruit. Le capitaine, qui surveille, très-inquiet, la marche du *Menado*, me quitte brusquement et saute sur le timonier malais, qu'il renverse à coups de pieds et à coups de poings; et, saisissant la barre, remet en bonne voie le navire qui, sous la direction du maudit Malais, dérivait vers les brisants. La scène nocturne est très-imposante; on voit fort distinctement le profil des deux îles entre lesquelles nous passons, et c'est la première fois, depuis Singapour, que j'ai pu apercevoir entièrement, de la mer au sommet, les terres élevées que nous côtoyons.

Sumbawa, la plus grande de ces îles, n'est que nominalement sous la souveraineté de la Hollande. Elle produit une race particulière d'excellents chevaux, très-recherchés des Européens dans ces parages.

La nuit est merveilleusement belle; à quatre heures je regagnai ma cabine, par raison de santé, plutôt que par besoin de sommeil, car ce passage, un peu solennel et émouvant, m'avait éveillé l'esprit : les images de la patrie et de la famille, si lointaines en ce moment, se croisaient dans mon souvenir, et la pureté du ciel étoilé me jetait, comme toujours, dans les rêveries et les insolubles problèmes sur la destinée humaine.

Au matin de cette belle nuit, le *Menado* gouvernait à l'est; nous avions à notre gauche la grande île de Florès, dont quelques tribus sont encore anthropophages, dit-on, et nous laissions à notre droite Sandalwood. Le 23, même navigation calme à l'est-sud-est; la chaleur est forte, la mer calme; nous ne voyons plus de poissons volants, mais des files de gros marsouins culbutants, gagnant de vitesse le lourd *Menado*.

Le 24, au matin, nous sommes en vue de l'île de Timor, dont la moitié, sud-ouest, appartient à la Hollande, et l'autre moitié, nord-est, aux Portugais. Le relief de l'île est fortement accusé par une chaîne de montagnes boisées, courant dans le sens de sa longueur, dans la direction est-nord-est. Les abeilles sauvages y sont en nombreux essaims, et la cire forme un des principaux articles d'exportation. A sept heures, nous jetons l'ancre devant la petite ville de Koepang, siége du résident hollandais, dans une baie ouverte et exposée aux vents du nord-est. Il fait une chaleur atroce; je n'ose aller à terre pendant l'ardeur du soleil, et je reste sur le pont, la lorgnette à la main, une grande partie de la journée. Le docteur B. envoie à terre son domestique malais, avec son fusil à deux coups, à la chasse des oiseaux de ces parages, dont il fait une collection, et qu'il vide et prépare à bord. Il en a déjà emporté bon nombre des environs de Macassar. Autrefois, les kakatoës étaient très-communs à Koepang; les Européens, qui les achètent aux indigènes, ou qui les pourchassent eux-mêmes, en ont beaucoup diminué le nombre.

A cinq heures, je vais à terre avec le capitaine. La ville est petite et la plupart des maisons sont situées parallèlement à la côte, dans une petite anse au fond de la baie, et sur une falaise de quelques mètres de hauteur, dont les grandes marées battent le pied, mal défendu des érosions par une palissade en bois, fort endommagée. A la gauche de cette anse, en regardant la mer, débouche un petit cours d'eau au pied d'une forteresse pour rire. A droite, sur une plate-forme de roche madréporique en surplomb, où croît un bel arbre dont les nombreuses racines, semblables à de gros serpents, enlacent et couvrent le rocher, s'élève un petit temple chinois; le toit, couvert en tuiles, n'est pas trop ensellé, ni retroussé vers les angles. Auprès de cette pagode habite la colonie chinoise, se livrant au commerce de détail. Derrière la rue principale, et en s'éloignant de la mer, sont quelques habitations européennes bien abritées, sous de beaux arbres, sur le bord de sentiers soigneusement entretenus. La végétation est merveilleuse sur ce sol calcaire; les jardins exhalent de fortes senteurs, les fruits et les fleurs réjouissent les yeux ; c'est un véritable Éden que ce petit coin de terre.

Le capitaine, après une courte tournée avec moi, me quitta pour aller dîner chez le Résident, et je continuai seul, en m'éloignant un peu de la ville. Le terrain est fort accidenté et plein de surprises charmantes, dues aux caprices et à la libéralité de cette nature infatigable, que rien d'artificiel ne contraint et ne stimule. Je suivais, sous l'ombre des grands arbres, un des bords du ruisseau sinueux et encaissé qui débouche à la mer ; tout le ravin était tapissé d'herbes puissantes, de lianes rampantes ; la végétation des deux rives, en se rejoignant, formait une voûte ombreuse et inégale sous laquelle courait, sautait, s'arrêtait une eau abondante et limpide. C'était une succession de cascatelles bruyantes et de petits bassins tranquilles, dont quelques-uns servaient de lavoirs et de bains. En suivant le sentier, qui tournait autour de quelques habitations voisines du ruisseau, j'apercevais, dans les cases ouvertes et dans le petit enclos qui les sépare du chemin, les indigènes des deux sexes, aussi peu vêtus que possible, se livrant à leurs occupations diverses. Les enfants, cela va sans dire, ne connaissent pas la contrainte du vêtement. Je rencontrai plusieurs femmes et filles enveloppées seulement du vêtement inférieur, et portant des charges de bois ou d'eau, suspendues aux deux extrémités d'un levier plat, dont le milieu repose sur une épaule. Quelques-unes, à ma vue, prirent entre leurs dents un pan de leur sarong pour se cacher ainsi la poitrine, et s'arrêtèrent pour me laisser passer. J'arrivai bientôt à un pont rustique formé de troncs d'arbres, jetés d'un bord à l'autre du ravin, au fond duquel le ruisseau, ou plutôt le torrent, se précipite en cascade bondissante et échelonnée, sous les arceaux de verdure qui le couvrent de leur ombre épaisse ; c'était un merveilleux spectacle, où je m'arrêtai quelque temps en contemplation; puis, suivant le sentier qui traversait le pont, je m'enfonçai dans une clairière où quelques femmes, ramassant du menu bois, s'éloignaient, en se retournant à mon approche; deux enfants, qui descendaient ce même sentier que je montais, dès qu'ils m'aperçurent, se mirent à rebrousser, en courant et en poussant des cris d'effroi : deux fois, ils se retournèrent dans leur fuite, et, voyant que je continuais dans la même direction, ils se reprirent à courir de plus belle, avec de nouveaux cris; enfin ils se jetèrent de côté, à travers quelques broussailles touffues et disparurent. Ma barbe blanche, mon casque de feutre, recouvert de mousseline, ma taille, mon accoutrement, tout en moi pouvait donner à ces pauvres enfants l'idée d'une étrange et redoutable apparition. Peut-être est-ce blanc qu'on leur dépeint le diable?

A moins d'un kilomètre du rivage de la mer, où s'étend la petite ville de Koepang, et à quelques pas des dernières cases, commence la forêt vierge, la végétation sans culture; la nature sauvage se montre, là, dans toute sa prodigue et confuse exubérance. Je n'osai continuer plus loin ma promenade dans des sentiers où je pouvais facilement m'égarer; je revins à la cascade, où je trouvai le Résident et sa famille, en compagnie du capitaine, qui me présenta comme une curiosité voyageante. M. X... est un blond et grand Hollandais, tout d'une pièce; parmi ses enfants, qui sont de sang mêlé, il y a une grande et belle fille. Il n'est que depuis huit mois à Koepang, et tout son soin, me disait-il, dans la courte conversation que nous eûmes, est d'appliquer, à l'élargissement et au prolongement des sentiers qui vont à l'intérieur, le peu de ressources dont il dispose : c'est là le vrai commencement de toute colonisation profitable.

La nuit venait, je retournai à la plage où le canot du capitaine était échoué sur le galet, après avoir amené le lieutenant et deux passagers ; ces messieurs allaient se baigner au ravin et ils m'engagèrent à les suivre ; je préférai rester sur la plage, et je leur promis de les attendre pour retourner à bord. J'allai m'installer dans la cour de la pagode chinoise, qui domine l'anse du débarquement, et j'y restai dans un béat repos jusqu'au moment où un vieux Chinois, de la variété maigre — le desservant sans doute — vint allumer quelques petits bâtonnets, recouverts de papier rouge, qui brûlent très-lentement et sans flamme ; il fit, en les tenant entre les deux mains, des salutations à différents points de l'horizon ; puis, il planta ces petits bâtons par le bout non allumé dans un vase de cuivre, rempli de cendres, devant une idole grotesque, sur un autel intérieur ; il ferma boutique et me fit signe de sortir de la cour. La nuit était close ; dans une petite rue voisine, habitée par des Chinois, l'intérieur des chambres était éclairé ; on y voyait des préparatifs du repas du soir. Les Chinois, qui émigrent sans femmes, ont épousé ici des indigènes, et j'avais vu dans ma promenade bon nombre de charmants petits enfants, produits de ce croisement : le type indigène me semble ici plus élevé qu'à Java ou à Célèbes. Il était fort tard quand le lieutenant et ses compagnons revinrent du bain ; les matelots remirent le canot à flot, puis, à tour de rôle, ils nous portèrent, assis sur une rame. A huit heures, nous étions tous rentrés au *Menado*. J'étais ravi de la bonne excursion que je venais de faire : c'était celle qui m'avait le plus vivement impressionné, dans ce voyage, par la beauté des sites, la splendeur de la végétation, la virginité sauvage de la nature, par l'originalité des scènes intérieures et par la simplicité du costume indigène.

25 avril. Dès le matin, avant que le *Menado* ne reprenne sa route, je suis en observation sur la dunette, afin de me bien mettre dans la mémoire la position de Koepang, et de saisir, dans le champ de ma bonne lunette, les petits épisodes dont

l'anse et la plage voisine sont le théâtre. Le levier, appuyant par le milieu sur l'épaule, et à chaque extrémité duquel pendent à des cordes les fardeaux à porter, est ici d'un usage général. L'eau se transporte ainsi dans des feuilles de bananiers, contournées et cousues en forme d'une énorme coquille de limaçon. Les charges inégales s'équilibrent, pour le porteur, en faisant varier le point d'appui du levier. J'ai vu un jeune enfant porté ainsi par une femme, en contre-poids d'une charge de bois. Au pied du petit fort, et sur une petite plage de sable fin, quelques femmes, en simple sarong, ramassant les menues épaves, coquillages ou végétaux, que le flot a laissés en se retirant.

On charge sur le *Menado* de grands pains de cire jaune; et, à huit heures, quand le soleil est déjà terriblement chaud, le bateau s'ébranle et nous repartons. Le D$^r$ B..., dont le domestique malais a fait bonne chasse, s'occupe à préparer au savon arsenical les différents oiseaux, tués hier.

Koepang, dont nous nous éloignons en ce moment, est à 10 degrés de latitude sud. C'est le point extrême de notre course dans cette direction. Nous faisons route, en longeant à droite Timor, dont le grand axe est sud-est. A notre gauche, et au loin dans la brume, sont différentes îles, pareillement orientées, débris et parcelles d'une ancienne et même terre, séparées entre elles par des détroits de peu de largeur. La principale de ces îles est Alor of Ombaï qui, vers son extrémité est, se rapproche de Timor, formant ainsi un assez fort courant, que nous avons contre nous, d'après notre marche, et qui neutralise la modeste vitesse du *Menado*. La mer y clapote fortement; des frégates noires, à la queue en ciseaux, jouent sur cette eau agitée, et de gros poissons y font leurs culbutes, en nous évitant.

26 avril. Nous pensions hier, en partant, être aujourd'hui vers

deux heures après-midi à Dilly, où réside le gouverneur pour la partie nord-est de Timor, appartenant au Portugal. Toute la journée s'est écoulée à naviguer péniblement le long de la côte montueuse et bien boisée de l'île. Pas de plaines ou de vallées ouvertes, pas d'habitations sur le bord de la mer. A la nuit, nous apercevons un assez grand nombre de feux des barques des pêcheurs de Dilly. On stoppe à huit heures du soir, et le *Menado* tire deux coups de canon pour demander un pilote; on répond de terre par deux coups; mais, au bout d'une demi-heure, rien ne paraissant, le capitaine retire un coup d'impatience; on y répond encore, et un quart d'heure après, la barque du pilote arrive, chargée des principales autorités portugaises, sauf le gouverneur, parti pour Java, depuis quelques jours, sur un bateau à voiles. Le *Menado* entre dans le port et nos visiteurs restent fort tard à bord, où le français, plus ou moins pur, défraye la conversation.

27 avril. A six heures du matin, le D⁷ B..., deux autres passagers et moi, nous prenons le canot du capitaine pour aller à terre. Nous avions embarqué à Koepang un jeune marchand chinois et sa femme, qui venaient s'établir chez le père de la dame, capitaine chinois de Dilly. Dans toutes ces îles, sous la domination européenne, où les Chinois forment le lien entre les indigènes et les civilisés, et accaparent tout le commerce de détail, la colonie chinoise est placée sous l'autorité et la surveillance d'un chef pris dans son sein, qui, sous le nom de capitaine, défend les intérêts de la communauté, la représente et en répond. La femme avait été tenue close pendant toute la traversée; nous proposâmes au jeune couple de profiter de notre canot pour aller à terre, ce qui fut accepté. La dame était fort petite et assez bien; elle devait être de sang mêlé par sa mère, indigène de Timor, sans doute, car elle avait les traits et le teint chinois moins prononcés que son mari; ses

pieds, au naturel, étaient chaussés de hauts souliers à haute semelle convexe, et elle était couverte d'une longue robe de soie, qui la serrait au col. Le *Menado* n'était qu'à deux portées de fusil du rivage ; on échoua le canot, en le lançant le plus avant possible sur le sable, et nous sautâmes lestement, sans trop nous tremper les pieds. Le couple chinois fut laissé aux soins des matelots qui nous avaient conduits.

Le point de la plage où nous prîmes terre était garni d'une foule d'hommes à figure bestiale, de plusieurs types différents, et chez quelques-uns se montrait le mélange avec les races nègres de la Nouvelle-Guinée ou de l'Australie, si voisines de ces parages : lèvres pendantes, coiffures bourrues en cheveux crépus, colliers de dents de poissons ; peu de femmes, et affreuses.

Nous nous dirigeons de suite vers le campong chinois, au-delà d'un petit pont recouvert d'un toit. De chaque côté d'une route assez large, il y a des jardins très-touffus, mais mal tenus. Les Hollandais ne donnent plus le ton ici, mais les Portugais. Nous nous arrêtons chez un Chinois, où le D$^r$ B... fait une ample provision de café et de pommes de terre qu'il emportera avec lui à Ternate, sa résidence ordinaire.

La végétation est bien belle ici ; mais, par la disposition du terrain, l'incurie et le peu de ressources des Portugais, l'insalubrité doit être grande et funeste à l'extension de la colonie européenne, qui se borne, en ce moment, à quelques soldats et employés. Entre le rivage et le pied des montagnes voisines, au-devant desquelles s'échelonnent des monticules ravinés par les pluies, s'étend une longue plaine marécageuse, où paissent des buffles, des chevaux et quelques moutons noirs et blancs. Sur une colline surbaissée, entre cette plaine fiévreuse et la montagne, s'élève la demeure modeste du gouverneur portugais, aujourd'hui absent ; et, un peu sur le côté, l'église catholique se cache dans un bouquet d'arbres.

En revenant vers le rivage, nous trouvons une espèce de marché improvisé sur la plage, par la présence du *Menado*. Des groupes d'indigènes y sont assis avec des fruits, des légumes, des poules, surtout, attachées par la patte à une corde ; un homme ou une femme par poule, par demi-douzaine d'œufs. Les kakatoës et les perruches abondent — un vendeur par bête.

Au milieu de cette foule, assise ou debout, circulent quelques soldats portugais, à figure fiévreuse, avec des uniformes déguenillés et dépareillés ; les pieds nus, ou traînant, en savates incroyables, des débris de vieux souliers. En haut du talus que forme le rivage, dans une rangée de masures, au milieu des décombres d'une chapelle ruinée, et sous des hangars avec auvent surbaissé, l'administration et la douane fonctionnent avec un grand laisser-aller. Le gouvernement portugais n'a pour ses employés et ses soldats ni paye, ni sollicitude; aussi, tout ce monde a-t-il l'aspect aussi misérable et aussi délabré que les masures où il s'abrite. On y remarquait deux ou trois beaux fils, exilés de Lisbonne, affectant des prétentions ridicules et impuissantes au costume et au bon ton ; mais, en dépit de bagues épiscopales, de régents en épingles, d'immenses chaînes et breloques de soi-disant or, la misère ternissait ce faux luxe; les mains étaient malpropres, les chemises effilées et d'un blanc peu récent, les gilets râpés, les coudes percés et les souliers éculés. Cela me remettait en mémoire une scène analogue de misère et vanité que j'avais vue, en 1853, en allant à Bucharest, à une douane valaque, où un jeune employé, jouant au boyard, dans un sordide taudis de la frontière, se drapait fièrement, tout luisant de pommade et d'énormes joyaux, dans une robe de chambre, trouée et rapiécée, de prétendu cachemire vert et rouge, avec cordelière à glands d'or, et affectait, en me parlant un français douteux, une désinvolture et des manières régence.

Nous nous étions réfugiés dans le canot et sous sa tente, tout en observant la scène variée sous nos yeux, et en attendant le docteur B., qui continuait ses achats dans les groupes, et qui nous rejoignit avec un kakatoës et deux perroquets vert et rouge; nous fûmes bientôt à bord.

La position de Dilly est véritablement fort belle ; la baie est un peu ouverte ; mais vers le fond, où est la ville, un récif presque à fleur d'eau, ayant une passe à chaque extrémité, forme avec la courbe du rivage une enceinte ; c'est le port de Dilly, dont la nature a fait tous les frais ; point de quai, point de môle, point de débarcadère ; il faut échouer les barques pour aborder à terre. J'observais du pont bien abrité du *Menado* le bel amphithéâtre de collines échelonnées qui montent vers la haute région de l'île ; une végétation touffue les couvre, et, à leur pied, le terrain s'étend jusques à la mer, en plaines doucement inclinées, dont la fécondité, nous disait-on, est prodigieuse. Avec quelques travaux pour l'écoulement et l'aménagement des eaux abondantes qui descendent des hauteurs, on convertirait les terres basses, aujourd'hui malsaines, en champs fertiles et salubres, où la canne à sucre réussirait merveilleusement, et, sur les pentes, le caféier réussirait également bien. La courbe gracieuse du rivage, qui forme le fond de la baie et le port de Dilly, est garnie de jardins et de constructions basses isolées, entre lesquelles on remarque les ruines d'une chapelle, les hangars de la douane, un petit parapet en gazon avec quelques vieux canons, et sur la droite, en regardant la terre, une chapelle catholique, à la suite de quelques cases. Au bas de cette église, sur le bord de l'eau, je voyais distinctement une jeune femme, n'ayant qu'un pagne, récurant, avec le sable de la plage, deux petits vases de cuivre de forme classique, appartenant sans doute au desservant ou à la chapelle.

A neuf heures, le *Menado* se mit en marche, remorquant, avec le bateau-pilote, un canot des autorités, qui nous firent la conduite pendant quelques milles. Nous avons pris à Dilly un Portugais qui se rapatrie : c'est le capitaine d'un navire à voiles, naufragé dans ces parages depuis plus d'un an. Toute la journée nous avons côtoyé Timor, laissant à gauche l'îlot de Kambing, et atteignant bientôt la hauteur de l'île Wetter, nominalement à la Hollande, mais où les naturels accueillent hostilement tout étranger qui y débarque ; il n'y a aucun port ni aucun établissement européen.

28 avril. Il a plu toute la nuit, sans que la chaleur soit en rien diminuée. Le capitaine met à ma disposition toute l'année 1863 de la *Revue des Deux-Mondes*, ainsi qu'une année de l'*Illustration*, de sorte qu'en sus de mes bréviaires ordinaires, j'ai une pâture suffisante pour tous les moments où la conversation, et les spectacles variés de la mer dans ces parages, ne m'occupent ni les yeux ni l'esprit.

29 avril. Le temps est beau, même navigation; nous avons embarqué à Soerabaya un assez grand nombre de condamnés que nous devons répartir dans les diverses résidences où nous aborderons. Ils portent tous un anneau de fer, rivé autour du cou. Nous sommes également chargés de soldats indigènes, commençant ou finissant leur temps, que nous devons laisser sur notre parcours. Il y a aussi bon nombre de femelles pour ces militaires. Tout cela forme à l'avant du *Menado* un campement assez curieux, qu'il est bon, cependant, de ne pas visiter trop souvent.

## CHAPITRE XV.

Banda. — Belle position. — *Gounong-Api*. — Rivalités. — Hospitalité. — Visite aux jardins de muscadiers. — Incident local. — Amboine. — Visite au gouverneur général des Moluques. — Un ménage indigène. — Hospitalité à *Batoe-Gadja*. — Mon cortége pour visiter une grotte. — Retour au Menado.

---

30 avril. A quatre heures du matin je suis réveillé par deux coups de canon tirés de notre bord; nous sommes à Banda. Les passagers sont sur le pont, en costume de nuit; la lune éclaire la scène. Nous passons au pied d'une montagne isolée, de forme conique très-régulière, dont la base plonge dans la mer; de l'autre côté, à notre droite, s'étend Groote-Banda; nous entrons, par le détroit, dans une vaste baie bien abritée, et c'est aux premières lueurs du jour que nous jetons l'ancre au milieu du bassin le plus enchanteur qu'il soit possible de voir, dans une eau profonde et limpide.

La petite ville de Banda, siége d'un résident hollandais, s'étend du côté de la baie, le long du rivage, et cache, sous des masses de verdure, ses rares et jolies maisons d'Européens, ses cases et un vaste quartier pour des soldats. Une ancienne forteresse portugaise, avec tours rondes aux angles de ses quatre faces, domine la ville ; elle est dominée, à son tour, par des hauteurs boisées d'une grande fraîcheur. Banda est un îlot charmant, dans tout un groupe merveilleux ; il est séparé du volcan Gounong-Api (montagne de feu) par un détroit fort resserré, au pied du fort. En face, et de l'autre côté du bras de mer qui semble former une baie, s'étend en courbe l'île étroite et longue de Groote-Banda (Grande-Banda), où sont les plus riches plantations de muscadiers de tout cet archipel ; puis, à la gauche de Banda, et comme pour clore la baie, l'îlot de Pisang, *Poulo-Pisang*, en malais (île des Bananiers).

Ce n'est plus ici, comme à Dilly, l'abandon et le laisser-aller portugais ; on remarque une direction extérieure plus soigneuse et plus intelligente. Une solide et large jetée en pierre, que recouvre en partie un hangar, sert de débarcadère. La rive est contenue par un quai en pierres ; de belles allées d'arbres l'ornent et lui font ombrage. Vers le milieu de ce quai, l'habitation du résident, élevée sur un vaste perron, se cache sous la verdure ; et, en face, un parterre de fleurs, suivi d'une allée, conduit à un petit débarcadère circulaire appartenant à la résidence, orné d'un kiosque à son extrémité. C'est là, lorsque le grand jour fut venu, que le capitaine et moi nous nous dirigeâmes dans son canot.

Je laissai M. C. vaquer à ses affaires matinales, et n'osant pas, à pareille heure, porter les lettres d'introduction qu'on m'avait données à Batavia et à Soerabaya, je profitai de la fraîcheur relative, de 27 et 28 degrés qu'il faisait alors, pour parcourir, seul, tout le terrain habité de Banda.

Il n'y a pas d'indigènes dans ce petit groupe d'îlots, qui doit toute son importance aux plantations de muscadiers qui fournissent à l'Europe entière les meilleures noix connues. Jusqu'à ce jour, le gouvernement hollandais avait conservé le monopole de cette épice, dont il achetait la récolte aux producteurs. Cet état de choses va changer par la liberté de la vente et de la préparation. Toute la population de Malais et de Chinois a été importée ici par les soins du gouvernement; et comme le seul produit de Banda et des îlots voisins est la muscade, toutes les denrées de consommation, tous les autres produits agricoles ou industriels doivent venir du dehors, à l'exception du poisson, très-abondant au milieu de ces îles. J'admire, dans ma promenade, l'aspect confortable des habitations, et les ombrages épais qui les couvrent. Je trouve à l'extrémité de la ville, opposée au débarcadère et au fort, un vaste quartier pour les soldats, composé d'une grande pelouse carrée ; sur chacun des côtés est un long corps de logis, élevé d'un mètre au-dessus du sol, avec galerie ouverte donnant sur la pelouse. Ces quatre bâtiments, n'ayant chacun que le rez-de-chaussée, ne se joignent pas, et sont indépendants l'un de l'autre. La mer vient battre sur un des côtés extérieurs ce quartier.

Lorsque neuf heures furent sonnées, j'allai présenter à M. Tollius B., un des plus forts négociants hollandais de Banda, une lettre d'introduction qu'on m'avait donnée à Batavia. Je fus accueilli avec la plus grande cordialité. M$^{me}$ B. est Française, elle a dû être fort bien ; elle regrette et désire la France et Paris ; elle a une figure et des manières très-sympathiques, mais elle paraît souffrante ; ses jeunes enfants aussi sont bien délicats. On m'offre l'hospitalité complète, le vivre et le couvert, jusques au départ du *Menado*. J'accepte avec plaisir, enchanté de trouver une compatriote aimable et distinguée, avec laquelle je pourrai causer de notre lointaine et chère patrie. Je fais ensuite visite au résident, pour lequel j'avais une lettre. Il parle fort bien le français, mais il a une figure qui m'inspire peu de sympathie. Il me fait le meilleur accueil et semble un peu froissé quand, sur son offre d'hospitalité, je lui réponds que j'ai accepté celle de M. B. Toutefois il se met à ma disposition, et m'offre pour demain matin sa chaloupe, et des porteurs pour aller, dans *Groote-Banda*, voir la culture des muscadiers, la préparation des noix, et surtout une vue merveilleuse du haut d'un belvédère, construit sur un point élevé de l'île. Il s'excuse de ne pouvoir me servir lui-même de cicerone dans l'excursion proposée, à cause du surcroît de travail que lui donne l'arrivée et le départ du *Menado*. Je le remerciai bien sincèrement pour son offre gracieuse, que j'acceptai pour le lendemain matin, et je promis de lui faire une courte visite le soir. J'allai à bord du *Menado* prendre un extrait de mon bagage, et je revins m'installer dans la charmante habitation de M. B., où une vaste et fraîche chambre avait été mise à ma disposition.

Dans la cour intérieure de la maison, une cabane en bambou sert de refuge à la famille lors des tremblements de terre très-fréquents dans ce groupe d'îles. Le volcan (Gounong-Api), qui domine Banda, est tranquille depuis quelque temps; mais il peut se réveiller un jour et bouleverser la configuration actuelle des terres et des détroits qui l'entourent. Il n'y a pas longtemps encore qu'une violente commotion du volcan en travail fit retirer subitement l'eau du bras de mer qui forme rade entre Banda et *Groote-Banda*, et mit presque le fond à sec; mais, par une réaction soudaine, la mer revint, impétueuse et irrésistible, broyant et engloutissant tout devant elle. Le souvenir de ces désastres et l'appréhension continuelle de leur retour, voilà ce qui gâte et assombrit les merveilleuses perspectives de beautés naturelles et de fortunes rapides qui séduisent de prime abord l'Européen.

M. B. me fit l'honneur de la petite colonie de Banda; il me présenta au club dont il est président, et qui porte sur sa façade cette inscription en français : « *L'harmonie, c'est tout*, 1860. » En dépit de ce principe, si carrément affiché, l'harmonie ne règne pas à Banda ; le petit nombre d'Européens dont se compose la colonie est divisé en deux camps hostiles ; mon hôte est à la tête du plus nombreux, et le résident conduit l'autre, qui se compose des fonctionnaires et des dépendants de l'autorité. La scission est venue par les femmes, dit-on, et à cause des extravagantes et tapageuses toilettes dont la résidente se faisait une arme pour mortifier et écraser les autres Européennes.

Je passai le reste de la journée chez mon hôte et au club, et j'allai vers neuf heures faire au résident la visite promise. La conversation fut assez animée, car mon interlocuteur a l'esprit vif, la parole facile ; toutefois il m'a l'air d'un mauvais coucheur, et si j'habitais Banda, je serais très-probablement sous le drapeau du pacifique M. B. Il me rappelle que sa barque sera demain à mes ordres, à six heures.

1<sup>er</sup> mai. J'ai passé une excellente nuit chez mon hôte dans une chambre, où tiendraient vingt cabines comme celle dont je suis l'heureux titulaire à bord du *Menado*, et que je partage avec d'affreux cancrelats, dont j'ai déjà tué une vingtaine. Dès six heures du matin, on m'apporte le café, et je me rends de suite à la grande escale, où m'attend la chaloupe du résident, avec dix pagayeurs et un pilote. Je fais accoster le *Menado*, et je propose au docteur B., qui est resté à bord, de m'accompagner dans mon excursion, ce qu'il accepte très-volontiers.

La chaloupe nous conduit presque à l'entrée de la rade, vers la pointe de Groote-Banda, voisine du Gounong-Api ; là, je trouve une longue chaise, attachée sur de grands leviers de bambou, douze porteurs et deux chefs de conduite. Je propose au docteur de monter à tour de rôle sur la chaise portative, il préfère marcher à pied ; on m'enlève, et nous traversons un petit village dont les cases sont en bambou. Une série d'escaliers, taillés dans la roche, nous conduit à de grands hangars, où se fait, à la fumée, la dessiccation des noix de muscade, sur un plancher à claire-voie, au-dessous duquel brûle un feu non flambant. L'aire, sur laquelle sont étendues les noix à dessécher, est divisée en quatre compartiments, recevant la chaleur et la fumée à des degrés différents; les noix, à mesure que la dessiccation s'accomplit, passent du premier compartiment dans le second, puis dans le troisième et le quatrième : il faut trois mois pour la dessiccation complète; mais, comme les muscadiers donnent des fruits toute l'année, l'opération ne s'arrête jamais. A la sortie du dernier compartiment, les noix sont cassées, les coquilles servent de combustible, et les amandes, qui constituent la muscade du commerce, sont triées, saupoudrées de chaux et renfermées dans des barriques, soigneusement fermées, pour être expédiées en Hollande, le seul marché de cette épice.

En sortant de cet établissement, je remonte sur les épaules de mes douze porteurs, et nous suivons, par un sentier très-frais et à l'ombre de beaux arbres, la crête qui domine les deux versants de Groote-Banda; nous entrons bientôt dans les plantations de muscadiers. Ces arbres croissent sous l'abri de gigantesques canaris, vigoureusement attachés au sol par un pied conique, à nervures énormes, qui leur donne une assiette proportionnée à leur grande élévation. C'est leur ombre qui maintient la fraîcheur du sol, en ne permettant pas aux rayons du soleil d'y arriver; c'est leur abri qui protége les muscadiers contre le vent et les maintient à une hauteur moyenne, favorable à la qualité et à la quantité du fruit, ainsi qu'à sa cueillette. Les canaris produisent une amande délicate dont on fait de bonne huile. C'est sous leur voûte élevée que sont disséminés les muscadiers, arbres charmants, à feuilles persistantes et satinées, dont la fleur petite ressemble à une fleur de muguet, isolée. Elle se noue promptement, et, les muscadiers rapportant toute l'année, on voit des fruits à tous les degrés de développement. La muscade, à maturité, est d'un aspect charmant. Elle a la grosseur, la forme et la couleur d'un abricot mûr. La pulpe charnue et jaunâtre qui enveloppe la noix se divise en deux coques qui, restant attachées à la queue du fruit, laissent voir, par leur écartement inférieur, une partie de la noix noire et luisante, à moitié cachée par une délicate pellicule d'un rouge vif. Avec la pulpe on fait des confitures estimées, et l'enveloppe rouge, séchée au soleil, sert de condiment dans le pays. Des femmes, avec de longues et légères gaules, terminées par un crochet, font tomber les fruits mûrs ; elles errent, demi-nues, sous les frais ombrages, les jambes dans l'herbe humide. Rien de gracieux comme ces vertes clairières, où tout est ménagé au profit de l'arbre précieux qui paye à profusion les soins qu'on lui donne : c'est sur les pentes rapides, tournées vers la rade, que sont les plantations les plus productives et les mieux tenues ; pas de pierres, pas de broussailles, pas de plantes parasites.

Après une assez longue marche sur le sol herbu et sous ces abris, mon cortége me déposa à la porte du belvédère, qui fait partie des bâtiments d'exploitation d'un de ces jardins de muscadiers. La vue de ce point élevé est effectivement fort belle, et embrasse tout un ensemble merveilleux d'îles, d'îlots, de végétation et d'eau. Le trait saillant de ce tableau est le volcan Gounong-Api (montagne de feu), immense cône régulier, qui semble avoir été soulevé tout d'une pièce du fond de la mer.

La splendide forêt, qui charge et entoure sa base, diminue de vigueur en s'élevant sur les flancs rapides de la montagne ; elle cesse complétement à une certaine hauteur ; on ne voit plus alors, jusqu'au sommet du volcan, où se dessine le bord de l'entonnoir terminal, que des pentes nues avec de longues traînées de pierres, et les sillons que les pluies y creusent. En bas du belvédère, la forêt de canaris et de muscadiers forme un premier plan de verdure, descendant jusqu'à la rade, dont les deux entrées principales et opposées découpent et divisent les contours de ce beau tableau.

En face du belvédère, et au-delà de la rade que Poulo-Pisang (l'îlot des Bananiers) ferme sur notre droite, Banda s'élève en un mamelon boisé, de forme oblongue et régulière, au pied duquel nous voyons la ville étendre au bord de l'eau ses quais, ses allées ombreuses, ses débarcadères et ses jolies maisons à demi cachées sous les arbres. On distingue toute la forteresse, avec ses murailles blanches et ses tours, et la vaste esplanade qui l'entoure, descendant vers le détroit, qui baigne de ce côté le pied du volcan.

Après un repos et une admiration d'une demi-heure, je remontai sur ma chaise. Il s'agissait maintenant de descendre directement au bord de la mer, perpendiculairement au-dessous du belvédère. Un escalier, presque à pic, faisant lacet, et composé de trois cent quatre-vingts marches, taillées dans le rocher, aide à franchir cette pente rapide. Ce n'était pas une petite affaire pour mes douze porteurs de maintenir en équilibre horizontal le tremplin sur lequel je trônais pendant cette abrupte descente; ils s'en tirèrent avec beaucoup d'adresse et de prudence, et j'arrivai fort doucement et sans secousse au bord de la mer, au pied de cet escarpement où la chaloupe et les rameurs nous attendaient. Le chef de mon escorte était un sang mêlé, tout vêtu de blanc, affectant des élégances européennes. Je lui donnai 5 florins pour distribuer aux porteurs, n'osant rien lui offrir pour lui, tant il avait l'air d'un gentleman.

Quand je fus remonté dans la chaloupe, le docteur, qui avait fait la descente à pied, me dit que j'avais eu tort de ne pas donner directement aux porteurs, qui ne verraient pas un *cent* de mes florins, l'homme à la veste blanche étant connu de lui comme peu délicat, et n'étant autre qu'un argousin de bonne famille, préposé à la garde des condamnés.

Nous accostons encore, au retour, le *Menado*, où je prends une légère collation, en attendant le docteur, qui change de toilette pour m'accompagner chez le résident, auquel il doit une visite officielle. La chaloupe nous conduit ensuite au débarcadère particulier de ce fonctionnaire, que je remercie du plaisir qu'il m'a procuré ; je prends congé de lui, le départ du *Menado* étant indiqué pour deux heures, et je le laissé aux prises avec le docteur — deux bonnes têtes ensemble : l'un, que j'ai déjà décrit, avec ses tics, sa dégaîne et sa toilette bizarres ; l'autre, courtaud, grêlé, à bouche énorme, les yeux vairons, les cheveux gris en brosse, se relevant sur le front en épi rebelle, qui donnait à sa figure une expression tout à fait méphistophélique.

De retour chez mon excellent hôte, M. B., il met des livres à ma disposition, et me donne à lire, dans un numéro de l'*Illustration française* de 1852, le récit, fait par lui, d'un naufrage sur l'île de Christmas, où, sur soixante hommes que portait son navire, lui, troisième, fut sauvé, après être resté dans cette île déserte plus de cinquante jours, sans autre nourriture que des racines, et sans avoir pu jamais parvenir à faire du feu.

Le départ du *Menado* a été retardé jusqu'à la nuit par un incident particulier. Un jeune Hollandais, né à Batavia, M. L., propriétaire ici d'une plantation de muscadiers, ami du capitaine et de M. B., chez lequel il loge, avait arrêté son passage sur le *Menado*. A l'heure indiquée pour le départ, le résident envoie l'ordre de ne pas embarquer M. L., sur l'opposition faite par un créancier musulman dudit M. L., pour une somme de 4 à 500 florins. Plus de quatre heures furent employées en démarches auprès du créancier et du résident, qui n'était pas fâché de faire pièce à un ami de M. B.; tout fut inutile : pas d'argent, pas de départ. Le capitaine, qui est excellent et très-serviable, promit sa caution, on n'en voulut pas; alors, il envoya chercher à bord la somme due, et satisfit de ses propres deniers le créancier de M. L., que nous voyions passer et repasser en turban, cafetan bleu et robe rouge, accompagné d'un huissier du cru.

Toute la partie habitée de Banda n'est pas beaucoup plus longue et bien moins large que tout le Palais-Royal, à Paris; les allées et venues s'y remarquent aisément, et l'incident tenait la petite ville en émoi. Partira-t-il? Ne partira-t-il pas?... Pendant tous ces pourparlers et ces incertitudes, j'étais sous la véranda, avec M$^{me}$ B., qui me faisait part de ses projets de retour en France, dans l'intérêt de sa santé et de celle de ses deux jeunes filles, bien pâles et bien étiolées. Elle prenait aussi très-vivement part à l'incident qui agitait en ce moment ce petit point du monde; elle me mettait au courant des querelles et animosités mesquines et envenimées qui divisaient en deux camps les Européens à Banda, et troublaient toutes les relations. Elle ne ménageait ni le résident ni sa femme. Cette vie de froissements continuels, jointe aux effets du climat sur sa santé et sur celle de ses enfants, redoublait son désir de retourner en Europe, et elle pressait son mari de liquider promptement ses affaires (1).

Quand tout fut arrangé par la générosité du capitaine, je pris congé de mes hôtes excellents. A la nuit, le *Menado* sortit de la rade de Banda par une passe opposée à celle par laquelle nous étions entrés. La nuit a été belle, une brise fraîche nous

---

(1) A mon retour à Paris, j'ai appris la mort de cette digne femme.

a favorisés jusqu'au matin. Le *Menado* marche mieux, grâce à de meilleur charbon qu'il a pris à Banda, en petite quantité, car c'est à Amboine qu'il doit refaire sa provision complète.

2 mai. Dès le jour, nous sommes en vue de cette île. Ce n'est qu'après midi que nous entrons dans la baie, et, à trois heures, nous sommes amarrés à un embarcadère sur pilotis, à une portée de fusil des murs de la ville d'Amboine, qui forment une défense fortifiée du côté de la mer. Une grande porte voûtée traverse la muraille, juste dans l'axe de l'embarcadère, et donne accès dans la ville. La baie est grande, entourée de collines verdoyantes, et, vers les derniers plans, de montagnes boisées. La jetée est encombrée de monde de toutes nuances. La plus grande partie des soldats indigènes débarque ici, avec femmes et enfants, ainsi que le reste des condamnés que nous transportions.

Un Français de Nîmes, M. Dumas, établi depuis dix-huit ans dans les possessions hollandaises des Indes orientales, vient à bord voir le capitaine; celui-ci l'abouche avec moi, et voilà ce brave homme, avide des nouvelles de la patrie, qui m'entame une série interminable de questions sur la France et sur Nîmes. J'eus plaisir à satisfaire de mon mieux cette touchante curiosité.

Vers le soir, le capitaine me proposa de m'accompagner chez le Gouverneur général des Moluques, M. Wiltens, qui réside à un mille de la ville, et pour lequel j'avais deux lettres d'introduction. Je défripai mon habit noir et l'endossai, quoique j'eusse préféré, de beaucoup, le porter sous mon bras plutôt que sur mon dos; heureusement, le soleil se précipitait derrière la montagne. La route, après avoir traversé le fort et une vaste place, s'enfonce dans des chemins entre des jardins, où dominent les sagoyers et les arbres à pain. Au bout d'un quart d'heure, nous arrivâmes à la charmante demeure du gouverneur, adossée contre de belles collines, au fond d'une petite vallée, et entourée de jardins. Un vaste perron circulaire précède et orne l'entrée de la maison ; c'est là que M. W..., après avoir pris connaissance des lettres d'introduction que je lui avais fait remettre par un domestique, vint recevoir le capitaine et moi. L'accueil fut tout à fait cordial ; et, de prime abord, les manières et la figure du gouverneur me prévinrent en sa faveur ; sa femme, qui est Anglaise et qui ne parle pas français, vint bientôt se joindre à nous.

Pendant que nous devisions tous quatre d'Europe et de Paris, que M. W... connaît bien, le maître d'école indigène et sa femme vinrent faire visite au gouverneur. C'est un jeune couple malais, aux traits fortement accentués ; tous deux avaient revêtu le costume civilisé complet, et ils n'y paraissaient pas à leur aise. Après des saluts, que j'eusse trouvés comiques sans leur franche naïveté, après une libérale distribution de poignées de main, dont j'eus ma part, ces bonnes gens s'assirent auprès de nous, mais avec une contrainte dans leur tenue, une gêne dans leur accoutrement si évidentes, et un tel effarement sur leurs bonnes figures et dans leurs yeux brillants, que j'étais sincèrement peiné pour eux, car je m'apercevais que la présence de deux étrangers — le capitaine et moi — redoublait leur embarras. Le mari tenait, de ses deux mains gantées de blanc, avec une forte étreinte, son chapeau noir sur ses genoux, pliés et élevés, les deux pieds appuyés sur les bâtons de sa chaise ; son habit le gênait aux entournures ; sa cravate lui faisait un carcan ; il portait alternativement ses yeux vifs et effarés sur chacun de nous, puis sur sa femme, immobile et coite. Celle-ci paraissait dans un désarroi complet ; assise sur un fauteuil de bambou, un peu renversé, elle avait peine à se tenir le buste en position verticale, n'osant se laisser aller à la pente en arrière du siége, car déjà sa crinoline, indiscrète et inexpérimentée, s'ouvrait, comme une capote de cabriolet, au-dessus de ses jambes, qu'elle s'efforçait de replier en dessous. Elle était évidemment dans ses petits souliers, au propre et au figuré, au supplice dans tout cet attirail inaccoutumé de jupes, corsage, ceinture, gants, éventail, chaussettes, etc.; elle ne soufflait mot et ne bougeait pas : j'abrégeai la gêne de ces pauvres gens, en me retirant plus vite que je ne l'eusse fait, sans leur visite, afin de donner une diversion à leur contrainte par le mouvement de mon départ, qu'ils honorèrent de saluts et de nouvelles poignées de main.

Le *Menado* devant rester à Amboine jusqu'au 4, au soir, M. et M^me W... m'offrirent gracieusement l'hospitalité complète pour le lendemain et le jour suivant : j'acceptai avec reconnaissance. Le gouverneur, en m'accompagnant, m'expliqua que le couple indigène, que nous venions de voir, ne revêtait pas, dix fois par an, le costume européen. La femme, toute l'année, se couvre, pour tout vêtement, d'un sarong et d'une camisole, sans chaussure, sans bas, sans chemise; le mari, qui est fonctionnaire de l'instruction publique, porte ordinairement pantalon et veste, mais c'est tout; et, tous deux, ont plus l'habitude d'être assis sur leurs talons que sur un siège quelconque.

En revenant à bord avec le capitaine, nous passâmes chez notre compatriote, M. Dumas, qui a dans la ville une habitation entourée de jardins. Nous lui faisons promettre de venir passer la soirée à bord, ce qu'il ne manqua pas de faire, tant il était altéré de nouvelles de France, et ce ne fut que vers onze heures de la nuit que nous quittâmes la dunette, où nous devisions aux étoiles.

3 mai. Je suis sur pied de bonne heure; le déchargement du bateau s'opère avec activité; la jetée est encombrée de caisses, ballots et barils; un grand nombre d'indigènes, de jeunes gar-

çons surtout, se livrent à la pêche, abrités sous le plancher du débarcadère, et postés en cent places différentes entre les pièces de bois goudronnées qui le soutiennent au-dessus de l'eau, d'une transparence merveilleuse dans toute cette baie. Le poisson est ici très-abondant, et il se laisse prendre avec les engins les plus primitifs. Il y a, surtout, des petits poissons blancs, qui rôdent autour du *Menado* en masses tellement compactes et peu farouches qu'un panier, jeté à l'eau et enlevé un peu rapidement, remonte à moitié plein de cette proie facile; ils passent et repassent comme des nuages, avec des mouvements d'ensemble très-singuliers, la masse entière montrant, tantôt le flanc et le ventre d'une éclatante blancheur, tantôt le dos obscur et bleuâtre.

Le D$^r$ B... m'avait parlé d'une curiosité naturelle que présente le fond de la baie d'Amboine et qu'il appelait « jardins sous-marins. » Ce sont des plantes marines, des coraux et autres madrépores, des polypiers, etc., qui croissent et se développent sur les roches tranquilles et peu profondes d'une certaine partie abritée de la baie, et que l'extrême transparence et le peu de hauteur de l'eau qui les recouvre permet de bien examiner. Le docteur m'avait offert de m'y conduire; j'eus le regret de ne pouvoir accepter sa proposition, car le gouverneur m'avait promis, hier, de m'envoyer de bonne heure sa voiture, et nous n'aurions pas eu le temps de faire cette excursion avant son arrivée. Effectivement, à huit heures la calèche était sur le débarcadère; un domestique indigène, en tunique rouge et avec la coiffure en cuvette vernie sur la tête, vint à bord me remettre la carte de M. A. W..., et, me montrant la voiture, me fit signe qu'il m'attendait. Je le chargeai de mon sac de nuit, préparé d'avance, et j'allai m'installer dans la calèche, sous les regards curieux et respectueux des coolies et des flâneurs d'Amboine, qui encombraient la jetée et ses abris. Nous traversâmes l'esplanade, et quelques minutes après j'étais à *Batoe Gadja,* résidence du gouverneur.

M. W... me reçoit de la manière la plus affable, et met à ma disposition un appartement composé d'une grande chambre à coucher, d'un beau salon, sur la table duquel des fleurs variées, et des roses surtout, en gerbe énorme, brillent dans tout l'éclat de leur odorante fraîcheur. Au devant, est une partie de la longue véranda, avec table et fauteuils.

Mon hôte ayant, à cause de l'arrivée et du départ prochain du *Menado,* tout le travail d'un mois sur les bras, et devant passer toute la journée dans les bureaux du gouvernement pour l'expédition des affaires, j'insiste de toutes mes forces pour que ma présence chez lui ne dérange en rien ni ses habitudes, ni ses devoirs. Avec des livres et les magnifiques ombrages des jardins et des environs, je saurai parfaitement passer ma journée. M. W... remonte dans sa voiture pour aller à la ville, et met, en me quittant, un de ses domestiques à mes ordres.

Je m'installai dans mon confortable appartement, où je trouvai livres, papier, plumes et encre, et toutes les dispositions d'une élégante hospitalité. On voyait qu'une femme, une Européenne, avait présidé à cet arrangement délicat. Quelques volumes de Lamartine et les œuvres de Byron étaient sur la table du salon, des albums, des photographies, etc.

Il était encore de bonne heure, et j'allai faire, sous le parasol, une visite aux alentours de la résidence. Pendant ma promenade, je fus rejoint par deux des fils de M. W..., jeunes garçons de huit et six ans, qui me pilotèrent, en anglais, dans tous les recoins ombreux des jardins. Il y a dans cet enfoncement de vallée des eaux abondantes et une végétation admirable ; on y ferait, à peu de frais, un parc délicieux, mais les gouverneurs ici n'ont pas le désir et le soin de l'avenir. Toutes leurs espérances et tous leurs efforts sont dirigés vers le terme le plus prompt de ce qu'ils considèrent comme un exil, vers leur retour en Europe. Mes jeunes amis me quittèrent pour aller prendre, auprès de leur mère, leurs leçons du matin, m'annonçant qu'ils allaient m'envoyer leur frère aîné, qui, effectivement, vint me trouver dans le salon de mon appartement. C'est un garçon de douze ans, d'une figure très-intelligente ; il apprend le français, que son père parle fort bien.

A l'heure du déjeuner, je me rendis sur le grand perron circulaire qui fait saillie hors la véranda. M$^{me}$ W..., que je n'avais pas encore vue aujourd'hui, vint nous y rejoindre, et, après les politesses d'usage, nous passons dans la salle à manger s'ouvrant sur une grande terrasse, de l'autre côté de la maison. M$^{me}$ W... est jolie, gracieuse, distinguée ; elle est née à Sumatra, de parents anglais ; elle a passé une partie de sa jeunesse à Calcutta et ne connaît pas l'Europe. La conversation a lieu en anglais, que je suis loin de parler aussi *fluently* que je le désirerais en pareille occasion. Après le repas, sieste et lecture.

A quatre heures, M. W... revint de la ville et me proposa un tour de promenade sur les collines qui dominent la résidence ; elles sont couvertes de broussailles, de maquis, comme en Corse, et fortement ravinées. De ces hauteurs la vue, sur la baie d'Amboine, est merveilleusement belle. Nous rencontrons plusieurs indigènes transportant dans des vases, faits de tronçons de bambou, suspendus à des leviers, une liqueur fermentée et mousseuse que fournit la sève sucrée du sagoyer. J'en goûte à plusieurs reprises : c'est doux et amer à la fois, car on fait macérer dans ce liquide des fragments d'un bois contenant un principe d'une grande amertume, et retardant, comme le houblon pour la bière, la fermentation acide, si prompte à se développer dans ces climats. On distille ce vin de sagoyer pour en obtenir un alcool dont les indigènes sont très-avides.

Nous prolongeâmes longtemps notre promenade, devisant à perte de vue de l'Europe, de son rôle, de son avenir, et surtout des destinées des immenses et belles contrées qui viennent de s'ouvrir, tout récemment, au commerce et à l'influence des nations civilisées. Les possessions si importantes, si variées, si riches, groupées à quelques degrés de l'un et de l'autre côté de l'équateur, que la Hollande exploite depuis si longtemps, à son seul profit, dans cette partie du monde, devront être affranchies, ou elles s'affranchiront elles-mêmes du monopole, de l'accaparement et de l'incurie sous lesquels elles végètent. L'exemple que l'énergique et aventureux génie de la race anglaise donne en ces parages, par les heureux et immenses développements de la navigation, du commerce et de la culture, rayonnera sur toutes ces îles, que les Hollandais maintiennent dans une timide et égoïste tutelle, et tout un monde engourdi se réveillera.

Nous ne rentrons qu'à la nuit à la résidence, où M. W... me fait voir les produits divers du sagoyer : vin, alcool et fécule; la pâte et les petits gâteaux qu'on en confectionne. Ce grand arbre, de la famille des palmiers, est un peu la cause de la paresse et de l'insouciance des indigènes, auxquels il fournit généreusement le vivre et le couvert.

Le capitaine est venu dîner avec nous. La chère a été excellente, les vins de France variés et de choix, la cordialité parfaite. Une longue séance, jusqu'à minuit, sous la véranda, termine la journée. M$^{me}$ W. nous montre une grande quantité de bijoux en filigrane, travaillés à Sumatra par les indigènes, avec une rare perfection, et plusieurs autres produits curieux, tant naturels qu'industriels, de cette grande île, dont les Hollandais ne possèdent qu'une partie.

4 mai. J'avais trouvé, hier soir, mon lit garni, outre le traver-

sin ordinaire, de deux autres placés longitudinalement. J'ai éprouvé un grand bien-être, la nuit, dans leur compagnie, car ils permettent de tenir soulevés et appuyés, en dormant, les bras et les jambes, et donnent à l'air ambiant facilité de circuler sur la couche échauffée, dans ces nuits sans fraîcheur.

La résidence du gouverneur s'appelle, ainsi que je l'ai dit, *Batoe Gadja* (Pierre d'éléphant) ; ce nom lui vient d'une source s'échappant du flanc vertical d'une colline, par la trompe d'une tête d'éléphant, grossièrement sculptée dans la roche. L'eau tombe dans un bassin de 7 à 8 mètres de côté sur 1 mètre 50 centimètres de profondeur, enclos d'arbres et de murs, et abrité, en dessus, par une treille épaisse de plantes grimpantes qui tamisent le jour et interceptent les rayons du soleil. Une vanne mobile, permettant de régler la hauteur de l'eau dans le bassin, laisse échapper le trop-plein dans les jardins. On pénètre dans ce frais réduit, qui est le bain de la résidence, par un pavillon, parfaitement muni de tout le nécessaire pour se préparer à l'immersion quotidienne, ou à s'en reposer. De ce cabinet, occupant tout un des côtés du bassin, des marches faciles permettent d'entrer progressivement dans l'eau.

Aussitôt levé, j'allai, en costume de nuit, et accompagné du domestique indigène à mes ordres, me livrer dans cette discrète et fraîche retraite au plaisir de la natation, que je n'avais encore pu goûter dans ce voyage. Le jet abondant, qui tombe perpendiculairement de la trompe d'éléphant dans le bassin, forme une douche vigoureuse, sous laquelle j'avais plaisir à nager, et peine à me maintenir — la force de l'eau qui frappait sur mes épaules me faisant continuellement dériver. J'abrégeai, plus que je ne l'aurais voulu, ce salutaire exercice, car il fallait être prêt, à sept heures, pour une excursion dont le gouverneur avait fait faire les préparatifs dès la veille.

A l'heure dite, une troupe de Malais, peu vêtus, coiffés de mouchoirs de coton à rayures, vint à l'hôtel du gouverneur, conduite par deux personnages, dont l'un, le chef ou le roi, comme on l'appelle ici, vêtu à l'européenne, portait à la main une longue canne à pomme d'argent, sur la partie ronde et supérieure de laquelle était gravé le lion néerlandais, avec la devise : « Je maintiendrai. » C'est son sceptre et le signe de sa dignité, sous la protection de la Hollande. Cette troupe déposa, au bas du grand perron, deux fauteuils en bambou, fixés sur des leviers; le plus grand, destiné à ma noble personne, était orné de rideaux et d'un baldaquin en cotonnade bleue. Le système de barres et de traverses, qui composaient cette machine, semblait solide, élastique et pesant. Il fallait douze hommes pour la porter. L'autre siége, très-modeste, sans rideau ni abri, n'exigeant que quatre porteurs, était pour le roi. M. W. me confia à ce dernier, me recommandant de me laisser guider sans crainte aucune, et il adressa quelques mots en langue du pays à toute la troupe, qui me regardait avec curiosité et déférence. On m'installa sur le grand fauteuil, le chef grimpa sur le petit, et le cortége se mit en marche pour aller, sous la conduite d'un vieil indigène — un dignitaire sans doute de la peuplade — au milieu des collines voisines, visiter une grotte curieuse.

A cent pas environ de la résidence, et à un détour qu'il fallait prendre pour s'enfoncer dans la campagne, un groupe bruyant stationnait, entouré d'une foule d'indigènes; un grand drapeau tricolore hollandais flottait, et on entendait résonner un gong et un tambour. C'était moi qu'on attendait; et, quand nous eûmes rejoint ces gens, la procession se développa, longue et animée, dans le sentier que nous allions suivre. En tête marchait un soldat indigène, coiffé d'un képi, le buste nu, et tenant un criss à la main; il précédait l'homme au drapeau tricolore, à bandes horizontales. C'est le pavillon néerlandais. dont chaque chef, sous la protection de la Hollande, décore sa case ; venait ensuite un indigène, tenant d'une main un gong suspendu à une corde, et de l'autre un court et gros morceau de bois dont il frappait son instrument, tous les trois ou quatre pas, régulièrement ; de l'autre côté, marchait un indigène portant, en sautoir et appuyé horizontalement sur son ventre, un long tambour, formé d'un tronçon de bambou, et n'ayant de peau que d'un bout seulement. Cet homme frappait son tambour dans un rhythme très-précipité, et se livrait à des fioritures extravagantes. Mon attelage humain venait ensuite ; six porteurs par devant, six par derrière, mais toute la charge ne reposait que sur huit épaules ; les hommes qui étaient à l'extrémité des deux barres transversales, entre lesquels posait mon fauteuil, se servaient rarement de leurs épaules, et maintenaient, avec leurs bras, l'équilibre et l'horizontalité de la *sedia gestatoria,* où, sous mon dais garni de rideaux, je trônais comme un pape, avec ma barbe blanche éclatante et mon casque de feutre, à courant d'air, en guise de tiare. Le chef fermait la marche sur sa chaise : il avait quitté son paletot noir et il s'abritait sous un parasol. Cette procession, suivie et précédée de groupes de volontaires, se développait sur une seule file, et par des sentiers escarpés, ravinés de profondes crevasses, tantôt gravissant une colline, tantôt en descendant une autre, dans ce terrain tout sillonné de grandes ondulations — témoignages de convulsions volcaniques. Dès le moment où nous avions pris l'escorte musicale et le drapeau, des chants avaient été commencés par toute la troupe sur un mode alterné. Le vieil indigène dont j'ai parlé, tenant la main à mon brancard de droite, et surveillant la marche, entonnait un verset, répété ou continué par tout le chœur des porteurs et acolytes. Ainsi chantaient souvent, pendant mon voyage sur le Nil, mes huit rameurs, tandis que le raïs, accroupi au fond de la cange, faisait les fonctions de coryphée.

Le chant de mes Malais n'avait rien de déplaisant ; mais il était trop souvent interrompu par une clameur sauvage, poussée à intervalles irréguliers, tout à fait en hors d'œuvre, et qui me déchirait les oreilles et l'esprit par son brutal et discordant éclat. C'était le cri, le coup de fouet, pour ainsi dire, qui les animait dans les mauvais pas, si fréquents, qu'ils avaient à franchir. Quand, au premier moment, nous nous engageâmes dans l'ardu sentier, au bruit de cette musique et de ce cri barbare, accompagné de grimaces et de gestes véhéments, j'ouvris les yeux et dressai les oreilles du haut de mon tremplin, et je me figurais être une victime que des sauvages portaient en triomphe à la montagne, où ils allaient la rôtir et la dévorer.

Cependant, nous montions et descendions rapidement, au bruit des chants, des clameurs, du gong, du tambour, qui ne cessait point un seul instant. Dans les fonds, entre deux collines, où coulait un mince filet d'eau, sous une végétation touffue, mes porteurs pétrissaient, sous leurs pieds nus, une boue noire et glissante ; puis, ils grimpaient, avec assurance et énergie, les pentes escarpées que suivait le sentier crevassé, et pas un faux pas ne faisait broncher l'équipage. La sueur ruisselait sur leur peau luisante et perlait à la racine de leurs cheveux, et l'âcre fumet de leur transpiration me donnait en plein nez.

Enfin, nous arrivons auprès de la grotte, qui s'ouvre en précipice au pied de la paroi verticale d'un monticule. Cette muraille naturelle était tapissée d'une magnifique végétation de plantes grimpantes. Une table couverte de cotonnade rouge, flanquée de deux fauteuils de bambou, en vis-à-vis, chargée d'ananas, bananes, et d'un service à thé en porcelaine dédorée, était placée à l'entrée de la grotte, et un groupe d'indigènes des deux sexes et d'enfants attendait l'arrivée du cortége, assis sur leurs talons.

On me déposa précieusement à terre; le chef, me désignant un des fauteuils, me fit asseoir et prit place dans l'autre; son peuple nous servait. J'acceptai une tasse de thé et mangeai une banane; puis, je fis signe que j'étais prêt à descendre dans la grotte, et j'allais m'aventurer seul sur des échelons de bambou qu'on voyait à l'entrée de la descente, fraîchement reliés et réparés, lorsque quatre de mes porteurs, deux en avant, deux en arrière, vinrent m'imposer leur rude assistance, dont je me serais fort bien passé. Cette grotte (*Batoe-Lobang*) est de formation calcaire et n'a rien de bien remarquable; elle ne s'enfonce pas très-profondément sous terre, mais elle offre plusieurs chambres ou cavités assez bizarres, sans stalactites, toutefois. Les chauves-souris y abondent; elles voletaient, en rasant nos têtes et autour des torches que portaient mes guides, qui en attrapèrent à la main quelques-unes, à l'issue d'un couloir, dans lequel l'un d'eux s'était glissé, à plat ventre, pour les chasser vers nous. Dans la chambre principale, une petite plaque de marbre porte gravés les noms de Dumont d'Urville et du gouverneur qui l'accompagna dans sa visite.

Nous remontons, après avoir fureté partout : nouvelle et courte séance muette, à table, où je ne pris rien. Le groupe d'indigènes des cases voisines me dévorait des yeux, avec bienveillance toutefois, et mes moindres mouvements les faisaient chuchoter. Les femmes et les enfants, surtout, témoignaient un ébahissement complet. Le roi, après avoir bu, sans que je criasse : « Le roi boit, » leva la séance. Je posai deux florins sur la nappe, je repris mon siége, et le cortége se remit en marche dans le même ordre et avec le même tapage.

Le chef me mène voir, dans une fondrière, admirablement ombragée par d'immenses canaris, une plantation de cacaoyers qui lui appartient et qu'il me démontre avec un certain orgueil ; puis, il me fait conduire à son palais de bambous, grande case, avec toit surbaissé ; elle est précédée d'un vaste hangar carré, ouvert de tous côtés, abrité d'un toit immense, à quatre pentes, soutenu de poteaux en bois. Une balustrade à hauteur d'appui et à claire-voie, en retraite, de plus d'un mètre, de l'aplomb du bord extérieur du toit, forme, intérieurement, une grande aire carrée, et, extérieurement, une galerie à quatre côtés ; c'est la salle d'audience ou d'assemblée. On nous dépose à terre, et le chef, toujours armé de sa belle canne, me fait entrer dans l'enceinte carrée, sous le hangar, où je trouvai installée et servie la même table qui avait figurée à l'entrée de la grotte, les mêmes fauteuils, mêmes fruits, même service à thé. Le tout avait été transporté, comme par enchantement, par les alertes sujets de mon hôte. Il me fallut faire une nouvelle séance muette, sous les regards d'une trentaine d'indigènes, appuyés sur la balustrade extérieure dont j'ai parlé. Je ne prends qu'une banane, malgré toutes les instances : le roi boit, je le regarde faire, toujours sans crier — Sa Majesté est altérée — elle me fait les plus bienveillantes grimaces ; c'est un homme jeune encore, petit et maigre, qui ne manque pas d'une certaine dignité.

Cependant nos seize porteurs et l'escorte, accroupis dans un champ à côté, absorbaient de copieuses rasades, de la liqueur fermentée du sagoyer qu'on leur avait servie, toute mousseuse et pétillante, dans de grands seaux de bambou, où ils la puisaient, à coups répétés, avec des tasses de cocos.

On repart enfin, toujours dans le même ordre, mais d'un pas plus rapide. Le vin de sagou a redonné à tous nos gens des jambes et de la voix ; ils grimpent et sautent comme des singes, crient à tue-tête, en s'excitant l'un l'autre, non sans un grand émoi de leur précieux fardeau, qui plonge des regards effarés sur les ravins et les fondrières que nous franchissons dans cette course effrénée. On arrive enfin, sans encombre, au bas des collines, où se trouvent les premières maisons, non loin de la ville; notre bruyant cortége a fait amasser une foule dont les regards ébahis cherchent à deviner quel est le vénérable personnage, si royalement escorté. Cependant, le vacarme et les gambades sont tout à fait modérés sur toute la ligne du cortége, au moment où il débouche sur le grand chemin qui va de la ville à la résidence du gouverneur. La chaise du chef vient alors se ranger auprès de mon fauteuil, et les deux éminents personnages arrivent, de front, à *Batoe-Gadja*, où je prends terre au grand perron, à la clameur d'un hourra sauvage de la part de toute la troupe. Je donnai au roi une bonne poignée de main, et une autre de florins, pour être distribués à toute la bande, et j'allai me reposer de mes honneurs dans le confortable appartement que le gouverneur a mis à ma disposition.

Après le déjeuner, je vais faire une promenade dans le voisinage, entre les jardins plantureux et touffus dont les cases sont entourées, et j'y admire, comme partout dans ces îles, la vigueur et la richesse de la végétation.

A mon retour, mon hôte veut me faire cadeau d'une collection des coquilles d'Amboine; je le remercie de cette offre, dans l'impossibilité de pouvoir transporter avec moi un si fragile trésor; j'accepte deux bracelets, en prétendu corail noir, et un bel œuf de casoar, divisé en deux coques, dont on pourrait faire à Paris deux coupes charmantes; mais les rapporterai-je intactes?

Le *Menado* étant allé, dès le matin, stationner devant son dépôt de charbon, fort loin de la ville, c'était là que je devais me rendre. Je fis à M<sup>me</sup> W. mes adieux et mes remercîments, non sans quelque émotion de ma part, tant j'étais touché de l'accueil aimable que j'avais reçu dans cette excellente famille. M. W. devant m'accompagner au *Menado,* je le priai de donner à ses deux fils ainés le plaisir de cette excursion, ce dont ces derniers me surent bon gré. Nous montons tous les quatre dans la calèche, qui nous conduit au débarcadère, où nous attend le grand canot du gouverneur, pavillon en poupe, et dix rameurs, en livrée, sur les bancs; nous prenons place sur le drap bleu, et vingt minutes après nous accostions le *Menado,* tout frémissant d'impatience, sous son panache de fumée et de vapeur. Le gouverneur monte à bord, où beaucoup d'employés civils et militaires ont pris passage, et, entre autres, un lieutenant-colonel, à destination de Célèbes. Au moment du départ, je remerciai chaleureusement M. W. de la cordiale hospitalité qu'il m'avait donnée, et des bons moments que j'avais passés avec lui à Batoe Gadja, et je lui donnai rendez-vous à Paris.

A six heures du soir le *Menado* marchait à toute vapeur, se dirigeant au nord.

## CHAPITRE XVI.

Céram. — Boro. — Ternate. — La veuve d'un chef. — Le sultan de Ternate. - Célèbes. — Menado. — Campong chinois. — Le Résident. — Promenade matinale. — En mer. — Les sang-mêlés. — Macassar. — Un roi de Sumbawa. — Retour à Soerabaya.

5 mai. Au matin, nous nous éloignons de la grande île de Céram, que nous laissons à droite, et nous allons jeter l'ancre devant Boro, où le capitaine envoie sa chaloupe avec quelques colis, destinés aux rares employés hollandais qui occupent un poste dans cette île, véritable lieu d'exil pour ces malheureux Européens. La chaleur m'empêcha d'accompagner la chaloupe qui, au reste, ne fit que toucher terre, et qui revint aussitôt. Boro paraît une masse de verdure.

Nous reprenons notre route, toujours vers le nord. Nous approchons de la ligne que nous passerons la nuit; la mer est profonde, tranquille, azurée, les terres se pressent à l'horizon devant nous et sur les côtés; ce sont des îles dont la forme conique dénote l'origine volcanique; j'en compte plus de six en vue.

Aujourd'hui 5 mai, jour anniversaire de la naissance de ma fille, j'ai fait à son intention une pieuse et tacite libation à table avec un petit verre de vin de Bordeaux. Nous nous sommes arrêtés, la nuit, devant Ternate, sans pouvoir approcher du débarcadère, où des feux ont été allumés, après deux coups de canon, tirés de notre bord.

6 mai. A la pointe du jour, on manœuvre pour aborder l'estacade qui forme débarcadère. Le site est merveilleusement beau, les îles environnantes dessinent une rade que l'on dirait fermée, du point où nous sommes. Le cône élevé de Ternate, tout verdoyant de la végétation qui le couvre, et qui s'épanouit largement à sa base avec une splendeur si vigoureuse, domine la scène, au nord. A droite de la passe par laquelle nous sommes entrés, s'élève isolé, du sein de la mer, un volcan éteint, boisé du pied au sommet. A l'est, un autre volcan menaçant élance à une grande hauteur sa cime conique, entièrement dénudée; et, plus au loin, les massifs montagneux de Guilolo bornent l'horizon.

Quand le *Menado* accosta le long embarcadère sur pilotis, qui nous mettait en communication avec la rive, il y avait sur ce plancher une foule d'indigènes, dont le plus grand nombre offrait en vente des perroquets de toutes tailles et de toutes couleurs, blancs, verts, violets, rouges, bleus; tous se balançant et criant à qui mieux mieux. Pour un florin, ou un florin et demi, on a ce qu'il y a de plus huppé, comme plumage, de plus habile, comme ramage; ces oiseaux ne sont pas en cage; ils sont attachés par la patte à un anneau de jonc, qui glisse dans la traverse horizontale d'un petit arc en bambou, que ces indigènes tiennent à la main.

Je fendis cette foule pour aller faire une inspection première aux abords de l'embarcadère, qui me séduisaient par leur belle végétation. Je suivis les bords de la mer, entre les palissades des jardins et les sampangs amarrées, et j'arrivai bientôt à un bazar ou marché, très-proprement ins-

tallé et bien ombragé, proche le campong, ou quartier chinois,
que je suivis jusqu'à une forteresse isolée, située entre ce
campong et la ville indigène. Les gamins s'ébahissent à mon
aspect; on sort des cases et on me montre au doigt : « je ne
croyais pas être si plaisant que je suis. » Il ne manque pourtant pas d'Européens ici. Je retourne à bord par un sentier
charmant, au milieu de jardins touffus, où s'abritent des cases
d'indigènes.

Il y a grand remue-ménage sur le *Menado;* le docteur B.,
avec qui j'ai fait route et bonne connaissance depuis Batavia,
débarque ici avec une masse de colis. Il doit prochainement
partir pour une expédition scientifique dans la partie de la
Nouvelle-Guinée, la plus rapprochée de Ternate. On débarque
également tout le mobilier et l'attirail de la veuve d'un prince
indigène, mort en exil à Java, où le gouvernement hollandais
le détenait depuis longtemps. Cette femme, avec sa suite, s'était embarquée avec nous, à Batavia, et, depuis un mois que
nous étions partis, elle était toujours restée enfermée dans une
cabine de l'avant, sans communiquer avec les autres passagers. J'ignorais complétement sa présence à bord. Elle revenait habiter une île voisine, dont son mari avait été le chef.
Au moment où je rentrai, elle était sur le débarcadère, en sarong et en veste noire, et tenait par la main un jeune garçon,
également habillé de noir; quelques femmes, en costumes de
deuil, l'accompagnaient, et elle était abordée, en ce moment,
par deux indigènes, en habit noir européen, qui venaient la
recevoir. Une troupe de ses sujets et vassaux l'attendait sur le
rivage, où stationnaient quelques grandes barques, ou sampangs. Quand elle fut arrivée auprès de ce groupe, tous ces
gens se massèrent autour d'elle et du jeune garçon; on déploya un haut parasol, et elle fut portée sur les épaules de
quelques hommes, marchant dans l'eau, jusqu'à la plus grande

des barques, où elle s'installa, avec son fils et ses femmes, sous un abri de bambou ; les deux indigènes en habit noir prirent place à l'avant ; le parasol resta déployé ; les hommes qui étaient à l'eau poussèrent la barque au large, sautèrent dedans et saisirent les rames ; toute la suite monta dans les autres barques, et le convoi s'éloigna, en une longue file, vers le sud, où la rade s'élargit en un bassin immense, dont la grande île de Guilolo forme le fond.

La chaleur a été tellement forte toute la journée que je n'ai pu reprendre ma promenade qu'à cinq heures ; le soleil, qui se couche toute l'année à six heures, était déjà caché derrière l'énorme massif du volcan, couvrant de son ombre une partie de la rade et toute la ville de Ternate, située sur le versant oriental de la montagne. Je n'avais pas de lettre pour le résident hollandais ; j'avais refusé celle que le gouverneur d'Amboine m'avait proposée, et je n'acceptai pas non plus l'offre que me fit le docteur B., de me présenter ; car, avec les courtes stations du bateau à vapeur, et le peu de moments dans la journée, où la chaleur ne vous enlève pas toute liberté de mouvement, ces visites devaient être, pour les autorités et pour moi, des corvées. Sans doute, avec plus de temps à ma disposition, j'aurais eu plaisir, et grand profit, dans la conversation des personnes si bien placées pour satisfaire à tous les genres d'informations désirables. On passerait à Ternate et dans le groupe important, dont cette île est le chef-lieu, un et même deux mois à des excursions du plus grand intérêt, avec l'appui des autorités hollandaises ; mais alors il faudrait faire de la tournée des Moluques le but unique d'un voyage spécial ; car, ainsi que je l'ai dit, les communications à vapeur avec Batavia et le reste du monde n'ont lieu régulièrement que tous les mois.

La ville est la capitale du sultan de Ternate, chef indigène puissant, que la Hollande tient enfermé dans son palais, où il jouit de revenus considérables. Un étranger ne peut lui être présenté, ou visiter sa demeure, sans une autorisation du résident hollandais.

Je m'avançai dans ma promenade assez loin, vers les parties de la ville que le sultan habite, et qui dominent la vaste rade formée par Guilolo et les îles voisines; puis, revenant sur mes pas, et contournant le fort hollandais, je m'enfonçai dans des chemins bordés de cases propres, sous l'ombrage d'une végétation luxuriante, entretenue dans une vigoureuse fraîcheur par les abondants filets d'eau qui descendent des étages supérieurs du volcan. C'est une constante redite, quand on décrit ces régions tropicales, échauffées du soleil et abreuvées d'eau, que celle du luxe de la végétation. La nature volcanique du sol, dans cet archipel, ajoute encore une force de plus aux facultés productrices de ce généreux climat. Aussi, rien de plus ombreux, de plus beau, de plus frais à l'œil que les voûtes de verdure sous lesquelles je continuai ma promenade jusque vers la passe que nous avions franchie le matin. Je rentrai à la nuit.

Le *butler* nous montre, pendant le dîner, un gros crabe d'une singulière espèce, qui vit sur les cocotiers et s'engraisse de la substance des cocos. Quand il est arrivé à un certain état d'embonpoint, il s'enveloppe de la bourre épaisse et abondante de ces fruits, et reste immobile jusqu'à ce qu'il ait absorbé sa graisse, pendant des semaines entières; et recommence, quand il se sent trop maigre. Quelques-uns des passagers, et le capitaine, entre autres, prétendaient qu'il se laissait tomber à terre, ainsi enveloppé de son matelas de bourre, et qu'il ne remontait qu'après avoir consommé assez de sa propre substance pour pouvoir facilement regagner le panache élevé des cocotiers. On mange ce crabe, très-abondant dans cet archipel.

7 mai. Dès le matin, on manœuvre pour repartir. Le sommet du volcan est couronné d'un panache de fumée, ou plutôt de vapeur d'eau. Nous reprenons tranquillement notre route sur une mer d'un bleu foncé, et en vue de ces îles si bien boisées et d'un aspect si pittoresque. Nous avons une cinquantaine de perroquets de toutes couleurs, suspendus à différents endroits de l'avant et au-dessous de la passerelle du milieu; d'autres oiseaux en cage, des animaux rares — acquisitions de l'équipage ou des passagers — cadeaux destinés aux collections publiques, ou aux amis à Java.

Rien de remarquable en route, aujourd'hui. On aperçoit des terres de tous côtés à l'horizon. Les premières places sont au complet; mais j'ai toujours, seul, ma bonne cabine, que je partage avec des cancrelats, dont le nombre a diminué, cependant, par la guerre que je leur ai faite depuis Batavia. Je trouve maintenant à qui parler français; outre le capitaine C., trois des nouveaux passagers connaissent assez cette langue pour aimer à la parler avec moi. M. F., le Portugais que nous avons pris à Dilly, avec qui j'ai lié amitié, la parle très-difficilement, mais, dans les passages scabreux, nous nous comprenons à l'aide de l'espagnol, que je parle mieux que lui le français.

8 mai. Toute la journée du 8, nous avons eu constamment, à tribord et au loin, l'extrémité nord de l'île immense de Célèbes, dont la forme est si bizarre et si compliquée. Il nous faut tourner et doubler cette pointe pour arriver à Menado, une des plus importantes résidences hollandaises dans ces mers, et dont notre bateau à vapeur porte le nom.

Le 9, nous approchons de terre; un immense volcan éteint domine cette côte de Célèbes; un autre, s'élevant isolé de la surface de la mer, est devant nous. Tous ces parages étaient, il y a quelques années, infestés de pirates malais, que les Hollandais pourchassent sans répit, et vont relancer dans les retraites, nombreuses et abritées, que leur offrent les côtes si découpées de cet archipel.

A midi, nous entrons dans la baie de Menado qui me rappelle, par sa configuration, la baie de Naples, moins la masse des constructions. Ici, la végétation et la verdure couvrent les collines qui bordent la baie et descendent jusqu'au bord de l'eau. On ne voit, du côté de la ville, que quelques cases et hangars, sous des arbres, et un débarcadère modeste. Deux navires espagnols de Manille, le *Jerez* et la *Cometa*, sont en rade; ils viennent ici vendre du tabac et acheter du cacao. Un vapeur de guerre hollandais arrive en même temps que nous, ainsi qu'un brick de commerce. Ces cinq bâtiments, outre quelques sampangs, font petite figure dans l'immensité de cette belle rade. Il fait une chaleur si grande que, malgré mon désir, je ne vais à terre qu'à cinq heures avec M. F.

De la mer, on ne peut avoir une idée de la ville de Menado, car elle est cachée par la haute végétation qui borde le rivage. C'est vraiment un des plus charmants endroits que j'aie vus. Le campong chinois est fort peuplé; les maisons y sont propres et coquettes; les allées bordées d'arbres, qui forment les rues de la partie habitée par les Européens, sont parfaitement tenues; les gazons frais, l'eau belle et abondante; sans la grande chaleur, ce serait un charme que d'habiter ici.

J'ai laissé M. F. dans un magasin chinois, où il veut acheter des cigares de Manille. Moi, qui suis né et qui ai grandi à une époque où le tabac à fumer était une abomination aux yeux des gens bien élevés, j'ai peu d'estime et de goût pour cette malpropre et puante combustion, en honneur aujourd'hui dans tous les boudoirs, sur tous les trônes, et, principalement, chez tous les ministres des finances. Je laissai mon compagnon portugais se débattre, par signes, avec trois ou quatre jeunes

Chinois; je lui donnai rendez-vous, à la nuit close, sur l'embarcadère, et j'allai, seul, faire un tour d'exploration, avant de porter au résident une lettre d'introduction de la part de M. Schmitt, de Soerabaya. Le peu que je vis dans cette petite course rapide me sembla tellement beau que je résolus de revenir demain, avant six heures du matin, et de faire une longue excursion dans les environs.

Le résident habite une grande et belle maison isolée, au milieu d'un charmant jardin parfaitement soigné; il me fait un très-bon accueil et me présente à sa femme, Française d'origine. Les visiteurs arrivèrent en nombre : le lieutenant-colonel que nous avions embarqué à Amboine, et qui vient ici prendre le commandement militaire du district; le capitaine Couteron, M. V., passager depuis Ternate — c'est un de mes causeurs à bord — plusieurs employés de la colonie, des officiers du vapeur de guerre, etc.; car, le jour d'arrivée du courrier d'Europe, c'est fête pour tous ces exilés, si loin de la patrie.

Je restai quelque temps à causer avec la résidente, qui paraissait fort avide des nouvelles que je pouvais lui donner de France; puis, la nuit venue, je me retirai discrètement, songeant à mon compagnon, M. F., qui m'attendait au bord de la mer. Le capitaine avait mis à ma disposition son canot, qui stationnait près l'embarcadère, et nous rentrâmes à bord, à temps pour dîner. Je communiquai à M. F. mon dessein d'aller à terre de très-bonne heure, le lendemain; il m'offrit de m'accompagner; aussi bien n'avait-il pas conclu son achat de cigares : il s'agissait de plusieurs caisses pour emporter à Lisbonne.

Le 10, à cinq heures et demie, nous partons tous deux, et, pendant plus de deux heures, nous marchons émerveillés sur des routes charmantes, au milieu de sites enchanteurs, sous de frais ombrages, où les caféiers, les muscadiers abondent et tous les grands et vigoureux végétaux des tropiques. Combien je regrettais de ne pouvoir séjourner que quelques heures dans ce beau pays ! En revenant de notre promenade, nous nous arrêtons dans le même magasin chinois, où nous avions fait séance hier. Le bourgeois, avec tout son monde, Chinois comme lui, arrive de Manille sur le *Jerez*, dont il est ici consignataire. Le capitaine de ce brick est également au magasin ; c'est un jeune et petit Andalous, vif et fringant. La conversation devient générale, en espagnol, que parlent ces Chinois, ayant longtemps habité les Philippines. Quand le marché de cigares fut conclu, à la satisfaction de M. F., nous retournâmes à bord avec le petit capitaine espagnol, et dans son canot.

Tout se prépare pour lever l'ancre, après déjeuner. Le résident vient avec le capitaine ; il m'apporte des compliments de la part de Madame, et me reproche de m'être esquivé, hier soir, si vite. Il m'avait cherché pour me prier de rester à dîner, avec toute sa compagnie. Je m'excusai sur le rendez-vous que j'avais donné à mon compagnon de promenade. Je lui exprimai tous les regrets que j'avais de ne pouvoir rester ici une quinzaine, au moins. Il me confirma, ce que bien des personnes m'avaient déjà dit, qu'il y a dans les montagnes, à quelque distance de Menado, une contrée délicieuse d'une température modérée, où des collines boisées, de grands lacs, environnés de hauteurs, des forêts vierges, des populations encore à peu près sauvages, mais douces et bienveillantes, offrent aux voyageurs un vaste champ d'excursions et d'observations intéressantes. Il aurait mis, disait-il, à ma disposition toutes les facilités officielles, tous les moyens matériels pour accomplir, sans danger, et presque sans fatigue, toutes les excursions possibles dans cette portion si curieuse de la grande île de Célèbes. Certes, ce que j'avais vu, hier et aujourd'hui, m'avait singulièrement frappé ; ce que me dit le résident augmenta mes regrets :

cependant, une exploration, même superficielle, de ces curieuses contrées n'est possible qu'avec beaucoup d'argent, et, surtout, beaucoup de temps ; ce que j'avais à ma disposition, de l'une et de l'autre de ces deux forces, ne me permettait aucun écart dans mon programme : j'eus donc le regret de passer outre.

La manœuvre fut longue et pénible pour retirer l'ancre, qui était mouillée à plus de 45 brasses de fond. Nous partîmes à midi, mettant le cap à l'ouest. Nous avons pris à Menado plus de monde que nous n'en avons laissé ; l'avant est encombré d'indigènes, de soldats, de leurs femmes et enfants ; à l'arrière, nous sommes au grand complet, avec quelques dames et des enfants. Un des passagers nouveaux est un Anglais de soixante ans, M. T., qui a résidé douze ans à Célèbes, où il a amassé une belle fortune ; mais, comme presque tous les Européens, qui s'établissent à poste fixe dans ces colonies, il s'est créé une famille de sang mêlé ; les enfants ont grandi ; il faut songer à leur instruction et à leur avenir ; ce n'est pas à Menado qu'on peut trouver, à cet égard, les facilités désirables : c'est dans les établissements anglais de l'Inde, ou en Europe, qu'il faut aller pour cela. Cependant, le lien irrégulier existe toujours ; la mère indigène est restée, ce qu'elle était avant la maternité, — une servante dans la maison — sans droits, sans instruction. Quand on est honnête homme, on ne l'abandonne pas ; mais ce lien devient une chaîne pesante, qui entrave et arrête tout essor libre de la part du père et des enfants. Telle était la position de M. T., semblable, en cela, à celle de beaucoup d'autres dans ces pays. Et qu'on ne leur jette pas la pierre ; les unions régulières avec des femmes civilisées sont impossibles, ou d'une rareté extrême, à cause des conditions de climat, d'industrie ou de travail, qui ne conviennent pas aux femmes de nos pays. Les civilisés — Américains ou Européens — qui s'expatrient pour chercher fortune, sont tous, à peu d'exceptions près, jeunes, forts, hardis ; il leur faut une compagne ; et, n'en trouvant pas de leur race, ils la prennent au lieu où ils résident et travaillent ; puis, les enfants arrivent — souvent de plusieurs sources différentes. Je n'ai jamais mieux conçu le patriarcat que dans ces chaudes et plantureuses contrées. J'eus bien vite fait connaissance avec l'excellent M. T. Il emmène à Batavia, et, peut-être, de là, en Europe, sa fille déjà grande, et la mère indigène, toutes deux cachées dans une cabine, plus un jeune fils, très-pâle et très-mal élevé.

11 mai Nous marchons toujours à l'ouest, ayant, à tribord, les côtes accidentées de Célèbes, qui présentent, à travers la brume, un profil bien accentué de hautes montagnes. Notre navigation est régulière et monotone. J'ai longtemps conversé avec M. T... sur le régime administratif des Hollandais dans leurs colonies. Il est entièrement constitué dans l'intérêt égoïste de la métropole, en Europe, qui pressure à outrance ses possessions dans ces mers, et les considère comme des vaches à lait intarissables. Le café, que produit le district de Menado, est de qualité supérieure ; le gouvernement s'en réserve le monopole et achète aux indigènes le *picul* (125 livres hollandaises) moyennant 12 florins ; il le revend, à Rotterdam de 50 à 60 florins. A ce prix d'achat, il n'y a ni bénéfice ni prime pour les producteurs ; aucune récompense de leurs labeurs : aussi, travaillent-ils le moins possible ; et, afin d'éviter toutes les corvées de la cueillette, du séchage, du triage, ils ne soignent point leurs plantations, gaspillent les baies de café et les enfouissent en terre, avant leur maturité. D'un autre côté, les missionnaires hollandais et allemands, qui cherchent à christianiser, tant bien que mal, ces populations sauvages, leur ont enseigné leurs droits à la liberté. Il n'y a plus moyen de les contraindre, comme par le passé, au travail forcé en les menant à la baguette, et elles préféreront toujours vivre facilement des

fruits spontanés de leur généreuse terre. L'abolition du monopole et le travail libre, en attirant ici des coolies de l'Inde et des Chinois, peupleraient, en peu de temps, ces îles, relativement désertes, et stimuleraient par l'intérêt et l'exemple l'activité un peu paresseuse des indigènes.

Vers le soir, nous inclinons au sud, toujours à peu de distance des côtes de Célèbes; il est probable que nous repasserons la ligne, cette nuit; et, demain, nous serons de nouveau dans l'hémisphère austral. La chaleur est horrible aujourd'hui, je ne l'ai pas encore éprouvée si forte dans ce voyage. L'agrément de notre navigation, dans ces mers éloignées des contrées civilisées, c'est la liberté du costume. Toute la journée nous restons sous la tente de la dunette, en pantalon large à coulisse, en camisole blanche, tête nue, pieds nus dans des babouches de sparterie. Les dames ne font pas plus de toilette; elles restent en sarong et en camisole, les pieds nus dans leurs pantoufles, les cheveux lâchés — celles qui les ont beaux.

13 mai. Il y a eu orage cette nuit; la température est tombée, le vent souffle fort, la mer est très-agitée, l'horizon est partout chargé de nuages noirs et lourds.

14 mai. Nous naviguons, maintenant, entre Bornéo et Célèbes, toujours plus rapprochés de cette dernière île. Le détroit est fort large, le temps est remis, et la journée se passe vivement en causeries diverses. Belle nuit, admirablement étoilée.

15 mai. A cinq heures du matin, nous sommes en vue de Macassar, et nous venons de fermer le cercle, que nous avons décrit depuis notre départ de cette résidence, le 20 avril. Nous n'abordons pas, à cette heure encore obscure de la nuit, à cause des bas-fonds qu'on rencontre aux abords de la ville. Le *Menado* se promène lentement, au large, pour ne pas éteindre son feu, et n'approche qu'au jour le nouvel embarcadère qui aboutit à l'esplanade.

Aussitôt après, je descends à terre avec M. F., que je pilote par la ville. C'est aujourd'hui la Pentecôte; les équipages des deux navires de guerre hollandais, en rade, ainsi que la petite garnison européenne du fort, se rendent à l'église, en grande tenue. Visite à M. D. W. Malgré la fête religieuse, et à cause de la présence du *Menado*, il est pour toute la journée consigné à son bureau pour faire son courrier d'Europe et de Chine. Je le laisse à ses affaires, et je rentre sous la tente, où je m'installe pour la journée dans un fauteuil, après avoir dépouillé le costume civilisé, qui m'avait tant pesé sur les épaules, pendant ma promenade. La matière à de curieuses observations ne me manque pas du haut de mon observatoire, si rapproché de la partie la plus animée du rivage.

Vers le soir, un roi d'une portion de la grande île de Sumbawa, hôte en ce moment du gouverneur de Macassar, et logé à l'autre extrémité de la ville, dans la résidence qu'occupait à mon premier passage la princesse de Tanété, vient s'installer avec son escorte sous un des pavillons qui terminent l'embarcadère, auquel une planche mobile nous joint. Il observe minutieusement notre bateau, sur lequel il serait, je pense, très-flatté d'être admis; mais le capitaine, qui affecte un mépris pour tous les Malais, voire même, pour ceux portant couronne, ne lui en fait pas l'offre. C'est un homme d'une trentaine d'années, petit et maigre, à figure hébétée, habillé d'un pantalon de soie rouge quadrillée, d'un gilet et d'une veste de soie verte, à collet droit et montant, avec broderies d'or; calotte noire sur la tête, énormes bagues aux doigts. Il tient par le bras un Malais, à mine très-intelligente — son ministre et son bras droit, sans doute — qui semble lui expliquer les différentes parties du navire; ma barbe blanche paraît intriguer Sa Majesté; elle me montre, à plusieurs reprises, à son acolyte, en lui demandant sans doute quel est cet étrange animal à toison si rare dans ce pays. La séance de curiosité a duré fort longtemps ; le cortége s'en retourne, comme il était venu, sans tambour ni trompette, mais avec un parasol déployé au-dessus du chef sacré de Sa Majesté.

Quand la chaleur est un peu apaisée, et vers le coucher du soleil, je vais faire un tour dans la forteresse et aux alentours ; en rentrant à la nuit, je trouve l'embarcadère couvert de la fine fleur des deux sexes de la colonie européenne, en toilette du dimanche ; quelques dames ont franchi la planche et font la causette sur la dunette. Elles sont, ainsi que celles restées sur l'embarcadère, en robes légères et décolletées, ample crinoline, la tête, les épaules et les bras nus. Elles ne se retirent qu'à la nuit close, lorsque l'heure du dîner a sonné à terre et à bord.

16 mai. Dès la pointe du jour, les préparatifs de départ se font activement ; nous embarquons force soldats, avec femmes, enfants et chevaux, le tout fort laid ; grande quantité de chiens, de singes, d'oiseaux : c'est une vraie ménagerie que l'avant du *Menado*. Nous laissons ici le capitaine V., Hollandais, vif, alerte, gai, parlant toutes les langues, ayant fait tous les métiers, sans avoir, à cinquante ans, réussi dans aucun. Nous prenons en revanche un capitaine danois, dont le navire a fait naufrage sur une des côtes sud de Célèbes ; c'est un type tout opposé, lourd et morose ; il retourne en Europe. Il y a grand rassemblement de Malais et d'Européens sur l'embarcadère au moment du départ : M. D., qui m'avait promis une visite à bord, pour le matin, arrive à l'instant où, la planche retirée, le *Menado* commence à se mouvoir ; nous ne pouvons nous saluer que de la main.

Le vent s'est élevé dans la journée, il devient assez vif pour que je me réfugie dans ma cabine, car il n'y a pas moyen de tenir un livre sur le pont, et, d'ailleurs, la vive lumière et le courant d'air sous la tente m'ont fatigué les yeux. La mer est très-agitée jusqu'à la nuit, où le calme revient ; nous avons eu, pendant tout le temps, toutes nos voiles dehors, et nous avons bien marché : le lendemain 17, le temps est beau, les poissons volants abondent ; j'ai toujours la vue affaiblie, à force de lire.

Le soir, aux étoiles, le capitaine portugais, M. F., et moi nous avons une longue conversation sur des sujets élevés et vertigineux de religion et de destinée humaine ; nous arrivons à des abîmes. La foi catholique de l'Ibérien tremble et recule devant ces profondeurs et se renferme dans le *Credo* comme dans une imprenable forteresse ; nous allons nous coucher, gardant chacun nos opinions — c'est toujours ainsi que finissent les discussions.

18 mai. La journée s'est parfaitement passée : dès le soir, nous apercevions les côtes de Java et, le 19, au matin, nous étions devant Soerabaya, où le *Menado* devait rester une semaine avant de revenir à Batavia. Je quittai, avec quelques regrets, ce bon et sûr bateau à vapeur, sur lequel je venais de passer six semaines, marquées pour moi de souvenirs si nouveaux et si intéressants. Je regrettais aussi le capitaine Couteron, qui, pendant tout le voyage, s'était montré pour moi excellent et dévoué ; je regrettais ma bonne cabine, que j'étais parvenu à purger de ses énormes cancrelats, et je songeais avec tristesse que j'allais bientôt retomber dans le régime des cabines à trois et quatre lits !

## CHAPITRE XVII.

Soerabaya. — Le *Singapore*. — Second séjour à Batavia. — Le gouverneur de Dilly. — Le choléra. — Marché de Tanabang. — Route de Buitenzorg. — Le palais du gouverneur général des Indes néerlandaises. — Magnifique parc botanique. — Promenade en voiture. — Orage. — Retour à Batavia.

Je pris une barque avec le capitaine F., et nous nous fîmes conduire à l'hôtel des Pays-Bas, où j'avais logé à mon premier passage; je retrouvai ma bonne chambre dominant le quai et la rivière. Un des bateaux réguliers, venant de Batavia et de Samarang, était arrivé, ici en même temps que nous, avec un grand nombre de passagers, au nombre desquels étaient les *Christy's minstrels*, mes compagnons de voyage de Maulmein à Singapour, sur la *Cheduba*, au mois de mars dernier. La reconnaissance se fit entre nous avec force poignées de main.

J'avais hâte de retourner à Batavia; mon premier soin fut de songer à retenir une place sur le courrier régulier, partant le 22, et touchant à Samarang : tout était retenu; mais on m'offrit passage pour demain, 20 mai, sur un bateau *extra*, allant directement à Batavia pour se mettre à la disposition de M. Cores de Vries, qui doit le monter seul, avec sa famille, pour se rendre, à son temps et à sa guise, à Singapour, où l'appelle le soin de sa santé. J'acceptai avec empressement cette offre, et j'en fis part à M. Ferreira, qui venait de retrouver ici l'ex-gouverneur portugais de Timor Dilly, M. d'Almeida, qu'il désirait fort rejoindre, afin de l'accompagner dans son retour en Europe. Ces Messieurs arrêtèrent aussi leur passage sur ce même bateau. Dans l'après-midi, je fais visite au bon capitaine Couteron, auquel j'apprends ma résolution de partir demain par le *Singapore*. Il promet de venir me prendre dans son canot et d'aller à bord avec moi pour me recommander au capitaine, qui est son ami.

Après le dîner, on fait de la musique au salon de l'hôtel. Tous les *Christy's minstrels* y assistent, mais en amateurs. La fille un peu replète de l'hôte y chante et y pianote avec une voix et des doigts de coton. Par contre, un jeune et fringant Hollandais, Israélite, je le suppose, fort habile pianiste, secoue et ébranle tous les meubles du salon, fait frémir et danser les tasses sur les plateaux, et agite convulsivement le piano tout entier, sous la grêle répétée de notes énergiques qui tombe de ses doigts osseux. Le timide instrument de M$^{lle}$ X. ne s'était jamais vu à pareil branle.

20 mai. Après le *shower bath* du matin, et toutes mes dispositions de départ faites, le capitaine Couteron passe avec son canot devant l'hôtel; ses hommes prennent mon bagage. Je distribue de libérales poignées de main à l'hôte, aux *Christy's minstrels;* je descends dans le canot, et, un quart d'heure après, nous étions à bord du *Singapore*, bateau à aubes. M. Couteron me présente au capitaine, jeune homme dont la physionomie et les manières préviennent en sa faveur. Les Portugais arrivent bientôt, ils sont six: l'ex-gouverneur, sa femme, deux aides de camp, M. Ferreira et une babou timorienne. M. Schmitt, le gérant à Soerabaya de la maison Cores de

Vries, est venu à bord présider au départ. Je le remercie des lettres et des facilités qu'il m'a données pour la tournée que je viens d'accomplir. Il est entendu que, dans le rabais de 40 0/0 qui m'a été fait, le retour de Batavia est compris.

On part à dix heures ; j'ai, pour moi seul, une grande cabine, à trois places. Il y a peu de monde à bord ; le *Singapore* est bien installé. Le pont est de plain-pied partout ; on peut faire de bonnes longueurs. On prend les repas sur le pont ; le traitement est supérieur à celui du *Menado*, où le capitaine C., avec l'insouciance provençale, laissait au *butler* la bride sur le col. Nous avons de la glace, ce qui est une bénédiction par cette chaleur.

21 mai. Notre navigation jusqu'à Batavia, où nous sommes arrivés le 22, avant midi, a été bonne et rapide. Nous avons toujours longé Java, à bâbord. Les deux journées se sont passées en lectures et en causeries. L'ex-gouverneur de Dilly m'a expliqué sa fugue à son avantage ; c'est toute une histoire. M. d'Almeida est un ancien militaire, il en a toutes les allures et les habitudes. Lorsqu'il arriva à Dilly, avec le titre de gouverneur de la partie portugaise de l'île de Timor, il trouva la colonie dans le plus grand abandon ; les chefs indigènes de l'intérieur, insolents et révoltés, et beaucoup d'abus introduits dans l'administration de ce petit coin de terre, oublié à Lisbonne. Il appliqua toute son énergie à la répression de ces désordres, mena militairement ses subordonnés, fit des expéditions contre les chefs, qu'on appelle rois dans ce pays, et qui cherchaient à se soustraire à l'autorité portugaise. Il fit passer par les armes un de ces rois, qu'il avait fait prisonnier, rétablit l'ordre et la paix, imposa des contributions régulières, et dépensa, en améliorations du port de Dilly, une portion des sommes qu'il leva. Tous ces actes d'énergie, de répression violente, de discipline et de régularité déplurent à

ceux qui profitaient du désordre. On fit agir des influences étrangères. On dénonça le gouverneur à Lisbonne, et il apprit par ses amis en Portugal que son remplacement avait été décidé, et qu'on allait expédier d'Europe un bâtiment de guerre — quand on en aurait un de disponible — portant son successeur, et en même temps l'ordre pour lui de venir rendre compte de ses actes, à Lisbonne, par le retour du même bâtiment. Sur ces entrefaites, la colonie de Dilly eut à nommer un membre au parlement portugais. L'ex-gouverneur, qui n'avait d'ennemis que parmi les gros bonnets, eut pour lui les voix du plus grand nombre des électeurs, et il fut élu député aux Cortès. Fort de cette nomination, qui le rendrait inviolable en Portugal, il ne voulut point attendre le bâtiment de guerre annoncé, de peur qu'on ne s'emparât de lui et qu'on ne l'amenât prisonnier en Europe; il saisit l'occasion d'un petit navire à voiles hollandais, sur lequel il s'embarqua avec sa femme, qui venait d'accoucher depuis quinze jours, une nourrice indigène et ses deux aides de camp, désireux, comme lui, de revenir en Europe. Il institua, en partant, une commission pour gérer les affaires jusqu'à l'arrivée de son successeur. Il avait donc hâte d'arriver à Lisbonne, où il se faisait fort de justifier sa conduite, en plein parlement.

Le débarquement, à Batavia, se fit comme à l'ordinaire; le petit bateau à vapeur, qui fait le service de la rade, vint nous chercher pour nous conduire à la douane, où nous trouvâmes, entre autres voitures, celles de l'hôtel des Indes. A une heure, j'étais de nouveau installé chez Cressonnier, sur mon ancienne galerie du rez-de-chaussée, au sud, à l'abri du soleil et à l'exposition fraîche, de ce côté de la ligne. Les Portugais sont casés de l'autre côté du jardin, en face la galerie où je loge.

Il est parti ce matin un courrier pour Singapour avec la malle d'Europe. C'est un retard pour les lettres que je voulais envoyer, et que j'ai commencées dans la tournée que je viens d'achever. Je reprends mes promenades vers le soir.

Aujourd'hui 23, je vais à Batavia, voir mon excellent correspondant M. M., qui me fait le meilleur accueil et me félicite d'avoir heureusement accompli mon voyage aux Moluques. J'arrête mon passage pour le 1er juin, sur le prochain bateau allant à Singapour. Le choléra est à Batavia, et il sévit fortement sur les Malais et les Chinois.

24, 25, 26, 27 mai. J'ai repris ici mon train de vie d'il y a six semaines, tantôt couché dans la journée sur mon lit, tantôt étendu sur le fauteuil à la porte, lisant ou écrivant, ou bien rêvant, engourdi dans une apathique inaction d'esprit. Je fais, le matin et le soir, de longues promenades sur mes anciennes et charmantes pistes, que j'entremêle de stations à Harmonie, le cercle de Batavia, où par la *Revue des Deux-Mondes,* et l'*Indépendance belge*, je me remets au courant des choses d'Europe. A table, et quelquefois dans la journée, je voisine avec M. F., et les aides de camp de l'ex-gouverneur de Dilly. Ce dernier ne prend pas ses repas à la table d'hôte. Il se fait servir dans son appartement, tenant compagnie à sa femme, qui nourrit un jeune enfant de quelques semaines. Cette dame est jeune et grande, mais le climat ne lui a pas été favorable ; sa vue est compromise, et elle porte des lunettes bleues, ce qui lui donne un air étrange.

J'ai fait, accompagné des Portugais, une nouvelle et longue visite au musée ethnographique, que j'avais vu un peu superficiellement et en mauvaise disposition, à mon premier séjour. Il est, ainsi que je l'ai déjà remarqué, très-riche en gongs de toutes grandeurs. On y voit une collection nombreuse de l'instrument musical le plus répandu dans tout cet archipel. C'est un clavier, ou une série de plaques de cuivre jaune, oblongues et un peu courbes, disposées, du grave à l'aigu, sur un châssis de bois et de cordages, très-peu élevé de terre, devant lequel l'exécutant s'accroupit, armé de deux baguettes tamponnées, dont il frappe ces plaques, qui produisent des sons moelleux, agréables et d'une sonorité extrême. Des armes, des costumes, des ornements, des ustensiles, outils et instruments aratoires remplissent un peu confusément ce musée, qui manque de place suffisante; mais le plus grand intérêt est excité par les beaux échantillons de sculpture religieuse, provenant des grands temples ruinés de l'intérieur de l'île, et qui ont échappé aux iconoclastes musulmans, lorsque l'islamisme est venu renverser à Java les divinités de l'Inde, et substituer son culte, sobre et sans images, aux exubérantes manifestations extérieures des religions, nées sur les bords du Gange. Il y a dans ce musée quelques statues de Bouddha et de divinités hindoues d'une exécution parfaite et d'un grand sentiment religieux.

Nous avons fait, ce jour-là, une visite au cimetière européen, qui sert également aux indigènes du voisinage. Le choléra, qui sévit terriblement en ce moment, ne laisse guère de répit aux fossoyeurs; il y a toujours plusieurs fosses béantes, et nous croisons plusieurs convois. Les indigènes portent sur les épaules la bière, recouverte d'une étoffe de coton de couleur, abritée, à la tête, par un parasol tenu ouvert. Les quatre porteurs et deux ou trois autres personnes forment toute l'escorte. Pour les Européens, il y a toute une pompe funèbre, corbillard, drap noir, crêpes flottants, voitures de deuil, etc., etc. L'hôtel des Indes, qui est situé sur la route du cimetière, me rend dix fois par jour témoin de ces tristes cortéges. Un intervalle de quelques heures seulement sépare le décès de l'inhumation. Il n'y a pas de méprise possible dans ce terrible climat, où la décomposition arrive quelques instants après la mort. La chaleur humide, qui enveloppe et pénètre tous les corps vivants ou inertes, l'état électrique du ciel, constamment chargé d'orages, agissent énergiquement sur tous les composés organiques pour associer ou disjoindre les éléments et les combinaisons. Aussi, dit-on communément à Batavia : « Mort à midi, enterré à quatre heures. »

Le spectacle lugubre que j'avais si souvent sous les yeux me fit écourter mes promenades et prolonger mes stations sur la chaise longue, sous la galerie. Je ne manquais pas de livres français ou anglais, outre mes deux bréviaires ordinaires, le *Dante* et *Horace*. Il me tomba sous la main un des bons livres de cet excellent Émile Souvestre, que j'ai connu en 1848, belle âme s'il en fut, toute vouée au bien, et exerçant, comme un ministère sacré, la profession d'homme de lettres ! *Le Philosophe sous les toits* me fit grand plaisir à lire ; j'y retrouvai la sérénité de Souvestre, et une pureté de langage et de sentiments qui deviennent bien rares dans les romans du jour.

Comme ma garde-robe légère avait grandement souffert pendant ma tournée des Moluques, moins par l'usage ordinaire que par l'écharpement barbare que les blanchisseurs indigènes font subir au linge, en frappant avec, et à tour de bras, les pierres sur lesquelles ils lavent, je donnais de fréquentes audiences aux négociants chinois, à longue queue, qui venaient régulièrement, après notre sieste, faire offre, ainsi que je l'ai déjà dit, de tout ce qui est nécessaire à la toilette, même la plus compliquée. Je me remontai ainsi, à bon compte, de costumes de nuit. Tout ce qu'ils vendent provient de la contrebande, mais il faut marchander et connaître leurs allures et leurs prix ; et, comme ils ne rougissent pas sous leur peau de safran, ils demandent imperturbablement 8 florins de ce qu'ils donneront pour 2. Les marchands européens ici savent aussi parfaitement surfaire, et les Français ne sont pas les moins avides. Faire rapidement fortune et retourner en Europe, c'est le désir de tous. On y travaille *per fas et nefas*. Les gains et les salaires sont fort élevés, et il est de bon ton, chez les colons, de dépenser sans compter, et de demander sans scrupules.

Le 26, qui était jour de la Fête-Dieu, tombant cette année dans le mois consacré à Marie, dont l'Église romaine a fait une vraie Déesse, j'allai, de bonne heure, au temple catholique, pensant y trouver nombreuse assemblée, des fleurs, si belles et si abondantes à Java, une fête enfin. Tout était rare et mesquin, le public, les fleurs, les draperies ; je ne sais si la foi des assistants ne participait pas un peu de cette sobriété extérieure. En effet, ces visages de sang mêlé, portant l'empreinte portugaise, les chapelets déroulés, les signes de croix, les génuflexions et l'absence de livres et de recueillement, tout cela manifestait des allures et des habitudes religieuses ; mais le sentiment intime et réfléchi semblait faire défaut.

Il a fait une terrible chaleur pendant ces jours derniers, et quelques bienfaisants orages. L'eau est toujours jaune et épaisse dans les canaux et dans notre rotonde des douches, dont le réservoir s'alimente par une pompe, puisant à la rivière.

Il y a en face de l'hôtel, et de l'autre côté de la route, un banc demi-circulaire donnant sur le canal rapide et endigué entre deux murailles, qui court vers la vieille ville, longeant le grand chemin : c'était l'observatoire où, mes amis et moi, nous allions nous asseoir à l'issue de notre promenade tardive ; car c'est à ce moment-là que le beau sexe européen, ou de sang mêlé, se promène à la clarté du gaz, en cheveux, les bras nus, robes décolletées et fortement crinolinées, se dédommageant, à la fraîcheur relative de ces tièdes soirées, de toute une longue journée passée à huis clos, en sarong, en longue camisole blanche, les pieds nus dans des pantoufles.

28 mai. J'ai pris ce matin une voiture, à sept heures, et j'ai engagé les Portugais à venir avec moi visiter un marché con-

sidérable qui se tient, tous les mercredis et les samedis, à Tanabang, à quelques kilomètres de l'hôtel des Indes. M. Ferreira vient seul, ses deux amis sont malades de la fièvre. On m'avait assuré que ce marché m'offrirait les scènes fortement empreintes de couleur locale et un peu tumultueuses, qui terminent ordinairement les grands rassemblements d'indigènes. Pour cela, il eût fallu venir vers le soir ; nous arrivions, au contraire, au moment de l'installation. Tanabang est un gros village, peuplé en grande partie de Chinois. Un vaste emplacement, garni d'échoppes et d'abris, reçoit les denrées qui ne doivent pas être exposées à la pleine chaleur. Tout le reste s'amoncelle, en tas plus ou moins considérables, le long des chemins qui traversent ce village. Sauf la différence des produits, ce marché ressemble, par les agglomérations de vendeurs et d'acheteurs, par les transactions, à ce qui se passe en Europe en pareille occasion. Nous avions fait ranger notre voiture dans un endroit écarté du courant de la circulation, et nous flânions en curieux au milieu des petits chariots chargés de sacs de grains et de légumes, et des nombreux indigènes portant sur l'épaule un levier flexible, aux extrémités duquel pendaient des denrées diverses, et, surtout, des paquets de volailles vivantes, enfermées dans des filets à larges mailles, d'où les pattes et les têtes s'échappaient en désordre. Des monceaux de riz s'étalaient sur des nattes ; des montagnes de fruits et de légumes bordaient le chemin. C'est un fouillis, une cohue de gens et de choses qui s'augmentent à chaque instant. Le poisson sec, régal et principale nourriture des Chinois, occupe, dans ce marché, un emplacement à part, qui s'annonce fortement aux narines, attire les amateurs et nous fait fuir. Des Chinois, à longue queue, en veste blanche et à chapeau de bambou, arrangent sur des nattes les diverses espèces de poissons, par tas. Il y a des monceaux de fretin desséché, ressemblant à de la paille hachée, ou, plutôt, à du fumier d'écurie. Et quelle odeur, grand Dieu! Nous nous sauvons, en nous bouchant le nez; et, remontant le courant de la foule, qui débouche dans Tanabang par un pont encombré de voitures et de porteurs, nous cherchons un peu d'ombre au bord du cours d'eau que traverse ce pont; mais bientôt le soleil nous chasse et nous regagnons notre voiture et l'hôtel après une pause à la poste, où j'affranchis une lettre pour Paris.

Je conservai ma voiture pour aller immédiatement à Batavia, chez mon correspondant M. M., où je prends 200 florins (soit 420 fr.) sur ma lettre de crédit; j'acquitte, moyennant 140 florins, à 2 fr. 10, = 294 fr., le prix de mon passage de Batavia à Singapore. Sur les sommes que M. M. m'a comptées, depuis mon arrivée à Java, aucune commission n'a été prise par lui, et il me passe les florins à 2 fr. 10 c., ce qui est très-bon marché. Il me donne une lettre d'introduction auprès de son frère, négociant à Canton; je fais une visite d'adieux et de remercîments à M. X. de la maison X. et C$^e$; même accueil glacial que les autres fois. Il me reçoit debout, sans m'offrir un siége. Suis-je mal vêtu aux yeux de ce Monsieur, tiré à quatre épingles? Est-ce ma barbe qui offusque ce visage d'eunuque? C'est de l'orgeat gelé que cet homme; je tire vite ma révérence, car être importun est ce que je redoute le plus.

Je m'étais décidé à aller passer toute la journée de demain, dimanche 29, à Buitenzorg, en partant ce soir, à quatre heures, par une calèche de l'hôtel, faisant tous les samedis service de diligence entre Batavia et la résidence du gouverneur général.

Après le déjeuner et la sieste, je fais dans mon sac de nuit un léger paquet, et à quatre heures la calèche me reçoit seul sur ses coussins délabrés. Nous allons prendre, à la place de Waterloo, un officier en grand deuil, habillé comme pour le convoi de *Malebrou* (Marlborough). Il m'attaque en hollandais, je riposte en français : pas d'entente possible. Mon compagnon, dont la gaieté dénote un homme qui vient d'hériter, entonne un pot-pourri de fragments d'opéras divers, où dominent cependant des bribes confuses et entremêlées du *Trovatore*.

De mon côté, je fredonne des lambeaux épars de mon répertoire, qui, comme moi, ne date pas d'hier, et dont Rossini et Bellini me fournissent les thèmes. Nous parvenons cependant à échanger quelques mots de franco-allemand, langue que nous improvisons péniblement et qui fournit un pauvre instrument à une maigre conversation. Notre voiture roule au galop de quatre petits chevaux fringants, sur une excellente route, entretenue avec soin, avec luxe même : rigoles de chaque côté et bandes de gazon taillées à la bêche sur les bords, et tondues continuellement à l'aide d'une mince latte de bois, par des cantonniers indigènes espacés sur les 37 *piliers* (environ 48 kilom.) qui séparent Buitenzorg de Batavia.

Nous rencontrons de longues files de petites voitures à deux roues, formant une caisse oblongue de la capacité d'un mètre, au plus, couvertes à moitié d'un petit toit triangulaire et mobile, à deux pentes, et menées chacune par un petit cheval maigre et de piteux aspect. Ce sont ces voitures miniatures et ces pauvres attelages qui font tout le roulage dans l'île, là où il y a des routes praticables. Partout ailleurs, et c'est le cas le plus fréquent, par les sentiers les plus difficiles et les plus ardus de la montagne, c'est à l'épaule ou à dos d'homme que se font tous les transports, soit avec des leviers, soit en charge directe, et l'on est étonné de la rapidité et de l'aisance avec lesquelles les indigènes franchissent les distances et les obstacles, sous les fardeaux les plus énormes. Nous rencontrâmes plusieurs de ces porteurs qui marchaient lestement avec leur charge suspendue aux deux extrémités d'un levier appuyé sur l'épaule.

L'aspect du pays que nous traversons est assez monotone, mais nous courons vers une région montagneuse, dont les plans successifs s'étagent devant nous. Après quatre heures de route et cinq relais, nous entrons dans Buitenzorg, dont je n'ai pas pu voir les abords, la nuit étant close depuis longtemps, lorsque la voiture m'arrêta devant l'hôtel de M. J. Knijt. Mon compagnon mélomane était descendu aux premières maisons de la ville. On m'installe dans une bonne chambre. Je soupe seul, et, avant de me coucher, je vais faire une promenade nocturne, aux étoiles et à la lueur de rares réverbères, sur la route qui longe le parc.

29 mai. Buitenzorg (Sans-Souci) est la résidence ordinaire du gouverneur général des Indes néerlandaises. C'est un grand palais surbaissé, portant le cachet européen des constructions princières de la seconde moitié du siècle dernier. Rien donc, sous le rapport architectural, qui soit digne d'attention ; mais la position de ce palais, et, surtout, le parc qui l'entoure, sont au-dessus de toute comparaison.

Dès sept heures du matin, j'errais sous les grands arbres et sur les pelouses vertes, où paissent en liberté des troupes de chevreuils et de daims mouchetés. Cette partie du parc, s'étendant vers la route de Batavia, est dessinée dans le genre anglais ; les ombrages y sont magnifiques. Mais, c'est de l'autre côté du palais, et sur le versant de la colline descendant vers la rivière, que s'étale en liberté la plus riche et la plus complète collection de plantes tropicales qui soit au monde. Le Jardin botanique de Buitenzorg est justement célèbre, et les Hollandais en sont fiers avec raison. Il y règne un grand ordre sans monotone symétrie, cependant. Les massifs, les allées, les bassins, les ruisseaux sont disposés selon les exigences du terrain ; les plantes, soit groupées par sortes, soit entremêlées, sont étiquetées au pied. Toute la végétation si variée et si puissante des zones chaudes et tempérées du globe est représentée dans ce splendide jardin, depuis les plus humbles mousses jusqu'aux arbres les plus élevés. Tout ce que les serres les plus riches de l'Europe contiennent de plus curieux et de plus rare s'étale ici en plein air, en pleine liberté, en plein développement. Les plantes aquatiques garnissent de vastes pièces d'eau, et toute la surface d'un bassin, sans abri, est couverte par les feuilles rondes, à bords relevés, d'une *Victoria Regia,* formant comme autant de plateaux réguliers et brillants, d'un mètre de largeur environ, entre lesquelles s'épanouissent les belles fleurs de cet immense nénuphar.

J'errai pendant près de trois heures dans ce jardin enchanté, profitant souvent des abris et des bancs, placés à souhait pour le repos du corps et le plaisir des yeux. Près d'une des issues du parc, j'aperçus une procession funèbre chinoise. Une troupe de pleureuses, vêtues de longues robes blanches et coiffées de capuchons, marchaient un peu confusément; des hommes également habillés de blanc, et portant un bonnet blanc de forme conique, suivaient en deux files, une de chaque côté, et jetaient des papiers dorés. Une espèce de chaise à porteurs blanche, suspendue à deux leviers appuyés sur les épaules de quatre Chinois, paraissait être le centre de la cérémonie. Elle était entourée de gens armés de perches, où flottaient des banderoles blanches, bleues et jaunes. Je ne vis toute cette procession que d'un peu loin ; la chaleur et la fatigue de ma longue promenade ne me permirent pas de hâter le pas, pour gagner la tête du cortége. Je restai encore assis dans le parc; en sortant par la cour des écuries, je croisai une grosse indigène, couverte seulement de la ceinture aux chevilles, fort affairée à balayer le chemin : le terrible ballottement de ses mamelles devait la gêner beaucoup.

La route, qui longe le parc d'un côté, est bordée de l'autre d'habitations agréables, entourées de jardins. L'église protestante hollandaise est placée sur cette route, et à l'ombre de grands arbres : c'est dimanche, aujourd'hui ; quelques équipages attendent leurs maîtres, qui assistent au service divin. A midi, je rentrai à l'hôtel, c'était l'heure du déjeuner, la table était peu garnie, et les quelques femmes hollandaises de la réunion annonçaient une santé peu solide.

C'est ici, et dans quelques villages des montagnes voisines, qu'on vient se refaire, ou, du moins, essayer de se refaire de l'atonie que produit le climat de Batavia sur les constitutions faibles. C'est ici, et dans le voisinage, qu'on cherche un refuge contre le choléra. J'ai vu, dans le jardin de l'hôtel, des nichées d'enfants pâles, à cheveux de filasse, appartenant à de nombreux pensionnaires qui se font servir à part. Au nombre de ces derniers se trouve le consul général de France, sa femme, sa fille et son fils.

J'avais besoin d'un long repos après ma fatigue du matin ; aussi, je prolonge ma sieste jusque vers quatre heures dans la chambre fraîche et bien éclairée que j'occupe. De ma fenêtre, je plonge, de côté, sur un intérieur indigène assez curieux : c'est la vaste écurie de l'hôtel, où les cochers malais, leurs femmes et des troupes d'enfants nus habitent pêle-mêle avec les chevaux, et presque sur la même litière. Ces femmes, dans l'intérieur de l'écurie, ont les seins découverts et le sarong arrêté à la ceinture. Quand elles sortent, elles le relèvent et le sanglent sous les aisselles. Lorsqu'elles se livrent à leurs occupations ordinaires de cuisine, de couture ou de lavage, elles sont toujours accroupies ou assises à terre ; les enfants rampent et se traînent, à quatre pattes, comme de petits animaux, attrapent une mamelle et se mettent à téter, sans que la mère se dérange en rien du travail commencé. Avant que l'enfant puisse se traîner, il est porté à califourchon sur une des hanches de sa nourrice. Une écharpe, croisée sur l'épaule opposée, passe sous les fesses de l'enfant, et le tient ainsi suspendu comme dans un hamac. Peu d'efforts le soutiennent, et il se trouve ainsi à portée de la mamelle. Il ne s'en fait pas faute, jouant de la main et du pied avec le sein, quand la bouche ne l'occupe pas. Il est plus libre et moins échauffé, ainsi suspendu, que s'il était porté à bras. Il y a dans cette écurie de jeunes mères qui paraissent elles-mêmes des enfants. La pudeur n'existe pas chez ces femmes vis-à-vis les indigènes; mais, devant les Européens, elles se couvrent et se cachent.

A quatre heures, la chaleur tombait graduellement, des nuages s'amoncelaient autour de la montagne voisine. L'hôte, qui parlait un peu français, et avec lequel j'avais fait connaissance chez Cressonnier quelques jours avant, me conseille une tournée rapide dans une calèche de l'hôtel — bien entendu, et à prix fort — pour visiter quelques points pittoresques des environs. Il donne ses instructions au cocher malais, et la voiture part au galop de deux petits chevaux à tous crins, excités de la voix, du geste et du fouet.

Après avoir traversé le village chinois, où j'avais aperçu ce matin la procession funèbre, je fus emporté lestement vers un point élevé qui dominait une vallée profonde, ramifiée, s'évasant et se rétrécissant. Au fond, coulait une eau bondissant contre les rochers épars qui lui faisaient obstacle : les flancs arrondis des collines, qui descendaient vers ce torrent, étaient couverts de la plus belle végétation. Une passerelle fort élevée, en cordages et en bambous, d'une légèreté effrayante, joignait, pour les piétons, les deux versants de la vallée, à l'endroit de leur moindre écartement. Au-dessous de la passerelle, un bac, également en bambous, faisant constamment la navette, servait à passer, d'un bord à l'autre, les bêtes de somme, les porteurs de fardeaux, les bestiaux divers. J'avais mis pied à terre et je m'étais assis à l'ombre pour contempler de loin cette vue si pittoresque, ce passage si animé sur le bac et la passerelle. Un moulin était un peu en aval, et c'est sur le bief, désobstrué de rochers, que se faisait le passage par eau. L'endroit où je me suis assis à l'écart de la route est une petite enceinte couverte d'herbe rase, où une vingtaine de gros cailloux roulés, ou galets, disposés en plusieurs rangées parallèles et à moitié enfoncés en terre, ne laissent voir chacun qu'une face arrondie. C'étaient autant de pierres tumulaires, très-certainement. Mon cocher malais, auquel j'avais demandé, par signes, une explication, m'avait répondu en me montrant, avec un certain air de componction, le ciel avec sa main. Il croyait donc à l'immortalité de l'âme, et je le pris en estime pour cette bonne croyance, dont je ne l'eusse pas cru susceptible, en le voyant, quelques heures avant, dans son écurie, plutôt semblable à un singe qu'à un homme.

En continuant ma promenade, mon Malais me fit arrêter et descendre auprès d'une enceinte ombragée et mystérieuse, au centre de laquelle, sur une petite plate-forme, entourée d'une palissade, et sous l'abri d'un toit en feuilles, une longue pierre, à peu près cylindrique, était dressée debout. Encore un Lingam dont le culte, d'origine hindoue, a persisté chez ces peuples à croyances faciles et nonchalantes, malgré l'invasion de l'islamisme. Tout à côté, et sous le même abri, une pierre grise, de petite dimension, porte la forte et fidèle empreinte de la plante de deux pieds humains, nus et de grandeur naturelle, rapprochés vers les talons. Sur une autre pierre, de forme irrégulière, est gravée une longue inscription, en caractères inconnus pour moi. Un indigène était occupé à crépir et à restaurer la plate-forme, peu élevée, qui supporte ces pierres vénérées.

Mes deux chevaux reprennent leur course enragée sur d'excellentes routes, bordées de beaux ombrages. Partout on aperçoit des rizières sur lesquelles l'eau abondante, qui descend de tous côtés dans cette région montagneuse, est répandue et aménagée avec intelligence. Le terrain de ces rizières est disposé, sur les pentes des collines, en aires horizontales, s'étageant, l'une au-dessus de l'autre, de manière à recevoir, à retenir et à transmettre l'irrigation, presque permanente, qu'exige la culture du riz. L'orage, prévu à mon départ, s'annonçait de plus en plus menaçant ; il fallait regagner au plus vite le logis ; les petits chevaux en pâtirent, mais j'échappai au déluge qui s'abattit sur Buitenzorg ; car la voiture rentrait, au moment où tombaient les premières hallebardes. Il faut avoir été témoin de ces orages, de ces trombes d'eau, éclairées sinistrement par les feux continuels de la foudre qui gronde et éclate à tous les points de l'horizon, pour s'en faire une idée.

Toute la société de l'hôtel fut consignée, pour la soirée entière, sous la galerie par cette longue et formidable averse. Je me prévalus de ma qualité de Français pour me présenter à M. Codrika, notre consul général, pour lequel je n'avais pas pris, à Paris, de lettre d'introduction. Il me reprocha de ne lui avoir pas fait visite, à Batavia ; et, sur le regret que j'exprimais de n'avoir pas pu faire, dans l'intérieur de Java, quelques excursions — dont ma promenade de ce soir m'avait donné un si bel avant-goût — à cause de la dépense excessive qu'elles entraînent, quand on est seul et sans recommandations, il augmenta encore ce regret en me disant qu'il aurait pu me faciliter le voyage en me présentant, comme compagnon, à un artiste hollandais, qui venait de partir en tournée, avec une mission du gouvernement. Je restai toute la soirée avec le consul et sa famille, devisant de France, et de Paris surtout, qui semble si beau et si agréable quand on est à 105 degrés de longitude E. de son méridien, et au 7$^e$ degré de latitude S.

30 mai. Au petit jour, je prends place pour retourner à Batavia dans la voiture qui m'a amené, avant-hier, samedi. Nous sommes quatre. La voiture s'écarte de la route pour aller prendre un cinquième voyageur à Bedak, charmant endroit dans le voisinage, entouré d'eaux vives et d'ombrages, où l'on vient faire villégiature. Le trajet se fit lestement : à dix heures, nous étions à Batavia.

Le choléra fait toujours des victimes et n'épargne plus les Européens. Je ne suis sorti que le soir, après dîner, à la lueur des étoiles et des lampes qui brillent sous les vérandas. Les maisons habitées par des Chinois sont, ce soir, extraordinairement éclairées : c'est jour de fête, sans doute. Devant la porte de chacune d'elles, une petite table est placée, couverte d'un linge bien blanc; au milieu, dans un petit vase de bronze, rempli de cendres, quelques petits bâtonnets rouges — *joss sticks*, comme les appellent les Anglais — fichés verticalement, brûlent, par leur bout supérieur, d'une combustion lente et sans flamme; des bouquets de fleurs éclatantes et variées accompagnent ce vase, et des bougies allumées, protégées par des cylindres de verre, éclairent ces petits *reposoirs* nocturnes. J'observai, longtemps, à distance, une Chinoise, de la variété grasse, faisant auprès d'une de ces tables ses hochements de tête et ses révérences, à différents points de l'horizon : elle était accompagnée de deux jeunes garçons, fort jolis, ses fils, sans doute, auxquels elle enseignait à faire leurs salutations dévotes, en tenant entre les deux mains, étendues et jointes, quelques-uns de ces bâtons allumés. Cette petite scène intime et religieuse, qui se passait à la clarté des étoiles, et moi seul pour témoin, me rappelait avec attendrissement pareilles scènes de mon enfance, hélas! bien éloignée, où ma bonne mère enseignait à mon frère et à moi nos premières prières et nos premières génuflexions. Je ne rentrai que fort tard; la nuit était belle, et l'air embaumé par les fortes senteurs d'une espèce de seringa en fleurs.

31 mai. C'est aujourd'hui la veille de mon départ; je fais toutes mes dispositions, après avoir passé une partie de la journée à Harmonie (le cercle). Je reçois, le soir, la visite d'adieux de mes correspondants MM. Maintz, L. Picart; et, au dîner, je prends congé de mes amis de l'hôtel. L'un d'eux, possesseur de quelques bouteilles d'un vieux vin de Constance, échappé à un naufrage, voulut bien honorer nos adieux de quelques verres de cette précieuse liqueur.

Je partais de Java avec le regret de n'avoir pas pu, faute de temps et de ressources suffisantes, visiter les grandes ruines si curieuses des temples bouddhistes de l'intérieur de l'île. J'allais, dès demain, remonter vers le nord, et quitter pour jamais l'hémisphère austral et le magnifique archipel des possessions hollandaises, où la nature s'était révélée à moi sous des aspects si nouveaux et si grandioses.

FIN DU TOME PREMIER.

# TABLE.

### CHAPITRE PREMIER.

Départ; traversée : les passagers. — Alexandrie. — Suez : la mer Rouge. — Perim. — Aden. — Pointe de Galle. ........................ 1

### CHAPITRE II.

Pondichéry : Débarquement. — Hôtel Cambronne. — La ville. — Le gouverneur. — Route de Madras. — Tindivadnam. — Arrivée à Madras.... 23

### CHAPITRE III.

Madras. — Fort Saint-Georges. — Préparatifs de fête religieuse. — Étendue de Madras. — Bréviaires et compagnons de voyage. — Littlemount. — Courses de chevaux. — Processions. — Bayadères. — La ville noire. — *The seven wells.* — Le steamer *Aden.* — Embarquement pour Calcutta. — Traversée. — Service divin à bord........................ 37

### CHAPITRE IV.

Premier séjour à Calcutta. — Wilson hotel, ou Great Eastern hotel. — Premier coup d'œil. — Table d'hôte. — Le Consul général de France. — Courses à travers la ville. — Baignades dans l'Hougli. — Arbre Banian. — Le Strand. — Gaut où l'on brûle les cadavres. — Vautours. — Le Hockey. — Chemin de fer de Calcutta à Bénarès. ..................... 66

### CHAPITRE V.

Première visite à Bénarès. — Cantonnements. — Hôtel Smyth. — Pagode des Singes. — Bords du Gange. — Mosquée d'Aurengzeb. — Une noce. — *The Golden Pagoda.* — *Dâk Carriages.* — Route de Bénarès à Allahabad. — Cawnpore. — Lucknow. — La Résidence. — La Martinière. — *The mess of the* 5th *Lancers.* — Retour à Cawnpore. — Monument expiatoire. — Courses. — Orage. — Chemin de fer de Cawnpore à Agra.... 89

### CHAPITRE VI.

Agra. — Le Taj-Mahal. — Les cantonnements. — Description du Taj-Mahal. — Forteresse et palais d'Agra. — Jumna-Musjid. — Rambagh. — Le Taj-

Mahal, au clair de lune. — Futtehpore-Sikree — Palais d'Akbar. — Tombe de Sélim-Chishti. — Secundra-Bagh. — Ville d'Agra. — Séparation. — Route d'Allyghur à Delhi . . . . . . . . . . . . . . . . . . . . . . . . . . . . . . . 110

## CHAPITRE VII.

*Delhi-Hôtel.* — Palais de Delhi. — Sa dévastation actuelle. — La grande mosquée. — Reliques. — Bouse combustible. — Chaudni-Chouk. — Fête de nuit. — Mariages précoces. — Campagne de Delhi. — Observatoire. — Tombeau de Sufder-Jung. — Le Koutoub. — Plongeurs. — Tombeau d'Humaïoon. — Capture et mort des princes révoltés en 1857. — Le lieutenant Willoughby. — Ismaël-Khan. — Présents de noces. — Massage, etc., etc. . . . . . . . . . . . . . . . . . . . . . . . . . . . . . . . . . . . . . . . . . . . . . . . 146

## CHAPITRE VIII.

En route la nuit. — Mauvais relais. — Un rajah en voyage. — Allyghur. — Allahabad. — Sarnath. — Seconde tournée dans Bénarès. — Immersions dans le Gange. — Un éléphant dans les rues. — Temple doré. — Puits sacré. — Vaches. — Brahmines. — Pont de bateaux. — Burdwan. — Le rajah, etc., etc. . . . . . . . . . . . . . . . . . . . . . . . . . . . . . . . . . . . . . . . . . . 183

## CHAPITRE IX.

Second séjour à Calcutta. — Grève des porteurs de palanquins. — Bank-notes. — Mon boy. — *China-bazar*. — Barrackpore. — Descente en bateau sur l'Hougli. — Cadavre flottant. — Chandernagor. — Son état actuel. — Son peu d'importance politique et commerciale. — Retour à Calcutta — Embarquement à bord de la *Cheduba* . . . . . . . . . . . . . . . . . . 209

## CHAPITRE X.

Les passagers de la *Cheduba*. — Traversée. — Embouchure de l'Irrawady. — Naufragés. — Rangoon. — Costume des femmes. — La grande Pagode. — Sa description. — Jardin public. — Quartier et temples chinois. — Église catholique. — Le marché aux comestibles. — Traversée. — Femmes birmanes à bord. — Amherst. — Embouchure du Salween. — Maulmein. — Éléphants travailleurs. — Grande Pagode, etc., etc. . . . 228

## CHAPITRE XI.

*The Christy's-minstrels*. — Traversée. — Poulo-Penang. — Promenades. — Routes. — Système anglais. — Alexandra-Hotel. — Le général L'''. — La ville. — Chinois. — Ananas. — Malacca. — Le détroit de Singapour. — Débarquement. — La ville. — Jardin de la Société horticole. — Embarquement sur le *Java*. — Les passagers. — Régime à bord. — Détroit de Banca. — Arrivée à Batavia . . . . . . . . . . . . . . . . . . . . . . . . . . . . . . . 257

## CHAPITRE XII.

L'hôtel des Indes. — Régime de vie. — Colporteurs chinois. — Habitations des Hollandais. — Les indigènes. — La vieille ville. — Fête particulière. — Place, colonne et inscription de Waterloo. — Église catholique. — Canaux ombragés. — Restaurant chinois. — Guillaume Tell. — Le capitaine du Menado. — Maison d'un riche chinois. — Musée ethnographique. — Préparatifs de départ. .......................... 281

## CHAPITRE XIII.

Le *Menado*. — Les passagers. — Traversée. — Samarang. — Douane. — Hôtel du Pavillon. — Promenade. — Détroit de Madura. — Soerabaya. — Hôtel des Pays-Bas. — Négociation pour la tournée des Moluques. — La ville. — Le jardin public. — Concordia. — L'arsenal. — Les ateliers de forge de la marine. — Fabrique de glace, etc., etc............ 303

## CHAPITRE XIV.

Embarquement. — Les passagers. — Le docteur B. — Île de Célèbes. — Débarquement. — *Logement Célèbes*. — Macassar. — Habitations des indigènes. — Réception officielle de la princesse de Tanété par le gouverneur. — Promenade en voiture. — En mer. — Détroit de Sapy. — Île de Timor. — Koepang. — Les indigènes. — Le Résident. — Temple chinois. — En mer. — Dilly. — Marché improvisé. — Les Portugais. — En mer. ............................................................. 318

## CHAPITRE XV.

Banda. — Belle position. — *Gounong-Api*. — Rivalités. — Hospitalité. — Visite aux jardins de muscadiers. — Incident local. — Amboine. — Visite au gouverneur général des Moluques. — Un ménage indigène. — Hospitalité à *Bator-Gadja*. — Mon cortège pour visiter une grotte. — Retour au Menado. ..................................................... 345

## CHAPITRE XVI.

Céram. — Boro. — Ternate. — La veuve d'un chef. — Le sultan de Ternate. — Célèbes. — Menado. — Campong chinois. — Le Résident. — Promenade matinale. — La mer. — Les sang-mêlé. — Macassar. — Un roi de Sumbawa. — Retour à Soerabaya......................... 370

## CHAPITRE XVII.

Soerabaya. — Le *Singapore*. — Second séjour à Batavia. — Le gouverneur de Dilly. — Le choléra. — Marché de Tanabang. — Route de Buizenzorg. — Le palais du gouverneur général des Indes néerlandaises. — Magnifique parc botanique. — Promenade en voiture. — Orage. — Retour à Batavia. — Adieux............................................... 385

FIN DE LA TABLE DU PREMIER VOLUME.

www.ingramcontent.com/pod-product-compliance
Lightning Source LLC
Chambersburg PA
CBHW071101230426
43666CB00009B/1783